高等院校旅游专业系列教材

中国历史文化

第三版

杨英杰　关娴娴　编著

南开大学出版社

天　津

图书在版编目(CIP)数据

中国历史文化 /杨英杰，关娴娴编著. —3 版. —天津：南开大学出版社，2018.7（2022.10 重印）
高等院校旅游专业系列教材
ISBN 978-7-310-05620-0

Ⅰ.①中… Ⅱ.①杨… ②关… Ⅲ.①文化史－中国－高等学校－教材 Ⅳ.①K203

中国版本图书馆 CIP 数据核字(2018)第 141947 号

中国历史文化
ZHONGGUO LISHI WENHUA

南开大学出版社出版发行
出版人：陈　敬
地址：天津市南开区卫津路 94 号　　邮政编码：300071
营销部电话：(022)23508339　营销部传真：(022)23508542
https://nkup.nankai.edu.cn

天津午阳印刷股份有限公司印刷　全国各地新华书店经销
2018 年 7 月第 3 版　2022 年 10 月第 5 次印刷
230×170 毫米　16 开本　21.25 印张　387 千字
定价：57.00 元

如遇图书印装质量问题,请与本社营销部联系调换,电话:(022)23508339

第三版前言

《中国历史文化》一书由南开大学出版社首次出版,至今已经整整十三年了。2005年,有幸加盟南开大学出版社"高等院校旅游专业系列教材"的编写工作,完成了《中国历史文化》一书的编写。此书自2005年6月出版以来,受到广大读者的喜爱与认可,曾多次印刷发行。2011年修订再版。今应广大读者之需,受南开大学出版社之邀,对《中国历史文化》一书再次修订,第三次出版。

中国是有着五千年文明的古国。其光辉灿烂的文化,不仅哺育了世世代代的中华儿女,谱写了辉煌的历史篇章,也对世界其他各国人民产生了巨大而深远的影响。十三亿中国人民为此而自豪。自改革开放以来,弘扬优秀传统文化的热潮,数十年不衰,一浪高过一浪。《中国历史文化》一书乃是应运而生的产物。

南开大学出版社组织编写的"高等院校旅游专业系列教材"是一套高水平、高质量的教材,多年来一直被全国许多高等院校所选用,久获盛誉。作者有幸加入这个团队,能为各高校师生和全国各行各业热爱传统文化的广大读者贡献一点绵薄之力,增添一点正能量,备受鼓舞。承蒙信重,深表谢意。

中国历史文化课,是全国各高等院校旅游专业必修的专业基础课。历史文化是旅游业的灵魂。从旅游资源的开发、旅游市场各个环节的运作,到具体的各个旅游景点的导游工作,都离不开历史文化。旅游活动实际上就是一个在旅游机构的引导下,沐浴自然、感受历史、体验文化的过程。因此,了解和掌握中国历史文化的基础知识,对于任何一个中国旅游工作者来说,都是必须具备的基本素质。中国历史文化源远流长、博大精深,要在一本书里对中国历史文化做全面详尽的介绍,那是不现实的。此次修订《中国历史文化》,仍是从高等院校旅游专业学生的知识结构、教学任务以及未来的工作需要出发进行专题选择,同时也兼顾旅游专业各部门在职工作者进修提高的需要和对中国历史文化有浓厚兴趣的各界广大读者的需要。本书依然侧重介绍与旅游紧密相关的各类文化事象的渊源及其发展演变的过程,是文化事象的历史。因为是讲历史,所以选题要精、脉络要清、释说要详,要其说有源、其论有证。此次修订,对原书的篇章结构做了较大的调整。按文化事象的内在联系,先是个体人生文化:婚嫁、家族、姓氏名号、服饰、饮食、居住、出行、贸易等;继而是社会与国家的制度文化:帝王、职官、礼仪、法律、军事、教育等;续之是物态文化:科技、青铜器、玉器、瓷器、丝绸等;最后是意识形态精神文化:儒家与儒学、道家与道教、佛教、道德、文字书法、诗词、音乐舞蹈戏剧、节庆等。为了更加适合教学,在内容上做了一些增添又进行了较多的精简。全书共二十五章,阐述了三十余个专题,使该书所涵盖的文化事象更加系统而简要,构成一幅清晰简明的中国古代社会生活的缩影。在教材内容的叙述中,适当地引用了一些历史文献的原文,一方面是为了使所论述的文化事象有源有证;另一方面也是为学生提供读书线索,有助于他们进一步涉猎更广阔的知识领域。因为是供高等院校学生使用的教科书,就不能浅白如通俗读物,所以本书知识含量较大,并有一定的学术品位。这样既可以为教师的讲授提供充分阐释发挥的余地,也有利于学生扩大知识视野、提高理论水平和培养钻研思考的能力。

本书的基本内容,主要是作者多年来的研究心得,同时也吸纳了学术界各方面专家的最新研究成果。因受教材体例的限制,不便在行文中一一注明,只能在书后列出主要参考书目。于此,对原著者表示真诚的感谢。由于教材的选材内容较多,编写任务又比较紧迫,引用资料如因仓促而漏注原著者,敬请见谅,先致歉意。同时,因不同历史时期的计量单位、计量标准不同,有些计量单位无法按现行标准计量单位进行换算,故行文中对其予以保留。

辽宁师范大学苑朋栋老师参加了本书的编写工作,做出了重要贡献。这里要特别感谢南开大学出版社、感谢孙淑兰先生对《中国历史文化》一书一直以来的关心和支持。感谢南开大学出版社邱静老师和吴中亚老师对再版和第三版工作的支持与帮助。由于笔者水平有限,书中如有谬误纰漏之处,敬请批评指正。

编著者
2018 年 1 月于辽宁师范大学欣然斋

目　录

第一章　中国历史文化总论

学习目的

　　通过本章的学习,理解中国历史文化产生的基础,认识其基本特征,明确对中国历史文化的正确态度。

主要内容

- 古代中国的自然环境与社会状况是中国古代文化产生的基础
- 文化的含义
- 中国古代历史文化的基本特征
- 对中国历史文化的批判与弘扬

　　中国历史文化,就是中国历史发展进程中所产生的文化。它包括三个层次的含义:第一,它是在中国这块古老的土地和古老的国度中所产生的文化;第二,它是文化的历史,是已往的历史文化;第三,在历史的长河中,它是仍在发展演变的文化。中国历史文化,是中国历史的重要组成部分,是中华民族已往的精神文明、物质文明的表现形式,是今日中国文化的源头。要全面地理解中国历史,要深刻地认识中华民族,要清醒地把握中国的未来,就要了解中国的历史文化。

第一节　中国与中国古代社会

　　任何一个民族的文化,任何一个具体的文化事象,都是自然与社会的综合产物。那么中国的历史文化是植根于一个什么样的自然环境和社会环境中的呢?

一、自然的中国

在世界的东方,有一块被喜马拉雅山—天山—阿尔泰山和大海环抱的古老而辽阔的土地。世世代代生活在这个大封闭圈里的古人,以为这里是居天之中的神州,因而称之为"中国"。

在中国这个大封闭圈中,幅员广阔,有一千多万平方公里的土地;地形复杂,西南为世界屋脊的青藏高原,由西及北为绵亘的戈壁沙漠,由东而南濒临海洋;腹地群山纵横,河流交错,黄河、长江、珠江、辽河、松花江、黑龙江等众多河流滋润着错落相连的高原和平原;气候多样,大部分属于北温带,南经亚热带直至热带,北至寒带。中国古代的各个民族就生活在这样一个丰富多彩的自然环境中,共同创造了中国的历史,形成了独具特色的中华民族文化。

二、中国古代社会的特点

中国古代的历史,经历了原始社会、奴隶社会、封建社会三种社会形态,经过一百多万年的发展演变,形成了一系列区别于其他国家的鲜明特点。

(一)农业为主体的多元经济结构社会

在远古和上古时代,古人类主要是依赖自然条件而生存的,选择什么样的生产方式更多取决于其所处的自然环境。中国的地理环境、气候条件最适于农耕,因此,中国古代的先民们大多数以农耕为主。今甘肃、青海、西藏以东的广大地区,雨量充沛,气候温暖或炎热,成为著名的农耕地区。以秦岭、淮河为界,其北部形成以麦、粟、稷等为主要作物的旱地农业区,其南部则是以水稻为主要农作物的水田农业区。而西部和今长城以外的北部地区,多为戈壁、沙漠,间杂草原,气候偏冷,雨量比较少,自古即为射猎畜牧区。居住在这里的先民们先以射猎继而以游牧为生,是为牧猎经济,其人数要少于农耕之民。从考古发掘的资料看,在距今一万年左右的新石器时代初期就已经开始有了分野。

黄河流域和长江流域是原始锄耕农业发展最早的地区。在距今七千至五千年的仰韶文化和距今七千至六千年的河姆渡文化等遗址中,都出土有大量的石刀、石斧、石镰、石铲、石耜、骨耜等农耕器具和石磨盘、磨棒等谷物加工器具,更发现许多粟、稷、稻等谷物的籽粒以及蔬菜籽等。在距今五千至四千年的时候,中国的历史由母系氏族公社进入父系氏族公社时代,在考古学上为新石器时代的晚期,原始的锄耕农业进入更加繁荣的阶段。中华民族始祖之一的炎帝,就以善于组织农业生产而著称于世,因此被称为"神农氏"。农业经济的发展,促进了饲养业的发展。后世的所谓"六畜",即猪、狗、牛、羊、马、鸡,这一时期已经俱全。同时,西部、北部各民族的游牧、射猎经济也有所发展。这样,以农业经济为主体的多种经济结构的雏形形成了,它奠定了中国古代社会经济结构的类型基础和发展方向。进入阶级社会以后,从夏至清的历代王朝,皆以农业为国本,以重农为国策。这样的经济基础深深地影响和制约着中国古代各种文化的产生与发展。

(二)以血缘团体为社会细胞的宗法制社会

在原始社会的原始群时代,先民们还没有形成稳定的血缘团体。在距今十万年至一万年前后,中国历史进入母系氏族公社时期,即出现了以女性为主导的、世系以母系计的血缘团体,后世称之为母系氏族。氏族是一个以血缘关系为纽带的社会团体,它既是生活单位,也是生产单位。距今五千年前后,母系氏族公社转变为父系氏族公社,男性成为氏族的主导力量。国家形成以后,由于生产的需要、战争的需要,作为血缘团体的氏族,不但没有消亡,反而得到了加强。古代的中国就是拖着长长的血缘纽带进入阶级社会的。在夏、商、周三代,血缘团体的宗族是集生活、生产、行政、军事于一体的社会集团。周代组织各级政权的分封制和体现政治关系、人际关系的礼制,就是以宗法制为基础的。这种血缘团体,经汉、唐至明、清,几经改造,一直保留着。中国古代许许多多的文化事象无不打着宗法制的印记。

(三)多民族同居共处的大一统社会

中国自古以来就是一个多民族同居共处的大一统社会。虽然也曾屡有民族间的斗争、政权上的分立,但正所谓"分久必合",民族同居融合、国家统一始终是主流。

在中国历史上,曾经有过五次大规模的民族融合。第一次是原始社会末期。当时居住在中原地区及其附近的有东夷的九黎族、炎帝族、黄帝族、苗族、鸟夷、淮夷等。这些部族经过不断的斗争、联合、融合,最后形成了以融合炎帝族后的黄帝族为主体的与东夷族联合共处的部族共同体,是为华夏族的前身。第二次是夏、商、周三代,经春秋而至战国。中原地区的炎黄族及周边的东夷、北狄、西戎、南蛮等族,经过两千年的同居共处、斗争融合,形成了华夏族。公元前221年秦灭六国,建立了中国历史上第一个统一的多民族的封建国家。继之而起的两汉长达四百年,在更大的范围内,实现了更广泛的民族共处与融合。汉王朝直属的各民族,被周边的民族称为"汉人",即汉族。"汉人"之名虽然见于南北朝时期,但实际上汉族的形成是在汉代。第三次是魏、晋、南北朝时期。魏、晋时,中原战乱空虚,周边强大起来的匈奴、鲜卑、氐、羯、羌等少数民族纷纷乘机进入中原。从公元304年至581年,先后建立了19个少数民族政权。至隋、唐时期,这些民族许多都融入汉族之中,也有的汉族融入各少数民族之中。同时,周边还生活着许多其他民族,如突厥、回纥、吐蕃、南诏、靺鞨等,他们都臣属于中原王朝。隋、唐都是统一的多民族国家。第四次是宋、元时期。汉族、契丹族、女真族、蒙古族以及由中亚等地迁入的色目人与其他各族融合而成回族等,经过三百年的纷争和长期共处,出现了又一次的民族融合。第五次是清代。这个时期,以满族与汉族的融合最为突出。清王朝是一个由满、汉、蒙、藏、回等数十个民族同居共处的统一的多民族国家。数千年来,中国的历史就是一个多民族共同创造的历史、民族融合的历史。

纵观中国自夏、商、周三代至明、清的四千余年的历史,列国分治时期主要是春秋、战国至秦统一,约五百五十年;三国、东晋、十六国、南北朝至隋统一,约四百年;五代十国、辽、宋、金、夏至元统一,约三百五十年。列国分治总计约一千二百至一千三百年,仅占三分之一。即使是分治时期,也是人心思统。中国古代社会,从家至国,都是以分裂为耻,以统合为荣。中华民族是重统一的民族,中国社会是重和合的社会。

(四)君权、父权、夫权至上的专制主义社会

古代中国在原始社会末期,由于长期频繁的战争和大规模的治水等活动,氏族、部落、部落联盟的各级首长获得了凌驾于氏族之上的独裁权力。如禹在会稽召集各部落酋长大会,"防风之君后至,而禹斩之"(《韩非子·饰邪》)。进入阶级社会以后,夺取了政权的国王,实行家国合一。国是一家一姓的家,国家就是家庭的扩大。国王把原本属于氏族、部落公有的土地和掠夺来的土地变为以自己为代表的"国有"土地,即所谓"普天之下,莫非王土"(《诗经·小雅·北山》)。然后,同姓按血缘关系的亲疏、异姓按功劳的大小进行土地分封,形成对土地的层层占有。国王称为天子,是全天下土地的所有者;所分封的诸侯是一国土地的占有者;卿大夫是一个邑或几个邑的土地的占有者;广大的民众都是土地的使用者。因为从诸侯到卿大夫至民众都是依赖国王的土地而生存,所以"率土之滨,莫非王臣"(《诗经·小雅·北山》)。"臣"就是奴隶。各级贵族、官员无论地位多么高,对国王来说都是奴隶,国王对他们有生杀予夺之权,这就是君主专制。秦代以后,皇帝仍然是全国土地的最高所有者。由于废除了分封制,各级官员都按皇帝的意志随时任免、生杀予夺,君主专制得到进一步加强。明朝时的"廷杖",即皇帝可以在朝廷之上当众责打甚至打死大臣。夏、商、周三代,每个个体家庭都包括在一个大的宗族之内。族长被称为"宗子",他把所占有的土地分配给各个家庭使用。因此,在一个宗族之内,族长享有至高无上的支配权,对违背族规者甚至可以"戮于宗"。同样,在每个家庭中,父家长是财产的所有者,对儿子、妻子也享有绝对的支配权。在宗族、家庭中,父权、夫权是至高无上的,这是家族中的父权、夫权专制。秦、汉之后,在土地私有制度下,父家长是土地的所有者,所以父权、夫权得以延续。汉代所提出的"三纲",即君为臣纲、父为子纲、夫为妻

纲,把从国到家的层层专制以法律的形式、道德的形式肯定下来,直至清王朝灭亡才得以终止。这种君权、父权、夫权至上的专制主义是中国古代社会最为突出的特征,中国古代的种种文化事象,无不受它的影响。

第二节　中国历史文化的基本特征

要认识中国历史文化的基本特征,首先要说明什么是文化。

一、文化的含义

什么是文化? 这是一个众说纷纭、莫衷一是的问题。据有人统计,全世界对文化所下的定义多达260多种。这一方面说明了文化在人类生活中的重要性和人们对它的热衷追求;另一方面也反映了文化自身的博大精深、包罗万象。

在中国古代文献中,“文化”一词的雏形见于《易·贲卦·象传》,其言:“刚柔交错,天文也;文明以止,人文也。观乎天文,以察时变;观乎人文,以化成天下。”其中的“人文化成”即“文化”一词的源头。将“文”与“化”合成一个词而用的是西汉的刘向。其书《说苑·指武》云:“圣人之治天下,先文德而后武力。凡武之兴为不服也;文化不改,然后加诛。”刘向所说的“文化”与“人文化成”是一脉相承的。其“文”即“人文”之文。“文”的本义是纹采、纹饰,引申为事物的外部表现形式。“天文”是天的外部表现形式即“天象”,如日月星辰的运行、春夏秋冬的转换等。“人文”则是人及人所创造的万事万物的表现形式,如人的思想、行为,人所创造的典章制度、伦理道德、诸类器物等。“化”即“化成”之化。“化”的本义是转化、变化的过程和结果。“化”包括内化与外化两个方面的内容。人感知自然、社会之万物而内化成思想与智慧,继而再以思想与智慧外化人与物。其化人,以思想传授伦理的说教、制度的规范、器物的使用等,使人之知由少而多,使人之智由蒙而慧,使人之德由恶而善;其化物,则是不断地创造出各种各样的新的器物。化人、化物不断地由量变而达到质变,就是“化成”。人类社会的这种循环往复、永不间断的“内化”与“外化”,就是“文化”。简而言之,所谓的文化就是人类在社会实践中所创造的精神成果和物质成果的总和。它产生的基础是人的思想,它的外在表现形式是行为方式、典章制度、诸类器物。

由于人们所处的自然环境不同,社会状况不同,智慧开化的程度不同,因而所形成的文化也各不相同。不同的地域、不同的民族、不同的时代各有不同的文化形式。由于产生文化的基础是在不断发展的,由于体现文化的人、创造文化的人是不断流动的,所以文化也是在不断交流的。

文化不是抽象的,任何一种文化都是由载体表现或表达出来的。如语言载体、行为载体、文字载体、器物载体等。因此,文化是具体的,不仅是现世存在的,还是可以世代传承的。特别是文化的核心思想意识,作为一种上层建筑,一经产生就有相对独立性,并不会随着产生它的基础消亡而立即消亡,而是还会存在一段时间,甚至相当长的时间。这种世代相传的文化就是所谓的"传统文化"。

二、中国历史文化的根本特征

中国历史文化的内容是极其丰富的,可以从不同的侧面总结出许许多多的不同特征。如与海洋文化、草原文化相比较,中国历史文化可以说是一种大陆型文化;与射猎文化、游牧文化、工业文化相比较,中国历史文化可以说是一种农耕型文化;与古代希腊和罗马求真的科学型文化、印度和中东追求人生解脱的宗教型文化相比较,中国历史文化可以说是一种伦理型文化等。但这些特征并非中国历史文化的本质特征。在中国古代许许多多的文化事象中,贯穿于各个方面、起着支配作用的根本特征是"内中和而外礼制"。中国古代文化从本质上说是中和文化,是礼制文化,它是中国古代自然环境、社会状况的综合产物。

(一)中和文化

文化的核心是精神,是思想。中国古代各类文化精神的集中体现就是"中和"。中和,析而言之,为"中",为"和";合而言之,则为"中和"。中和是中国历史文化的基本精神。

在中国古人的思想中,"中"是最重要的。"居中"是最尊贵的地位,"用中"是最好的方法,"中正"是对错是非的尺度。在宇宙的结构中,天、地、人三才,人居其中。人是万物之主,是大地的主宰,是天的代言者。《尚书·泰誓》说:"天视自我民视,天听自我民听。"《尚书·康诰》又说:"天畏棐忱,民情大可见。"民意就是"天命"的体现;中国古代的"民本思想"就是由此发展起来的。在大地的五方位(东西南北中)中,"中"是核心。因此,商王朝自称"中商",周王朝自称"中国"。历代王朝皆以居"天下之中"的中国、中华而自尊。中华民族就是以中国、中华为核心而形成的。在政治生活中,国家机构以"中央"为首脑。《韩非子·扬权》中说:"事在四方,要在中央。"中央是统治一切的。在国家中,周围为臣民,中央为君主,君主是国家的核心,是至高无上的。中国的"大一统"思想是统一于中央、统一于君主的。在日常的生活中,尊"中"的思想意识也比比皆是。如宫殿、庙宇建筑,以中轴线为尊,左右对称;举行宴会以中座、中位为尊等。"用中"就是"中"的使用。中国古人在认识事物、处理事物中,以居中、执中而达到平衡为最完美的追求目标,这就是"和"或"中和",又称为"中庸之道"。中国古代的经典《中庸》

说："中也者,天下之大本也;和也者,天下之达道也;致中和,天地位焉,万物育焉。"中是生育万物之本,和是生育万物之道。中国古代文化是由中和思维而产生的,各类文化都体现着一种中和特征。

作为中国古代哲学主流的儒家哲学是辩证思维的哲学。它的特点是以整体思维为根本,以对立思维为内容。中国古人认为世界的本源就是整体的"一",又称为"大一"。大一包括两个对立的方面。《礼记·礼运》云:"(大一)分而为天地,转而为阴阳。"两个对立方面交合而生成万物:"天地氤氲,万物化醇;男女构精,万物化生。"(《易·系辞》)天地交合,生出万物;男女交合,生出子女。万物之生,人类之生,都是对立着的双方"合"的结果。强调的是"合",是对立双方的互相依存、互相渗透、相辅相成,不强调对立双方的相互斗争、相互否定,以谋求对立双方长久的统一状态和渗透过程中的转化。这就是中国古代传统的思维方式,古代学者用"中"或"中和"来概括。可见,所谓的"中",就是不偏不倚,居中持正;就是无过无不及,恰到好处;就是避免走极端,避免激化矛盾。归根到底,就是通过调和、包容、融合而达到和谐的统一。这种"中和"观念,在中国古代的传统文化中,源远流长。据传,尧传位于舜时,已有"允执厥中"的教导;至孔子而发扬光大,形成了中国古代的思维模式,最后升华为一种民族心理、民族精神。

"和"或"中和"的文化精神,渗透于中华文化的各个层次,制约着中华文化的各个系统。以"和"的思维对待自然界,顺天应时,"与天地合德","与天地参",形成"赞天地之化育"的"天人合一"的思想与实践;以"和"的思维对待人与人的关系,"贵和尚中",形成以"仁爱"为核心的伦理思想与道德规范,达到君仁臣忠、父慈子孝、夫教妇从、兄友弟恭、朋亲友信;以"和"的思维对待民族之间、邦国之间的关系,就是偃武修文、以德感化、和平共处,达到"协和万邦""天下归心";以"和"的思维创造万物,调和五味而成美食,杂合五色而成美服,糅合五材而成美器等。中国古代文化中的婚丧嫁娶、衣食住行、诸类器物、文字书画、诗词歌曲、宗教信仰、年节喜庆等无不体现着"中和""和合"精神。"中和"是认识、理解中国古代文化的一把钥匙。

(二)礼制文化

在以"中和"为核心的各种表象文化中,礼制是中国古代文化的集中体现。"礼之用,和为贵"(《论语·学而》),"中和"是本质,是精神;"礼"是形式,是"中和"外化于行为、外化于器物的制度。

什么是礼?《荀子·富国》云:"礼者,贵贱有等,长幼有差,贫富轻重皆有称者也。"《礼记·乐记》说:"礼者为异,异则相敬。"《礼记·哀公问》云:"非礼,无以节事天地之神也;非礼,无以辨君臣、上下、长幼之位也;非礼,无以别男女、父子、兄弟之亲,昏姻疏数之交也。君子以此之为尊敬然。"可知,礼就是用来区别等级、尊卑长幼之序、体现敬意的制度。中国古代社会农业生产的分工之别,宗法制中的嫡庶、父子、长幼之别,民族间的华夷之别,国家机构中的君臣、上下之别等,是礼制产生的基础。礼的贵贱、尊卑、长幼之别、之敬,并不是凭空的,而是通过占有各种体现差别的物,如饮食、服饰、宫室、车马等"礼物"以及各种体现差别的仪容动作,如跪、拜、揖、让等"礼仪"表现出来的。这些礼物、礼仪的规范化就是"礼制"。在中国古代,每个人在社会生活中,从小到大、从生到死都被固定在一个相应的位置上,如夫妇、父子、兄弟、君臣等,视听言行都要符合礼的规定,所谓"非礼勿视,非礼勿听,非礼勿言,非礼勿动"(《论语·颜渊》)。人的举止言谈、物的类别形制,小自个人、家庭,大到国家的政治、军事、文化、宗教等都有体现差别的礼的规定。周代时礼最繁多,大体分类有五种,即吉礼、凶礼、宾礼、军礼、嘉礼,而具体的分类则多得难以计数。据载:"礼仪三百,威仪三千"(《礼记·中庸》),就连孔子那样最懂礼的人,入太庙都得"每事问"。每个人的一言一行、一事一物都必须符合礼的规定,否则就是"失礼""违礼""僭越",轻者要受到舆论的谴责,重者则要受到法律的严惩。中国古人的生活完全以礼为指南,因此,古代中国号称"礼仪之邦"。总之,中国古代文化尽管繁复多姿、绚丽多彩,但我们仔细审视,她都无法超出"内中和而外礼制"的范畴。

第三节　中国历史文化的批判与弘扬

一、正确认识中国历史文化

中国历史文化是产生、发展、形成于原始社会、奴隶社会和封建社会的文化。在其发展过程中,深深地打上了时代的、阶级的印记。她既有人民性、民主性、科学性、进步性的精华,又有封建性、落后性的糟粕,良莠相杂,瑕瑜互见。她是集宝贵的精神财富、物质财富与腐朽思想观念于一体的文化。在历史上,她曾经起过巨大的积极作用。五千年来,她是乳汁,中华民族正是在她的哺育下形成、发展、壮大,生生不息;她是灵魂,历史的中国正是在她的指引下开拓进取、繁荣昌盛。中国历史因为有博大精深的文化而光辉灿烂,中国人民因为有光辉灿烂的历史而自立于世界民族之林。但历史文化的局限性也曾使她起过消极的,甚至是反动的作用。在今天,历史文化仍然具有两重性。

第一,优秀的中国历史文化是中华民族的精神食粮,是中国社会主义现代化建设的宝贵财富。中华民族世世代代都是在中国历史文化的哺育下繁衍生息的。每一个中国人,从诞生的第一天起,就沐浴在中国历史文化中。吃中国式的饭,穿中国式的衣,以中国的传统道德规范待人接物,以中国人的思维方式学习与工作……与中国的历史文化血脉相连。因此,每一个中国人对中国的历史文化都有强烈的认同心理及亲和感,渴望了解中国的历史、中国的文化,渴望铸造一颗中国心。中国历史文化是每个中国人离不开的、少不了的精神食粮。我们常说要建设有中国特色的社会主义,什么是中国特色? 就是具有中国历史文化的特色。中国历史文化是现代化的物质文明与精神文明建设不可缺少的历史财富。它不仅可以为社会主义现代化建设提供宝贵的借鉴,少走弯路,更重要的是可以注入一种传统的民族魂,体现民族的风格、中国的特征。为什么中国的产品在国际市场上众多的同类产品中,能够被人们一眼认出是中国货? 为什么中国人在众多的黄皮肤、黑头发的东方人中,能够被人一眼认出是中国人? 就是因为在它们和他们的身上体现出的是中国历史文化的特征。马克思主义经典作家曾经不止一次地指出:任何民族都不能割断传统,凭空地创造新文化,一定要在民族文化传统中创造未来。在社会主义现代化建设中,要振奋民族精神、凝聚国民力量、创造有中国特色的物质文明与精神文明,优秀的中国历史文化是不可缺少的宝贵财富。

第二,中国历史文化中的糟粕不容忽视。历史文化是通过载体而记录传承的。中国的历史典籍多得难以计数,其并非随着历史的逝去而消失,而是永不间断地被后人学习和研究。历史文化是积淀在民族的思想意识、行为规范和风俗习惯里的,是民族心理、民族性格的组成部分,通过世世代代的言传身教而传承。因此,历史文化中的消极因素也必然会通过种种形式而延续至今,在不知不觉中侵害我们健康的肌体,有的时候甚至会沉渣泛起,扰乱社会,妨碍社会主义建设事业的发展。在社会主义的发展进程中,为什么会出现疯狂的个人迷信? 在社会主义改革进程中,为什么会阻力重重? 在政权机构中,为什么官僚主义、贪污受贿屡禁不止? 在当今的社会上,为什么赌博贩毒、卖淫嫖娼泛滥,黑社会横行? 虽然各有其现实的社会原因,但腐朽的旧文化的影响是绝不能低估的。

二、中国历史文化的批判与弘扬

历史文化的两重性,提醒我们对待历史文化必须保持清醒的头脑,既不能盲目地全盘否定,也不能不加分析地赞颂和继承。要把各种形态的文化都拿到理性的审判台上来,以马克思主义为指导,以社会主义的时代需要为取舍,进行由表及里、由此及彼的分析研究。在批判的基础上,去粗取精,去伪存真,剔除其糟粕,吸收其精华,弘扬创新。这是时代的需要,也是历史文化获得再生力而不断发展的途径。

（一）坚持以马克思主义为指导

毋庸讳言，文化作为上层建筑的形态，是为现实社会服务的。在任何时代，对任何一种文化的分析、评价、筛选，都是以一种居于主导地位的核心思想作为衡量是非的准则的。那种认为文化建设不需要任何指导思想的看法，不仅是幼稚的，而且是行不通的。在当今的中国，马克思主义不仅是中国共产党的指导思想，也是全国人民进行社会主义现代化建设的指导思想。要筛选为社会主义精神文明、物质文明建设服务的文化，理所当然地要以马克思主义为指导。

以马克思主义为指导，不仅仅是因为它在当代社会中的领导地位，更重要的是马克思主义是在批判地总结全人类的优秀文化成果的基础上产生的，是有史以来最科学的思想结晶。它的辩证唯物主义哲学，直到目前为止，仍然是时代精神的精华，是一个完备的、严密的理论体系。从认识论、方法论上，它都具备了分析、评价历史文化的功能。

（二）以时代的需要作为筛选的标准

所谓的糟粕与精华，都是历史的范畴。今天的糟粕，很可能是一千年前的精华；现在的精华，五百年后很可能又变成了那个时代的糟粕。精华与糟粕的分野就在于它对于时代的实用价值与时效性。我们今天所处的时代，是建设有中国特色的社会主义现代化的时代，是世界各种文明激烈竞争的时代，又是文化交流的全球一体化的信息时代。在这样的时代背景下，我们需要批判什么、弘扬什么、建设什么样的新文化呢？

第一，要批判民族虚无主义，建设突出"中国特色"的民族文化，振奋民族精神，增强民族自豪感和民族责任感，提高民族自尊心和民族自信心，铸造中华魂。

第二，要批判"君君、臣臣、父父、子子"的封建专制主义和神权至上、"天人感应"、宿命论等封建迷信思想，弘扬历史文化中具有科学性、民主性的精华，建设以科学、民主、人权、自由、法制为内容的新文化。

第三，要批判"人不为己，天诛地灭"的极端个人主义，弘扬历史文化中的"天下为公""公而忘私""临患难不忘国""天下兴亡，匹夫有责""杀身成仁""舍生取义"的思想精华，建设以社会主义、集体主义、爱国主义为核心的新文化。

第四，要批判小农经济的"天朝大国"、妄自尊大及因循守旧、"天不变道亦不变"的保守主义，弘扬"中和"文化中的"协和万邦"、广纳包容的思想，建设改革创新、面向世界、吸收人类一切优秀文化成果的新文化。

第五，要批判"知雄守雌""安时处顺""听天由命""不敢为天下先"的消极无为意识，弘扬"天行健，君子以自强不息""强必贵，不强必贱；强必荣，不强必辱；强必富，不强必贫""制天命而用之"的奋发有为思想，建设积极进取、敢于竞争、"为万世开太平"的新文化。

中国历史文化源远流长。在历史发展的长河中,中国历史文化应运而生,适时而长,不断地吐故纳新,留下了辉煌的篇章。今时逢 21 世纪,植根于盛世沃土,除弃糟粕、弘扬精华、海纳百川、融汇中西,走综合创造之路,就是发展中的中国历史文化日新、日日新之路。

思考题

1.什么是文化与中国历史文化?

2.中国古代历史文化的基本特征是什么?

3.为什么说"中和"是中国历史文化的基本精神?

4.对待中国历史文化应采取什么样的态度?

第二章　中国古代的婚姻与婚姻制度

学习目的

通过本章学习,了解中国古代各民族婚姻形态及其发展史,掌握各民族婚俗的基本内容,认识中国古代婚姻的特点。

主要内容

● 中国古代的婚姻形态及其演变
● 中国古代的婚姻制度
● 蒙古族、满族的婚姻习俗

人类自身发展的最基本形式就是婚姻。婚姻是构成家庭、形成社会的基础。婚姻又称为嫁娶。古人解释说:"论其男女之身,谓之嫁娶;指其好合之际,谓之婚姻。"(《诗经·郑风·丰》孔颖达疏)婚姻是以男女的性关系为基础的,但并不是所有的性关系都称为婚姻。只有那种受习俗和法律的某种约束和限制并为其所承认和保护的性关系才能称为婚姻。婚姻是随着社会的发展而不断变化的。不同的时代、不同的民族有着不同的婚姻形态和婚姻制度,反映出不同民族的不同文化特点。

第一节　中国古代的婚姻形态及其演变

在原始社会的原始群时代,人类刚从动物中分化出来,群体中实行性的共有,在两性关系上没有任何的限制。《吕氏春秋·恃君》追述这个时期的状况时说:"昔太古尝无君矣,其民聚生群处,知母不知父,无亲戚兄弟夫妻男女之别,无上下长幼之道。"在神话传说中也可以找到这种杂乱男女关系的蛛丝马迹。海南岛黎族的一则神话说,古时天地变迁,灾难陡降,人群灭绝,只剩下母子两人。天帝降旨,要他们结成夫妻,母子觉得难堪,但又不能违背天命,便改头换面,在脸上刺满花纹,然后结成夫妻。这是"性共有"以神话的形式流传下来的最古老的痕迹。距今一百七十多万年至二三十万年间的我国元谋人、蓝田人、北京人,他们的性关系就属于这类杂乱的"性共有"。有人把它称为"乱婚制"或"交辈婚制",都不是确切的表述。它只是一种杂乱的性行为,而非"婚"。

一、血族婚(同辈婚)

在原始群的中后期,随着渔猎经济的发展,相同年龄段的男女接触更多一些,加上年龄上的差异,造成不同的性需求,使智识稍开的原始人开始逐渐排斥父母辈与子女辈的性关系,只允许同辈男女之间的性行为。历史上称这种婚姻形态为"血族婚"。这是人类历史上第一个婚姻形态,它是被群体习俗所约束的性行为。古史传说中的伏羲与女娲原来就是一对亲兄妹,后来结为夫妇。在许多古代墓道壁画中,都有伏羲与女娲交媾图,皆为人首蛇身,两尾交缠。云南纳西族东巴文《崇报图》说:"从忍利恩五兄弟找不到其他女子相配,只好与自己的五个姐妹结为伴偶。"这种兄妹结为夫妻的故事,在其他的一些民族中都有类似的传说。这种婚俗的遗迹在一些民族的称谓中皆有保留。如云南景颇族的男子称自己的妹妹为"占",称自己的妻子也为"占"。这说明在上古时期,妹妹也是可以成为妻子的。这是同辈血族婚留下来的迹象。在距今约二十万年至十万年时期的我国马坝人、长阳人、丁村人,他们的性关系就属于这类同辈间的血族婚。

二、族外婚

族外婚又称为群婚,西方学者称其为"普那路亚"婚。在原始群时代末期,由于人口的繁衍,一些不同的原始群往往会分支出许多更小的群体。这些血缘关系疏远或原本就没有血缘关系的群体,错落地杂居在一块彼此相邻的地域内。在渔猎生产的过程中,人们的接触越来越多,由此也就会自然地发生性关系。同时,由于知识的进一步开化,人们经过几十万年的观察总结,逐渐认识到相近血缘的性关系生出的孩子不健康,因此就有意识地排除了亲兄弟姊妹之间的性关系,继而又排除了同群体中兄弟姊妹之间的性关系。这样就使得各群体之间同辈男女之间的性关系日益普遍。在这种群体外的性关系下,一个群体的男人可以与另一个群体的所有同辈女人发生性关系,反之亦然。所以,史家把这种婚姻形态称为"群婚"。在这种性关系下,女人所生的子女,知其母而不知其父,都要留在母亲的群体中,世世代代就形成了一个以母系计世系的群体。史家把这样的群体称为"氏族",把这种群体外的性关系又称为"族外婚"。因为这些氏族是以母系来计世系的,女人在氏族中居于主导地位,所以又称为母系氏族公社。族外婚是男人到女人的氏族中去,往往是暮去晨归,男人还属于自己母亲的氏族,所以这种婚姻又称为"走访婚",这种走访称为"嫁"。"嫁"字的最初含义是指男人到女人之家。族外婚的普遍出现,宣告了原始群的最后瓦解,人类社会进入了母系氏族时代。在距今十万年至一万年的我国柳江人、河套人、山顶洞人等,他们的性关系就属于族外婚。各个氏族为了标识自己、区别其他,产生了"姓"。古代的"同姓不婚",就是氏族外婚制的产物。

古老的族外婚,在现今的一些少数民族中还可以看到它的遗风。如云南的拉祜族,每到农闲季节,甲寨的男青年便到乙寨中邀请女青年,白天唱歌,晚上便点燃篝火,在一起过夜。云南的阿细人,年轻的男女都住在各自的公房中,到了晚上,甲寨的男人便来到乙寨女人的公房中过夜。这种行为不仅不会受到谴责,还会得到家人和社会的支持。

三、对偶婚

在母系氏族公社的后期出现了对偶婚,即一双男女在一个时期内比较固定地偶居,但同时也不排除与其他异性发生性关系。对一个男人来说,只是在许多女友中有一个"主要"的而已。这种古老的婚姻习俗,在我国现今的一些少数民族中尚有保留。典型的代表就是云南宁蒗县永宁区纳西族的"阿注婚",又称为"阿肖婚"。青年男女在各种集会场合遇见后,如果情有所钟,双方都同意做"阿肖",男青年即可到女方家中过夜,暮去朝归。双方可以为长期的"阿肖",也可以为短期的"阿肖"。"阿肖"双方仍然有权与第三者发生性关系,但长期的"阿肖"有性的优先权。对偶婚是介于群婚与一夫一妻婚之间的过渡形态。

四、一夫一妻婚与一夫多妻婚

一对有固定性关系的男女,长期共居组成个体家庭的婚姻形态称为一夫一妻婚。一夫一妻婚是父系氏族公社时期主要的婚姻形态。

在母系氏族公社的后期,逐渐出现了一种男子住在女子的氏族中,长期与一个性伙伴共居的对偶婚形式。在这种长期共居的对偶婚形式下,外来的男子与其对偶共同参加女子氏族的劳动,创造财富,并且确知谁是自己的子女。这样在氏族中逐渐出现了由一对长期共居的男女和他们所生的子女共同生活在一起的非独立的小家庭。由于磨制石器和弓箭的广泛使用,农耕、射猎的效率得到了提高,出现了剩余产品,后来成为私有的财产。而男子由于生理上的原因,成为生产中的主力,是更多财富的创造者。但这种小家庭是依附于女方所在的母系氏族的,是很脆弱的,很容易破裂。对男子来说,不管他在女方家里有多少子女或创造了多少财富,仍然要准备好随时被赶走。而他所创造的财富,都只能由对偶的氏族全体成员所继承,他的子女只能与其他氏族成员一样,继承其中的一部分。至于男子在本氏族中的财产,由于他常年不在本氏族创造财富,虽然按氏族的传统习俗,他可以享有其中的一部分,但在私有观念日益发展的情况下,他必然要受到其他氏族成员的白眼。解决这种矛盾的唯一办法,就是男子将对偶的女子带回自己的氏族中。这样,自己创造财富,既可以留在本氏族内,子女又可以继承。于是以男子为主体的一夫一妻制出现了,逐渐成为社会主流的婚姻形态。于是以女子为主体的母系氏族公社也就让位给以男子为主体的父系氏族公社。一夫一妻的小家成为父系大家族中的个体组成部分。当然,这种巨大的转变不是一朝一夕完成的,其间也充满了激烈的斗争。一夫一妻婚主要是对女子而言,为了确保血统的纯粹,男子要求女子必须保持贞操,必须断绝与其他男子的性关系。但由于男子是财富的创造者、所有者和支配者,所以他是可以多妻的。因为他是从外氏族将女子取来为妻,因此称为“娶”。这种娶来的妻子,实际上就是男子的财产。妻又称为“妇”。《说文解字》云:“妇,服也,从女持帚,洒扫也。”妇就是用来服侍丈夫的。其字繁体为“婦”,从“女”从“帚”,就是为丈夫持帚洒扫的女人。

父系氏族公社时期的一夫一妻及一夫多妻的婚姻形态,在父系氏族文化遗址的龙山文化和齐家文化的墓葬中,都有真切的反映。有的墓葬是一男子仰身直肢葬,女子侧身屈肢葬;有的是一男子仰身直肢葬,两女子都面向男子侧身屈肢葬。它真实地揭示出当时已存在一夫一妻和一夫多妻的个体家庭,在这个家庭中,女子是屈从的侍者。

阶级社会,无论是奴隶社会还是封建社会,都是以财产私有制为基础的社会。因此,作为财产私有制产物的一夫一妻以及一夫多妻的婚姻形态自然地被保留下来,只是在不同历史发展阶段中有所变化而已。

第二节　中国古代的婚姻制度

中国古代婚姻制度主要有以下几个方面。

一、嫡庶有等的妻妾制

中国古代,无论是奴隶社会还是封建社会,庶民由于受经济条件的限制,多是一夫一妻制,有的因家贫甚至无妻。但贵族从天子到士,按礼的规定皆是一夫多妻制。夏、商时期,贵族多妻,但基本上没有严格的等级之分。如商王武丁有六十四个妻子,都统称为"妇"。周代由于实行宗法制度,多妻且等级分明,嫡庶有别。嫡妻为主妻,只一人,位尊。庶妻位卑,可多人。据《周礼·天官冢宰·内宰》郑司农注云:"王之妃百二十人:后一人,夫人三人,嫔九人,世妇二十七人,女御八十一人。"后在王的群妻中即为"嫡",是最尊者,统管六宫。其他诸妻为"庶",各有职事、等级。王后对其他众妻有生杀之权。又据《公羊传》载,天子之妻十二,诸侯九,大夫三,士二。天子之妃曰后,诸侯曰夫人,大夫曰孺人,士曰妇人,庶人曰妻,后、夫人、孺人、妇人皆为嫡妻之名,其余皆为庶妻。尽管各文献记载不同,但诸妻等级森严是无疑的。

西周和春秋时期,盛行媵妾制度。媵即陪嫁之女,她们的地位对嫡妻而言相当于妾。天子、诸侯以及后来的卿大夫,在娶嫡妻时,还可以同时一次性地娶其娣、姪(侄),即妹妹和侄女为媵。《公羊传》说,诸侯一娶九女,天子一娶十二女。一人为嫡妻,其余陪嫁之媵皆为庶妻。嫡庶皆出于同一家族,可以避免群妻间的嫉妒和争斗,以保持家族的稳定。

周代嫡庶有等的一妻多妾制,被以后的历代王朝所承袭。秦始皇嫡妻称"皇后",妾皆称"夫人"。汉武帝之妃分为八等:一为皇后,二为夫人,三为美人,四为良人,五为八子,六为七子,七为长使,八为少使;宫女数千。从汉元帝起,皇帝的后宫嫔妃增至三千人,分为十四个等级。西汉制度规定,诸侯、百官在嫡妻之外皆可纳妾。诸侯可纳妾二百,列侯一百,关内侯、吏、民(一般地主和商贾)三十。

二、士庶不婚的门第制

在中国古代,婚姻并不是以爱情为基础的,而是由双方的家族或宗族的经济利益、政治利益决定的。女人是变相的商品,婚姻则是各种利益的交易。特别是在上层社会,婚姻是一种政治行为,是一种借新的联姻来扩大自己势力的机会。

缔结婚姻关系的基本原则就是"门当户对"。这种婚姻原则发展到魏、晋、南北朝时达到顶点。魏、晋、南北朝时期,盛行士族门阀制度。世世代代为高官,在政治上、经济上、文化上长期居于统治地位的贵族称"士族"或"世族";卑庶之门则称为"庶族"或"寒门"。士族与庶族之间有严格的界限,士庶不得通婚。士族以与庶族通婚为耻,庶族以与士族通婚为荣。南朝梁国的高官侯景,出身庶族,欲攀亲于王、谢两家大族,梁武帝说:"王、谢门高非偶,可于朱、张以下访之。"(《南史·贼臣传》)北朝的门第观念更甚。北魏和平四年(公元 463 年)高宗下诏曰:"今制皇族师傅王公侯伯及士庶之家,不得与百工伎巧卑姓为婚,犯者加罪。"(《北史·魏本纪第二》)婚姻只能在同类级之间缔结,否则视为犯法。唐代以后,虽然随着门阀等级制度的消亡,士庶不婚的婚姻制度逐渐失去了它的约束力,但良贱不婚、官民不婚仍然是不可动摇的制度。《唐律·户婚律》规定,良民与贱民(奴婢、官户、杂户、工乐户、部曲等)通婚,要判徒刑一年半或流放三千里。

三、同姓不婚制

"同姓不婚"始于原始社会母系氏族时代,进入阶级社会以后,历代因袭。《左传·僖公二十二年》载:"男女同姓,其生不蕃。"《国语·晋语四》亦载:"是故娶妻避其同姓,畏乱灾也。"

汉代把同姓缔婚视为"禽兽"。《白虎通·嫁娶》说:"不娶同姓者,重人伦,防淫佚,耻与禽兽同也。"

唐代把"同姓不婚"作为法律条文。《唐律·户婚律》载:"同宗共姓,皆不得为婚,违者各徒三年。"

四、"七出"之条的离婚制度

在男权制的中国古代,离婚是男子的专有权,女子只能甘当离婚牺牲品。早在周代就有男子离婚的七项条件,称为"七去"。《大戴礼记·本命》载:"妇有七去……不顺父母去,为其逆德也;无子,为其绝世也;淫,为其乱族也;妒,为其乱家也;有恶疾,为其不可与共粢盛也;口多言,为其离亲也;盗窃,为其反义也。""七去"又称为"七出",妇人只要违犯其中的一项,丈夫就可以与她离婚。秦、汉以后,"七出"还仅属于伦理规范,尚未成为国家的法律。唐、宋、元、明、清诸朝,将它列为纪令正本。七条之中,除了"多言""盗窃"属于个人品德外,其余都与违反古代的婚姻根本目的有关。《唐律》规定,丈夫如果不赶走犯"七出"之条的妻子,就要服刑三年。

离婚除了"七出"之外,还有"义绝"。"义绝"包括夫对妻族、妻对夫族的殴杀罪、奸非罪(包括妻子与丈夫五服以内的亲属通奸,以及丈夫与岳母通奸)以及妻子对丈夫的谋害罪等。按礼制,夫妻以"义"合。出现以上情况,是恩义断绝,不能再相处下去,必须离婚。犯"七出"之条,离不离婚,权利在丈夫。如果是"义绝",则必须离婚,权利不在丈夫而在国家。如不离婚,按法律予以惩罚。唐、宋法律规定判一年徒刑,明、清法律规定杖八十。

若夫妇双方一致同意离婚,即使不符合"七出"和"义绝",法律也予以承认,这种离婚称为"协离"。

五、婚龄制度

古代婚龄,不同的朝代不尽一致。据文献所载,周代:男 30 岁,女 20 岁;春秋齐桓公时期:男 30 岁,女 15 岁;越王勾践时期:男 20 岁,女 17 岁;西汉惠帝时期:男不详,女 15 岁;晋武帝时期:男不详,女 17 岁;北周武帝时期:男 15 岁,女 13 岁;唐贞观令:男 20 岁,女 15 岁;唐开元令:男 15 岁,女 13 岁;宋天圣令:男 15 岁,女 13 岁;宋嘉定令:男 16 岁,女 14 岁;明洪武令:男 16 岁,女 14 岁;大清通礼:男 16 岁,女 14 岁。《吉林通志》载:"满人唯结婚多在十岁内,过期则以为晚。"

从以上资料看,古代婚龄有以下特点:

第一,早婚。由于社会急需劳动人手,需要增加国家税收,特别是战争急需兵源等原因,国家大力提倡早婚。此外,就每个家庭而言,受传统的"多子多孙多福""早得儿子早得济"等观念的影响,也希望子女早婚。如越王勾践为了复国灭吴,曾下令:"女子十七不嫁,其父母有罪;丈夫二十不娶,其父母有罪。"(《国语·越语上》)汉初,国家经济遭到破坏,国库空虚,急需发展生产,所以汉惠帝下令:"女子年十五以上至三十岁不嫁,五算。"(《汉书·惠帝纪》)算为人头税,每人一算为 120 钱,五算即五倍,以此推动人口的增长。

第二,夫妻年龄相差悬殊。在正常情况下,多是夫大妻 2～5 岁,但由于上层社会盛行多妻制,老夫纳少妾是普遍的现象,年龄相差在 10～40 岁上下。谚云:"坐着花轿进了门,一天到晚弄泥神。"又有小夫娶大妻之俗。清代满族人一般是十三四岁的男子必娶十七八岁的女子。更有民谚云:"十八岁大姐周岁郎,每天晚上抱上床。睡到半夜要吃奶,劈头盖脸几巴掌,我是你的妻,不是你的娘。"少夫娶大妻,主要是为了使媳妇进门便成为劳动的人手。同时,也是为了丈夫在当兵之前留下子嗣,免得因战死沙场而断后。

第三节　中国古代的婚礼

中国古代非常重视"和二姓之好,上以事宗庙,而下以继后世"的婚礼。由原始社会的父系氏族时代,经夏、商而至西周,形成了一套具有概括性的婚姻礼俗,史称"六礼"。"六礼"是由求亲至迎亲的过程。此外,还有正婚礼,即结婚的仪式。后世因之,各有损益。

一、六礼

据《仪礼·士昏礼》和《礼记·昏义》载,六礼的程序为:纳采、问名、纳吉、纳征、请期、亲迎。

（一）纳采

纳采即男方之父先遣媒人去女方家求婚，问明是否愿意与男方结亲。因为这属于采选的性质，故称为"纳采"。在行纳采之礼时，媒人要把男方的情况向女家之父予以说明，并以雁作为求婚的礼物。因为雁是候鸟，顺阴阳往来，含有守时有信的寓意；而且雁失其偶不再成双，表示忠贞。秦、汉以后，有用羔羊、合欢、嘉禾、胶漆等物作为礼物的，它们都象征夫妻美满、和睦。

（二）问名

在女方答应可以议婚后，男方再请媒人去女方家，执雁行问名礼。即问女子姓名、排行、出生年月日等，即后世所问的生辰八字。问清之后，回男方之家进行卜婚，看男女双方是否适合婚配。

（三）纳吉

纳吉礼即订婚礼。根据问名所得女方的情况，男方在家庙中进行占卜。如卜得吉兆，男方遣媒人返回，通知女方。如果女方再无意见，则婚事议定，俗称"小定"，即现今所说的"订婚"。在家庙中进行占卜，表示男女婚姻大事，不仅要由父母决定，还要征得祖先的同意，因为这是事关男方传宗接代的大事。男方遣媒人行纳吉礼时，所执礼物还是雁。纳吉之礼，后世变为小聘，即男方向女方送少量的礼物，如衣服、首饰之类。

（四）纳征

纳征又称"纳币"，即正式下聘礼，聘礼多是金银布帛之类。征者，成也。行完纳征礼，意味着男女双方缔婚最后完成，可以互相走访相见，所谓"非受币不交不亲"。纳征是男女成婚的关键。

（五）请期

请期即确定举行婚礼的日期。纳征之后，男方派人去女方家选定成婚的日期。其实，男方早已卜得吉期，并已做出决定。"请期"只是谦辞，表示"不敢自专"，所以后世又称为"告期"。

（六）亲迎

亲迎即新郎亲往女家迎娶的礼仪。中国古代的婚礼是在黄昏举行，故"婚"字作"昏"，"以昏为期"。古人认为夫为阳，妻为阴；昼为阳，夜为阴；赤为阳，黑为阴。所以，婚礼是在昼夜相交的黄昏之时举行的。西周、春秋时期，新郎去迎亲时，戴爵弁（赤黑色的帽子），身着裳（浅红色的围裙）、缁衣（黑色上衣）。随从者皆穿黑衣，乘墨车，从车两乘。从者提灯照路引车而行。古人娶亲不贺，"娶妇之家三日不举乐"，"嫁之家三日不熄烛"，都显示不出大欢喜的气氛。学者认为，这实际上是上古抢婚的遗风。父系氏族公社时期，有剽掠妇女为妻之俗，其剽掠必在昏夜，以乘女家不备。后世迎亲新郎多穿大红吉服，用彩轿。

新郎车至新妇家,把新娘迎入车中,自己还要亲自御车,授绥(上车的引绳)作仆人之礼。陪同新娘的"姆"谢绝不受,新郎再退回乘自己的车,在前引导,新妇之车随其后。新郎之车先至家门,迎接新娘下车。

二、正婚礼

正婚礼是指新郎将新娘接到男家以后,所举行的正式结为夫妻的礼仪。正婚礼分为拜堂、坐帐、同牢合卺。

(一)拜堂

拜堂又称为"拜天地"。男人认为男女结婚交媾,恰如天地阴阳结合,所以必须先拜天地,以求阳刚阴柔、夫妻和谐、天长地久、白头偕老。从结婚开始,女子就成为男方家庭中的一员,所以拜列祖列宗,拜公婆尊长。从结婚那天起,男女合成一体,所以新婚夫妇要交拜,以示郑重其事。其程序大体如下:

撒谷豆 即喜轿(或车)进门以后,撒谷、豆、草节等,用以避邪。这是一项比较古老的习俗,宋以后比较流行。

射煞 又叫叩轿门。新娘进门,一定要由新郎叩轿门才能下轿。新郎持握弓箭,象征性地向轿底射三箭,三箭过后,新娘方可下轿入门。这喻示着驱走或射杀随轿而来的邪神恶鬼,驱煞避邪。

跨马鞍、火盆 即在新娘进屋的路上事先摆放马鞍或火盆,让新娘从上面跨过去。"跨马鞍"意味着夫妻扬鞭跃马,春风得意;"跨火盆"意在烧去一切不吉利的东西,日后夫妻好合,日子越过越红火。

传席 唐代以后有此俗。即以红毡铺地,新妇下车以后,脚踩红毡,红毡交替传递。意为永走红运,子孙绵延,代代相传。

拜堂 新郎与新娘在襄礼的引导下"拜天地"。通常是三拜:拜天地,拜高堂,夫妻对拜。

(二)坐帐

新郎、新娘拜完天地之后进入洞房。新郎新娘男左女右并肩坐帐帏内的床上,称为"坐帐""坐福"。亲朋将同心花果、枣子、花生、桂圆、栗子之类撒向新郎、新娘怀中,意为夫妻同心,早(枣)生(花生)贵(桂圆)子,或早(枣)立(栗)子。据说,此俗始于汉武帝娶李夫人。

(三)同牢合卺

古代用于祭祀的牲畜称为"牢",同牢即新郎新娘共食同一牲之肉;合卺是指新郎新娘共饮合欢酒,后也称为"交杯酒"。同牢合卺喻示新婚夫妇同食共寝,永结同心之好。卺是将一个葫芦分为两半的瓢,用以盛酒。合卺即将两个卺合在一起,象征夫妇合为一体。

以上各个程序完毕，大婚告成。

第四节　中国古代少数民族的婚俗

中国自古以来就是一个多民族的国家，他们的婚姻习俗大大地丰富了中华民族的光辉文化。

一、蒙古族婚俗

蒙古族是起源于古代望建河（今额尔古纳河）东岸一带的古老部落，为东胡系的一支。唐代称其为"蒙兀室韦"。公元 1206 年，铁木真建立蒙古汗国并被尊称为成吉思汗。成吉思汗及其子孙建立的蒙古汗国横跨欧亚。公元 1271 年，忽必烈改国号为大元。元王朝是一个强大的王朝，虽然仅存国近百年，但蒙古族一直是活跃在我国北部广大地区的重要民族。其婚姻习俗极具民族特色。

(一)古老婚姻形态的遗风

古代蒙古族普遍实行族外婚。一夫一妻制和一夫多妻制并行。其特点是婚俗中保留了许多原始的婚姻形态。

1.抢婚

蒙古族在建立蒙古汗国之前，处于奴隶制的发展阶段，保留了由母系社会向父系社会转变时期抢婚的习俗。铁木真的母亲诃额伦就是他的父亲也速该把阿秃儿抢来的，而铁木真的妻子孛儿台也曾被蔑儿乞惕部抢去，后来又被铁木真抢回来。铁木真在征服了塔塔尔部落后，又抢了这个部落也速干的姊妹为妃。以后，铁木真征服王罕部落，又抢了王罕之弟扎哈敕不的两个女儿，把其大女儿亦巴哈留给自己，把其小女儿莎尔哈塔尼送给自己的四子托雷为妻。这些被抢来的妻子照样得宠，他们也非常忠于自己的丈夫。这说明抢婚对于处于野蛮阶段的游牧民族来说，是一种司空见惯的遗风。

2.收继婚

收继婚即兄弟之妻或父祖之妾在兄弟父祖死后可以收继为自己的妻子。据《蒙古秘史》载，成吉思汗的五世从祖察剌孩领忽就是"收嫂为妻，又生一子，名别速台"。又如《蒙古源流》一书载，成吉思汗九世孙满都古勒汗第二个妃子是满都海·彻辰夫人，在满都古勒汗去世后，其子巴图蒙克年方七岁，按传统习俗收继三十三岁的满都海·彻辰夫人为妃，后来又生了七个儿子与一个女儿。再如明代中后期，蒙古部俺答汗之妃克兔哈屯（汉译"三娘子"）是一个力主与明朝友好，能够影响俺答汗决策的杰出女性。在俺答汗死后,为俺答汗之子乞庆哈收继,乞庆哈死后又被其子扯力克收继,为三代蒙古汗之妃,当政四十年。古代蒙古妇女保留了更多的母系氏族时期女人的权力。她们不仅有财产继承权,甚至可以代替已故丈夫的位置统领部众,故被收继者渴望被收继。而已寡妇女再嫁本族子弟,还可以得到新夫的一部分财产和权力,所以这种古老的婚俗老而不衰。

3.从妻居婚俗

《夷俗记·匹配》记载蒙古婚俗:其成亲则婿住妇家,自带酒肉,设宴,先祭天地,后宴请诸亲友。妇家在帐房之外为其另外准备一座帐房。宴会结束后,诸亲友散去,时近黄昏,这时藏匿在邻家的新妇乘马向外跑去,婿则乘骑追赶。获则挟归妇家,不然即追之数百里,一二日不止,新妇必欲婿在旷野上将其追获。回到妇家后,众妇女将新妇拥抱送入帐幕中。婿与妇互送羊骨,然后交拜天地。新妇的内衣以马尾层层围系牢固,婿以小刀割断,乃始婚配。婿在妇家居住一个时期后,再携妇归自己家。女方之家要出资陪送。

还有一种从妻居的形式,即男子不经任何仪式,到女家与情人同居,短则三五年,长则十余年,然后回男家再举行婚礼。在女方家居住期间,参加劳动所得收入归女方之家。这种先居女家后归男家的婚俗,真切、生动地反映了由对偶婚向一夫一妻制过渡的古老遗风。

(二)元代蒙古族婚俗的改进

蒙古族在中原地区建立大元王朝后,改变了游牧生活的环境,逐渐接受了汉族文化,崇尚礼法。婚姻习俗也随之发生了变化,渐从汉俗。《新元史·礼志·婚礼》记载元代婚礼,其议婚、纳采、纳币、亲迎、妇见姑舅、庙见、婿见妇之父母等七个程序,几乎皆与汉俗无异。唯有第七条,即"婿见妇之父母,受婿礼拜,次见妇党诸父。亲家礼婿,婿如常仪。若召赘之家(夫居妻家)仍依时俗现行之礼"还保留了一些蒙古古俗。

二、满族婚俗

世居祖国东北白山黑水广袤地区的满族,有着悠久的历史与古老的文明。满族的先祖最早可以追溯到先秦时期的肃慎。其早在舜及西周初年,就与中原地区发生了联系。汉、晋时期,中原王朝称肃慎为挹娄;南北朝至隋、唐时期,称其为勿吉、靺鞨;辽、宋、元、明时期,称其为女真。1635年,皇太极改女真之称为满洲。1636年皇太极改国号为清,直至1912年清帝逊位,立国近三百年。满族进入中原地区以后,受高度发展的汉族封建文化的影响,不断变化,形成了以民族融合为特色的新的婚姻风俗。

(一)婚姻制度

重民族高下 满族入主中原以前,受民族矛盾和民族战争影响,婚姻重视区分民族高下,禁止满汉通婚。昭梿《啸亭杂录》载:"满洲旧俗,凡所婚娶,必视其氏族之高下,初不计其一时之贫富。"法律规定,如果满人娶汉女为妻,就要取消他所享有的满人的特权,还要受到舆论的谴责。支持并鼓励满蒙互相通婚,其用意是通过满蒙联姻组成满蒙的政治联盟。但入关之后,满汉杂居所造成的民族融合是不可阻挡的趋势,满汉不婚的禁忌逐渐被打破。统治者只好承认既成的事实。顺治年间即下谕:"方今天下一家,满汉官民皆朕赤子,欲其各相亲睦,莫若使之缔结婚姻。自后,满汉官民有欲联姻者,听之。"至清代末年,无论是上层社会还是下层平民,各民族间的通婚已无任何限制。

包办婚 满族人的男女婚嫁完全是被包办的。清初,八旗子女的婚姻完全由各旗诸首领决定。天聪九年(公元 1635 年),皇太极谕:凡是八旗官员的婚姻皆由所管贝勒决定。一般平民的婚姻要由牛录章京决定,违者要受罚。其后,在满洲贵族中又盛行太后"指婚"制。《清稗类钞》载:"近支王、贝勒、贝子、公及外戚之子女既及岁者,开具姓氏年龄进呈,即由太后指配与满洲、蒙古、汉军之贵族联姻,指定后,明发懿旨,以某女婚某王,或某某,名曰指婚,满语又谓之拴婚。"八旗子女的婚姻,"听上选配",其实也是"拴婚"。拴婚制度是满族前期家长制奴隶制的体现。

满族入关以后,随着家长制奴隶制向封建制的转化,拴婚制度逐渐仅有形式,婚姻主要由"父母之命"决定。但在结婚时,必须报所管牛录章京,在结婚的"通书"(即结婚证书)上要注明属于哪一个佐领。这一制度一直延续到清末。

废止收继婚 满族的基本婚姻形态是一夫一妻制,不过一夫多妻制也为法律所允许,为时俗所崇尚,但禁止同姓通婚和收继婚。努尔哈赤统治前后,女真人(满族前身)还保留着不论辈分的收继婚。《建州见闻录》载:女真"婚嫁不择族类,父死而子妻其母"。"不择族类"即不分辈分。如皇太极既娶蒙古科尔沁贝勒莽古斯的女儿为孝端后,又娶了他的孙女为孝庄后。但对收继婚的陋俗,皇太极则开始认识并加以禁止:"既生为人,若娶族中妇女,于禽兽何异!""自今(公元1636 年)以后,凡人不许娶庶母及族中伯母、婶母、嫂子、媳妇。"满族入关之后,同姓不婚,讲求伦常,成为通行的风俗。

(二)婚娶礼仪

满族入关前,婚娶礼仪甚为古朴。婚礼当天,男家送给女家弓箭鞍马。女方送新娘时,男方出外迎亲,然后设宴,赏赐金银绸缎,无束帖,无鼓乐,无男女傧相……妇入门,只拜翁姑(公婆),无交拜礼。满族入关以后,受汉族婚娶"六礼"影响,逐渐形成一套烦琐细密的婚礼之仪。其仪多同汉族婚俗,但也有本民族的特点。

通媒 男家择门第相当人家,求媒通聘,媒人先后去三次,每次带一瓶酒为礼物。故俗语云:"成不成,酒三瓶。"

小定 女家如答应议婚,男家主妇则去问名、看相貌。姑娘出来给装一袋烟,俗称"装婚礼"。如相看满意,则送给姑娘钗钏之类的首饰为"定礼",称为"小定"。或由主妇把首饰插在姑娘的头上,称为"插戴礼"。这是由古勿吉人"男以毛羽插女头"表示相爱的古风演变而来的。

拜女家 在小定之后,男家之父率子及亲朋至女家叩拜求婚。女家及其亲属受而不辞。拜毕,正式提出求婚。女家应允,则婚事确定。因是正式订婚,故称为"大定"。这是从金代女真人"拜门礼"一直沿袭下来的古俗。

下茶 即男家择吉日去女家送聘礼。入关前,聘礼中必有鞍马、甲胄之类,体现满族射猎尚武的风俗。入关后,聘礼多是猪、羊、酒、帛、首饰之类。聘礼放在铺有红毯的高桌上,抬送女家,陈列于祖先案前。两亲翁并跪,斟酒互递醮祭,称为"换盅"。女家设宴款待,男家赠银,跳神志喜。

开剪 男家选好结婚日期,通知女家,俗称"送日子"。男家将给新娘的衣服、首饰等送至女家,陈列于祖先案前。两亲翁并跪,奠酒焚纸,互相贺喜,俗称"开剪"。

送嫁妆 婚期前一日或几日,女家将陪嫁的箱柜等各类物品陈列在铺有红地毯的高脚桌上,抬至男家,陈列门前,俗称"过箱柜"。新郎则要骑马去女家致谢。

迎娶 迎亲仪式在天未亮时开始。至吉时,新郎骑马率迎亲轿车及迎亲客去女家迎娶。轿挂红绿绸,导以灯笼、喇叭,一路吹奏。五鼓时至新娘家门前。新娘在婚礼的前一天要离开家,由送亲婆陪同,亲哥哥护送,到预先选好的某家住宿,俗称"打下处"。第二天,根据约定的时间,新娘再登轿出发。与此同时,新郎由傧相等迎亲者陪同,率迎亲车轿出发。两车行至途中相遇,新娘换好盛装,其兄将她抱送到迎亲车上,俗称"插车礼"。插车礼反映了满族的先祖们在远距离的部落间通婚,长途跋涉送亲的情况。路途遥远,所以途中需要"打下处"。一路风险重重,由亲哥哥护送最可靠。"插车"表示已亲手将姑娘安全送交给了男家。

坐帐 满族的坐帐礼,其"射煞""跨马鞍火盆""坐帐""合卺"等与汉族大同小异,只是满族多无交拜之礼。有些地区的满族婚礼,在行坐帐礼之前,新娘先入帐中,新郎背上背包,绕帐房三圈,问新娘:"留不留宿呀?"新娘如答应留宿,则进;如不答应,还要绕三圈再问,直到答应为止。绕帐求宿,是母系氏族公社时期,男子去外氏族访女求偶的遗风。

分大小　次日,新郎与新娘五鼓起身,拜天地、祖宗、公婆及族中尊长、幼小,俗称"分大小"。也就是说,从这一天起,新娘开始确立其在家庭中的地位。

思考题

1.什么是血族婚、族外婚、对偶婚、"七出"之条?

2.什么是士庶不婚?中国古代为什么会存在这样的婚姻制度?

3.简述中国古代婚俗"六礼"的基本内容。

4.以实例说明满族入关后婚姻习俗的主要变化。

第三章　中国古代的家族与宗法制度

学习目的

通过本章的学习,掌握宗法制的主要内容,了解秦、汉以后封建大家族的发展及其演变过程,从而深刻认识中国社会的基本特点。

主要内容

● 西周时期的宗法制度

● 秦、汉以后封建大家族的特点

在中国古代社会中,血缘关系是联结人与人之间及社会集团之间关系的重要纽带。血缘团体的家族、宗族组织,在夏、商、周三代的千余年间,长期作为社会的基本组织而存在。战国、秦、汉直至明、清的两千年中,家族、宗族组织仍然以不同的形式存在着,始终对社会生产、社会生活产生着深刻的影响。其存在时间之长、作用之大,都是举世罕见的。所以,中国古代社会被某些社会学家称为"宗法社会"。在一定意义上说,不了解中国古代的家族、宗族,就不可能全面、深刻地认识中国古代社会及中国古代的思想文化。

第一节　中国古代父系血缘团体的结构与宗法制度

一、父系血缘团体的结构

自原始社会后期的父系氏族公社时期始,各血缘团体都以父系血缘为根本,按血缘关系的亲疏,区分出不同的血缘团体。每个血缘团体泛称为"族"。

族者,组聚也。同一血缘关系的人们组聚在一起即称为"族"。《左传·襄公十二年》说:"凡诸侯之丧,异姓临于外,同姓于宗庙,同宗于祖庙,同族于祢庙。"这段记载清楚地揭示出了中国古代血缘团体的基本结构:同姓、同宗、同族。同姓即姓族,同宗即宗族,同族即家族。祢庙为祭祀父亲之庙,祖庙为祭祀本支同一始祖之庙,宗庙为祭祀远祖之庙。由此可知,所谓的家族通常是指同一父亲所生的同居兄弟及其妻子和儿女,是最基本的血亲团体。同姓则是同一远祖所生的后代,是更大范围的血亲集团。同姓血亲集团,由于血缘关系过于疏远,凝聚力不大,对社会的影响较小。家族人少势弱,对社会的影响也不大。对社会影响较大的是宗族。宗族一般是以五世为限的血缘团体。每个宗族都有属于自己的土地和其他财富,族人同居或聚居,有共同的"氏"作为本宗族的标志。其氏由天子或诸侯颁命。命氏的依据不一,如以国为氏、以官为氏、以爵为氏、以居地为氏、以从事的职业为氏、以祖父的字为氏、以谥号为氏等。这些血缘团体,既是生产、生活组织,又是政治组织和军事组织。

二、周代的宗法制度

所谓的"宗法"就是宗族管理制度。它规定了同一血缘团体内区分尊卑长幼的法则、继承秩序以及不同宗族成员各自不同的权利和义务等。宗法制度由父系氏族社会的家长制演变而来,经夏、商至西周而逐步完善。周代的宗法制度最为典型,对后世的影响也最为深远。概括来说,有两个主要特点。

(一)宗法制有大宗、小宗之等

宗法是宗族内等级尊卑法。按宗法制度,在卿大夫、士的贵族大家族中,要根据血缘身份划分出大宗和小宗,以区别尊卑及统属。《礼记·丧服小记》所载的"别子为祖,继别为宗,继祢者为小宗",就是讲的大宗、小宗的划分。

所谓的"继别为宗",就是在别子所创建的血缘团体中,实行嫡长子继承制。别子的嫡长子继承别子的名分和财产,为这一宗族集团的族长,被其同父兄弟和族人所尊,奉其为"大宗",称其为"大宗子"。别子的嫡长子之外的其他诸子所组成的家族,在这一宗族集团中则为"小宗",他本人称为"小宗子"。在各小宗内,也实行嫡长子继承制,但小宗子的嫡长子只能继承他父亲的名分和财产,而不能继承他祖父(别子)的名分和财产,这就是所谓的"继祢者为小宗"。祢是先父之称。小宗子的嫡长子继承其父的名分和财产,被其同父兄弟所尊,奉为新一代的"小宗子"。这样,在"别子为祖"的宗族集团内,确立了大宗、小宗层层相属的完整体系和森严的等级。宗法制示意图如下。

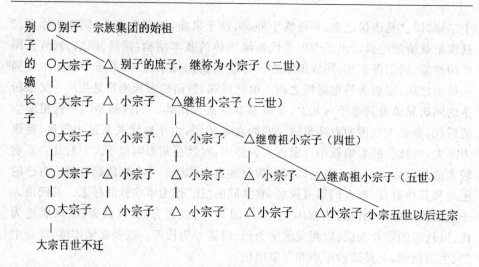

别子的嫡长子

别	○别子	宗族集团的始祖
子		
的	○大宗子	△别子的庶子,继祢为小宗子(二世)
嫡		
长	○大宗子	△小宗子	△继祖小宗子(三世)
子			
	○大宗子	△小宗了	△小宗了	△继曾祖小宗子(四世)
	○大宗子	△小宗了	△小宗了	△小宗了	△继高祖小宗子(五世)
	○大宗子	△小宗子	△小宗子	△小宗子	△小宗子	小宗五世以后迁宗

大宗百世不迁

大宗是统率全宗族的。大宗子统率宗男,大宗妇统率宗女,处于独尊的地位。大宗负有聚宗收族的责任。所谓的"聚宗"就是团结族人,所谓的"收族"就是"别亲疏,序昭穆",掌握宗族的组织和族人的尊卑关系。大宗子既是宗族集团的组织者,又是保护者。他有义务保护族人不受外族人的欺侮,同时还要把一部分财产、土地分给族人,保证族人的生活。

大宗子是全宗族的族长,享有宗族内的最高统治权。首先,大宗子垄断全宗族的祭祀权。他既可以祭祢,又可以祭祖,其他族人则无权祭祖。垄断祭祖权,表明只有大宗子才是祖宗的代表,族人既然都是祖宗的子孙,就必须敬服于大宗子,这叫"尊祖必敬宗"。其次,大宗子掌握着全族的土地所有权。各小宗的土地由大宗子来分配,大宗子是全宗族生产的组织者。再次,大宗子掌握宗族内的刑罚权和军权。族人违犯族规,大宗子有权予以处罚,甚至可以处死。国家发生战争,大宗子组织宗族武装,编入国家军队中,族人在大宗子的统领下作战。总之,一个宗族集团,仿佛一个小国家,大宗子俨然一个小国之君,强有力地统治着全族。在国家政权中,各大宗子往往都是卿大夫,在军队中他们又都是各级将领。宗族组织和国家的政权机构是互为里表的,各宗族集团是国家政权的基层组织。在宗法制度下,族人互相之间不是平等的,而是血缘关系掩盖下的阶级关系。

(二)宗法制有迁宗与不迁宗之分

所谓的迁宗,就是离开原来所属之宗,不再与族人同宗。按周代宗法制度规定:"有百世不迁之宗,有五世则迁之宗。百世不迁者,别子之后也……宗其继高祖者,五世则迁者也。"(《礼记·大传》)就是说,一个宗族集团是由一个继别的大宗和四个小宗组成的。四个小宗:一是继祢小宗,他要尊敬和服从亲兄弟之嫡;二是继祖小宗,他要尊敬和服从同堂兄弟之嫡;三是继曾祖小宗,他要尊敬和服从从兄弟之嫡;四是继高祖小宗,他要尊敬和服从三从兄弟之嫡。对一个族人来说,他要尊敬和服从与他同父、同祖、同曾祖、同高祖的四代正嫡为小宗,再加上别子之后的大宗,共五宗。别子之后的大宗,永世不变,是为"百世不迁"。而小宗则最多只允许传延五世。五世是为玄孙,玄孙之子已经是第六世,他要迁出原来的宗族集团,不得再与族人为同宗。大宗对他不再负有照顾和保护的义务,是为"五世则迁"。这样世代相续,使宗族始终保持为一个既不过大也不过小的集团。

为什么大宗百世不迁,小宗五世则迁呢?有政治、经济、血缘三个方面的原因。

宗法制度下的宗族,不是自然产生的血缘团体,而是由天子、诸侯授命而建立的。别子是受君命分别而出之子。国君立宗的目的,是为了维护其自上而下的统治。在国家政权结构中,大夫、士这两个阶层是国家政权的支柱,宗族集团是国家政权的社会基础。维护大宗的相对稳定,就是保证了国家政权的稳定。所以,大宗百世不迁。此外,大宗不但有雄厚的经济基础,而且还有很高的政治地位,它也有条件做到百世不迁。

小宗五世则迁。首先是国君维护君权的需要,族权适中,对君权是有利的工具,过大则是威胁君权的祸患。所以,国君为了巩固自己的统治,必须不断地削弱各个宗族集团自然增长的力量,限制大宗只许统辖四个小宗。其次,从经济上看,小宗五世则迁是与西周初期生产力发展水平相适应的。初期的大宗,虽有采邑、禄田,但数量是有限的,人多就是一个负担。为了避免财产过于分散而削弱大宗的力量,也必须使族人不断外迁,自谋其生。再次,从血缘关系上看,在血缘团体中,人与人的亲疏关系主要是由血缘关系的远近决定的。在宗族集团中,就直系而论,最亲为父子,其次为祖孙,再次为曾祖曾孙,然后为高祖玄孙。就旁系而论,最亲为同父兄弟,其次是同祖父兄弟,再次是同曾祖兄弟,然后是同高祖兄弟。超出五代,无论是直系血缘关系还是旁系血缘关系都已经非常淡漠,其脱离原属的宗族集团也是自然的事。

在宗法制度中,嫡长子继承制、以嫡统庶是其核心。贵族实行一夫多妻制。多妻中有一妻为主妻,也称为"嫡妻"。嫡妻所生的长子称为"嫡长子"。嫡妻以外的妻称为"庶妻",庶意为支,为卑。但在众多的庶妻中,也有贵贱之别。庶妻所生之子称为"庶子"。庶子的地位低于嫡子。同是嫡子,嫡长子的地位高于其他嫡子。在庶子中,母贵者位高,母贱者位卑。继承宗族之位,只能是嫡长子,至于其他诸子是否有才能,不在考虑之内。如嫡长子夭亡,在嫡子中依次继承;如嫡妻无子,则在庶子中选母最贵者继承,至于他是否年长,不在考虑之内。这叫作"立嫡以长不以贤,立子(庶子)以贵不以长"。嫡长子位尊,而且只有一个,这样宗子的继承人确定,就杜绝了众子对宗子地位的争夺,从而保证了宗族内部的稳定。《礼记·丧服四制》说:"天无二日,土无二主,国无二君,家无二尊,以一治之也。"为了保证"家无二尊以一治",在家族中实行嫡长子继承制是最有效的办法。

宗法制度的作用就是通过以嫡统庶、大宗统小宗、小宗尊大宗的规定,使每个人都明确自己所处的地位。在宗族中,等级森严,尊卑有序,令行禁止,从而使宗族成为一个稳定的、有力量的血缘集团。宗族、家族是社会的细胞,通过各个宗族的稳定来达到社会稳定,以巩固统治。

周代的宗法制度,经春秋至战国,逐渐被破坏,最后瓦解。战国时期,各国为了图强争霸,纷纷进行变法。扩大君权,加强中央集权,是变法的重要内容。许多拥有强大的政治、经济、军事力量的宗族集团是推行中央集权政策的障碍,所以各国变法在不同程度上都采取限制、打击宗族势力的政策。变法最彻底的秦国,废井田,开阡陌,以军功赏田宅,使宗法制度大家族失去了赖以生存的经济基础;同时,秦国还以法律的形式禁止父子兄弟同居共财,并编定户籍,使一家一户的个体小家庭直接隶属于国家。这样,以大宗统小宗、族人聚族而居的宗法制大家族终于走向了它的末日。但在其后的两千余年间,它的演变形态却仍然对中国封建社会产生着巨大的影响。

第二节 秦、汉以后的封建大家族

战国时期,周代的土地国有制彻底瓦解,土地私有制成为主导的经济基础。特别是秦国商鞅变法和秦始皇的"令黔首自实田",以法律的形式承认和保护土地私有制,更使之蓬勃发展。自秦、汉至明、清,以土地私有制为基础的封建大家族久盛不衰。

一、封建大家族的发展与演变

(一)秦、汉时期的豪强大地主家族

秦、汉时期,一些"田连阡陌"的大地主依凭他们强大的经济力量和世代高官的政治地位,聚族而居,逐渐发展成为强宗大族。强宗大族在地方上依靠雄厚的经济实力、众多的族众,独霸一方,甚至阻挠国家政令的推行。例如汉武帝时,灌夫"家累数千万,食客日数十人,陂池田园,宗族宾客为权利,横于颍川。"(《史记·魏其武安侯列传》)强宗大族的发展,威胁了封建国家的统治。为了压制强宗大族,

秦始皇、汉高祖在统一中国后,都曾强迁天下强宗豪富离开本土。汉武帝为了打击强宗豪右,也多次迁徙强宗大姓,使他们不得族居,甚至任用酷吏,罗织株连,予以剪除。这些措施虽然曾经取得一些效果,但从西汉后期开始,特别是在东汉时期,由于大地主庄园经济的发展和中央政权控制力的削弱,强宗大族的势力又迅速发展起来。有的大家族"宗亲千余家",有的"部曲宗族"多达一万三千余口。这些强宗大族,不仅独霸地方,而且垄断国家政权,世代显贵。如东汉时期弘农华阴杨氏,四世有四人官至三公,他们的门生故吏遍天下,把持从中央到地方的大权。他们往往以宗族聚居区为基地,据险扼要,建立堡坞,广置部曲,组建私人武装,形成割据势力,最终使统一的封建国家解体,出现了三国鼎立的局面。

(二)魏、晋、南北朝时期的士族门阀大家族

魏、晋、南北朝时期,一些在政治上、经济上拥有强大势力的世家大族成为享有特殊权力的社会集团,被称为世族、士族、右姓或阀阅及门阀士族等。其他门第较低、家世不显的家族被称为单家、寒门、庶族。为了严格区分士族与庶族,维护士族的等级特权,统治者制定了门阀制度。在门阀制度下,家世名声是衡量身份、享有特权的标准。南北朝时期的天下显姓,在东吴地区的世家大族称为"吴姓",其中以朱、张、顾、陆四族为大;原居北方,后来随晋室东渡的世家大族称为"侨姓",其中以王、谢、袁、萧四族为大;在山东的世家大族称为"郡姓",其中以崔、卢、李、郑四族为大;在关中的世家大族也称为"郡姓",其中以韦、裴、柳、薛、杨、杜六族为大;代北地区的世家大族称为"虏姓",其中以元、长孙、宇文、于、陆、源、窦七族为大。这些世家大族,通过"九品中正制"世代垄断政府的重要官职,成为世袭官僚。国家选官,只论家世。出身于名门望族的"衣冠子弟",即便无才无德,也总是被列为"上品",优先入仕,得清贵官职。而出身于孤寒之家的庶族子弟,虽德才超群,也只能列为"下品"。如能入仕,只能做士族不屑为的卑浊之职。即所谓"上品无寒门,下品无势族","世胄蹑高位,英俊沉下僚"。士族如果就任应由庶族担任的官职,会被认为是耻辱的事,会因此而受到歧视。

士族为了保持他们高贵的血统,在婚姻上讲究门当户对,只许同等士族之间联姻,不准与庶族通婚。"婚宦失类",要受到谴责。在平时的生活中,士族也自矜门第,鄙薄寒流,不与庶族交往,故意造成"士庶天隔"的局面。南朝宋武帝的舅父路庆之出身寒微,有一次他的孙子路琼之去拜访名门望族王僧达。王僧达故意奚落他,先是"了不与语",后来又讥问:"昔日在我家养马的仆役路庆之,是你什么亲戚?"路琼之走后,王僧达喝令左右,把他坐过的椅子烧掉。路太后听说后大怒,到皇帝面前哭诉。宋武帝也只能回答:"琼之年少,自不宜轻造诣。王僧达贵公子,岂可以此事加罪。"可见,就是皇亲国戚的庶族也不能与士族平起平坐。

士族集团把持国柄,导致政治黑暗,社会矛盾日益尖锐。出身于士族的纨绔子弟,一个个"熏衣、剃面、傅粉、施朱","从容出入,望若神仙",不懂"战阵之急""耕稼之苦""劳役之勤",只凭祖宗的资荫做官。做官以不理政事为清高,完全成了一个腐朽的、寄生的阶级。经过侯景之乱和历次农民战争的扫荡,以及隋、唐废除九品中正制,以科举取士,使一些世家大族受到沉重打击,至唐代,士族门阀制度衰落。

(三)宋、元、明、清时期的共居大家族

宋代以后,许多出身寒门的人,依靠科举入仕而取得富贵,成为新的官僚地主。这些新的官僚地主,为了维护本家族、本阶级在政治上、经济上的优势,也需要利用血缘,建立新型的血缘集团。因此,一些地主阶级的代表人物积极主张重建古代的宗族组织,以稳定封建统治秩序。宋代的大思想家张载说:"管摄天下人心,收宗族、厚风俗,使人不忘本,须是明谱系世族与立宗子法。宗法不立,则人不知统系来处。"由于历史条件久已改变,要原封不动地恢复西周的宗法制度是不可能的,但上古宗法制度中的尊祖、敬宗、收族等原则,以及士族门阀制度中的"谱牒"等,经过一番改造,形成了以建宗祠、修族谱、置族田、立族长、订族规为特征的新的宗法制度。一些新的共居封建大家族,在新的宗族制度的规范下又发展起来。共居封建大家族主要有两种共居的形式:一是累世共产同居的大家族。宋代以后,数世同居的大家族非常多,年代也越来越长。如池州青阳方纲家族八世同居,七百余人共食;姚宗明十世同居,历时三百余年未分异。有的横跨几个朝代,经历数次治乱。宋代王林《燕翼诒谋录》中记载一个裘姓大家族,在真宗大中祥符年间已同居十九世,被旌表为"义门"。二百三十多年后的明代,裘家仍然保持着"义门"的称号。二是由许多独立的个体小家庭同地共居组成的大家族,形成一个聚居的村落。在中国各地,许许多多村落,诸如傅家庄、孟家屯、蒋家沟、王家堡子等都是由同居的大家族发展演变而来的。这些封建大家族由于受到封建国家的支持与保护,不断发展和完善,在封建社会后期近千年的历史时期中,同封建特权、封建礼教纠合在一起,有着长期而深刻的影响。

二、封建大家族的特点

(一)建宗祠

宗祠是由周代宗法制度中的家庙发展而来的,是供奉祖先牌位的场所。尊祖敬宗是聚族的重要形式,新建大家族都以建立宗祠祭祖为首要之事。

宋代允许士大夫建立祠堂,合族祭祖。南宋朱熹在《家礼》中提出:"君子将营宫室,先立祠堂于正寝之东,为四龛,以奉先世神主。"四龛所奉为高祖父、曾祖父、祖父、父亲四代。明朝世宗采纳大学士夏言的建议,正式允许民间皆得联宗立庙,"庶人无庙"的制度被打破,从此宗祠遍立。有的大宗祠是数县范围内同一远祖所传族人合建的。如江西新安皇呈徐氏宗祠,下统三十八族,远族有距宗祠三百里者。宗祠之下又有支祠、房祠、家祠。支祠、房祠为族中各支派所建,用于供奉本支、本房的祖先,家祠则是一家或兄弟数家所建,只供奉二三代直系祖先。明代中期以后,有些大家族的宗祠规模相当宏大,富丽堂皇。

宗祠祭祖,是最重要的宗族活动,仪式隆重。祭祀活动名目繁多,有每年对高、曾、祖、考的四时祭,有冬至祭始祖、立春祭先祖、秋分祭祢以及忌日祭等特祭,每逢年节还有年节祭。祭祀活动由族长主持,合族男子会集于宗祠,按辈分高低排列,尊者在前,卑者在后。祭品丰盛,礼仪严肃隆重,要充分表达出尊祖敬宗之情。违礼者要受到惩罚。通过祭祀祖宗,加强同族人的血亲观念和对族权的尊敬、服从。

宗祠也是处理宗族事务的场所。族中议事、族人的集会、重大典礼、惩罚违犯族规的族人、解决族内重大纠纷等活动也都在宗祠中举行。许多宗族还在宗祠中设立家学,供族人子弟入学读书,可以免交学费等费用。

(二)立族谱

族谱是以记载父系家族世系人物为中心的历史图籍。其作用是明世系、辨昭穆、别贵贱、敦孝悌、重人伦、睦宗族、厚风俗,维系宗族的团结。唐代以前的谱牒,在唐末五代的战乱中绝大多数散失不存。宋代以后,经欧阳修、苏洵、苏轼父子的倡导,家谱重新受到重视。朱熹说:"谱存而宗可考,是故君子重之。"组建封建大家族,必有族谱。宋、明之后,随着各大宗族的发展,族谱又兴盛起来,所谓"家之有庙,族之有谱",不但名族望门有谱,一般家族也有谱。有合族之谱,也有分支之谱。

明、清时代比较完备的族谱一般由以下几部分组成:序文、谱例、目录、家训族规、族墓、祠堂、族田情况、始迁祖以下全族已故和在世的所有族人的谱系世表。谱系世表,首记祖宗姓名讳字,然后分记各房支。各房支以表格的形式登记每一世次男性宗族成员的名、字、号,功名仕宦情况,婚姻、生育情况和享年、葬地。女性在家谱中也有记载,但都不见名字。外族之女来后就加入丈夫的宗族,以某氏的名义附于丈夫之后。本族之女嫁出后就脱离了父亲的宗族,以"第几女"的名义附于父亲之后,并注明嫁于某地某人。为本宗族光宗耀祖者特立家传,如引以为荣的名宦、名士、忠臣、孝子、烈妇、贞女等。

族谱要定期续修,或二十年、三十年。修族谱是宗族中的大事,以避免因长期失修而造成族人散失、辈分混乱、感情淡漠。修族谱由族长或族中有重大影响力的人主持,每次族谱修毕,全体族人都要在宗祠中集会,举行祭告祖宗的仪式,并把续修过的族谱分发给各支房,妥善保存。

(三)制族规

族规又称族训、族约、宗规、家规、家训、家礼等,是宗族的法律。宗族支系多,人口众,亲疏不等,志趣需求不同,如各行其是、各谋其利,势必造成家族、宗族的纠纷。因此,各大宗族都要制定一些规矩、章法,用以调和族人的利益,约束族人的行动,以维护宗族的团结与稳定。

不同的宗族虽然由于传统、经历、所居地域、所处地位不同,所立的族规也各有不同,体现出不同的家风;但还是具有共性,无不以封建的三纲五常为基础,体现忠君利国、尊祖敬宗、仁爱睦族等基本原则,对违犯族规者要予以严厉处罚。

族规的主要内容大致包括以下几个方面:

第一,教育族人恪遵国法。明、清时代,许多族规都把皇帝劝告谕旨放在族规正文之首,以表示尊崇君权,服从国法,做安分守己的良民。

第二,维护宗族伦理关系。明确不同宗族成员的等级名分和行为准则。从"父为子纲"的原则出发,宣扬敦人伦,崇孝悌。如清代安徽泽泾川万氏宗族规定:"尊卑长幼各有定分,于此不敬则伦序乖谬。故吾族凡为卑幼者,见长上无论亲疏,皆当致敬。"在家族伦理关系中,"孝为百善先",处于最重要的地位。"孝"不仅是指子孙对父母、祖父母等长辈的尊敬、奉养、葬祭等,而且还要求子孙要唯父、祖之命是从,不准有任何违背。在家族、宗族伦理中,还特别强调男尊女卑,使妇女处于从属地位。许多族规都把"三从""四德"作为妇女必须遵循的守则。所谓的"三从"即幼从父兄,既嫁从夫,夫死从子;"四德"即妇德、妇言、妇容、妇功四个方面的修养。有的宗族还专门制订《女训》《女诫》等来约束妇女。在许多族规中,在强调尊亲的同时还特别强调敬长,即对族长的尊敬和服从。族长名义上由族人推举,实际上都由族中的权势者所垄断。族长高踞族众之上,拥有相当大的权力。首先是主持全族祭祀祖宗的典礼,表示他是祖宗的合法代理人,是代祖行事;其次是掌管族产,把持宗族的经济大权,借以控制族众;其三是执掌族法族规,有权对违犯族规者进行惩处。但国家法律一般不准家族中擅自处族众以死刑,否则族长要受到处罚。

第三,调整宗族财产关系和解决宗族纠纷。许多宗族都有全族公有的财产,如田地、山林、房屋、池塘等。这些族产有的是祖上传留下来的,有的是族中高官富商捐献的。族产主要用于族内的公共事业,如祭祀、办学或赈济族中的贫困者。因此,许多族规都规定,族产不得独自侵占,不得典卖分散。违者合族告祖控官,人不许入祠,名不许列宗谱。

宗族纠纷包括族内纠纷和与外族纠纷。族内纠纷必须由宗族自己解决,不准诉至官府;擅自向官府诉讼的,族内要加以处罚,这叫作"家丑不可外扬",以维护宗族的声誉。族人与外族发生纠纷,小者由族长出面与之调解,大事则送官公断。一般来说,族人的权益要受到宗族的保护,不能无故受外族的欺凌。

第四,严格约束族人立身、持家,鼓励光宗耀祖。许多族规对族人立身、持家都立有禁约。要求族人禁奢靡,勿懒惰,务本业,勤俭持家。要求子弟力图上进,克绍家声,光宗耀祖。

第五,严防异姓乱宗。为了保证宗族血统纯一,许多族规都规定了立后承继的原则和办法。严禁立异姓之子为嗣,即便是外甥、外孙、女婿等也一概不准。如《简阳彭氏宗谱》的《禁例》中就有"禁异姓承祧","不育无子,此生人不幸之事,故抚抱亦世之常情,但须于同父周亲昭穆相当中择爱择贤,听从其便,切勿以异姓承祧,到遭非种之锄。"

族规是维系宗族的纲纪,它的推行一方面巩固了宗族意识,另一方面也有利于封建统治秩序的稳定,所以受到国家的保护。在长达两千余年的封建社会中,族权同政权、神权、夫权构成了束缚中国人的四大枷锁,严重阻碍了社会的进步与发展。

第三节　中国古代的亲族与亲系称谓

中国古代的亲族,分为宗亲和外亲两种。宗亲即父系大家族,外亲即母系大家族和妻系大家族。血亲关系内外有别,亲疏有差,在重重叠叠的血缘亲系中,形成了繁多的不同的称谓。

一、父系大家族中的亲系与称谓

在父系大家族中,夫妇是家庭的核心,是人伦之始。《易·序卦传》说:"有万物然后有男女,有男女然后有夫妇,有夫妇然后有父子,有父子然后有君臣,有君臣然后有上下,有上下然后礼仪有所错。"夫妇关系是父子关系、君臣关系以及一切礼仪制度产生的基础。夫妇是双方相互的对称,妇称其男性配偶为夫,夫称其女性配偶为妇。《广雅·释亲》云:"夫,扶也。"夫是妇所依扶的人,是妇的靠山,所以夫又称"丈夫"。妇字繁体作"婦",是拿扫帚的女人,是为家庭、丈夫服务的女人。《白虎通义·论六纪之义》云:"妇者,服也,以礼屈服也。"妇是按礼的要求屈服于夫的,又称为"妻"。《说文》云:"妻,与夫齐者也。"妻者,齐也。是与丈夫一致的人,即从夫之人。又妻者,楼(栖)也。妻子对丈夫来说,如同鸟儿有所栖,她是家庭的象征,是夫赖以栖身的人。

家族是一个纵向与横向交叉的网络。

大家族内纵向亲系分别为：

1.由己上推

父母　亲生己者为父母。父者，斧也。甲骨文与金文"父"字作"✗"，即手持棍棒形。《说文》云："父，矩也，家长率教者。从又举杖。"许慎的解释是对的。在石器时代，男子持斧以事操作，后来持斧成为权力的象征。持斧与举杖性质是一样的。"父"字作以手举杖形，象征掌握家中大权，是一家之长，是执掌规矩（家法）、率教家人的人。"母"字甲骨文作"✗"，金文作"✗"，像女人双乳之形，以乳汁养育婴儿的女人称为"母"。

祖父母　父之父称为"祖父"，父之母称为"祖母"。祖当从"示"从"且"。"且"字甲骨文作"✗"，金文作"✗"，是"祖"的初文。《说文》云："祖，始庙也，从示，且（zǔ，音祖）声。"庙是祭祀祖的场所。祖父又称为"王父"，祖母又称为"王母"。对祖父尊之如王者，故称为"王父"。

曾祖父母　祖父之父母称为"曾祖父""曾祖母"，又称为"曾祖王父""曾祖王母"。曾指中间隔两代的亲属，故称"曾祖父母"。

高祖父母　曾祖父之父母称为"高祖父""高祖母"，又称"高祖王父""高祖王母"。"高"为高远之义。

2.由己下衍

子　己与妇所生的孩子称为"子"。《释名》云："子，孳也，相生蕃孳也。"繁殖而生出的人曰"子"。子之妻称为"妇"，又称为"媳"，也称为"媳妇"。子之妻称夫之父为"舅"，夫之母为"姑"（详见妻系家族的"妻之父母"条）。后来又称为"公公"与"婆婆"。

孙　子之子曰"孙"。孙字繁体为"孫"，从子从系，系有后续之意，子的后续者即为孙。

曾孙　孙之子称为"曾孙"。曾犹重也，故曾孙俗称"重孙"。

玄孙　曾孙之子称为"玄孙"。《释名》云："玄，悬也。上悬于高祖最在下也。"

从己上推至高祖为五世，由己下衍至玄孙为五世，从高祖至玄孙共九世，称为"九族"。这是一个大家族基本的直系血缘系统。如果再往上推，还有始祖，是本大家族最开始的创始人，再往上推若干代还有远祖。如果从玄孙再下衍，玄孙之子称为"来孙"，来孙之子称为"晜（昆）孙"，晜孙之子称为"云孙"等。

大家族内横向亲系分别为：

1.由己横推

同父所生之男，长于己者为兄，幼于己者为弟。同父所生之女，长于己者为姊,幼于己者为妹。兄之妻称为"嫂",弟之妻称为"弟妇"。

兄、弟之子称为"侄"或"从子"。兄、弟之女称为"侄女"或"从女"。

兄、弟之孙称为"从孙"。

2.由父横推

父之兄称为"伯父",又称"世父"。其妻称为"伯母"或"世母"。父之弟称为"叔父"。其妻称为"叔母",又称为"婶母"。父之姊妹称为"姑母"。

伯父、叔父的子女称为"堂兄""堂弟""堂姊""堂妹",又称为"从兄""从弟""从姊""从妹",是同祖父的兄弟姊妹。

3.由祖父横推

祖父之兄称为"伯祖父",其妻称为"伯祖母"。祖父之弟称为"叔祖父",其妻称为"叔祖母"。祖父的姊妹称为"王姑"。

叔、伯祖父的子女称为"堂伯父""堂叔父""堂姑母"。堂伯父之妻称为"堂伯母",堂叔父之妻称为"堂叔母"。

堂伯父、堂叔父的子女称为"从堂兄弟姊妹"。

4.由曾祖父横推

曾祖父的兄弟称为"族曾祖父",其妻称为"族曾祖母"。曾祖父的姊妹称为"曾祖王姑母"。

族曾祖父的子女称为"族祖父""族祖姑"。族祖父之妻称为"族祖母"。

族祖父的子女称为"族父""族姑母"。族父之妻称为"族母"。

族父的子女称为"族兄弟""族姊妹"。

从自身横推至族兄弟共五世,按宗法制,五世之外就不再属于同一直系大家族。

二、母系、妻系大家族的亲系与称谓

1.母系家族的亲系与称谓

母亲之父母称为"外祖父""外祖母",又称为"外王父""外王母"。母亲的祖父母称"曾外祖父""曾外祖母",又称"外曾王父""外曾王母"。

母亲的兄弟称为"舅"。母亲的姊妹称为"姨母"或"从母"。母亲的从兄弟称为"从舅"。舅、姨母的子女称为"表兄弟""表姊妹",又称为"从母兄弟""从母姊妹"。后来也称为"中表"。

2.妻系家族的亲系与称谓

妻子之父称为"外舅"。妻子之母称为"外姑"。如《礼记·坊记》:"昏(婚)礼,婿亲迎,见于舅姑,舅姑承子以授婿。"这里的舅姑就是妻子的父母。为什么对妻子的父母要称为"舅"与"姑"呢? 这是原始社会"普那鲁亚婚制",即族外群婚制的遗留。这种族外婚是由两个异姓氏族组成一对互婚的血缘团体,由两个氏族中的同一代男子互相"出嫁"到对方的氏族中,与其同一代的女子互相结合,形成较为稳定的对偶。他们所生的子女留在女方氏族,而"出嫁"的男子仍然是男方氏族的成员。这种婚制世代相传。这样,从男方来说,女方的父辈,也就是他们本氏族中母辈的兄弟,也就是他们的"舅";女方的母辈,则是他们父辈的姊妹,也就是他们的"姑"。从女方来说,男方的父辈也是她们的"舅",母辈也是她们的"姑"。所以妇也称夫的父母为"舅""姑"。在父权制确立后,男子成为氏族的主体,夫成为家庭的主宰。妻是外娶进来的,因而称妻之父母为"外舅""外姑"。《尔雅·释亲》云:"妻之父为外舅,妻之母为外姑。"魏、晋以前,仍是如此称谓。

在南北朝以后,对妻之父母多称为"丈人""丈母"。丈人、丈母本是对长辈男女老者的尊称,后来转为对妻之父母的称谓。妻之父又称为"岳父"。据说,这一称谓始于唐玄宗。据唐人段成式《酉阳杂俎》前集卷十二记载:唐玄宗于开元十四年(公元726年)到泰山封禅,举行祭天地大典,丞相张说乘机将他的女婿郑镒由九品官一下子升为五品官。九品官服色为青色,五品官服色为绯色。唐玄宗见郑镒的官服一下子变了颜色,感到很奇怪,便问郑镒是什么原因,郑镒窘而难答。擅长滑稽说笑的宫廷艺人黄幡绰在旁诙谐地说:"此泰山之力也。"因为泰山有丈人峰,黄幡绰一语双关,唐玄宗心领神会。此后,人们遂把丈人又称为"泰山"。泰山为东岳,是五岳之首,所以又称为"岳父""岳丈""岳翁",丈母也就随之称为"岳母"。

妻之兄称为"大舅子",妻之弟称为"小舅子"。舅子,外舅之子也。妻之姊妹称为"姨",后来别称为"大姨子""小姨子"。与他们的丈夫则互称为"娅"或"连襟"。

思考题

1.什么是大宗、小宗、宗祠、族谱?

2.简述宗法制的基本内容。

3.宗法制中大宗子享有什么样的权利与义务?

4.为什么大宗百世不迁,小宗五世则迁?

5.宗法制度的作用是什么?

6.简述秦、汉以后封建大家族的基本特点。

7.概述父系大家族中纵向、横向的亲系称谓。

第四章 中国古代的姓氏名号

学习目的

通过本章的学习,掌握姓氏的起源及其演变发展,了解古人起名、取字、起号的依据与方法,了解古人称名、称字时的避讳以及各种不同情况下的自称与他称,认识中国古代姓氏名字的文化特点。

主要内容

● 姓、氏、名、字的起源与演变
● 名字避讳始源及其主要方法
● 国君、官、民的谦称与敬称

在中国古代社会,分布于各地的各个族群及群体中的每个人,为了互相区别、互相联系与交往,都有各自的代号。各个族群的代号便是姓、氏,每个人的代号就是名、字及各类的号。它们神秘的始源和奇妙的组合构成了独具中国特色的姓氏名号文化。

第一节 中国古代的姓与氏

姓与氏都是血缘共同体——"族"的标志与称号,两者有联系又有区别。姓是母体,氏是分支。姓氏的起源可追溯到遥远而古老的原始社会。

一、姓的始源

姓是人类群体最早的代号。始于原始社会母系氏族公社时期的图腾。

距今十万年至一万年左右,中国原始社会进入母系氏族公社时代。所谓的氏族就是由同一血缘关系的人们所组成的生产、生活共同体。这个时期的婚姻形态已经由原始群时代的杂乱交配进入到不同氏族群体间的男女交配,史称"族外婚"。族外婚所生的子女仍然是"知其母不知其父",所生子女只能生活在母亲的氏族中,这个氏族中的所有人都是一个始祖母的后代,世系以女性记。这样的血缘团体,史家称为"母系氏族公社"。由于社会生产力的发展,各个氏族群体逐步有了相对稳定的居住区。为了生产和生活的需要,特别是为了族外男女婚配的需要,每个氏族必须有一个标志自己、区别于其他族群的称号,这个最初的称号就是"姓"。

《说文解字》云:"姓,人所生也。古之神圣母,感天而生子,故称天子,从女从生。""从女从生"是说"姓"字由"女"和"生"二字所构成。"人所生"即人所由生,是说同姓的人都是由同一个女性祖先所生的后代,这个女性祖先即所谓的"古之神圣母"。在远古时代,由于还处在蒙昧的野蛮文化状态,认识能力低下,既不能正确认识人类的自身,也不能正确认识周围的自然界。他们认为,自然界的天与万物和人一样也都是有灵魂的,并且能够支配人类世界。人两性相交能产生子女,有灵的天物与人交感也能产生子女,这就是《说文解字》所说的"感天而生子"。所谓"天子"即感天而生之子。先民们在无法正确了解本氏族始源的情况下,就把这种与始祖母交感的神物视为本氏族的祖先和保护神,以这种神物(或是生物,如各类动物或植物;或为无生物,如石、水、火之类)作为本氏族的名号、徽号的标志,并加以顶礼膜拜,这种神物之名就是本氏族的姓。北美洲的印第安人把这种被视为本氏族祖先和保护神的某种神物称为"图腾"。摩尔根的《古代社会》一书说:"在美洲各土著中,所有的氏族,都是以动物或无生物命名,从没有以个人命名的。如新墨西哥的摩基村的印第安人中,氏族成员称他们就是本氏族命名的那种动物的子孙。"氏族之姓源于"图腾",不仅印第安人如此,中国古代的先民们也是如此,这是古代人类社会的共同现象。如《史记·殷本纪》说:商人的祖先契,"母曰简狄,有娀氏之女……三人行浴,见玄鸟堕其卵,简狄取而吞之,因孕生契"。因契是其母简狄吞玄鸟卵而生,因此商人"子"姓,子即卵。今天,人们仍然"子""卵"同称,如称"鸡卵"为"鸡子"。因为商人的祖先契是其母吞鸟卵所生,所以商人以玄鸟为图腾。《史记·周本纪》也记载周人的始祖后稷(又名弃),其母姜嫄,在野外见有"巨人迹,心忻然说(悦),欲践之,践之而身动如孕者。居期而生子"。弃是其母践巨人之迹而生,故周人"姬"姓。"姬"字即"迹"字的一音之转。据历史学家孙作云先生考证,巨人即熊,巨人迹即熊迹[①]。同样,夏代始祖禹,也是因其母吞食薏苡(一种草本植物的果实)而生,所以以"姒"为姓。王

---

① 孙作云.诗经与周代社会研究.中华书局,1996:20.

充的《论衡·奇怪篇》中说:"禹母吞薏苡而生禹,故夏姓曰姒,(契)母吞燕卵而生,故殷姓曰子,后稷母履大人迹而生后稷,故周姓曰姬。"夏、商、周三代的得姓,皆是由其"神圣母"交感天物而生子。这些传说保留了原始社会母系氏族时代的图腾信仰,显示出最早的姓确实出于图腾。因为最古老的姓都是在母系氏族公社时代产生的,所以字多从"女"。如姒、姬、姜、姚、妫、姞、妘等。

二、氏的始源

氏是由姓分衍出来的血缘团体。随着社会的发展,人口必然不断繁衍增多。越来越多的人口很难生活在一个狭小地域内的同一个母系血缘团体中,势必分出若干个女儿氏族及孙女氏族,分居到其他各地,形成新的血缘共同体,这些分出的血缘共同体就是"氏"。

从"姓"这个母体中新分出的血缘共同体为什么称为"氏"呢?据清代的文字学家段玉裁《说文解字注》考证,"氏"字为"是"字的假借字,原本写作"是"。"是"字的最初含义是人的脚趾。脚趾是躯干的分支,所以这个躯干的分支称为"是",即"氏"。林义光在《文源》中说,氏的本义为根柢。氏像根,姓氏之氏由根柢引申。

氏作为一个独立的血缘共同体,必须有自己的名称。氏的名称来源比较复杂,主要有以下几个方面:

1.以居地为氏

如居住在妫水边就以妫为氏,居住在城东门附近就以东门为氏,居住在城郭之北就以北郭为氏。

2.以国为氏

诸侯受封得国,就以国号为氏号,如夏、商、周、卫、燕、齐、鲁、宋等。

3.以邑为氏

卿大夫以受封的采邑为氏。如西周有一个叫造父的,为周穆王管理车马有功,周穆王把赵邑分封给他,造父及其子孙从此以赵为氏。公孙鞅在秦变法有功,秦穆公把商邑封给他,即以商为氏,称为商鞅。

4.以官为氏

如司马为周代管兵马之官,周宣王时程伯休父为司马,因平徐方有功,赐以官族为司马氏,其后代皆以司马为氏。其他如司徒、师、史等氏都由官职而来。

5.以技为氏

如屠(宰杀牲畜者)、陶(制陶者)、巫(求神者)、卜(占卜者)等,都以技职为氏。

6.以祖先之字为氏

如孔子是殷人的后裔,子姓。其先祖是宋国的贵族公孙嘉,公孙嘉字孔父,其后代以孔为氏。

7.以祖先的谥号为氏

如周文王名姬昌,谥号为文,其后代子孙有的即以文为氏,战国时越国大夫文种即其后人。其他以谥号为氏的还有武、穆、宣、庄、戴、景等。

因为姓是祖先氏族始源的标志,所以是永远不变的。氏是以居地、国、邑、官、技、字、谥等来命名的,所以氏是可变的。如商鞅,他的始祖康叔是周文王的第九子,所以他是姬姓。康叔的封国是卫,他的后代以国为氏,因此商鞅原来以卫为氏,称为卫鞅。卫鞅是诸侯之孙,诸侯之爵为公,公之子称为公子,公子之子称为公孙,卫鞅以爵为氏又称公孙鞅。秦穆公封给他采邑商,又以商邑为氏,称为商鞅。可见氏是随着命氏的因素变化而变化的,一个人的一生可以有几个氏。

三、姓氏的作用

姓的作用表现在对内、对外两个方面。对氏族的内部而言,姓起着明血缘、重亲亲的作用,同姓即表明属于同一血缘系统的人。有共同的血缘关系,就要互相关爱、互相帮助,甚至有血亲复仇的责任和义务。姓是维系和凝聚血缘团体的一面旗帜。对氏族外部而言,姓作为氏族的名称,是各个氏族之间互相区别的标志,特别是还起着"别婚姻"的重要作用。古人通过数千万年之久的经验教训,逐渐认识到了"男女同姓,其生不蕃"的道理。同姓氏族内的男女婚配,子女是不健康的,所以禁止同姓婚配。如果没有姓,同一氏族的人由于传衍的年代久远,就极有可能造成同姓之间的通婚;有了姓的区别,才能实现"同姓不婚",确保氏族的健康繁衍和发展。

正因为姓是用来"别婚姻"的,所以在古代,女子的姓比她的名更重要。贵族女子婚前婚后、生前死后,都有种种不同的称谓,但是无论怎样称呼,都必须带上姓。即使对于买来的姬妾侍女,也要进行辨姓,如果实在无法知道,就用占卜的方法来确定。

氏既然是一个独立的血缘团体,同姓一样,也对内起着团结血缘团体、对外起着确立自己存在地位的作用。进入阶级社会以后,贵族男子成为氏族的主体和代表。无论是哪种得氏的方式,都只与贵族、与男子有关,而与平民、女子无涉。只有贵族的男子才能称氏,称氏是贵族男子地位权力的象征,因此,氏又具有"别贵贱"的重要作用。

四、姓氏的演变与发展

夏、商、周三代,只有贵族才有姓氏,平民、奴隶无姓氏,因此常以"百姓"代称贵族。春秋时期,礼崩乐坏,阶级关系发生巨大变化,宗法制逐渐瓦解。昔日的贵族有许多沦落为平民甚至奴隶,昔日的平民也有许多上升为贵族,至战国时期,这种变化日益加剧。随着阶级关系的剧变,姓氏制度也必然要随之变化,平民也有了姓,"百姓"已经成了下层民众的代称,姓与氏逐渐合而为一。至西汉时期,姓与氏通称为姓。正如顾炎武在《日知录》中所说:"姓氏之称,自太史公混而为一。"魏、晋、南北朝时期,周边的各少数民族大批涌入中原地区,出现了民族大融合。中国古代的姓氏发展由此而进入了一个新的阶段,出现了许多以汉字表示的少数民族的姓氏。有的是音译,有的音译省减,有的借用,有的直接改为汉姓。如宇文、慕容本是辽西鲜卑族部落名,都是音译而为姓;鲜卑族的步六孤氏、丘穆陵氏音译省减为与之音近的"陆"姓和"穆"姓;鲜卑皇族拓跋氏直接改为"元"姓。少数民族姓氏的加入,使中华民族的姓氏文化更加丰富。

姓是祖宗传下来的,世世代代基本不改,故中国古代有一句谚语:"大丈夫行不更名,坐不改姓。"但实际上改姓的也不少,主要有以下几种情况:

一是因功被赐姓。如汉初的娄敬因功被汉高祖赐姓为刘;唐代的徐敬业因功被唐太宗赐姓为李;唐代的突厥人阿史那思摩,突厥姓为阿史那,改汉姓为史,因战功唐太宗赐姓为李,称为李思摩。

二是因为避祸而改姓。如汉代的韩信被吕后夷灭三族,其子侥幸逃至南粤,取韩字一半而改姓为韦;南宋的岳飞被秦桧杀害后,其子岳霆逃到湖北黄梅改姓为鄂。

三是因迁徙改姓。如山东诸县葛姓迁居到河南,为了与当地葛姓相区别而改为诸葛。

中国古代的姓氏,经过几千年的发展,不断增多。据说,北宋时杭州有一老儒,把当时的姓氏进行搜集整理,编成《百家姓》。《百家姓》共收录408个单姓和30个复姓,共438个姓。经过流传补充,现在流行的《百家姓》共收录504个姓,其中单姓444个,复姓60个。《百家姓》为尊国姓,故以"赵"姓居首。五代十国时,由钱镠所建的吴越国,在十国中存国时间最长,其末君钱俶又自动归宋,仍封为国王,所以《百家姓》将其列为第二姓。其他,孙、李、周、吴、郑、王为第三至第八姓,皆贵戚之姓。《百家姓》为四句韵语,虽无义理,但便于背诵,所以流传至今。宋代以后,历朝都有人重新编写《百家姓》之类的统计姓氏的书籍。明代吴沈所主编的《千家姓》中收入了1968个姓氏,其中单姓1768个,复姓200个。现在,我国的姓氏究竟有多少个,尚无精确统计。我国台湾学者王素存编著的《中华姓府》共收录了7720个姓氏,这是迄今为止收录汉字姓氏最多的姓书。

第二节　中国古代的名与字

中国古人不仅有姓,还有名与字。

一、名与字

名是个人的代号。每个人都生活在群体中,必须有一个与其他人互相区别的代号,这就是名。早在原始社会,人皆有名,如女娲、伏羲等。进入阶级社会以后,人的名具有了更加丰富的内涵。如夏代末期和商代的诸王,都自认为是天在人间的代理者,以天日自居,多以天干为名。夏代的第十二代王名胤甲,第十三代王名孔甲,末代王(桀)名履癸。商代的开国之王名大乙(汤),之后有外丙、中壬……太丁、帝乙、帝辛(纣)。周代有了更加完备的命名制度。据《礼记》《左传》等书的记载,婴儿生下三个月以后,由父亲执婴儿的右手,为他命名。一般说来,命名有五种方法:一是信法,以生名。信就是实,即以孩子出生时的实际情况取名。如鲁公子友出生时,其手掌纹像个"友"字,故取名为友。二是义法,以德名。义就是内涵,即以期望的祥瑞美德取名。如周文王出生时有祥瑞,其父太王希望他将来能使周国昌盛,故取名为昌。三是象法,以类名。象就是相似,即根据婴儿的某个部位与什么东西相似而取名。如孔子出生时,其头四周高中间低,形状如丘,加之他是其父母祈祷于尼丘山而生,故取名为丘。四是假法,以取于物为名。假就是借,即假借物名为人名。如孔子的儿子出生时,有人送来一条鲤鱼,故取名为鲤。五是类法,以取于父为名。类就是以孩子与父亲某些相类似的方面取名。如鲁庄公的出生日与其父鲁桓公相同,故取名为同。当然取名的方法不止这五种,还有梦象法、占卜法等。这些命名的基本方法被以后历代所因袭,成为中华民族命名习俗的源头。

字也是个人代号。名是幼年、少年时的代号,字是成年以后的代号。《礼记·曲礼上》说:"男子二十,冠而字","女子许嫁,笄而字"。周代贵族男子年二十结发加冠,加冠时要由父亲主办,举行隆重的冠礼,在典礼上由来宾中的最尊贵者为其取字。加冠取字以后,就表示已经是成年人,就可以结婚和参加成年人的社会活动了。女子年十五许嫁时,束发插笄,举行笄礼,同时取字。所以,旧时女子将要许嫁时称为"待字"。

字与名要有一定的联系,或是对名的解释,或是对名的补充,是与名相表里的,故又称为"表字"。如孔子,名丘,字仲尼。因为孔子是他的父母祈祷于尼丘山求子而生,所以以丘为名,以尼为字,合成"尼丘"二字;仲是排行老二,故又称为仲尼。孔子的学生司马耕,字子牛;冉耕,字伯牛。因为春秋、战国时期已经用牛耕田,所以人的名和字也常常与"牛""耕"联系在一起。再如三国时期的诸葛亮,字孔明,孔是最的意思,最明即为亮。周代贵族男子的名字,其全称一般都是第一层次为兄弟排行,如伯、仲、叔、季之类。第二层次为字,排行也属于字的范畴。字的后面往往还要加上一个表示性别的美称,尊称男子为甫(父)。第三层次为名。秦、汉以前,古人名字连称时先字而后名,秦、汉以后先名而后字。如周代著名的大贵族兮伯吉父甲,兮是他的氏;伯是他在家里兄弟中排行老大;吉是他的实字,加上排行,字为伯吉;父是他男性的美称;甲是他的名。春秋时期孔子的父亲为孔叔梁纥,孔是氏,叔是排行,梁是字,纥是名,简称为叔梁纥。

　　春秋时期,男子取字的美称、尊称多为"子",而"甫"字渐不流行。如郑国的执政公孙侨,字子产;吴国的军事家伍员,字子胥等。因为周代是男子称氏,女子称姓,所以周代贵族女子的字全称是在姓前加表示排行的孟(伯)、仲、叔、季,字的后面是表示性别的美称、尊称"母"。如青铜器《铸公簠》铭文中有孟妊车母,孟为排行(老大),妊为姓,车为字,母为表示女性的美称。《仲姞匜》铭文中有中姞义母,中即为仲(排行老二),姞为姓,义为字,母为表示性别的美称。

　　古人非常重视礼仪,在名与字的用法上要体现出尊卑长幼之礼。在人际交往中,名一般用于谦称、卑称,或上对下、长对幼的称呼。字多为尊称,下对上称字。平辈只有在非常熟悉的情况下才互相称名,在多数情况下是互相称字,以表示敬重。后人对前贤也是称字不称名,子女对父母、臣民对君主更是不能称名,甚至连字也不称,否则会被视为"大不敬",是一种罪过。

二、不同历史时期名字的特点及其演变

　　名字具有鲜明的时代性,各个历史时期的政治、经济、文化等不同,受其影响的名字习俗也必然有各自不同的特点,并且随着时代的变迁而变化。综观中国历史,以东晋、南北朝为前后分野,名字习俗发生很大的变化。

(一)由单字名向复字名的变迁

　　周代盛行单字名,其后的秦、汉、魏、晋皆承其俗。如西汉十二帝,仅汉昭帝一人复字名(名弗陵),其余十一帝都是单字名。《汉书》列传目录中列名者凡三百余人,只有周亚夫、董仲舒、司马相如等六十来人为复名,其余皆单名。西汉末期建立新朝的王莽,竟以法律的形式严禁复字名,更推动了单名制的发展。东汉十二帝皆用单字名。《后汉书》列传名录中列著名人物五百三十余人,其单、复名的比例为31∶1。这种盛行单名的习俗至魏、晋时仍然没有大的改变。

　　中国古代社会为什么在长达千余年的时间里一直盛行单名制呢?究其原

因,主要有三:

第一,崇圣从圣心理所形成的习俗。古代圣王尧、舜、禹、汤、周文王昌等皆单名。圣人孔子名丘、孟子名轲,也都是单字名。"上之所好,下必甚焉",人们以圣王、圣人为法,争相单名,久而成为一种礼俗,违背它被视为违礼。《公羊传》就说:"二名非礼也",《春秋》讥二名"。相传《春秋》为孔子整理修订而成,孔子都反对复字名,当然以守礼的单字名为好。

第二,便于避讳。避讳制度始于西周,凡君主或尊长的名字不许直书或直说,必须避讳。周代起初只避讳死人之名,秦、汉以后,不但死人之名要避讳,活人之名也要避讳,违者甚至要犯死罪。避讳的字越来越多,为了尽量减少讳字,以免遭祸,名字用单字,当然就是最好的办法了。

第三,王莽以法律为手段,禁用复字名,强化了单字名制的推行。

西晋时期发生了"八王之乱",继而周边的少数民族纷纷进入中原地区,出现了"五胡十六国"、南北朝对立的大分裂和大动荡的局面。神圣的避讳制度受到了严重的冲击,从而减少了一些繁杂的避讳。同时各少数民族进入中原,他们的复字名甚至多字名也产生一种新的影响。于是自东晋、南北朝时起,复字名逐渐畅行。《晋书·后妃传》中共列 14 位后妃,都是用的双字名。自隋、唐直至清代以后,双字名大盛,单字名日益减少。明朝十六帝中,只有成祖朱棣为单名,其余十五帝皆为复字名。

(二)"范"字习俗的出现与流行

所谓的"范"字,就是同族的同辈兄弟在取双字名时,往往有一字相同,一般以前一字相同的居多。范字取名的习俗大约在隋、唐以前就已经出现,唐代以后逐渐盛行。如唐高祖李渊有 22 个儿子,除了太子李建成、秦王李世民等 6 人外,其余 16 人皆以"元"字为范而名,如李元吉、李元景、李元昌等。也有取后一个字为范的,如隋将宇文化及,其弟为宇文士及,皆从下一个字"及"。

单字名的范字无法用一个共同的字来表示,古人便又发明了一种以共同的偏旁部首来标识的办法。如唐玄宗的 30 个儿子中,除了李亨、李一、李敏 3 人及 7 人名字失传外,其余 20 人用字皆以"王"(玉)字为偏旁,如李琮、李琬、李瑛等。宋代大文学家苏轼、苏辙兄弟,以"车"字偏旁来表同辈关系。

有的家族为了使子孙行辈清晰,不相混杂,在立家谱或修家谱时,便规定了世系命名所范之字的辈分序列。为了便于记忆、流传,往往将行辈排列编写成五言或七言的诗句。如:"舒毓逢盛世,振作兆天庭。国庆昭文运,延鸿景福长。"四句五言共 20 个字,便是 20 代所范之字。规定家族各代所范之字,行辈明确,可以增强家族的亲和感及凝聚力,有利于维护宗法制大家族。这种范字古风相沿至今,在世界各国各民族中,可称得上是独一无二的创造。

第三节　中国古代的别号、绰号

中国古代不同的人,不仅有名、有字,还有号。号又称为别号,此外还有绰号。

一、别号

号是在名与字之外又另起的代号,因此又称别号、表号。名是生下来三个月以后由父亲起的,字是年二十举行冠礼时由贵宾起的,而号则多是由自己起的,也有他人送的。

古人起别号大约始于战国。秦、汉虽有沿袭,但并不普遍。汉代有号者以隐士居多。达官贵人的号,最初往往是别人根据他们的某种表现奉送给他们的。例如,东汉开国元勋之一的冯异,每当诸将群聚闲聊或称功夸能时,他便躲在大树下正襟危坐,暗诵兵书,检点得失,久而久之,军中将士便称他为"大树将军"。诸葛亮才识卓群,在未仕刘备时,隐居隆中,人称"卧龙"。最初的别号,是人们根据某人的品德、才能、功绩等特点而做出的评价,为人所敬仰。后来文人、士大夫、学者多自取其号,以表明自己的心态处境等。如唐代大诗人李白自号青莲居士,表明自己出淤泥而不染的高尚情操。宋代的大文学家欧阳修,晚号六一居士,就是一万卷书、一千卷古金石文、一张琴、一面棋、一壶酒再加上他自己一老翁,共六个"一"而取号。南宋画家郑思肖在宋亡之后,自号所南、木穴国人。"木穴国人"合写近似"宋"字,"所南"以示心向南方之宋,表达怀恋故国之情。

别号与名、字可以有关联,也可以无关联,用字不拘,取义也不拘,非常自由。其字可以是两个字,也可以是三个字、四个字、五个字等。如王安石,号半山,两个字,与名有关联;杜甫,字子美,号少陵野老,四个字,与名、与字无任何关联。其义可取于居住地的山、海、溪、泉、树等自然物,如陶渊明号五柳先生,蒲松龄号柳泉居士。也可以取义于所爱好、所寄情的龙、凤、鹤等动物,如明代文学家赵南星号侨鹤,而明末的朱耷竟然自号为驴、屋驴、驴汉。也可以取义于所居的村、庵、室、斋、亭等建筑物,如朱熹号晦庵、章学诚号实斋等。对自己可以自褒、自贬、自慰、自叹,称翁、称老、称夫、称山民、称居士、称道人、称主人等,不一而足,总之都是各自内心世界的表露。

由于别号多是用来表现心志、情趣的,因而随着时间、处境的变化,这些状况也必然要随之发生变化。因此,每个人一生中可以有许多个号,少则一两个,多则十几个,甚至几十个。宋代的理学家朱熹,其号有晦庵、晦翁、遁翁、沧州病叟等;明代画家唐伯虎自号六如居士、桃花庵主、逃禅仙吏等。

对号的称呼,可以自称,也可以互称,不过不论自称或互称,都要根据号的内涵和自号、称号人各自的身份、不同的处境状况而定。一般说来,自称本人之号,可以随意,但在尊者、长者面前不可自称有尊义的号,对长者、尊者不可称其有自贬之义的号,要称其有尊褒之义的号。如朱熹可以自称沧州病叟,他的学生则不可以称其沧州病叟;章炳麟可以自称太炎,同辈、晚辈也可以称太炎先生。总之,称号要根据个体情况而定,以不失礼为原则。

宋、元以后,称别号之风盛行。达官贵人和文人、墨客以称号为高雅时尚,以至于有些人的号比他的名字更为人所知。如宋代的文学家苏轼,字子瞻,号东坡;宋代的诗人陆游,字务观,号放翁;近代思想家章炳麟,字枚叔,号太炎。人们对苏东坡、陆放翁、章太炎的认知率要比对他们的名与字的认知率高得多。

二、绰号

绰号又称外号、诨号、诨名。绰号主要流行于下层社会的江湖帮会,在社会生活中使用范围很广。《水浒传》里的梁山好汉108人均有绰号,反映了古代社会民间盛行绰号的情况。

绰号除个别情况外,多数是他人所取名,并得到大家的公认。以《水浒传》中梁山好汉108人为例,可知起绰号之法主要有以下几种:

一是根据某人生理特点取号。如王英,因其身材短小,故称之为矮脚虎;杨志因其脸上有青痣,故称之为青面兽。

二是根据某人性格特点取号。如秦明因其性格急躁,声若雷霆,故称之为霹雳火;石秀因其性格执直,见义勇为,故称之为拼命三郎。

三是根据某人的才能特点取号。如吴用足智多谋,故称之为智多星;林冲勇猛无敌,故称之为豹子头。

四是根据某人职业专长的特点取号。如萧让长于书法,故称之为圣手书生;花荣精于射箭,故称之为小李广;时迁善偷,则称之为鼓上蚤。

五是根据某人经常使用某种兵器的特点取号。如大刀关胜,双鞭呼延灼,双枪将董平。

绰号不拘一格,生动形象,诙谐幽默,真切地概括出一个人的特点,使人闻其号而知其人。

据上可知,名的含义多是父辈对子女的期待,字的含义多是宾朋对成丁者的祝愿,别号的含义多是本人心志的表白,而绰号多是他人对某人特点的形象评断。

第四节 中国古代名字的避讳

中国古代社会盛行避讳。所谓避讳,就是对君主和尊长的名字,要避免直接说出或写出,以示尊崇。一旦犯讳,无论官民,也无论有意无意,都会被视为失礼或犯罪,要受到谴责甚至严厉的惩处。在中国古代社会的数千年间,避讳直接关系到每个人的生死祸福、身家性命,几乎是人人都必须知道和遵守的禁忌。

一、名字避讳的始源与发展

名字避讳始于古人对姓名崇拜的风俗。在古人看来,名字不仅仅是一个人的代号,也是一个人的化身,名与身是合二为一的。因此,人的名字直接关系到人一生的吉凶祸福,甚至影响到子孙后代。名字是神圣的,尊名就是敬人。因此,不允许人们随意呼叫。指名道姓,从古至今都被视为对人的大不敬。特别是随着君君、臣臣、父父、子子的封建礼制的加强,避讳尊者、贵者的名字,就成为维护封建等级制度的有力手段而不断发展。

名字避讳制度起源于周代。周代主要避讳死者之名,如果国君崩逝,其名就要避讳。如春秋时期的晋僖侯名司徒,死后晋国为避讳改称司徒为中军;宋武公名司空,死后宋国改司空为司城以避其讳。但周代的避讳制度尚处在初始阶段,经秦、汉而至唐、宋,随着大一统的专制主义中央集权的建立与加强,避讳制度不断发展,讳禁越来越严。《唐律疏议》明确规定,犯讳者将予以治罪。为了避皇帝讳,甚至不惜改动儒家的经典。如唐刻石经为了避唐太宗李世民的讳,将《诗经》中的“泄”改为“洩”,将“岷”改为“甿”。朱熹为了避宋太祖赵匡胤之讳,在作《孟子》注时,将“一匡天下”改为“一正天下”。当时,不仅避国讳严格,避家讳也很严格。据《唐语林》载,杜甫在成都做严武的幕僚时,一次酒后失言,说了严武的父亲严挺之,严武顿时大怒。

清代雍正、乾隆之后,避讳制度愈加严苛,不但本朝皇帝及其父亲的名字要避讳,皇帝的字、年号、庙号、陵名、生肖也要避讳,对历代皇帝之名,甚至皇后及其父祖之名也要避讳。臣民稍有不慎,笔下犯讳,就要身罹大祸。雍正四年(公元1726年),礼部侍郎查嗣庭主持江西乡试,所拟考题中有一道摘自《诗经》的“百室盈止,妇子宁止”,由于“止”字为“正”字去头,犯了雍正皇帝的“正”字之讳,因此,朝廷不仅将查嗣庭囚死狱中,死后戮尸,还将其家属全部流放。乾隆年间,江西举人王锡侯编写了一本字书,名叫《字贯》,因书中犯了康熙、雍正的庙讳和乾隆的名讳，被以"大逆不法"之罪杀戮，同时还株连了许多无辜的人。

1912年清王朝灭亡，在中国延续了近三千年之久的避讳制度终于画上了句号。

二、名字避讳的种类及方法

避讳有国讳、家讳、圣人讳以及宪讳等四种。

国讳是国家之讳，上自皇帝下至臣民都必须严格遵守。国讳主要避皇帝本人及其父祖的名讳，后来又增加至皇后及其父祖的名讳，以及皇帝年号、谥号、陵名、生肖等。

家讳仅限于家族亲属内部，家族成员不得言父祖的名字。族外人在与之交往过程中，也要避其家讳，以示敬重。家讳也是封建伦理道德的体现，所以也得到国家法律的承认。

圣人讳即避封建社会的圣人之名。宋朝规定禁用黄帝名号，金王朝规定回避周公、孔子之名，清王朝规定孔子、孟子之名都必须敬避，以示对圣贤的尊敬。

宪讳是指对上级长官的名字的避讳。宪讳虽然不是法律所规定的，但为习俗所必遵。对长官失敬，其后果是不言而喻的。

关于避讳的方法，由于历代王朝避讳之处不同，避讳的方法也不尽一致，主要有以下几种。

(一)改字避讳

即对帝王及所尊者之名改用字义相同或音相近的其他字代替。据文献记载，改字避讳始于秦代。如秦始皇名正，故避其讳，改"正"为"端"，正月称端月，正直称端直。《琅琊刻石》中，"端乎法变""端直忠厚"，皆以端代正。汉景帝名启，二十四节气之一的"启蛰"为避讳而改为"惊蛰"，沿用至今。端与正、惊与启皆字义相近。

晋王朝避文帝司马昭讳，改"昭"为音近的"韶"。清代为避圣人孔子名丘之讳，改"丘"为同音之"邱"，所以今姓邱者原本为"丘"字所改。

(二)空字避讳

空字即将应避讳的字空而不书，或作"某"，或作"□"，或直书"讳"。如《史记·孝文本纪》："子某最长，请建以为太子。""某"即避汉景帝名"启"之讳。《隋书》为避唐太宗李世民之讳，改"王世充"为"王□充"。

(三)缺笔避讳

缺笔避讳即将所避讳的字不写完整或最后一笔不写，以示避讳。这种避讳的方法大概始于唐代。唐高宗显庆五年(公元660年)曾发布诏书，令臣民不得随意改字，缺笔以避正名，可知唐代前期时缺笔避讳已经比较流行，以至于达到滥用的地步。宋代避讳极严,宋版书中讳字缺笔不少于改字,缺笔多是缺最后一笔。如宋太祖赵匡胤的"胤"字则写为"胤"。清代时也常用缺笔避讳。如孔丘之丘写为"丘",并在字头上注明"敬避"二字。

避讳不仅要在书写中避其讳字,就是在交谈中也要避所讳的字音。由于汉字有平、上、去、入四声,所以有时为了避一字之音而四声皆避。如对宋高宗赵构,为避其"构"字之音,乃至勾、苟等音都要避。

避讳是封建专制主义的重要体现。数千年来,它严重地扼制了思想文化的健康发展,阻碍了社会的进步,是中国历史文化中的糟粕,是必须彻底批判和摒弃的。

第五节 中国古代的自称与对称

人们在公私交往的频繁接触中,首先要表明自身的存在,这种表明自存的称谓即为自称,而对对方的称谓则为对称。由于人们各自的社会地位不同,与之交流的对象不同和交流的场合不同,往往在自称时还要表示出谦逊,对称时要表示出敬重,这种自谦和敬人的称谓即为谦称和敬称,是一种礼的体现。

一、一般性自称

不表示自谦也不格外表示敬人的自称即为一般性自称。主要有我、吾、予(余)、朕、卬、姎、俺、咱、侬等。

我 古人经常自称为我。如《论语·为政》:"孟孙问孝于我。"《孟子·梁惠王上》:"非我也。"

吾 古人亦多自称为吾。如《论语·学而》:"吾日三省吾身。"《孟子·梁惠王上》:"何由知吾可也?"

予 古人又自称为予。如《孟子·滕文公上》:"舜何人也?予何人也?"予又作余,如《左传·襄公十七年》:"余将老。"予与余为同音异字。

朕 古人也自称为朕。如《孟子·万章上》:"琴朕,弤朕。"《离骚》:"朕皇考曰伯庸。"自秦始皇始,"朕"成为皇帝的自称,他人禁用。

卬 古人也自称为卬。如《诗·邶风·匏有苦叶》:"人涉卬否,卬须我友。"《尔雅·释诂下》:"卬,我也。"

姎 妇女自称则为姎。

俺 古时北方人自称为俺。如辛弃疾《稼轩词·夜游宫》:"俺略起,去洗耳。"《红楼梦》第五回:"都道是金玉良缘,俺只念木石前盟。"

咱 古人也自称为咱。柳永《玉楼春》词:"你若无意向咱行,为甚梦中频相见。"王实甫《西厢记》:"我这里启大师,用咱也不用咱。"

侬 古代吴人自称为侬。如《晋书·会稽王道子传》:"侬知,侬知。"李白《秋浦歌》:"寄言向江水,汝意忆侬不?"今东南浙江、福建等地还自称为侬。

二、一般性对称

对与之交谈的对方不表示格外尊重的称谓即为一般性对称,如称你为尔、汝等。

尔 古人多指称对方为尔。如《诗·卫风·竹竿》:"岂不尔思,远莫致之。"《孟子·公孙丑上》:"尔为尔,我为我。"

汝 古人又指称对方为汝。如《尚书·尧典》:"汝舜……汝陟帝位。"《史记·平原君虞卿列传》:"吾乃与尔君言,汝何为者哉?""汝"字或作"女",如《国语·鲁语下》:"居,吾语女。"

三、谦称

(一)国君的谦称

古代诸侯、王、皇帝皆为一国之君,其自称为孤、寡人、不谷、小子等。《老子》三十九章:"故贵以贱为本,高以下为基,是以侯、王自称孤、寡、不谷。"

孤 孤本为无依靠的人,又指少德之人,故小国之君自称为孤。后来大国诸侯、王也借以自谦,表示自己势力单薄、才德缺少,希望得到臣民们的支持和拥护。如《左传·僖公三十三年》载秦穆公对殽之战战败归来的将士说:"孤违蹇叔,以辱二三子,孤之罪也。"

寡人 寡的本义为少。寡人即为寡德之人。古代最初也是小国之君的自称,后来大国诸侯、王也常自称寡人。如《左传·僖公三十年》载郑文公对烛之武说:"吾不能早用子,今急而求子,是寡人之过也。"

不谷 谷的本义为善,不谷即不善。诸侯、王谦称不谷表示寡德。如《左传·宣公十二年》载楚庄王说:"不谷不德而贪,以遇大敌,不谷之罪也。"后来皇帝也沿用诸侯、王的谦称,自称为孤、寡,"孤家寡人"成为皇帝的专称。

小子 商、周时天子谦称小子。如《尚书·汤誓》载汤在伐桀誓师时说:"格尔众庶,悉听朕言,非台小子敢行称乱。"汤自称小子。小子原是对年幼之人的称谓,天子自谦而称之,表示自己是年轻少知之人。

秦、汉以后,年轻者对长辈说话也常自谦而称小子。如司马迁《史记·太史公自序》:"小子不敏,请悉论先人所次旧闻。"

（二）官民的谦称

臣、奴才　官吏对诸侯、王、皇帝都自称为臣。臣原指被俘而成为奴隶的人。《尚书·费誓》："臣妾逋逃。"孔安国解释说："役人贱者，男曰臣，女曰妾。"在君主专制下，官吏的生死荣辱都掌握于君主的手中，如同奴隶，所以对国君称臣，表示驯服，甘心为奴，忠心事君。如《国语·晋语上》："（晋）悼公使张老为卿，辞曰：'臣不如魏绛。'"

清代满族大臣对皇帝自称奴才，汉族官僚对皇帝自称臣。奴才与臣同义，但奴才是家内奴隶，对主子更忠诚、更亲近。

卑职　在官场上，下级官员对上司自称卑职，表示自己职位低微。如《史记·河渠志》："卑职至真州。"清代时，外官五品以下见上司皆自称卑职。

仆　仆在古代也是奴隶或从事下贱差役的人。古人在同僚之间或下级对上司常自称仆以自谦。如司马迁《报任少卿书》："仆非敢如是也。"

鄙人　即鄙野之人。周代时，居住区有国、野、都、鄙之分。国都之城称为国，分布在各地的大城称为都，居住在国和都中的人称为国人、都人，他们都是征服者部族，多是有身份的贵族。而在国、都远郊之外的地区称为野和鄙，居住在野和鄙中的人是被征服者部族，称为野人或鄙人，多是身份低下的庶民。自称鄙人表示自己身份低下，见识浅陋。如王褒《四子讲德论》："鄙人黯浅，不能究识。"

鄙夫　原指庸俗寡陋的人，古人也常用以自称表示自谦。如张衡《东京赋》："鄙夫寡识。"

小人　在商、周时期，是指从事体力劳动的下层自由人，常与被称为大人、君子的达官贵族相对而言。春秋末期以后，君子与小人逐渐成为有德者与无德者的称谓。因此，古时地位低下的人对上常自称小人以自谦。如《左传·隐公元年》颍考叔对郑庄公说："小人有母。"

不才　本义是没有才能，常用于下对上、幼对长的自谦。如王安石《落星寺南康军江中》诗："胜概唯诗可收拾，不才羞作等闲来。"

不佞　本义是没有才能，也常用于自谦。如《战国策·赵策二》："不佞寝疾，不能趋走。"

不肖　本义是指子不如父那样贤能，常用于父母死后的自谦。如归有光《祭外舅魏光禄文》："重以不肖连蹇困顿。"

晚生　文人中后辈对前辈常自称晚生。如邵伯温《邵氏见闻录》卷八记贾黯谒范仲淹，说："某晚生，偶行科第，愿受教。"

妾　妾本义是女奴之名，女人不论身份高低，自谦都可称妾。妻子对丈夫可以自称妾，如《孔雀东南飞》："君当作磐石，妾当作蒲苇。"女人对国君也可自称妾，如宋玉《高唐赋》载神女对楚襄王说："妾巫山神女也。"

四、敬称

陛下 战国时对国君的敬称。如《韩非子·存韩》载李斯见韩王说:"愿陛下有意焉。"秦以后,专称天子为陛下。陛本是帝王宫殿的台阶,陛下即台阶下。天子在殿堂内,近臣执武器在陛下警戒保卫,以防不测。天子极尊,群臣与天子对话,不敢直呼天子,而呼在陛下的侍卫者以转告之。这种以卑达尊的虚代称呼方式表示至尊极敬。

足下 战国时对国君的敬称。国君高踞于殿堂之上,侍从立于殿堂之下,犹如处国君足之下。群臣与国君对话,就用君主堂前足下的侍从来代表君主,如同称君主为陛下一样,也是一种以卑达尊的虚代称呼。如《战国策·秦策三》载范雎献书秦昭王:"则臣之志,愿少赐游观之间,望见足下而入之。"战国时期,足下有时也是对非国君者的敬称。如《战国策·韩策二》:"严仲子辟人,因为聂政语曰:'……闻足下义甚高。'"汉代以后,足下更多用于同辈间的敬称。如司马迁《报任少卿书》称"少卿足下"。

殿下 本义也是宫殿陛阶之下。秦代以后,天子所居统称为宫,其中的每一个高大房屋称为殿,殿小于宫。所以汉代在对皇帝尊称陛下时,对低于皇帝的皇太子、诸王等则尊称为殿下,也是以殿下侍从而代称。《晋书·宣帝纪》载大臣们称曹操为殿下:"汉运垂终,殿下十分天下有其九。"三国时期皇太后称殿下。唐代时曾制令:"唯皇太后、皇后,百官上疏称殿下。"唐代以后,只有对皇太子尊称殿下。

阁下 本义为殿阁之下。古代三公(丞相、太尉、御史大夫)、郡守等高官皆有办公之殿阁,以阁下侍从人员代称以示尊崇。最初只是对达官显贵的敬称,唐代以后"布衣相呼,尽曰阁下",非官员之间也可互相敬称阁下。

麾下 对将帅的敬称。麾是将帅于军中用于指挥的旌旗,麾下就是在将帅的指挥旗下,由此转化为部下之义。这样,由部下而以卑达尊,遂成为对将帅的尊称。如《三国志·吴书·张纮传》:"愿麾下重天授之姿,副四海之望。"

君 君原本是对各级统治者的统称。在先秦时期,凡是占有土地的人如天子、诸侯、卿大夫等都可以称为君。有才德的人又称为君子。君既尊贵又有才德,所以成为广泛使用的敬称。下对上可敬称君,如《战国策·齐策四》载冯谖对孟尝君说:"今君有一窟,未得高枕而卧也。"上对下也可以敬称君,如《史记·申屠嘉传》:"上(皇帝)曰:'君勿言,吾私之。'"在家庭里,父祖也可以敬称君,如《周易·家人卦》"家人有严君焉,父母之谓也"中是指父亲,孔安国《尚书·序》"先君孔子生于周末"中是指祖先。妻对夫可以敬称君,如《孔雀东南飞》:"君当作磐石,妾当作蒲苇。"彼此之间也可互相敬称君,如张君、王君之类。

公　公原本是公、侯、伯、子、男等爵位的称号。公居五等爵之首，位极尊贵，由此演变为敬称。《容斋随笔》东坡云："贵之则曰公，贤之则曰君，自其下则尔、汝之。"如《史记·留侯世家》载汉高祖刘邦说："吾求公数岁。"这里的公指商山四皓。公也可以作为对许多人的敬称，如"在位诸公"。

明公　由公的敬称演化而来，即英明之公。《后汉书·吕布传》载刘备对曹操说："不可，明公不见吕布事丁建阳、董太师乎？"

丈人　对老年人的敬称，其义取于持丈之人。《淮南子·道应训》高诱注云："老而丈（杖）于人，故称丈人。"后来又敬称为老丈，如《搜神记》："老丈有何事失声嗟叹？"南北朝时，对岳父也尊称为丈人。唐代以后，成为对岳父的专称。

夫子　春秋时期，对大夫以上的官员敬称为夫子。夫得名于卿大夫；子是古代对男子的尊称，合而称之曰夫子。孔子当过鲁国司寇，也是大夫，所以他的学生敬称他为夫子。《论语·学而》："夫子至于是邦也，必闻其政，求之与？"在《论语》一书中，孔子的学生称孔子为夫子多达 31 次。因为孔子的学生称孔子为夫子，孔子是教师的鼻祖，所以后来夫子就成为学生对老师的敬称。

先生　对长辈的尊称，与晚生相对而言。如《论语·为政》："有酒食，先生馔。"先生又是对有德者、有学问者的尊称，如《战国策》中的"鲁连先生""梧下先生"等。由此，先生又常常是学生对老师的尊称。元代又尊称道士为先生。

思考题

1.简要解释：范字、避讳、朕、寡人、夫子。

2.什么是姓？它是怎样起源的？

3.什么是氏？得氏主要有几种方式？

4.古人命名有几种方法？

5.字与名是什么关系？称名、称字有什么规定？

6.简述避讳的几种方法。

第五章　中国古代的服饰

学习目的

　　通过本章的学习，了解中国古代服饰的起源与基本形制，掌握中国古代服饰文化的主要特点。

主要内容

● 中国古代服饰的演变
● 周代帝王服饰的十二章纹
● 唐代与清代皇帝的服饰
● 明、清百官服饰的形制及补服
● 清代庶民的服饰

　　服饰，简而言之，即指人所穿的服装；广而言之，它包括一切蔽饰身体的物品，诸如头上所戴、脚上所穿、身上所佩等。由于人们所居的地域不同、社会发展阶段不同，以及宗教信仰、风俗习惯不同，各个民族的服饰也各不相同。

第一节　中国古代服饰的起源及其演变

一、中国古代服饰的起源与基本形制

　　中国古代服饰的基本形制是上衣下裳。什么是衣裳呢？《释名·释衣服》云："凡服上曰衣。衣，依也，人所依以芘寒暑也。下曰裳。裳，障也，所以自障蔽也。"可见，衣裳起源于保护身体的需要。冬御寒，夏蔽晒，以维持生存。此后，随着审美情趣的产生与发展，服饰又逐渐增加了遮羞、装饰的作用，人们把它作为美化人体的手段。在原始社会前期，先民们无衣无裳。温暖时节，赤身裸体；严

寒之时,以兽皮披身,但这种御寒的兽皮并不是衣服。衣服是人类有意识地加工制作的护身用品。据考古发掘资料,在距今约两万年的山顶洞原始社会遗址中,发现了骨针。这说明最迟在这个时期已经出现了较为原始的衣服。在距今八千年左右的河北武安遗址中,发现了麻布一类的残片。在稍后的仰韶文化各遗址中,多地发现陶纺轮,它表明当时的先民们已经普遍地用麻织布做衣服了。

饰物的出现可能要早于衣裳。原始人最初的饰物,多是把自然界的花朵、树叶、羽毛插在头上,继而把碎石磨成石珠、石片,钻孔穿绳系于颈、挂于腰,以美化自己。在山顶洞遗址及其他一些旧石器晚期的遗址中,出土有成串的小石珠,穿孔的兽骨、兽牙、海蚶壳等,有的还染上了红颜色,相当精美,反映了先民们以物饰美的追求。

衣裳　上衣下裳制据说源于黄帝。《易·系辞传》载:“黄帝、尧、舜垂衣裳而天下治,盖取诸乾坤。”实际上这种上下分体的服装,其出现时间要远早于父系氏族公社时代的黄帝时期。由于它便于活动,应是最早的基本服装形式。上衣的形式是交领右衽,有袖,长至于腰。因为较短,又称“襦”,即短衣。下裳类似现在的围裙,用带子系于腰前,长短至于膝。最初是只蔽前、不蔽后,男女无别。这可能是为了保护腹部和生殖器官免遭病害,其后又有了遮体掩羞的意思。最初下体无裤,后来为了保护两腿和防寒,在两腿上分别套上一皮筒或布筒,称为“袴”。《说文》云:“袴,胫衣也。”《释名·释衣服》:“绔(袴),跨也,两股各跨别也。”说明袴只是分别包裹两腿的,臀部无遮蔽。根据古文献与出土文物考察,类似现在的裤,大约出现在战国时期,也即赵武灵王提倡“胡服”,实行服装改革之时。从洛阳出土的铜人俑的服饰来看,此时已经着裤了。由此看来,着裤始于游牧民族的“胡人”。胡人骑马,不仅需要“胫衣”,更需要臀部有遮蔽。这种上衣下裳之制,一直延续至今,只不过样式屡有变化而已。

深衣　衣与裳连接成一体的服装称为“深衣”。《礼记·深衣》郑玄注云:“名曰深衣者,谓连衣裳而纯之采者。”后世各种形制的袍及长衫就是由深衣演变而来的。在裤还没出现之前,这种深衣集护体、遮羞、装饰于一体,其作用是不言而喻的。

帽　戴在头上起保护和装饰作用的服物称为“帽”。《释名·释首饰》云:“帽,冒也。”帽最初是指一切盖在头上之物。《后汉书·舆服志》说:“上古穴居而野处,衣毛而冒皮。”最早的帽子是用兽皮缝制的。后世的冠、冕、弁、帻等都属于不同形制的帽。

屦　穿在脚上,起保护和装饰双足作用的服物称为“屦”。《释名·释衣服》云:“屦,拘也,所以拘足也。”用来保护和装饰双足之物即屦。古代的屦多是用草麻编制或用皮缝制的。它的突出特点是浅帮,或只是用绳将底系于足的穿透帮。

用草编的称为"屦",用麻编的称为"履",用皮缝制的称为"屝"。加木底或厚底的称为"舄",后世统称为"鞋"。

二、中国古代服饰的演变

服饰的形制是随着时代的变迁而不断演变的。在阶级社会中,服饰不仅用来御寒暑,还是区别贵贱尊卑各类等级、华夏戎狄各个民族特点的标识物。

(一)"昭名分、辨等威"的"三代"服饰

夏、商、周三代继承了中国原始社会先民们头戴帽、足登屦、上穿衣、下着裳,或穿深衣、束发右衽的基本形制。河南安阳出土的石雕人像,头戴扁帽,身穿右衽交领衣,下着裳裙,腰系大带,扎裹腿,穿翘尖鞋,大体反映了商代及其前的夏代、其后的周代服饰的一般形制。夏、商、周三代虽然承袭了原始社会服饰的基本样式,但在具体形制上有着重大的不同。它是体现阶级地位、尊卑差别的工具。从夏经商至周形成了一套比较完备的冕服制度,以"昭名分、辨等威"。不同等级的人,其服饰在样式、颜色、纹饰、用料质地上都有严格的规定。如天子的衮服有日、月、星、山、龙等十二章纹,公有九章纹,侯伯有七至五章纹,而士只有二章纹。天子衮服上的龙纹饰有升龙、降龙,而公的衮服上则只有降龙的纹饰。天子、诸侯的舄用红色,称为"赤舄",而卿、大夫、士等则只能穿其他颜色的舄。在不同的场合,穿着不同的服饰,区分较细,仅用于不同祭祀的服饰就多达九种。如天子祭天穿大裘而冕,祭先王则衮冕,祭社稷则希冕等。周代"昭名分,辨等威"的服饰制度被以后历代王朝改造而采用。

服饰不仅用来区别统治阶级内部的等级名分,更用来区别统治阶级与被统治阶级的地位。劳动者阶级不准穿以帛制成的带有章纹的深衣,只能穿用粗麻制作的短褐,这是历代最常见的平民之服。

(二)宽衣大袖的汉、晋服饰

周代的深衣,在汉、晋时期更加流行但有所变化,主要是向更加宽大方面发展,形成汉、晋时期服饰的主要特点。

深衣上体下体相连,以其宽大深长而得名。但周代的深衣短不要在足踝以上,长不可以拖到地面。右衽有曲裾。袖子的长度,除了手长,其余部分至手再曲折回来,长至肘。深衣共十二幅,象征一年十二个月。衣领如矩,袖圆如规,背缝如绳直,下裙摆如权衡平。领袖下裾均有缘边装饰,称为"纯"(zhǔn,音"准")。腹下束腰带。裙的两边,有宽大的余幅。穿着这种宽身大袖的深衣,显得格外雍容华贵。因此,深衣的用途最为广泛,男女皆可穿,文武皆可用,可以迎宾,也可以治军。

从长沙马王堆出土的帛画和陶俑的形象看,汉代的深衣均长及拖地,要比周

代深衣更加宽长。

西晋与东晋时期,受玄学的影响,上自王公仕人,下至平民百姓,皆追求飘逸的风姿,均以宽衫大袖、峨冠博带为时尚。"凡一袖之大,足断为两;一裙之长,可分为二。"

(三)胡、汉融合的隋、唐服饰

南北朝时期,周边被称为"胡人"的少数民族大批涌入中原地区,胡服成为社会上特别是北方地区普遍流行的服装形式。这种窄身紧袖、圆领开衩的胡服,活动方便,适于耕战,利落美观,节省衣料,因而颇得汉族上下各类人群的喜爱。而少数民族的统治者,受中原文化的影响,又十分羡慕汉族古代帝王、将相那一套峨冠博带的装束,因而又保留了汉族的某些服饰。经隋至唐的数百年间,出现了胡、汉服饰并存和胡、汉服饰融合的情景。从唐代的古文献和出土的文物看,唐装的"胡服"色彩十分浓厚。唐初,人们以穿胡服为时尚,或着短衣袴褶,或穿窄袖袍衫,百官士人以其为常服。唐太宗和唐玄宗等皇帝还准许百官身着袴褶参加朝会。唐太宗等皇帝也亲穿胡服。唐玄宗时,骑马宫人都戴胡帽,民间争相效仿。在唐代,不仅男子服饰有"胡气",女子的服饰也是如此。但隋、唐时期的服饰,特别是皇帝与百官的礼服,仍然沿袭自周、汉以来的传统形制。如《通典》载:"大唐依周礼,制天子六冕。"从出土的唐墓壁画人物形象看,唐的礼服、朝服基本上还是保持深衣的样式,受胡服影响较大的主要是常服。

唐代的服饰,是以周、汉以来的传统服饰为主体,融胡、汉服饰于一体,综合创新的服饰。其后的宋、辽、金、元、明诸朝,都在沿袭唐代服饰的基础上,各有创新。

(四)独具特色的清代服饰

清代是满族所建立的王朝。为了维护本民族的传统,确保对汉族和其他民族的统治,清代统治者强令汉族及其他各族剃发易服。清代的服饰与其他各朝不同,独具特色。最有代表性的是旗袍、马褂、圆形有檐的皮暖帽和锥形饰顶的凉帽,以及穿在脚上的皮鞋——"靰鞡"。同时也吸纳了前代诸朝服饰中的精华,使清代的服饰更加丰富多彩。

在清朝末年,由于西方列强的相继侵入,服饰开始受西方文化的影响,一些思想解放的先驱者,率先剪发改装,"效仿西式,短衣皮靴",开创了近代服饰的先河。

第二节 中国古代帝王的服饰

帝王的服饰是最高等级的服饰。一般说来分为两类：一类是礼服，又称为法服，用于祭祀和各种大型典礼。后来又从中分出祭服和朝服两小类。祭服用于祭祀，朝服用于大典礼。另一类是常服，又称为公服、从省服，用于一般性的正式场合。现就几个有代表性的朝代来说明帝王服饰的特征。

一、周代的天子服饰

周王称为天子。其服饰法天而制，在夏、商王之服饰的基础上形成了比较完备的冕服制度。冕即冠，是各类帽中最尊者。服即为上衣下裳的衣服。冕服制度即周王、诸侯、卿大夫的礼服制度。

据《周礼·春官宗伯·司服》载，王用于祭祀的吉礼之服有九种，其中六种服饰都用冕，即大裘冕、衮冕、鷩冕、毳冕、希冕和玄冕。凡冕服，上衣玄色，即青色，象天之色；下裳纁色，即浅红色，象地之色。冕服除用于祭祀之外，天子朝见诸侯、举行盛大婚礼等也穿冕服。

在天子的礼服中，以衮冕最有代表性。衮冕，其形制是冠的顶部有一块前圆后方的方板，前低后高，称为延。延的上面为玄色，下面为纁色，前后两端各下垂十二条旒，每条旒系十二颗五彩玉珠。每条旒的长度为十二寸，长可及肩。延前圆象天，后方象地。垂旒十二，象一年十二个月。《礼记·郊特牲》载："戴冕，璪有十二旒，则天数也。"

衮服，法天地之色，上玄下纁，即上衣为青色，下裳为浅红色。据《周礼·春官宗伯·司服》所载及经学家的考证，天子祭天礼服上绘画或刺绣有"十二章纹"，即十二种图案：日、月、星、龙、山、华虫、宗彝、藻、火、粉米、黼、黻。

十二章纹各有象征意义：

日、月、星，三辰光辉，象征天子如日、月、星普照天下。

龙，善变而神，象征天子治理天下能随机应变。

山，庞大镇重，象征天子镇重安四方。

华虫，即雉，山鸡。其羽毛有纹彩，象征天子有文章之德。

宗彝，即宗庙中的酒器，饰有虎、蜼（长尾猴）二兽。虎猛，蜼智，象征天子有威猛之勇、避害之智。

藻，即有纹的水草，象征天子品质，冰清玉洁。

火，火焰向上，光明发热，象征天子能率领众庶百姓奋发振兴，上归天命。

粉米，即米粒，洁白为人之食，象征天子具有济养万民之德。

黼，即画金斧之形，象征天子之权至高无上，能决断天下大事。

黻，即画两弓相背之形，象征天子之德能息天下之武。

十二章纹象征天下万物之德皆具备于天子一身，应天命而拥有天下。

冕服还饰有芾，字或作"韨"，即古代的"蔽膝"，系于腰间的革带上而垂于膝前，上窄下宽，以革制作。其红色，绘有龙、火、山三章纹。系芾于膝前，表示不忘古之意。天子穿赤舄，与冕服相配。

汉代郑玄等人认为，周代以前，天子衣十二章纹，但周代由于把日、月、星移于旗上，所以衣服上为九章纹，是否如此，待考。周代天子的冕服制度为以后历代王朝所增削而仿效。

二、唐代、明代皇帝的服饰

唐代皇帝的服饰有十二种，其中用于祭礼、遣将、纳后、元日受朝等最为隆重场合的衮冕之服最有代表性。

皇帝之冕，以黄金为饰。冕延前后各垂白珠十二旒。

衮服，玄衣纁裳。因袭隋制，十二章纹八章纹在衣，四章纹在裳。于左右肩上织绣日、月各一，在后领下织绣星辰。上衣还织绣山、龙、华虫、火、宗彝五章纹，共八章纹；下裳织绣藻、粉米、黼、黻四章纹。

皇帝的常服，为赤黄袍衫，折上头巾，九环带，六合靴。

明代衮服之制虽承唐、宋，但略有差异。洪武十六年（公元1383年）规定，衮冕之服，其冕仍为前圆后方，玄表纁里，前后各十二旒。其服玄衣黄裳，十二章纹。日、月、星、山、龙、华虫六章纹织于衣，宗彝、藻、火、粉米、黼、黻六章纹织于裳。明定陵出土了万历皇帝的两件缂丝衮服，真切地展现了它的具体样式。其服用黄缎制作，前胸、后背织十二团龙，是衮服的主体图案，象征皇帝为真龙天子。两肩织日、月，背织星辰、群山，两袖织华虫。宗彝、藻、火、粉米、黼、黻等六种文饰分别织于前后襟团龙的两侧，共列十二章纹，与文献所载的服饰制度相符。因为这类衮服以龙为主体图案，所以俗称龙袍。

皇帝的常服，为乌纱折角向上巾，因其形像一"善"字，所以又称为翼善冠。黄色盘领窄袖袍，前胸后背及两肩各有金织盘龙章纹，佩玉带，着皮靴。

三、清代的皇帝服饰

清代皇帝的服饰与历代王朝多有不同，虽然也承袭了十二章纹、帝服为黄色等形制，但有鲜明的满族特色。

清代废除了延续三千余年的前后垂旒的冕,其皇冠有朝冠、吉服冠、行冠、常服冠、雨冠等,又分为冬夏两种。

朝冠　冬朝冠以黑貂皮制作,冠有檐,反折向上,上缀朱纬,长出檐。冠顶有一竖柱,分为三层,每层各贯穿一颗东珠。每层饰有四条金龙合抱,每龙各含东珠一颗,共十二条龙,十二颗珠。十二为天之大数。柱顶衔大珍珠一个。冠顶左右二道梁,檐下两旁垂带项下。夏朝冠,呈锥形,以玉草编织而成,外沿镶有石青片金二层,里用红片金或红纱,前缀金佛,饰东珠十五颗,后缀"舍林",饰东珠十五颗。

吉服冠　上缀朱纬,顶为满花金座,上衔大珍珠一颗,冠顶横一道梁。冬吉服冠用薰貂或紫貂皮制作。夏吉服冠也是锥形,敞檐里为红纱绸,表为红纬。冠沿镶石青片金。

常服冠　红绒结顶,下为黑绒满缀红缨,其他如吉服冠之制。

皇帝之服分为衮服、朝服、吉服、常服、行服、雨服,与各冠相应配穿。

衮服　用于祭天等重大典礼,将其套在朝服或吉服外。衮服为对襟、平袖。料为石青色缎,色象天之色。衣的前面绣正面五爪金团龙四团,两肩前后各绣一个金团龙。两肩绣日月,前后绣篆文"万寿"二字,并相间以五彩云纹。

朝服　皇帝用于朝会大典而穿的衣服。有冬、夏服之分,皆为明黄色,但在祭圆丘(天)时用蓝色,朝日时用红色,朝月时用白色。冬服上衣下裳相连,箭袖,用披领及裳。披领与袖为石青色,边沿用片金。其绣纹,两肩及前后胸为正面五爪龙各一条,围腰有行龙五条,衽有正面龙一条,襞积(衣裙上的褶子)前后有团龙各九条;裳有正面龙二条,行龙四条,披肩有行龙二条,两袖端各有正龙一条。图纹十二章,上衣绣日、月、星、山、龙、华虫、黼、黻;下裳绣宗彝、藻、火、粉米,并相间以五彩云纹。袍绣八宝平水,是象征吉祥的八种纹饰,即和合、鼓板、龙门、玉鱼、仙鹤、灵芝、磬、松。

皇帝穿朝服时,要佩戴朝珠,朝珠一百零八颗。腰间系朝带,明黄色,带上有龙纹金圆版等饰物。

夏朝服与冬朝服形制大体相同。

吉服　又称为龙袍,是皇帝参加吉庆典礼时穿的礼服。明黄色,箭袖,四开裾,领袖为石青色,边镶片金,绣金龙九条。即前后身各三条,两肩各一条,里襟一条。龙纹间绣五彩云纹,图纹十二,两肩绣日、月,领下绣星辰,前身上下绣宗彝、藻、黼、黻,后身上下绣山、龙、华虫、火、粉米。领圈前后绣正龙各一条,左右绣行龙各一条,左右交襟绣行龙各一条,袖端绣正龙各一条,下幅为八宝立水。皇帝穿吉服时,外罩衮服,挂朝珠,佩明黄色吉服带。

常服　是皇帝日常生活中穿用的衣服,石青色,样式大体与吉服同。

清代是中国封建社会最后一个王朝,以它独特的服饰形制为中国服饰文化增添了新的色彩。

第三节　中国古代百官的服饰

从中央到地方的文武百官,是辅佐国君治理国家的政权支柱。由于他们各自的地位不同,服饰亦有明显的区别。服饰是官吏等级差别的重要标志,但不同朝代,官吏服饰区别的方式亦有所不同。总体而言,主要是以服饰的纹饰、颜色、标识数字、佩物等来区别。

一、周代百官的服饰

周代百官的服饰都是冕服。颜色上玄下𫄸,以爵位、命数的不同来区别等级。其爵位分为公、侯、伯、子、男五等,每等以“命”数为等级数字。所谓的“命”即王制所规定的等级。

各公国的诸侯,其国君九命,用衮冕之服,冕前后各九旒,每旒各九颗玉珠;服上的章纹有九,无日、月、星,只有山、龙、华虫、火、宗彝、藻、粉米、黼、黻。

侯、伯之国的国君七命,用鷩冕之服,冕旒前后各七旒,每旒各七颗玉珠;服上章纹自华虫以下七章纹。

子、男之国的国君五命,用毳冕之服,冕旒前后各五旒,每旒各五颗玉珠;服上章纹自宗彝以下五章纹。

在天子所直辖的王朝中,其三公八命、卿六命、大夫四命、士二命。

爵位为公的诸侯国,其孤卿四命、卿三命、大夫二命、士一命。以上皆以命数定冕服。

二、唐代百官的服饰

自曹魏始,官以“品”为等级区分,共分为九品,历朝沿袭直至清代。据《新唐书·车服志》载,唐代百官冠服有二十一种。今就礼服、常服摘要如下。

(一)礼服

冕服　唐代祭祀、大婚等的礼服仍为冕服,皆青衣𫄸裳,共五等。

衮冕　一品官之服,九旒,九章纹。龙、山、华虫、火、宗彝在衣,藻、粉米、黼、黻在裳。

鷩冕　二品官之服,八旒,七章纹。华虫、火、宗彝在衣,其余在裳。

毳冕　三品官之服，七旒，五章纹。宗彝、藻、粉米在衣，黼、黻在裳。

希冕　四品官之服，六旒，三章纹。粉米在衣，黼、黻在裳。

玄冕　五品官之服，五旒，一章纹。衣无章纹，裳刺黼一章纹。

爵弁　六至九品官从祀之服，无旒，无章纹，黑缨、角簪导（角制的束发器具）。

(二)常服

唐代百官日常所穿的官服为常服，又称宴服。贞观年间定制，三品以上官员之服用紫色，腰带饰以金玉，十三个銙（腰带上的环节）；四品之服用绯色（红色），腰带饰金，十一銙；五品之服用浅绯，腰带饰金，十銙；六品之服用深绿，七品之服用浅绿，腰带饰银，九銙；八品之服用深青，九品之服用浅青，腰带饰以鍮（黄铜）石，八銙。唐高宗时规定，八品、九品用碧色。

另外，唐代还有一种襟背带有动物图案的服饰，作为赏赐的官常服。《唐会要》载：凡给袍者，"诸王，饰以盘龙及鹿；宰相，赐以凤池；尚书饰以对雁；左右卫将军，饰以对麒麟；左右武卫，饰以对虎；左右鹰扬卫，饰以对鹰；左右千牛卫，饰以对牛；左右豹韬卫，饰以对豹；左右玉铃卫，饰以对鹘；左右监门卫，饰以对狮子；左右金吾卫，饰以豸"。这些服章，明代时成补服。

三、明代百官的服饰

明王朝建立后，首先是禁止胡服，太祖朱元璋下诏，衣冠悉如唐代形制，但实际上多有改革。洪武三年，太祖诏令，除祭天地、宗庙用冕服外，其余场合不用。除皇帝、皇太子、郡王用冕服外，其他百官一概不用。明代百官服饰最突出的特点，就是常服中补服制度的出现。

(一)补服

所谓补服，就是文武官员的徽识。其形制是将两块图案相同的圆形或方形丝织品，分别缝补在袍服的前胸与后背上，用以区分文武及官品的高低。补服始于唐代的赐服，但赐服并不是制度化的百官之服。据《皇朝通制》载："明洪武二十四年始定补子制度。"其制为：

公、侯、驸马、伯之服　公、侯、驸马、伯之服绣麒麟、白泽（皆为传说中的神兽）。

文官补服　据《明史·舆服志》记载，文官补服用飞禽图案。一品绣仙鹤，二品绣锦鸡，三品绣孔雀，四品绣云雁，五品绣白鹇，六品绣鹭鸶，七品绣鸂鶒（亦作鸂鶒），八品绣黄鹂，九品绣鹌鹑。

武官补服　武官补服用猛兽图案。一品、二品绣狮子，三品、四品绣虎豹，五品绣熊罴，六品、七品绣彪，八品绣犀牛，九品绣海马。

服色 官员一品至四品用绯袍,五品至七品用青袍,八品、九品用绿袍。

带饰 公、侯、驸马、伯及一品用玉带,二品用花犀,三品用金花,四品用素金,五品用银花,六品、七品用素银,八品、九品用乌角。

冠 凡常朝视事用乌纱帽。乌纱帽的形制为前低后高,两旁各插一翅,通体皆圆,帽内另用网巾束发。

(二)赐服

明代皇帝对功勋卓著的大臣有时特赐服饰,用于最隆重的典礼。赐服的图纹为蟒、飞鱼、斗牛三种。蟒衣又称为蟒袍。蟒纹袍为三种赐袍中最尊者,其图形制为四爪龙纹(龙为五爪)。蟒纹有坐蟒、行蟒,坐蟒尊于行蟒。山东省博物馆有一幅画像《戚继光》,其图之人,头戴乌纱帽,衣穿团领大红蟒袍,内白领。蟒身为浅黄色加黄色鳞片,绿须,二白角,蓝、绿、黄云纹及水纹,云带青锃,腰悬牙牌,四爪行蟒,真切地展示了蟒袍的样式。

四、清代百官的服饰

清代百官服饰虽承袭前代,但有鲜明的民族特点。其官职等差主要是视其冠上的顶子、花翎、补服所绣禽兽的纹饰以及用色等来区别。

(一)冠

冠有朝冠和吉服冠以及常服冠、行冠、雨冠等几种。以朝冠和吉服冠最为重要。

1.朝冠

朝冠是参加朝会大典时所戴之冠。有冬朝冠、夏朝冠之分。冬朝冠圆形,用薰貂皮制作,顶为镂花金座,饰以东珠或宝石。夏朝冠为锥形,用藤或竹编制而成。

其顶的区别是:文武一品,顶红宝石;文武二品,顶珊瑚;文三品顶珊瑚,武三品顶蓝宝石;文武四品,顶青金石;文武五品,顶水晶;文武六品,顶砗磲(某种贝类之壳);文武七品,顶素金;文武八品,阴纹镂花金顶;文武九品,阳纹镂花金顶;未入流,同文武九品;一等侍卫,顶如文三品;二等侍卫,顶如文武四品;三等侍卫,顶如文武五品;蓝翎侍卫,顶如文武六品;进士、状元,顶金三枝九叶。

2.吉冠

吉冠是参加喜庆盛典时所戴之冠。

其顶的区别是:文武一品,顶珊瑚;文武二品,顶镂花珊瑚;文武三品,顶蓝宝石;文武四品,顶青金石;文武五品,顶水晶;文武六品,顶砗磲;文武七品,顶素金;文武八品,阴纹镂花金顶;文武九品,阳纹镂花金顶;一等侍卫,顶同文武三品;二等侍卫,顶同文武四品;三等侍卫,顶同文武五品;蓝翎侍卫,顶同文武六品;进士、状元,顶素金。

(二)花翎

花翎也是区别官员等级的重要标志。所谓花翎就是孔雀尾的翎羽,其尾端有像眼睛而极灿烂鲜明的圈,一圈者称为单眼花翎,二圈、三圈者称为双眼、三眼花翎,没有眼的称为蓝翎。以三眼花翎最为尊贵,花翎插在冠顶的翎管中,向后垂拖。按《大清会典》载,贝子戴三眼花翎,镇国公、辅国公、和硕额驸戴双眼花翎,内臣、一等侍卫、二等侍卫、三等侍卫戴单眼花翎,各省的驻防将军、副督统等也只能戴单眼花翎。花翎主要是直接保卫皇帝的侍卫或禁卫京师的武官饰戴。其他在外地的将军、提督不戴花翎,只有立有特殊功勋的武将才能享受皇帝亲赐花翎的殊荣。后来文臣督抚也有受赐花翎者,皇亲福文襄公立有大功,曾受赐四眼花翎,是为特例。施琅以收复台湾之大功,才被特赐花翎。曾国藩、左宗棠曾受赐双眼花翎。李鸿章受赐三眼花翎,是汉族官员中最高者。清初,花翎极为尊贵,外官和汉官很少有人能受到赏戴。清代末期,制度渐滥,竟致以钱捐得。

(三)补服

清代承袭了明代的补服制度,以区别文武官职和百官等级。补服又称为补褂,其褂的形制比袍短而比褂长,对襟,平袖。绣有飞禽猛兽的补子补在褂的前胸、后背上。补服是清代官员最常穿的官服。据《大清会典》载,文武各级官员的补服是:

皇子,龙褂,石青色,绣五爪正面金龙四团,前胸、后背、两肩各一团,间以五彩云。

亲王,补服石青色,绣五爪金龙四团,前后各一正龙,两肩各一行龙。

郡王,绣五爪行龙四团,前后、两肩各一。

贝勒,绣四爪正蟒两团,前后各一。

贝子、固伦额驸,绣四爪行蟒两团,前后各一。

镇国公、辅国公、和硕额驸等,绣四爪正蟒两团,前后各一。

文武百官的补服,皆石青色,方形补子。文官一品,绣鹤;文官二品,绣锦鸡;文官三品,绣孔雀;文官四品,绣雁;文官五品,绣白鹇;文官六品,绣鹭鸶;文官七品,绣鸂鶒;文官八品,绣鹌鹑;文官九品及未入流官,绣练雀。

武官一品及镇国将军,绣麒麟;武官二品及辅国将军,绣狮;武官三品及奉国将军、一等侍卫,绣豹;武官四品及奉恩将军、二等侍卫,绣虎;武官五品及三等侍卫,绣熊;武官六品及蓝翎侍卫,绣彪;武官七品、八品,绣犀;武官九品,绣海马。

都御史、副都御史、给事中、监察御史、按察使及各道,绣獬豸。

(四)蟒袍

蟒袍也是清代百官的重要服饰,上至皇子、下至九品及未入流者皆可用蟒袍,以服色及蟒数的多少区别尊卑等级。

皇子蟒袍,金黄色,通绣九蟒,蟒五爪。亲王、郡王经皇帝恩赏,也可用金黄色九蟒袍。

民公(异姓封爵者)蟒袍,蓝及石青色随用。通绣九蟒,皆四爪。

文官三品以上、武官二品以上及奉国将军以上、一等侍卫,其袍通绣九蟒,皆四爪。蓝及石青色随用。

文官四品、五品、六品,武官三品、四品、五品、六品,奉恩将军、二等侍卫以下,通绣八蟒,皆四爪。蓝及石青色随用。

文官七品、八品、九品及武官七品、八品、九品及未入流者,通绣五蟒,皆四爪。蓝及石青色随用。

第四节　中国古代庶民的服饰

庶民是指非官非吏的下层社会的广大民众,即士、农、工、商各类。除士为读书人外,农民、手工业者、商贩等皆为劳动者。他们的服装历代相沿,变化不大,与帝王、百官的服饰不同,突出的特点是短、简、粗、素,即形制短小、样式简单、用料粗朴、服色寡素。现对几个主要朝代庶民的服饰略加说明。

一、汉代庶民的服饰

汉代庶民的服饰主要是承袭先秦上衣下裳的基本形制。其主要服饰有以下几种。

短褐　短褐早在先秦时期即为贫穷的劳动者之衣。《诗经·豳风·七月》云:"无衣无褐,何以卒岁?"秦、汉时期,贫贱的劳动群众仍然身穿短褐。贾谊《过秦论》说:"夫寒者利短褐,而饥者甘糟糠。"褐是兽毛或粗麻布制成的短衣。穿短褐的人称褐夫。

襦　襦为短袄(有衬里的衣称为袄),也是一种庶民之服。汉代民歌云:"平生无襦今五裤。"士大夫平时也穿襦,着裙,是一种休闲服。

褐与襦多为白色,故农民、手工业者、商贩所穿之衣又称为白衣。

犊鼻裈　裈又作裩。裈和裤都是一种有裆的短裤,犊即小牛,借言其小,是劳动者之裤。另有文献称,犊鼻裈为围裙,因其形制如犊鼻而名。西汉的司马相如与卓文君回成都后,为激耻于他的岳父卓王孙,"自著牛鼻裈,与保庸杂作,涤器于市中",即上穿褐衣,下穿短裤,一副店小二的打扮。

巾　古代只有国家官员才能戴冠，庶民百姓不允许戴冠，只准在头上裹巾。《释名·释首饰》云："巾，谨也。二十成人，士冠，庶人巾。"大约是用三尺幅布裹头。战国时，庶人用青巾裹头，称为"苍头"。秦代以黑布裹头，故庶人称为"黔首"。秦王朝建立后，秦始皇"令黔首自实田"，即令庶民百姓自报所占田亩之数。汉承其制，庶民仍以黑布裹头。

汉代庶民的衣着形象，即为头裹黑巾，上身穿短褐，下身穿短褙裤，以带扎围裙。这是一种既节省衣料，又便于劳动的服装。

汉代下层社会还有穿白衣、戴白巾者，主要是为官府服役的贱人，为奴客之服。

二、唐代庶民的服饰

唐代庶民之服承袭汉、晋，吸纳杂胡，多有变化。

服色质料　服色用黄色和白色，其质料用绸、绝、布。《新唐书·车服志》载，唐高祖武德四年（公元621年）定制，流外官、庶人、部曲、奴婢之服用绸、绝、布，色用黄、白，饰以铁铜。唐高宗上元元年（公元674年）又规定，庶人服黄，其工商杂户不准服黄。

褐　短褐仍为庶民主要服饰，不但普通的农民、工、商穿褐，士人也常穿褐。《新唐书·车服志》载："士服短褐，庶人以白。"《旧唐书·德宗本纪》载，贞元四年（公元788年），在夏县征选贤才，隐士阳城"以褐衣诣阙，上赐以章服"。即，阳城穿短褐拜见皇帝，皇帝赏赐给他官服。

襕衫　这是唐代专为士人所制的服饰。《新唐书·车服制》载："士服短褐，庶人以白。中书令马周上议，礼无服衫之文，三代之制有深衣，请加襕、袖、褾、襈为士人上服。开骻者名曰缺骻衫，庶人服之。"襕衫形制为上衣下裳相连，长过于膝。在腿的两侧开衩者称为缺骻，为庶人之服。

衫　这是一种短于襕的衫，宽袖，多用苎麻布制作，白色，高雅士人、隐士常穿白衫。这类人一旦被朝廷征选，即为高官。所以白衫又称为隐士衫、一品白衫。

半臂　这是一种短袖或无袖的上衣，盛行于隋唐。这是上于宫廷、下于士庶的便服。《事物纪原》载："隋大业中，内宫多服半臂，除却长袖也。唐高祖减其袖，谓之半臂，江淮间或谓绰子，士人竞服，隋始制。"谓"隋始制"不准确。半臂当由曹魏的"半袖"演变而来。《晋书·五行志》载："魏明帝着绣帽，披缥纨半袖，以见直臣，杨阜谏曰：'此礼何法服邪？'"可见，曹魏时宫中始有半袖。半袖、半臂始于宫中，流行于民间。

袍、袄　袍、袄也是唐代庶民常穿之服。《唐会要》载，唐高宗咸亨年间，外官、百姓多在袍衫内套朱、紫、青、绿等颜色的袄子,因滥用服色违制,下令禁止。袍是自周代既有的服饰,上下连体,夹层或内缝丝絮。袄子为有夹层的上衣,有长有短。袍、袄皆为秋冬御寒之衣。

帽　自南北朝以来,受少数民族影响,汉族士庶亦盛行戴帽。唐代士庶之帽主要有席帽、浑脱毡帽、压耳帽、大帽子等。席帽,有檐,本为羌人之帽,以毡制作或以席藤编制。浑脱毡帽,以黑羊毛制作。压耳帽是一种掩二耳的帽式。大帽子是以藤席编制的一种大檐帽子,本为草野之人所戴,自魏晋以来,贵贱者多戴之。

三、清代庶民的服饰

清代庶民的服饰,多从满洲习俗,其服饰新颖多彩,尤其是袍、褂、鞋、帽更具浓郁的满俗特点。

袍　袍是满族和其他各族男女老少、贫富贵贱者都穿的服装。满语称为“衣介”。因为它是旗人的常服,所以又称为“旗袍”。袍的基本款式是圆领、窄袖、左衽,衣摆四面开衩,有扣袢,束腰带。男子穿的袍,长至脚面,下摆肥大。这样形制的袍,便于骑射,所以又称为“箭衣”。袍的窄袖口上,往往还要加一个半圆形的袖头,盖在手背上,冬天可以御寒保护手背,利于射箭,故称“箭袖”;又以其形似马蹄而称“马蹄袖”。袍最初无贵贱之分。皇太极时规定,以开衩多少为区分尊卑的标志。皇族宗室开四衩,官吏士庶开两衩。所以后来以开衩袍为官服、礼服。也有不开衩的袍,称为“一裹圆”,是为官吏燕居之服和平民之服。

褂　套在袍外的短衣称为褂,也是男女老少、贫富贵贱者皆可穿的服饰。褂有长袖、短袖、宽袖、窄袖、对襟、大襟、琵琶襟等多种样式。根据不同的用途,有补褂、常服褂、行褂等几种形制。补褂为官服褂,士庶禁用。常服褂为士庶平常所穿的褂子,稍长。行褂较短,是外出骑马时所穿的褂,所以称为马褂。初始,马褂多为士兵所穿。康熙时,只有富贵人家才有穿马褂的人。自傅文忠公征西川得胜后,人称马褂为“得胜褂”。人们喜其便捷,又有吉祥之名,于是,官民皆用。褂的形制有贵贱之别。宗室开四衩,一般官吏士庶开两衩。马褂的颜色,以黄色最贵,称为“黄马褂”,非皇帝特赐不得服。天青色或元青是官员礼服褂之色,庶民也不得服。其他诸如红色、浅绿、绛紫、深蓝、深灰,皆可为常服褂之色。百官士庶皆可用,马褂可以内外缝以皮毛,作为御寒之装。

马甲　是一种无袖短衣,又称坎肩。它不是满族的衣着,而是由汉族的半臂发展而来,是官民皆用的便装。马甲也有大襟、对襟、琵琶襟多种形制。一般多穿在里面,样式比较窄小。晚清时,亦有把马甲穿在外面的。另有一种多纽扣的马甲,称为“巴图鲁坎肩”(“巴图鲁”满语意为勇士)。这种马甲,先是在宫廷、朝官中穿用,后来民间亦多有穿用者。

衫　衫初长至膝,后来长至踝上。在袍、衫外面套以马褂、马甲,是清代官僚士庶最为流行的衣着样式。

清代汉族庶民妇女的服饰,仍沿袭明代样式,上身着袄、衫,下身束裙,或者再穿一件较长的背心。清代后期,妇女又流行下身束裙而只着裤子的样式,在袖头、裤管、衣边多镶有各种花纹,显得更加美丽。

帽　清代的庶民多戴便帽,也称小帽子。帽通常以六瓣合缝,缀檐如筒,俗称瓜皮帽。帽创自明太祖洪武年间,取其"六合一统"之意。《啸亭续录》载:"士大夫燕居皆冠便帽。其制如暖帽而窄其檐,其上用红片锦或石青色,缘以卧云如葵花式,顶用红绒结顶,后垂红缨尺余,无老少贵贱皆冠之。"便帽的质料夏秋多用纱,冬多用缎。其外表的颜色是黑色,内里的夹层多用红色。富者用红片金或石青锦缘其边,前面帽缘正中另缀一块四方的玉片,称为帽准,起装饰和区别前后的作用。

帽还有一种叫毡帽,承袭明代之俗。最初多为农民、市贩顶戴,人多贱之。清代中期以后,"士大夫亦冠之",成为冬天常戴的帽子。

鞋靴　清代庶民之鞋,以满族人的"靰鞡"最有特色。多用牛马皮或野兽皮制作,形状前平后圆,口方,前脸聚皮条或麻绳穿过小耳系在小腿上。靰鞡轻便、结实、适用。冬天,在靰鞡里填絮一种名叫"靰鞡草"的细草,经过捶打,柔软如絮,穿上以后,隔潮保暖,即使在雪地中站上一宿也不会把脚冻坏。故民谚称赞:"东北有三宝,人参、貂皮、靰鞡草。"

思考题

1.什么是礼服、常服、十二章纹、衮冕、衮服、龙袍、旗袍、褂、补褂?

2.概述中国古代服饰的发展演变。

3.十二章纹的象征意义是什么?

4.清代皇帝的服饰与历代王朝皇帝的服饰相比,有什么突出的特点?

5.明、清官员服饰与前代相比,有什么突出的特点?

第六章 中国古代的饮食

学习目的

    通过本章的学习,了解中国古代饮食的基本情况,掌握中国古代饮食习俗的主要特点,深刻认识中国古代独具特色的饮食文化。

主要内容

● 中国古代饮食习俗的特点
● 四大菜系的形成与特色
● 酒的产生与发展和中国名酒及酒的功能
● 茶的起源,中国名茶与茶道

    中国地大物博,特产丰富,可食用的品种繁多。加之民族众多,饮食习俗各异,经过数千年的交流融合,形成了极具特色的饮食文化,被誉为世界上的美食王国。

第一节 中国古代饮食习俗的特点

    一个民族的饮食习俗是在经济生活、文化传统、宗教信仰及生活区域等多种因素的直接影响下形成的。中国古代的饮食习俗有以下几个突出的特点。

一、以植物性食物为主的饮食结构

    中国自古以来就是以农业经济为主,饲养、渔猎、采集等多种经济综合发展的国家。早在七千多年前的长江流域河姆渡原始社会遗址中,就已经发现了种植籼稻的遗迹。在黄河流域及北方的广大地区,都发现了距今五千多年的炭化了的谷粒,几乎在所有的新石器遗址中都有农耕的石器以及猪、狗、牛、鸡等兽骨。这说明从南方到北方的广大先民们在那时就已进入以大米和小米等各种谷类为主食、以饲养的家畜肉类为辅的时代。进入阶级社会后,夏商周三代,尤其是周代,是以善于农耕、种植五谷而著称的朝代。而其前的商代,在进行祭祀时,经常一次就用牛、羊等数百头,最多时达五百余头。这种以五谷为主、辅以肉和菜的饮食结构确定了以后数千年中华民族饮食发展的方向。

二、以熟食、热食为主的饮食习俗

以熟食、热食为主,是我国饮食习俗的一大特点。早在原始社会的早期,先民们就已经学会了用火烧食兽肉。在距今五十多万年的北京周口店遗址中,在灰烬中就有大量石块、石片和兽骨。这说明当时不仅火烧,还可能用石片烙食兽肉。《韩非子·五蠹》说:"上古之世……民食果蓏蚌蛤,腥臊恶臭,而伤害腹胃,民多疾病,有圣人作,钻燧取火,以化腥臊,而民悦之,使王天下,号之曰燧人氏。"《吕氏春秋·本味》说:"风味之本,水最为始。五味三材,九沸九变,火为之纪。时疾时徐,灭腥去臊除膻,必以其胜,无失其理。"中国古人很早就知道,生食是伤害腹胃而致病的。并且还懂得以水、火加工熟食,不仅可以去腥臊膻臭,还可以因不同的火候而获得不同口感的美味。因此,原始社会出土的陶器中以及商周时期的铜器中,有大量的煮食烹饪器具,如鬲、鼎、鬵、甗等。中国古人熟食、热食的习惯,为以后的各种烹饪技巧奠定了基础。

三、体现亲和精神的聚餐制

中国古代社会是宗法制社会,其重亲情、重集体、重礼仪的传统习俗,在餐食方式上的体现就是聚餐制。表示用美食款待客人的"飨"字,甲骨文和金文都作"𗕲"形,其中的"𗕲"像盛食物的"簋"之形,两旁像两个人相向对坐,共食一簋中的食物,这正是聚餐共食的摹画。中国古人不仅仅把饮食看成生存的需要,更把它看成亲人之间、朋友之间、统治者与被统治者之间增强亲和力与凝聚力的一种方式。不仅一家人在一起聚食,同一个宗族的人、同一个乡里的人也时常在一起聚食。周代的"乡饮酒礼",就是在乡大夫主持下的同乡人的大聚餐,通过聚餐体现出亲人敬贤、尊老爱幼的"礼"与"仁"。通过共餐同食,来增强人与人之间同心同德的亲和感,维护不同形式集体的团结。所以,"宴饮之礼"是中国古代从上至下都非常重视的。它是中华民族仁爱、重礼、"和为贵"的民族精神的体现。

四、体现互助精神的餐具——筷子

进餐用具,是民族性格、民族道德观念的外在表现之一。在原始社会,无论哪一个民族的先人,其进餐的方式,都是手撕嘴咬,是一个由猿向人转变的过程,带有一种原始的野蛮性。进入文明时代,这种进餐方式发生了分化。西方人多用刀、叉,这是由战场上用于厮杀的武器转变而来的。时至今日,用于近距离肉搏的匕首,也可以用来做割肉进餐的用具。餐桌上刀飞叉舞,不论饮食多么香甜,恐怕也会使人产生一种心惊肉跳之感,情绪何来? 而中国人则是用筷子。古人称筷子为箸。它是用两根直竹棍或小木棍制成的。两根筷子在手,交叉互助,才能夹起食物。它体现了一种人文的团结互助精神,只有团结互助、互相配合,才能得食,才能生存。心有其思,手有其做。小小筷子的创造和使用,源于一种深邃的民族精神。

五、美味与美形、美意的完美合一

中国古代的饮食特点,不仅仅是追求口感美、嗅觉美,还追求形式美、内涵美,讲究色、香、味、形、意的完美合一。

中国古代的食品,尤其是应节食和宴会上的食品,包括主食与菜肴,都堪称精美的艺术品。首先是颜色上的搭配。如红、黄、白、蓝、黑五色俱全,加之巧妙地拼凑在一起,小小餐桌成了春意盎然的百花园。其次是形状上的雕琢。中国传统菜肴,注重形式美。一是各种菜肴本身的造型,如根据需要,菜品要切成各种形状的条、块、丁、片,或者是雕刻成栩栩如生的龙、凤、桃、莲。二是装盘、摆碟,并注意桌上的造型。一碟一菜有形,多菜一盘有形,全桌碟、盘、碗、杯的组合也有形,都是大大小小、形状各异的图案,样样都是精美的艺术品。

传统的中国饮食,不仅形式美,更赋有寓意,体现出一种深邃的文化内涵。一道菜、一碗汤,都是一个个历史典故、一个个美好的祝愿、一个个对未来的企盼。如"东坡肘子""全家福""鲤鱼跳龙门"等。吃喝不仅是对美食的享受,也是对艺术的欣赏,更是一种文化上的升华。这就是中国绵延数千年之久的饮食文化。

第二节　中国古代的传统主食

中国古人的主食,因地域不同、民族不同而有所差异。但随着数千年来的民族融合,各民族的主食也逐渐融合在一起,形成中华民族共同的传统主食。

一、米类主食

粥　粥是将米粒放在水中煮熟的食品。宋人高承的《事物纪原》中说:"黄帝始煮谷为粥。"说黄帝煮谷为粥虽未必可信,但粥始于原始社会当是事实。在新石器时代的遗址中,用来煮粥的鬲最多。煮粥因其简单、易于操作,当是最早的食米方式。古人对粥的类型又有具体的区分,稠者称糜(mí)、饘(zhān),稀者称粥。

粥是古人经常食用的饭食。不仅用一种米煮粥,更喜欢用各种米、豆、菜、肉混合煮,还有加入药材的药膳粥,有数十种之多。最常食用的是豆粥。如东汉光武帝曾吃豆粥充饥。宋朝的苏轼作《食豆粥颂》。宋朝时有"七宝五味粥",用香稻米、胡桃、百合、松子等煮成。初是僧人用来献佛的,后来传至民间演变为"腊八粥"。南北朝、隋唐时期盛行"乳糜",即用米与乳、酥油煮成的粥,味香美又有营养。乳粥是北方少数民族进入中原地区后传入的,也被广大的汉族人所喜食。故白居易有诗句云:"融雪煎香茗,调酥煮乳糜。"后来的契丹人、女真人、蒙古人,都以乳粥为主食之一。唐代时,人们将药材地黄与米、酥油、蜜等合煮,称为"地黄粥"。白居易《春寒》诗云:"酥暖薤白酒,乳和地黄粥。"明代李时珍《本草纲目》说,地黄粥有利血生精的作用。药膳粥能充饥,又能保健治病,是中国饮食的一大发明创造。

饭　将米或蒸或煮成粒状无水食物称为饭。《事物纪原》说:"《周书》:黄帝始蒸谷为饭也。"原始社会就已经蒸米为饭。在出土的陶器中,有一种称为甑的,就是用来蒸饭的。

饭在古代又称为"云子"。因其洁白似云,故以为喻。杜甫诗云:"饭抄云子白,瓜嚼水精寒。"饭的种类很多,多与它物混合做成。如与红豆合做,称为"红豆饭";用荷叶包裹米肉做成的饭称为"荷叶饭"。唐代柳宗元诗《柳州峒氓》云:"青箬裹盐归峒客,绿荷包饭趁墟人。"这种饭融米香、肉香与荷叶的清香于一体,别有风味,直至今日还流行于两广地区。在西域(今新疆)盛行"抓饭"。胡朴安《中华全国风俗志》载:抓饭有黄、白两种,以米做饭,渐之于水,再入以砂糖、藏杏、藏枣、葡萄、牛羊肉饼等物,盛之以皿,以手抓而食。

粽子　粽子是我国古人所喜食的米制食品,尤其是后来与纪念屈原联系起来,又成了端午节的应节食品。粽子在古代又称为"角黍"。早期的粽子是以竹筒盛米水,用楝叶封口,蒸煮而成。后来则是用菰叶包裹糯米、枣子等进行长时间的蒸煮,使菰叶的清香味、枣子等的甘甜味进入黏黏的糯米中,松软可口,清香四溢。从战国至今,传之两千余年而不衰。

炒米　炒米是我国古代北方少数民族所食之米,是将稗或糜子先蒸煮,后烘炒、干燥后去皮即成。吃时,或干吃,或用乳、茶等泡食。南北朝时期传入中原地区。《南史·陈武帝纪》记载,北朝的齐国城池被围困,城中无水,"炒米"食之。其实,食"炒米"本来就是鲜卑人的旧俗,契丹人、女真人、蒙古人以及后来的满族人等,都因炒米便于长久保存、食用方便而将其作为重要的主食。

二、面类主食

汉代时,磨已经被广泛使用,因而用面粉制作的食品日渐成为人们的主食。

饼　饼最初是一切面食的通称,后来专指蒸、烤、烙、煎而成圆形的面食。《释名·释饮食》云:"饼,并也,溲面使合并也。"《山堂肆考·饮食》云:"饼,面餐也。溲麦面使合并为之也。然其状不一。入炉熬者名熬饼,亦曰烧饼;入笼蒸者,名蒸饼,亦曰馒头;入汤烹之,名汤饼,亦曰湿面,曰不托,亦曰馎饦;入胡麻着之,名胡饼,又曰麻饼;其他……名不可数计,大抵皆面食也。"可知在中国古代,凡是把水与面合在一起所做的食品都称为饼。《汉书·宣帝纪》云:"每买饼,所从买家辄大雠。"可知在西汉时期,饼已经成为非常受欢迎的面食。

作为烤、烙、煎的饼,流传至今,多种多样。如盛行于唐宋的立春之日所食的春饼,今日已成为卷菜而食的"名饼",其薄如纸、韧而不漏。胡麻饼是早在汉代从西域传入中原地区的饼,饼上附有芝麻,在炉中烘烤而成。宋代被称为"夹子"的有馅煎饼,流传至今,便是人们常吃的馅饼。

馒头　亦称为馒首。最初称为蒸饼,用发酵后的面做成,形圆而隆起。馒头原来是有馅的。相传诸葛亮征孟获凯旋回蜀至泸水时,有怨鬼兴风作浪不得过。按当地风俗要杀四十九人,用其头祭祀才可释怨。诸葛亮不从。其以面包裹肉馅,塑成人头之形,代替真人之头进行祭祀,名曰"曼头"。曼之意为美好,曼头即美味之头以祭鬼。后来遂称之为馒头。

包子　宋代时将包有肉馅、豆馅、菜馅的馒头称为包子。宋人孟元老《东京梦华录·饮食果子》载:"更外卖软羊诸子包子,猪羊荷包。"从此,无馅的称馒头,有馅的称包子。

饺子　原称为角子,因其是面皮裹馅,包成双角之形而名。"角子"之名见于宋人吴自牧《梦粱录》,但实物的饺子早在唐代就已经存在了,并且还流传到了今新疆地区。1972年,考古工作者在新疆吐鲁番发掘了十多只唐代的饺子,样式与现在的饺子几乎是一模一样。明代,有的地区称之为偏食。清代才称之为"饺饵"或"饺子"。如清代小说《儿女英雄传》第十七回载:"给你包的饺子也得了,咱们趁早儿吃饭。"因为清代盛行在除夕夜包饺子,待到子时(初一零时左右)煮食,取其"更岁交子"之意,故称"饺子"。饺子因其加熟的方式不同而有水饺、蒸饺、煎饺等不同的称谓,其口味也因此而各有差异。

汤圆 又称汤团、元宵,是由汉代的水煮饼系列发展而来的。汤圆是用糯米面裹各类糖馅成圆球形,或煮或炸而食,是元宵节的应节食品。宋人吴自牧《梦粱录》记载了京城大街小巷处处都卖"馒头、炊饼……汤团、水团……等点心"的繁荣景象。清人富察敦崇的《燕京岁时记》记北京在正月十五日,"市卖食物,干鲜俱备,而以元宵为大宗"。

面条 面条也是由汉代的水煮饼发展而来的。宋代的长寿面,是用于祝寿或过生日的面条,祝寿命如面条绵长不断。不过,当时还称为汤饼。宋人马永卿《嫩真子》卷三载:生日"必食汤饼者,则世所谓长寿面者也。"面条中有一种叫米缆,即现在的米线,是用大米面制成粉丝,蒸熟后晾干,食时再煮。宋人楼钥有赞米缆诗:"江西谁将米作缆,卷送银丝光可鉴。"米线是当今人们所喜欢的美食,特别是云南的过桥米线更是全国闻名。

第三节　中国古代的传统菜系

菜肴是中国饮食文化中最有代表性的部分。早在商周时期就形成了调和五味的理论。周代的烹调,无论是在选料、加工、调味上,还是在火候的掌握上,都形成了一定的固定模式。据《周礼》所载,周天子的美食多达一百二十种,尤其以精心烹制的八种美菜最有名,称为"八珍"。先秦时期的菜肴烹制奠定了中国菜肴的基础。秦汉之后,中国形成了大一统的多民族封建国家。幅员辽阔,东西南北各地的物产不同;民族众多,喜爱的口味不同,调制的方法也各不相同。因此,在千百年的发展中,各种菜肴逐渐形成了区域性特色,即所谓的"菜系"。宋代时,菜肴就有了明确的"南食""北食"之名,还有所谓"川饭"。明清时,主要菜系大体都已形成。《清稗类钞·饮食类·各省特色之肴馔》记载:"肴馔之有特色者,为京师、山东、四川、广东、福建、江宁、苏州、镇江、扬州、淮安。"这里已经包括了现在所说的几大菜系。中国的传统菜肴究竟有多少菜系,说法不一,但人们公认有"四大菜系",即鲁菜、川菜、粤菜、淮扬菜。四大菜系既是历史,也是现状,它是千百年来不断发展完善的传统。

一、鲁菜

鲁菜又称山东菜,是由济南、济宁、胶东三个地区的菜肴发展而来的。山东是中国古代文化的发源地之一,烹饪技术早在一千四百多年以前就已经达到较高水平。北魏时,山东的贾思勰所著《齐民要术》一书中,总结了以山东为主的北方菜肴达百余种之多,成为目前所知我国最早的菜谱。明代以后,鲁菜成为宫廷御膳的主体,是我国北方最有代表性的菜系。其特点为:

第一,选料考究,注重以体现当地风味的特产为原料。

第二,烹调方法以爆、炒、扒、熘最具特点,最为重视火候的掌握,以体现不同的口感效果。

第三,精于制汤,讲究清汤、奶汤的调制,清浊分明,滑鲜适口。

第四,善于以葱香调味。

第五,口感上以清香、鲜嫩、味纯、偏咸为特征。

第六,讲究丰满实惠,以大鱼大肉、大盘大碗著称。

鲁菜的代表菜有:葱烧海参、奶汤核桃肉、糖醋黄河鲤鱼、清蒸加吉鱼、九转大肠、德州扒鸡、蟹黄鱼翅、清汤燕菜等。

二、川菜

川菜主要由成都(上河帮)、重庆(下河帮)、自贡(小河帮)三个系统的菜肴组成。川菜于两汉、两晋时已初具轮廓,明清时期,因辣椒的传入而形成稳定的特色。川菜流行于川、陕、云、贵等西部地区,有"食在中国,味在四川"之誉。其特点为:

第一,取材广泛,四川为天府之国,特产丰富,各种兽禽果蔬无不入菜。

第二,烹调技术以小炒、小煎、小烧、干烧、干煸为特长,注重烧、熏、烤、干酥。

第三,口味丰富,号称"百菜百味",尤其以突出麻辣味、怪味、鱼香味而脍炙人口,调味不离辣椒、胡椒、花椒及鲜姜。

川菜的代表菜有:鱼香肉丝、宫保鸡丁、麻婆豆腐、水煮鱼片、怪味鸡块、干烧岩鲤、干煸牛肉丝等。

三、粤菜

粤菜又称广东菜,由广州、潮州、东江三个地区的菜肴汇集而成。岭南地区在先秦时期就有独特的饮食传统。广州为海陆交易重镇,广泛吸收内地及海外文化的精华。唐宋时期广东菜即开始形成,有"南食""南烹"之称。至清代,粤菜发展至鼎盛。清代后期,粤菜已经誉满海内外。其特点为:

第一,选料广博、奇杂,重"生猛",鼠、蛇、虫等均在食用之列。

第二,烹调方法善于变化,长于炒泡、清蒸、煲,犹善焗、软炒。

第三,口感讲究鲜爽嫩滑,强调季节性,夏秋之季讲究清淡,冬春之季讲究浓重。

第四,调味重清淡而突出原味,善用蚝油、猪油、糖醋、豉汁、果皮、沙茶酱等风味独特的调料。

粤菜的代表菜有:三蛇龙虎会、油泡鲜虾仁、脆皮乳猪、蚝油鲜菇、东江盐焗鸡、脆皮炸海蜇等。

四、淮扬菜

淮扬菜由扬州、淮安、镇江、南京等地区的菜肴汇集而成。其发源于春秋战国时期,元代已具规模,明清时期形成以"甜咸适中,南北皆宜"为特色的淮扬菜系。其主要特点为:

第一,选料十分讲究时令与活、鲜。如"淮扬狮子头"这道名菜,就是随着季节的变化而选择不同的原料,春季做河鲜芽笋狮子头,秋季做伏蟹粉狮子头,冬季做伏芽菜狮子头。

第二,十分注重刀工、火工、色泽和造型。

第三,烹调技法擅长炖、焖、煨、焐。

第四,调味重清爽、鲜淡、平和,强调原汁原味。

淮扬菜的代表菜有:清炖狮子头、三套鸭、叫花鸡、大煮干丝、松鼠鳜鱼等。

第四节　中国古代的酒

酒在中国,自古以来就被视为一种最醇美的饮品。它是宴会上增进感情的琼浆,是治病中舒筋活血的玉液,是烹饪时调和五味的佐料。它不仅用途广,而且作用大。它使多少英雄壮怀激烈,成就大业;它使多少昏君贪杯恋盏,丢掉江山;它使多少才子灵感勃发,诗文百篇;它使多少狂徒道德沦丧,身败名裂……醇美的酒,神奇的酒,说不完的酒。

一、酒的产生与发展

据《初学记》引《世本》说:"仪狄始作酒醪,变五味,少康作秫酒。"仪狄是夏禹的臣子,他所造的酒是一种粗劣的浊酒。少康是禹的六世孙,又称为杜康。他以粮食造酒,提高了酒的质量。所以后世尊仪狄、杜康为造酒的始祖。实际上,酒的起源比古史传说中更为古老。在距今五千年左右的龙山文化遗址中,出土了一些陶器,据专家考证,有许多就是酒器,说明在原始社会的晚期就已经出现了酒。仪狄、杜康,严格地说,或许只是造酒技术的改进者。夏王朝与商王朝的统治者饮酒成风,特别是商纣王,"酒池肉林",终日与贵族们饮酒作乐,因酒废政,最后导致了商王朝的灭亡。周公鉴于商亡的教训,特颁《酒诰》,告诫他的子孙们不得随意饮酒、荒废政事,违者处死。从西周出土的铜器看,酒器明显减少,看来周公的禁酒令还是发挥了一定的作用。但造酒并未停止,周代不仅有专门管理造酒的酒正、浆人、大酋等官员,在《礼记·月令》中还有十分精辟的制酒经验的总结。两汉时期虽然有禁酒的政策,但汉中的麦酒、金浆酒、椒酒都是闻名遐迩的美酒,说明了造酒业的发展。隋、唐统一后,酿酒业进一步发展,酒的名目繁多,所有的酒都冠以"春"的雅号。"谁家无春酒,何处无春鸟",家家饮酒。

唐代的著名文人,几乎个个都是酒徒。李白自称"酒仙",白居易自称"醉尹",杜甫还特作《饮中八仙歌》,如此等等,反映出了当时造酒、饮酒的盛况。不过,这时的酒都是酿造的米酒,酒精的含量不高。

大约在南宋时期,产生了蒸馏酒,因其浓度高,可以点燃,故又称为烧酒。明人李时珍《本草纲目》卷二十五说:"烧酒非古法也,自元时始创其法。"1975年,在河北青龙县北出土了一套铜制的蒸酒锅,专家考证其铸造年代约为金世宗大定年间,即相当于南宋初年。烧酒的产生是酒发展史上的里程碑。宋元以后,烧酒发展很快,成为我国有代表性的酒类。清代是古代酒的集大成时期,出现了茅台、洋河大曲、泸州老窖、竹叶青、花雕等著称于世的美酒。

在白酒之外,我国古代还有葡萄酒和黄酒。葡萄自西汉张骞出使西域引入内地之后,至东汉时,人们开始用它造酒。《艺文类聚》卷七十八引《续汉书》:"扶风孟陀以葡萄酒一升遗张让,即称凉州刺史。"这是我国目前见到的最早的关于葡萄酒的记载。三国时,魏文帝曹丕曾召群臣说:"且说葡萄……酿以为酒,甘于曲蘖,善醉而易醒。"这是我国酿造葡萄酒最早的记载。唐太宗曾从西域高昌引进优质的马乳葡萄和酿酒方法,在宫中酿成"味兼醍盎"的葡萄酒,颁赐群臣,京师始"识其味"(《太平御览》卷八四四),所以唐诗中才有"葡萄美酒夜光杯"的名句。不过葡萄酒在我国古代由于受原料的限制,始终未能迅速发展。

黄酒是我国最古老的酒,以糯米或粳米、籼米、黍米、玉米为原料,蒸熟,加入酒曲,发酵后压榨而成。其色黄或黄橙,故名黄酒;且酒味柔和,入口清爽,醇厚稍甜,香气浓烈,澄清透明。黄酒主要产于长江流域,以浙江绍兴黄酒最为著名。

二、中国名酒

茅台酒　茅台酒属于酱香型酒,被尊为我国的"国酒",有二百七十年的历史。它以独特的色、香、味为世人称颂,以清亮透明、醇香回甜而名甲天下。它产于贵州省仁怀县茅台镇,因产地而得名。相传宋神宗熙宁七年(公元1074年),有位姓贾的山西盐商从山西汾阳杏花村请来酿酒大师,在茅台镇酿造山西汾酒。

按照古老的汾酒酿造方法,用高粱作料,小麦作曲,以茅台镇旁的赤水河水作引,酿造出了沁香醇厚的美酒,只是该酒的风味与汾酒不同,起名"华茅"。华与花相通,即杏花茅台。后因贵州财阀赖永初霸占了酒坊,又称"赖茅"。其制造工序复杂,水质特殊,勾兑有方,不易仿造。

五粮液　该酒用高粱、糯米、大米、玉米、小麦等五种粮食酿造而成,故称"五粮液"。五粮液产于四川宜宾。它源于唐代的"重碧"和宋代的"荔枝绿",又经过明代的"杂粮酒""陈氏秘方",积淀一千二百年的实践而成。其酒属于浓香型,酒香喷放,浓郁扑鼻。饮时香溢满口,其后余香绵长,口感柔和甘美。

汾酒　汾酒产于山西省汾阳杏花村,由地而得名,属于清香型酒,是我国名酒的鼻祖,距今有一千五百年的历史。唐代大诗人杜牧的名诗《清明》云:"清明时节雨纷纷,路上行人欲断魂。借问酒家何处有,牧童遥指杏花村。"汾酒以其清香而入诗,又以其入诗而传世。相传当年杏花村昌盛时,有大小七十二家酒坊。明末李自成率农民起义军过汾阳时,畅饮汾酒后题词:"尽善尽美"。

古井贡　古井贡产于安徽省亳县,属于浓香型酒。其酒以酒味醇和、浓郁甘润、回味绵长而著称。亳县是我国历史上的古老都邑,曹操的故乡。据史志记载,曹操曾用"九投法"酿出有名的"九酝春酒"(九酝酒)。南北朝时,北魏独孤将军坚守谯城(亳县)而战死,后人修庙纪念他,并在庙周围凿井二十眼,其中一口井水质甘甜,酿酒醇芳,遂名"古井酒"。从明代万历年间起,古井酒一直被列为进献给皇帝的贡酒,故又称"古井贡"。

西凤酒　西凤酒产于陕西凤翔县柳林镇。相传西周初年,有凤飞来,鸣于岐山,故后来于此设凤翔郡,唐代改为凤翔府,人称"西府凤翔",西凤酒之名即源于此。柳林自古以来便是产名酒之乡。北宋大诗人苏轼在任凤翔府尹时,曾修凿东湖,湖成之日,邀友饮酒填词。他在词中说:"柳林酒,东湖柳,妇人手。""妇人手"是说这里的女人以精巧的手工闻名,"柳林酒"则是西凤酒的前身。西凤酒清澈透明似水晶,香醇沁心如幽兰,属于清香型酒,甜、酸、苦、辣、香五味俱全,为爱烈酒者所喜好。

在白酒之外,我国的传统名酒还有黄酒,如绍兴的加饭酒、福建龙岩的沉缸酒、山东的即墨老酒等。

三、酒的功能

酒在中国古代被誉为"琼浆玉液"。之所以这样被人们喜爱,就在于它有种种神奇的功能。

首先,酒对人有治病、保健、养生的功能。《汉书·食货志》说:"酒,百药之长。"在中国古代,医与酒是分不开的,所以繁体的医字写作"醫"。"医"表示外部创伤；"殳"表示按摩、针灸；"酉"即酒，表示内服药。故《说文解字》云："医之性然，得酒而使"，"酒所以治病也"。酒不仅能够治病，也能够保健，适量饮酒有益于健康长寿。历史上善饮酒的名人，如孔子七十三岁，荀子八十多岁，贺知章八十六岁，刘禹锡七十一岁，白居易七十四岁，陆游八十六岁。这在"人活七十古来稀"的古代都是高寿者。

其次，酒的更大作用还在于它的社会功能。

1.酒以成礼致敬

酒在古代是用来表示对鬼神、对人的致敬之礼的。《左传·庄公二十二年》说："酒以成礼。"《汉书·食货志》也指出："百礼之会，非酒不行。"饮酒是一种文化，它的核心就是"礼敬"，以各种礼仪的形式表达敬意。所以古人饮酒之礼，必须遵循先天地鬼（祖宗）神、后长幼尊卑的顺序。古代盛行各种各样的祭祀和宴会，逢祭、逢会必饮酒。其实喝酒并不是目的，而是一种手段。所谓"醉翁之意不在酒"，而是通过以酒敬鬼神，祈福免灾；通过以酒敬人，求得援助支持或化干戈为玉帛。酒以致敬，敬则生和。

2.酒以喜庆致贺

古往今来，人们都是用酒来表示喜庆和祝贺。年节以酒来欢庆家人的团聚与幸福。陆游诗《除夜雪》云："北风吹雪四更初，嘉瑞天教及岁除。半盏屠苏犹未举，灯前小草写桃符。""屠苏"就是新年除夕之夜所饮的酒。

寿诞以酒祝愿健康长寿。如《诗经·豳风·七月》所云："为此春酒，以介眉寿。"酒也用来表示良好的祝愿。如结婚时，新郎新娘入洞房后的第一件事就是喝"交杯酒"，古称"合卺礼"，就是表示从此合二为一，永结百年之好。酒也用来庆功，将士胜利归来用酒来庆祝，农民大丰收也用酒来庆祝。以酒庆功，尽情狂欢，"家家扶得醉人归"。

3.酒以成事保身

古人常常把饮酒作为一种干事、成事的手段。

古代两国结盟，要以酒盟誓，帮会、集团结盟也要以酒盟誓。《三国演义》中刘备、关羽、张飞桃园三结义即"宰牛设酒"，焚香而誓，在"桃园中痛饮一醉"。宋太祖赵匡胤醉酒"黄袍加身"，当了皇帝，后来又"杯酒释兵权"，夺了大将们的兵权。那些处在危险境地的人也常常用酒来行韬晦之计以自保，如魏、晋时期"竹林七贤"之一的阮籍就是以酒解忧避祸的。

4.酒以壮勇生灵

酒是一种兴奋剂，"酒壮英雄胆"。古人多有以酒激勇壮志而成大事者。汉高祖刘邦醉酒斩白蛇而举大事，是流传千古的佳话。荆轲刺秦王，行前以酒壮志，"风萧萧兮易水寒，壮士一去兮不复还"，可谓壮酒悲歌的绝唱。《水浒传》中的武松打虎,也是一种"酒勇"而为。

酒的兴奋作用还在于它能激发人的灵感,使人产生一种奇特的构思、浪漫的幻觉,那些素有才智的人在酒的作用下,往往会产生一种"若有神助"的创造力。大诗人李白酣饮高歌,"斗酒诗百篇";杜甫"醉里从为客,诗成觉有神";辛弃疾说自己是"醉时拈笔越精神"。酒之于诗人,可谓"钓诗钩",此言不虚。酒更使书法家、画家之笔驰而生神。晋代王羲之醉写《兰亭序》,醒时反复再写,却总也不及;唐代张旭的草书,皆醉后大呼狂走,索管而挥,落笔如烟,人称"狂草",醒后自视以为神,不可复得。唐代大画家吴道子,宋代画家包鼎、包贵父子,明代画家唐伯虎,清代画家郑板桥,都是借酒兴而作画,成传世之作。

5.酒以激情致乐

酒是与欢乐相连的。宴会上没有酒,人们的情趣就激发不起来,有了酒就有了许多由酒而起的娱乐活动,如古代的歌舞、投壶、射箭、酒令、吟诗、作赋等,有助于把欢乐气氛推向高潮。但以酒致乐如果超过限度,就成了淫乐。以酒而伤身、败家、亡国者亦不乏其例,夏桀、商纣皆因沉湎于酒色而荒政亡国。酒,"千秋功罪,谁人曾与评说"?

第五节　中国古代的茶

中国是世界上最早种茶、制茶和饮茶的国家,是茶的王国、茶文化的发源地。千百年来,茶不仅是中华民族的"国饮",更远播世界各国。日本学者说:"原产于中国的茶,现在已成为遍及世界的饮料了。"法国人说,中国之茶是"最温柔、最浪漫、最富有诗意的饮品"。而在英国人的眼中,茶已经变成了"健康之液、灵魂之饮"。作为一个身处茶之故乡的中国人,则不可不知茶。

一、茶的起源与饮茶的历史

茶起源于何时何地?众说纷纭。被称为茶神的唐朝人陆羽,在他所著的《茶经》中说:"茶者,南方之嘉木也。"继而又说:"茶之为饮,发乎神农氏,闻于鲁周公。"神农即炎帝,乃是距今五千年左右的中华民族的始祖之一;"南方之嘉木"是说茶产于南方,我国的先民们早在五千年前就有了饮茶之风。是否果真如此?古史茫茫,不可详考。但《华阳国志》中的记载经专家考证,可信度较高。它说周武王伐纣之际,南方的巴蜀专门派人送来了当地的特产——茶作为贡品。它确切地说明了茶的产地在巴蜀一带,是在周初传入中原地区的,最先喝茶的是巴蜀人。最初的茶,称为"茶"。中国最早的词典《尔雅》称茶为"槚",解释为"苦茶"。实际上,槚与茶本是一音之转,所以唐代的陆羽索性就改"茶"为"茶"。茶之字、茶之名皆始于陆羽。

秦、汉时期,人们已经习惯于把茶作为饮料,特别是巴蜀地区饮茶之风更甚。三国、两晋时,饮茶已经成为时尚。晋人张载特别爱茶,到成都一个茶楼上写了一首专为颂茶的《登成都楼诗》:"芳茶冠六清,溢味播九区。人生苟安乐,兹土聊可娱。"他把饮茶看成是人生之乐,乐不思归。唐代中期,饮茶之风扩传至北方广大地区,城镇乡村的茶馆处处可见,还远传至西北各地及西藏。我国边疆地区少数民族多以肉为食,在领略了茶能助消化的效力后,更视茶为不可缺少的饮料。饮茶之风的勃兴,饮茶范围的扩大,推动了种茶业和茶叶贸易的发展,从而推动了经济的发展。我国第一部专论茶的著作《茶经》正是在这样的背景下出现的。

中国古代有"茶兴于唐,盛于宋"之说。进入宋朝以后,茶更成为人们生活中的必需品。王安石在《议茶法》中说:"夫茶之为民用,等于米盐,不可一日以无。"可见茶的重要。

随着种茶、制茶技术的提高,古代逐渐出现了一些名茶,如龙团茶、龙凤茶、石乳、白乳、王液长春、万春银叶等。

明、清时期,随着茶叶质量的提高,烹饮方法及泡茶的器具都更加精益求精,有更多关于茶的专著问世,如许次纾的《茶疏》、顾元庆的《茶谱》等,推动了茶业的发展、茶文化的繁荣。

二、茶类与名茶

(一)茶类

中国的茶叶分类,按加工工艺的不同,分为绿茶、红茶、乌龙茶、花茶、白茶和紧压茶六大类。

绿茶　绿茶是最古老的茶,是一种不经发酵、初制时采用高温杀青以保持原叶嫩绿的茶,因叶片及茶汤均呈绿色,故名"绿茶"。绿茶的特点是绿叶绿汤,色泽光润,清香芬芳,味爽鲜醇。品种有杭州龙井、太湖碧螺春、黄山毛尖、君山银针、四川蒙顶、六安瓜片、信阳毛尖、太平猴魁、庐山云雾、顾渚紫竹等,称为"中国十大绿茶"。

红茶　红茶出现于清代,是一种经过发酵制成的茶,因叶片及汤均呈红色,故名"红茶"。红茶的特点是红叶红汤,香甜味醇,耐泡,具有水果香气和醇厚的滋味。著名的红茶有安徽的祁红、云南的滇红、湖北的宜红、四川的川红。其中,祁红与印度的大吉岭茶、斯里兰卡的乌什茶并称为"世界三大高香名茶"。

乌龙茶　乌龙茶出现于清代,也称为青茶,是一种半发酵的茶。其特点是叶片中心为绿色,边缘为红色,既有红茶的甜醇,又有绿叶的清鲜,留香四溢,回味悠长。它主要产于福建、台湾、广东等地,以铁观音、大红袍最为著名。

花茶 花茶是成品的绿茶之一,系将香花放在茶胚中窨制而成。其特点是既有茶香又有花芳,清香怡人,口味甘醇。它主要产于江苏、福建、台湾等地,以茉莉花茶为精品。

白茶 白茶是不经发酵、不经揉捻的茶。因其白色绒毛多,色如白银,故名"白茶"。其特点是汤色浅淡光润,天然味香。它主要产于福建的政和、福鼎等地。著名的白茶有白毫银针、白牡丹等。

紧压茶 紧压茶是将原料茶经蒸制后放入模具压制而成,多呈砖形,故俗称"茶砖"。品种有青砖、茯砖、花砖、黑砖等,主要产于云南、四川、湖南、湖北等地。因其易于保存、宜于煎熬,所以被广大牧民所喜欢。

(二)名茶

中国茶叶种类众多,经过千百年的培育,筛选出为数不多的香、味、形、色、底(即茶叶的底片是否嫩绿明亮、均匀成朵、肥嫩全芽)兼佳的精品,誉之为名茶。

龙井茶 我国传统名茶之一,产于浙江杭州市郊龙井村一带。龙井原名龙泓,传说三国时发现此泉。明代天旱掘井,从井底挖出一块龙形大石,于是更名为"龙井"。

龙井茶源于唐代,宋代时已闻名于全国。苏东坡《和钱安道寄惠建茶》诗中所说"白云峰下两旗新",形容的就是龙井茶茶形如旗的特点。清代时龙井茶被列为贡品茶,尤为乾隆皇帝所赞誉。龙井茶因有龙井、狮峰、五云山、虎跑四个不同产地而有龙、狮、云、虎的品种区别,其中以龙井、狮峰的品质为最佳。龙井茶色翠、香郁、味醇、形美,这四个特点被称为"四绝"。

顾渚紫笋 顾渚紫笋产于浙江长兴县顾渚村,因其叶色紫、形似笋而得名。此茶由茶神陆羽发现。安史之乱后,陆羽隐居于湖州(今浙江长兴)苕溪,发现这里的茶叶香味特异,"冠于他境"。他评茶说:"紫者上,绿者次;笋者上,芽者次。"遂向朝廷推荐,贡茶院由此将其定名为"紫笋茶"。紫笋茶外形秀美,幽香如兰,开水沏泡,叶芽嫩绿,朵朵可辨,滋味鲜爽,有"茶中绝品"之誉。从唐代至清代一直是贡品茶。

六安瓜片 六安瓜片产于安徽大别山的六安、金寨、霍山三县,故名"六安瓜片"。片茶即全由片叶制成。六安瓜片源于金寨县的齐云山,品质最佳,故又称"云山瓜片"。早在唐代,六安瓜片就已闻名遐迩。宋代更有"茶中精品"之誉,明代列入贡茶。

君山银针 君山银针产于湖南洞庭湖中的君山岛,是茶叶中稀有的名贵品种,有"琼浆玉液"之称。其茶全由肥嫩芽制成,外形芽头粗壮,长短大小均匀。

茶芽内里呈金黄色,外层白毫完整,包裹坚实,状如银针。冲泡时,茶汤为杏黄色,明亮清澈,茶叶如针立于杯底,而且每一针叶顶端都有一小泡,状如雀舌含珠。从唐代至清代一直为贡茶。

大红袍 大红袍产于福建武夷山。相传某朝皇太后得病不得进食,御医无策。皇太子去民间求寻秘方,至武夷山经一老叟指点,于生长在一险峻山崖的茶树上摘取一些嫩叶片,用大红袍包裹带回京城。奄奄一息的太后,喝下树叶熬的汤之后,不久便痊愈。皇帝遂封那株树所产之茶为"大红袍"。朱元璋曾亲品此茶,赞不绝口。而其得名之来历,更为它增添了几分名贵与神奇色彩。

三、饮茶与茶道

饮茶实际上包含两个层次:一是喝茶,意在解渴,满足人体的生理需要;二是品茶,即通过对茶的观赏、闻香、品尝而获得美感,引发联想,体味其中的真谛。这是物质享受与精神享受的一种高度统一。两者都是人所需要的,不分伯仲。这些饮法各得其宜,俱得其道,即所谓的"茶道"。茶道就是茶的文化内涵。什么是茶道?虽众说纷纭,但归纳起来就是"内养外和"之道。

"内养"之道。茶以养生,这是茶道的根本。养生又包括养身与养性两个部分。养身就是以茶祛疾,以茶保健。茶之始本来就是药。《神农本草经》说:"神农尝百草,日遇七十二毒,得荼(茶)而解之。"《神农食经》说:"茶茗久服,令人有力、悦志。"在先秦时期,茶主要还是作为药用。茶有解毒、提神、利尿、化瘀、清食等多种作用。但如何才能更好地发挥它的效力而避免其副作用呢?这就要求在饮茶时要讲究用什么样的茶、什么样的水、什么样的火候、什么样的饮法等。这些都是茶文化的体现。

茶以养性,就是以茶调解情绪,平衡心态,修养品德,陶冶情操。这主要是通过茶之"品"而获得的,集中体现在境、净、清三个方面的体验和感悟上。

古人品茶特别重视周围的环境,以青山绿水、小桥亭榭、琴棋书画、幽居雅室为品茶的佳境。在这样优美、宁静的环境中,静观清茶,慢品香茗,内心为之净,杂念由之清,有助于解脱烦恼、平衡心态。故宋徽宗赵佶在《大观茶论》中说:"茶之为物……冲淡闲洁,韵高致静。"唐代诗人钱起《与赵莒茶宴》诗云:"竹下忘言对紫茶,全胜羽客醉流霞。尘心洗尽兴难尽,一树蝉声片影斜。"通过茶把外幽静与内清净融合为一,从清静中培养灵气,如道士悟道、佛子参禅,使灵魂得到净化,思想得到升华。此为内养心性的妙用。

"外和"之道。所谓的"外和"就是以茶和人。它集中体现在和、怡、真三个字上。茶是沟通人际关系、增进感情的桥梁。古今深悟茶道的人都把"和"视为茶道的核心。中国是礼仪之邦,以茶待客,这是千百年来的古老习俗。"有朋自远方来,不亦乐乎",一杯清新可口的茶水,不仅可以使风尘仆仆的客人清心疗渴,稍解旅途的劳顿,同时也可以表达出主人殷勤待客的厚意。是新朋友,一杯茶立即拉近了距离;是老朋友,一杯茶引起了多少对往事的回忆。以茶敬长,这是中国的传统美德。对父母、长辈,奉上一杯茶水,多少敬重之情都在不言中。以茶释怨,也是茶的妙用。一杯茶水送到结怨者的面前,立刻就会使紧张的气氛得到缓解,为下一步的解释、谈判营造一个好的氛围。以茶和友、和亲、和长、和敌,创造出一个"人和万事兴"的局面,对个人来说是怡乐,对他人来说也是怡乐。怡乐之中体现出人间的真情、真意、真谛。一杯清茶,引发出和谐、怡乐、真情,这就是茶道,这就是茶的文化。

思考题

1.简要解释:炒米、馒头、四大菜系、杜康。

2.概述中国饮食习俗的主要特点并说明其特点是怎样形成的。

3.简述四大菜系的基本特点。

4.简述中国古代的粥、饼、馒头、饺子的始源与特色。

5.酒是怎样产生的? 中国的酒文化有什么特色?

6.茶的起源是什么? 中国古代有哪些著名的茶? 各有什么特点?

7.说明中国茶文化的主要特色。

第七章　中国古代的居所

学习目的

　　通过本章的学习,了解中国古代居所的发展演变,掌握中国古代居所的基本类型及其在选址与建筑时所遵循的民俗原则。

主要内容
- ● 中国古代居所的发展演变
- ● 中国古代居所的基本类型
- ● 中国古代居所选址与建筑的民俗原则

　　居住是人类生存的四大方式之一,是人的安身立命之所。在衣食住行四者之中,人类社会经历了百万年无衣服、无交通工具的时代,但却不可一日无食、一日无居,可见居住之所在人类生存中的重要性。由于时代不同,所处自然环境不同,生产方式和生活方式不同,社会传承不同,人们居所的形式也各不相同。中国古代先民们的居所是其物质文化与精神文化的综合体现。

第一节　中国古代居所的发展演变

　　中国古代先民们的居所大体上可分为萌芽阶段、始创阶段和不断完善阶段。

一、萌芽阶段

1.巢居

　　原始社会的早期,原始人类继承了古猿巢居的方式,在高树上筑巢,以避免其他动物的伤害。如《韩非子·五蠹》所说:"上古之世,人民少而禽兽众,人民不胜禽兽虫蛇。有圣人作,构木为巢,以避群害。"

2.穴居

在原始社会中后期,原始人仍然利用自然产物为居所。在有山洞的地方,天然的洞穴可以御风寒、避燥暑、遮雨雪、防侵害,自然会成为原始人群的首选。50多万年以前的北京猿人就居住在周口店的山洞中。此外,在湖北郧西县的白龙洞、安徽和县的龙潭洞、辽宁本溪县的庙后山石洞、辽宁营口市的金牛山石洞、辽宁喀左县的鸽子洞等都发现有原始人的遗骸、遗迹。这说明以穴为居确实是人类早期的居住习俗。在生产力极为低下的时期,人类的居住只能更多地依赖和利用现有的自然条件。值得注意的是,在许多山洞中都有用火的遗迹,特别是距今两万多年的北京山顶洞人,在其居住的山顶洞中还出现了活人与死人同洞分居的现象。洞的上层为活人,下层为死人。这说明原始人类不仅有意识地寻找合适的居所,还初步懂得了怎样利用居所而生活。人类这种自觉寻找和利用居所的阶段是居住民俗的萌芽阶段,居住的形式较为单一。

二、始创阶段

人类能够使用工具按照自身需要建造并多方面使用居舍的时期,可视为居住习俗的始创阶段。

在原始社会的后期,随着社会生产力的发展,古人类群体由于所处的自然环境不同而出现生产方式和生活方式的分化,在平原多水地区的人们主要从事农耕,在草原荒漠地区的人们主要从事游牧,在山林地区的人们主要从事射猎,在江河湖海地区的人们主要从事渔捞。不同地区的不同生产方式,决定了人们选择不同的居住方式。从事农耕者需要固定的居舍,因此他们往往选择靠山面水的向阳坡地,或是依山挖掘窟穴,或是建造半地穴式的有盖房屋。例如山西石楼岔沟、内蒙古凉城圆子沟等遗址均为窟穴式居所;西安的半坡遗址则是半地穴式的有盖房屋。在草原和山林地区从事游牧、射猎的人们则一般选择移动方便的棚式居舍,用树干或树枝构成框架,四边覆盖树叶、茅草或兽皮之类,用来遮风挡雨。我国古代东北地区鄂伦春族、鄂温克族的"仙人柱""撮罗子",蒙古人的"蒙古包"等,即这类棚式居舍。而居住在水乡泽国、低洼炎热地区从事捕捞的人们,则多选择巢式居舍,即用粗木架构在空中的巢状木屋。我国傣族的竹楼、泰国木克人的高脚屋,就是古代巢式居舍的遗留。始创阶段居舍形式的多样化,为后来丰富多彩的居住习俗奠定了基础。

三、不断发展完善阶段

夏商周三代以后,由于生产力的迅速发展、阶级的出现、城乡的分野、国家与民族的产生、家族与家庭的变化，先民们的居住形式日益发展，经历了不断完善、永无止境的过程。这一阶段的人类居住习俗出现了几个较为鲜明的发展趋势：一是人们居住的场所日趋固定化。漂泊迁徙、居无定所的人群或民族日益减少。二是居住习俗日益多样化。因其国家的不同、民族的不同、地域的不同、城乡的不同和阶级地位的不同而有不同的居住习俗，各具特色。三是居舍使用功能不断完善。随着社会的进步、建筑材料的增多和房屋结构的变化，居舍使用功能也在不断变化，更加适应现实生活的需要。

第二节　中国古代居所的类型

一、西北地区的窑洞

窑洞式居所是由古代穴居发展而来的。我国西北的陕北、陇东、豫西、晋中等黄土高原地区，土层深厚坚实，自古以来先民们就有挖掘窑洞居住的习俗。唐代大诗人杜甫就诞生于窑洞之中。窑洞主要有两种。

1.开敞式靠崖窑

靠崖窑是在天然垂直的土崖面上开掘窑洞，只能平列，不能围聚成院落。当需要多室时，可向里深挖，分内外室，中间以窑壁分隔；也可以向左右两侧扩展，数洞相连。为防止洞内泥土崩塌，常加砌砖券，或在洞外砌成砖墙保护崖面。如崖前面积宽敞，也可以扩展成院并另建房屋，称为靠崖窑院。巩县明清两代的"康百万庄园"窑群，是我国黄土高原地区规模最大的靠崖窑住宅群。整个庄园占地约 64300 平方米，除了 73 孔砖砌锢窑，余下的为 16 孔砖拱靠崖窑。

锢窑是在地面上仿窑洞的空间形态，用土坯、砖或石等建筑材料，建造窑洞型的房屋。它的室内空间为拱券形，与一般窑洞相同。其外观是在拱券顶上敷盖土层做成平屋顶。这样做除了美观外，利用土的重压还可以有利于拱体的牢固。平屋顶上可以晾晒粮食等。

2.下沉式窑院

下沉式窑院又称为天井窑，是在没有天然崖面的情况下，于平地下挖竖井成院，再由院内四壁开挖窑洞。地面入窑洞用坡道和台阶。排水有涵洞和院内挖的渗井。

一般居窑人家，多是挖 3～5 个窑洞。每个窑洞约长 5～7 米，宽 3～4 米，高 3～4 米。前面是一扇往里开的门，窗子直达窑顶，以朝阳为佳，窑内阳光充足。

临窗建炕,锅灶连炕。炕是家人常卧、常坐的地方,也是招待客人的地方。请客上炕坐,是一种亲热的表示。窑洞的正面摆案桌,上置花瓶、茶具等,窑窗上贴剪纸窗花,炕周围的墙上也贴各种花卉图案,表现出西北地区汉族人家简朴、快乐的祥和景象。

窑洞虽然存在采光及通风方面的缺陷,但因为施工简便、造价低廉、冬暖夏凉、不占用良田等优点,在北方少雨的黄土地区,成为广大民众喜用的民居形式。

二、华北地区的四合院

居住在我国北方地区的广大汉族民众,虽有贫富的差别,但其居宅的基本结构是相同的,即"四合院"。所谓的四合院即四面有房,当中有院。北京一带的四合院最有代表性。

四合院在结构上的主要特点是方形对称式的布局和封闭式的外观。在院落的布局上是以南北中心线为主轴,左右对称地建造房屋。房屋多是砖墙瓦顶,以青色居多。四合院有小四合院和大四合院之分。平民之家多居住小四合院。院落北部坐北朝南的房屋称为正房,多为长辈住。院的东西两侧房屋称为厢房,多是晚辈居住,或用做书房、餐室。正房两边各有一间较矮的房屋称为耳房,多为仓库或厨房。院落的南边也是一排房,东数第一间为门房,供守门者所用;第二间是大门洞,大门开在院落当中的东南角,取"坎宅巽门"的吉利之意;第三间至第五间称为倒座,门窗面北。进大门对面是影壁,由影壁向西走进至院内。

四合院居舍的房屋,主要是堂室结构。普通人家一般是一堂两室,也有三室、四室者。中间房屋为堂,两侧为室。堂是家庭成员议事、饮食、祭祀、会客的地方。北方的小户人家,常常是在堂门内左右两侧垒厨灶,烟火与隔壁居室内的火炕相通取暖。大约是宋代以后,由女真人将以炕取暖之俗传入中原,所以堂屋逐渐又增加了新功能,成为灶间。但大户人家仍然有专门的堂屋,不相混杂。

官僚富豪之家多居住大四合院。大四合院基本形制与小四合院相同,只是规模更大、更复杂一些,有二进院、三进院和东西跨院,大的还有花园等,适合四世同堂的大族居住。

四合院房院联合、结构严整、安谧敞亮、主次分明,非常适合汉族宗法制大家族居住,故流行两千年而不衰。

三、江浙地区的天井式住宅

江浙地区夏天闷热,需要通风;冬天寒凉,需要采光。因此居民的房屋多在住栋内部设置天井,称为天井式住宅。因其内部是环廊式结构,也有人称为环廊式住宅。天井可以设置在单元的中间,也可以设置在单元与单元之间,或将天井扩大成院。天井式住宅既能加大建筑的进深,又能增加住栋内部的空面,有利于室内的通风和采光。

天井式住宅的布局多是四合院式、三合院式、"工"字形院式。

四合院式。三间二进,多为楼房。进门以后(第一进)是门厅,有的则用屏墙分隔,前为门厅,后为下堂。堂两旁是厢房。第一进楼上明间是正间,两旁是卧室。穿过窄长的天井便来到第二进,中间为客厅,两旁是房间,楼上明间是祖堂。楼梯设在天井两侧或堂壁后,前进后进、梯上梯下都靠天井两侧的廊来联系。这种形式的住宅是当时中国最好的居住模式之一。

三合院式。多为一进二层,正屋面阔,常为三间,楼下为客厅,左右次间为卧室,楼上明间为祖堂,左右次间为卧室,另外常做一搭间作为厨房、畜圈。这种制式的住宅,明代时往往底层低、楼层高,楼梯放在天井一侧。清代生活起居空间移到底层,楼梯多放在堂照壁后面。徽州附近地区三合院制式多为三间二搭厢,前面用高墙围护,天井做成吸壁天井,紧贴天井前墙,内壁设四柱架枋做成披檐以防雨,做成四水归堂的格局,这种形式有个美名——"金鼓架"。

"工"字形院式。这种住宅特点是天井不建在房屋当中,而是吸附在正屋的前后墙上;也分不出前进后进,而是当中为堂,两旁为廊屋。

富贵人家的院落与四合院以中线为轴不同,是由几条长短不一、互相平行的道路为轴线,构成多路多进的庭院组群。以大门所在的一路纵深最长、进层最多。各路院落之间以花墙、假山、水池穿插围合,毗连的各房屋之间还开有一些小天井,形成自由布局的园林式建筑群,宅中有园,园中有宅。江浙的民宅,反映了水乡人民崇尚自然,追求淡雅、自由的人生情趣。

四、福建地区客家的土楼民居

居住在闽西的永定,闽南的南靖、漳浦、平和以及闽中的闽清等地山区的汉族人,被当地人称为客家人。他们是晋代永嘉之乱及以后历代战乱时从中原迁来福建的汉人。出于防御敌人的需要,他们建筑高大坚固的土楼聚族而居。

土楼是以竹片、木条为筋骨,以生土、细砂、小卵石、石灰为主要原料,再拌以糯米饭、红糖,经过反复揉、舂、压而夯筑成墙的土木结构的楼房。楼的形状以圆柱形、方形居多,此外还有三角形、曲尺形、扇形、五边形、综合形等不同样式。圆形楼最为典型,远看宛如地下冒出的大蘑菇。楼墙厚达一米,坚硬如石。楼高达13~16米,直径多在30~60米,内分3~5层,每层30~50个房间。中间设庞大的天井,有环行的走廊、水井及各种生活设施。楼的底层一般用做畜圈、厨房,第二层为储藏粮食的仓库。一、二层皆无窗。上两层为住房,同族人聚居,可容纳数百户。内侧为走廊,连通各个房间。中心为祀堂,供族人祭祀及举办婚丧礼仪和其他公共活动之用。

最大的土楼是平和县芦溪乡芦峰村的叶姓圆楼,建于清代康熙年间。楼的外径达 77 米,底层墙壁厚近 2 米,分内外两圈。内圈为楼房,高 15 米、4 层,最多时住 400 户、1800 余人。福建土楼中最有名气的要数永定县高头乡高北村的承启楼,是内通廊式圆楼的典型。其外径 62.6 米,由四个同心圆的环形建筑组合而成:楼中心是祖堂、回廊与半圆形天井组成的单层圆屋,圆屋外是三个环形土楼,呈同心圆形,环环相套。外环设四部楼梯、一个大门和两个边门,其底层外墙厚1.9米,圆形屋顶外向出檐巨大,有效地保护了土墙免遭雨淋。外环楼底层作为厨房,二层是谷仓,三、四层做卧房,全楼共有 300 多间房。

五、云南省西双版纳地区傣族的竹楼

云南省西双版纳地区,天气炎热潮湿。傣族人多在大河小溪的两岸、湖沼鱼塘的四周建造竹楼,傍水而居。

竹楼一般由数十根柱子支撑,在离地面 2～3 米的地方铺以竹篾或木板,在上面以竹篾为墙围成大约 10 米见方的房室。屋顶成多面坡形,高低不一,错落有致,以茅草编的草排或瓦覆盖。竹楼属于干栏式建筑,是由远古时期的巢居演变而来的。

竹楼下层四周无遮拦,一般用来关牲畜、舂米、堆柴等,楼上供人居住。住屋外有阳台和走廊,阳台置大缸盛水,走廊边沿铺有简易竹台,供乘凉休息。住屋分内屋、外屋。外屋宽大,中间铺以大块竹席,供吃饭、休息和接待客人。竹席旁有火塘,支一个三角形铁架,是做饭炒菜之所,也是进餐和待客的地方。里屋是用竹篾或木板隔成的卧室,一家数代分床而宿。室内家具如桌、椅、床、箱等大多都用竹制成。竹楼坚固牢靠,与地隔离,不潮湿,且竹篾墙有窗,通风良好,即便是在盛夏,楼内也十分风凉。这里每年雨量集中,常发洪水,楼下架空,很利于洪水的通过。竹楼四周有院落,可种植香蕉、柚子等树,形成一家一户的独立生活单位。数十户人家散居在碧水环绕的绿树翠竹之中,组成一个傣族村寨,日耕暮歌,快乐地生活。

六、北方草原地区蒙古族的庐帐

世代以游牧为生的蒙古族,逐水草而居,居无定所,千余年来一直是以半圆形的庐帐为居舍,随时可以安扎和搬迁。满族人把"家"叫作"博",称蒙古人居住的庐帐为"蒙古博",即蒙古人之家。因为"博"与"包"汉语谐音,"包"字又能形象地体现出庐帐的样式,所以汉字写成"蒙古包"。自清代以来,人们都以满语"蒙古包"称谓蒙古人的居舍。蒙古包通常有两种形式:一种是经常移动的,即乌尔古格尔;还有一种是固定的,称为托古尔格尔。

普通牧民的蒙古包,其外形像一个盖有伞形顶的圆筒。高 3～5 米,周围圆形帐壁的骨架,是用直径约 3 厘米的柳木杆编成的帘块围合而成的,这种帘块蒙语叫"哈那"。每张"哈那"高 1.7～2.3 米,长 1.7～2.3 米,合则成为捆,张则成为帘。每个"包"的大小不同,围壁用的"哈那"多少也就不等。小的用 4 张,叫"四合包";大的用 12 张,叫"十二合包"。用"哈那"围成圈壁后,再用 2 米多的木杆,一端拴在包顶的交叉架上,另一端连在包壁的"哈那"头上,形成伞形棚顶架。之后,从壁至顶都覆以白色的羊毛毡,用绳拴牢,并固定在地上。包顶开有天窗,用来采光、通烟,门开在包的南面或东南。一望无际的绿色草原,星罗棋布的白色蒙古包,一堆堆的羊群,远远望去如同耀眼的珍珠、滚动的白云,真是一幅绝佳的草原风光画。

蒙古族以右为尊,因此在蒙古包内的坐卧起居必须遵循这一古老的习俗。包内的右侧是长辈或尊者的居位,左边是幼辈或卑者的居位。佛像、神龛都供在西侧。包的中央是火塘或火炉,用来做饭、取暖。地面铺羊毛毡,供坐卧休息。

在蒙古包外,有的用树条木杆围成篱笆,形成临时的庭院。勒勒车多的人家,有的也用车围成庭院。

第三节　中国古代居所的选址与建筑

居所是人类赖以栖息生存的地方,选择什么地域为群体的生存地、选择什么地点为家庭的居住地以及怎样进行居舍建筑,历代大自国都皇宫的择地兴建,小到村落和房屋的选址与建造,无不遵循一定的习俗规则,它是中国传统文化的重要体现。对于普通的民居而言,其中最重要的是选房址、上大梁和立门户。

一、建宅择址须"顺势"

建造住所首先是勘察,选好建造院落和房屋的地址。勘察主要是看天势、地势、人势三大要素。势者,外在之形也,即自然环境和社会环境,风水学中称这种勘察的方法为"相法"。古人非常重视相宅,不但人相,还要通过占卜请神相,称为卜宅或卜居。杜甫《为农》诗云:"卜宅从兹老,为农去国赊。"卜宅就是民间盛行的看阴阳宅中的"相阳宅"。

天之势,南为阳,北为阴。中国地处北半球,阳光是从南部照来,寒风是从北部吹来。房屋坐北朝南,北墙阻挡寒风,南窗采光充足,这种格局称为"负阴抱阳"，顺天势，吉；反之，背负阳光，面向凛冽北风则为"逆"，逆天势，凶，是择居址的大忌。

地之势，山南为阳，山北为阴；高上为阳，低下为阴；水北为阳，水南为阴。居址以地处山之南，居高面水为顺地之势。顺地势建宅，吉。反之，地势南高北低，南有大山居高压顶，北有大水浸泡则为逆。逆地势建宅则凶。所以人们都是把房院建在山南水北的阳处，忌讳建在山北水南的背阴之地。明代《阳宅十书》说："凡住宅，左有流水谓之青龙，右有长道谓之白虎，前有污池谓之朱雀，后有丘陵谓之玄武。"就是说选建住宅之地，最理想的是后依丘陵高地，前临池塘，左有流水，右有长道。在古代风水学中这被称为"四神砂"，是最贵之地。此外，"前有照，后有靠，左右抱"的地势，即前有流水，后有靠山，左右也有丘山环卫，这也是选宅址的风水宝地。反之则为禁忌之地。而那些草木不生之地、流水冲射之地、多条河流汇集之地是最不宜选为建房地址的凶地。实际上，顺天势、顺地势即顺乎自然。

相人势即察看要选宅址周边的社会环境。明代《营造门》载：凡宅"不宜居当冲口处，不宜居塔冢、寺庙、祠社、炉冶及故军营战地"，"不宜居大城门口及狱门"。这是明代人从社会环境的角度选建房地基的要领。交通要道的交汇处、大城门口的通行处、监狱牢房的所在处、铜铁矿物的冶炼处、旧军营和古战场的遗址处，这些都是不安静、不安全，容易发生动乱的地方。古塔、墓地、祠堂、社坛等处，古人认为都是鬼神出没作祟致人病死的地方，当然更不宜建房居住。这些自然环境、社会环境、宗教信仰等方面的禁忌迎合了民众的普遍心理，因此在民间建宅院时被广为遵守。《扬州采风录》记载扬州江都风俗，盖房主要避讳两种地方：一是大路直冲着房子的地方，当地叫"路箭"；二是有河道直冲着房子的地方，当地叫"水箭"。箭能射杀人，在这种地方盖房子，易遇到意外之祸，是不吉利的，所以一定要避开。

二、房安人旺贵在梁

大梁是建筑中架在立柱上面的横跨构件，承受着上部构件与屋面的绝大部分重量，是上架木构件中最重要的部分，不仅关系到房屋的结构是否牢固，还关系到居住者今后是否安全兴旺。因此，在房屋的建造中尤其重视选梁与上梁。

民间传统习俗，主人要亲自去山上物色梁木，梁木必须笔直参天，枝繁叶茂。树的四周要长有许多小树，越多越好，寓意多子多孙。如果是独木一根，就不能选用。砍伐梁木和动工制梁，要挑选吉日，木匠师傅要先点三支香，再放二响鞭炮，然后开始制作。

上梁的仪式非常隆重，整个过程可分为祭梁、上梁、接包、抛梁、待匠等几道程序。

　　上梁要挑选吉日。上梁前人们将贴上红纸或红绸的正梁抬进新屋堂前,在供桌上摆上香烛等祭品,由瓦匠、木匠等边说吉祥话边敬酒,叫作"祭梁"。祭梁结束后,由上梁师傅主持把正梁抬上屋顶,鞭炮齐鸣。上梁师傅唱上梁歌,高喊:"上啊,上啊!大吉大利!"在上梁的过程中,要求将正梁平平稳稳往上抬,忌讳一前一后、高低倾斜。但也有一些地方上梁时往往梁的东端高于西端而上,因为东端代表"青龙",西端代表"白虎",按堪舆学的要求,"白虎"要低于"青龙"。将正梁放平稳后,主人要将亲朋好友送来的"五谷彩袋"搬到屋顶,放在梁的正中,寓意五谷丰登,并将红布披在梁上。接着匠人将果品、食品等用红布包好,边说吉利话边将布包抛入由主人双手捧起的箩筐中,叫作"接包",寓意接住财宝。上梁仪式中最热闹的环节是"抛梁"。当主人"接包"后,匠人便将糖果、花生、馒头、铜钱、"金元宝"等从梁上抛向四周,让前来祝贺的男女老幼争抢,人越多东家越高兴,此举即为"抛梁",意为财源滚滚来。在抛梁时,匠人还要说吉利话,他们常说:"抛梁抛到东,东方日出满堂红;抛梁抛到西,麒麟送子挂双喜;抛梁抛到南,子孙代代做状元;抛梁抛到北,日子越过越和美。"抛梁结束后,众人退出新屋,让太阳晒一下屋梁,这叫作"晒梁"。"晒晒梁,金银堆满堂"。最后,主人设宴款待匠人、帮工和亲朋好友,并分发红包,整个上梁仪式结束。

三、开门立户忌"气冲"

　　门是居舍的关键所在,是内外空间分隔的标志,是一家人朝夕出入必经之途,如一个人的口喉,不能有丝毫差错。自古以来"门户"就是一个家庭的代称,因此各地关于门户的禁忌颇多,但总体来说就是忌讳邪气恶煞冲门。无论是院门还是房门,门的朝向忌西忌北。按四方神位,西为白虎恶煞,白虎当门必伤人;南为阳北为阴,门向北,"阴气入宅,多病多灾"。故民间多立门于南、东南及东三方,俗谓"三吉方",又以东南为最佳,俗称"青龙门"。山西的居住风俗,院门一般多以向东为善,向西称阴门,除非万不得已,一般不开西门,否则必须在门口安一屏障,或在胡同口正对的墙壁上镶块石碑,上面刻"泰山石敢当"之类的字样,以避邪风鬼魅的骚扰。

　　门忌讳正对着别人家的门、窗和山墙,俗谚说:"窗户对门门对门,不打官司就死人。"尤以门小者更遭其害,叫作"大口吃小口,家破人散走"。天津旧俗,无论院门还是房门,都忌讳直对邻家的屋脊、房角、正檐兽头及道路,若直冲门中线者伤害更甚。为了避免"气冲",民间有一简便方法便是在门边置屏墙一堵,或直或曲。屏墙多是不封闭的,还可以保持"气畅"。

　　门还忌正冲房檐滴水,俗话说:"房檐滴水滴门帮,一年之内死一双;房檐滴水滴门口,不伤大口伤小口。"破解之法就是在门的上方加盖,俗称"雨搭",阻挡房檐的滴水落在门上或门口。

明代《营造门》一书记载了院门及房门的诸多禁忌:凡大门门扇及两侧墙壁须大小一般。左大主换妻,右大主孤寡。大门十柱、小门六柱皆要着地则吉。门扇高于墙壁,主多哭泣;门口水坑,家破伶仃;大树当门,主招天瘟;墙头冲门,常被人论;交路夹门,人口不存;众路相冲,家无老翁;门被水射,家散人哑;神社对门,贫病时瘟;门下水出,财物不聚;门着水井,家招邪鬼;粪屋对门,痈疖长存;水路冲门,悖逆子孙;仓口向门,家退遭瘟;捣石门居,家出离书。

汉族自古以来还有忌踩门槛的风俗。门槛又作门坎。民间认为门槛是户主的脖子,踩门槛会给户主带来灾害。据古文献记载,此俗春秋以前就已经存在。门槛实际上就是阻挡恶煞邪气的防线,是不能受到任何损害的。这诸多的禁忌,归根到底,就是要防止恶煞邪气进门,只要把恶煞邪气阻挡在门外,就会家泰人安。

以上关于居舍选址与建筑的种种习俗,有的是民众在长期起居生活中实践经验的总结,如"不宜居当冲口处""不宜居草木不生处""不宜居正当水流处""不宜居山有冲射处""忌开北门,阴气入宅多病多灾""粪屋对门,痈疖长存"等,这些都是出于自身安全和健康考虑,在今天看来也是具有一定的科学性的。当然种种禁忌多具有迷信成分,乃是世代因循的陋俗。今天随着社会的进步、科学的发展,一些陋俗正在不断地被历史所淘汰。

思考题

1.简述中国古代居所的发展历程。

2.简述窑洞、四合院、天井式住宅、蒙古包等各类居所的特点。

3.如何正确认识中国古代居舍选址与建筑的民俗原则?

第八章　中国古代的交通

学习目的

　　通过本章的学习，了解中国古代交通建设情况，掌握中国古代主要交通工具及等级色彩浓厚的中国古代交通管理制度。

主要内容

● 中国古代交通建设概况

● 中国古代主要交通工具

● 古代交通管理制度中体现的等级差异

　　交通是人类社会由野蛮进入文明的重要标志之一。交通对于促进经济文化的发展与交流、便利人们的沟通与往来、实现政令的快速传达、维护国家的安定统一，起着巨大的作用。因而中国古代交通建设在历代王朝的高度重视下得到了不断完善与发展，这在很大程度上促进了中国古代交通工具的多样化，同时也形成了等级色彩浓厚的中国古代交通管理制度。

第一节　中国古代的道路与水路建设概况

一、夏商西周及春秋战国时期

　　《史记·夏本纪》载：禹"以开九州，通九道，陂九泽，度九山"。又《史记·河渠书》载："禹抑洪水十三年，过家不入门。陆行载车，水行载舟，泥行蹈毳，山行即桥（轿）。"这在一定程度上反映了夏代交通建设情况。到了西周时期，出现了以都城为中心的道路体系。西周青铜器铭文和当时的文献,把周王室所主持修筑的连通各地的交通干道称为"周行"或"周道"。《诗经·小雅》中说:"周道如砥,其直如矢。""周道"如同磨石一样平整,如同射出的箭一样端直,体现了这种交通干道规划设计的合理性和修筑施工的严谨性。战国人记载周王城道路的形制"国中九经九纬"(《周礼注疏》),即城的南北和东西各有九条街道和一绕城环道。都城城内道路与城外干道相通,城外道路称为"野涂"。与野涂相通的是乡村道路。由此,道路可分为径、畛、涂、道、路五级。

春秋战国时期,交通建设受到高度重视,有了新的进步,交通方便与否和道路管理的优劣已成为国力强弱的标志。在中原一带的魏、齐、赵各国之间,已开辟了不少交通大道,即所谓的"午道"。战国时,因铁器工具的广泛使用,为开辟高山峻岭上的山路创造了条件,因而当时的秦国就修建了通往成都的"金牛道",大大促进了四川经济的开发。此时我国的南方,仍主要发展水运,先后开凿有沟通江、淮两大流域的邗沟运河等,使我国东部形成黄、淮、江三大水系相互连接的水运交通网,进而也推动了原经济文化较落后的吴、越等地的开拓与发展。

二、秦汉时期

秦王朝和汉王朝都将发展交通作为主要行政任务之一。秦汉交通的主要形式为以后两千年交通事业的发展奠定了基本格局。

秦灭六国后推行"车同轨"制度,规定各地车轨度数相等,轮间距离划一,是以海内统一宽阔的道路系统作为先决条件的,可见当时陆路交通的发达。驰道的修筑是秦代交通建设最具有时代特色的成就,是秦始皇统一后进行的一项宏大工程。驰道以秦都城咸阳为中心,将各诸侯国修筑的道路加以连通和改造,又进一步向边疆地区开拓,往东西两端延伸,"东穷燕齐,南极吴楚","西至临洮、羌中……北据河为塞"(《史记·秦始皇本纪》),总里程合八千九百多公里。驰道建筑规格较高:"道广五十步,三丈而树,厚筑其外,隐以金椎,树以青松。为驰道之丽至于此。"当时的驰道实际上已经成为全国交通网的主纲,是区别于一般道路的高速道路。为了加强对北方的控制,秦始皇还修建了"直道",直道起自咸阳以北的云阳(今陕西淳化),迄九原(今内蒙古包头),全长七百五十二公里。它沟通了中原腹地与北方边疆的交通,与驰道构成了古代中国陆路交通的东西南北最早骨架。

汉代道路向西南和西北大幅度扩展,形成道路建设的一次高潮,突出成就是褒斜道和夜郎道的修建,以及"丝绸之路"的开拓。

褒斜道由汉武帝元狩时汉中太守张邛主持开凿。它北起渭河支流斜水,南达汉水支流褒水,穿过秦岭山脉的峡谷溪流,许多傍山依水的地方不得不架设栈道,工程十分艰巨。其全长约二百零九公里,自开通后,丰饶的巴蜀和汉中物产得以输入都城长安,成为联系当时川峡的重要道路。夜郎道是汉武帝元光六年为进攻据有今贵州的夜郎国而开凿的道路。夜郎道自今四川宜宾至今贵州安顺,其开通为加强西南边疆的统治创造了条件。

汉代开拓的由中原通往西域的"丝绸之路"是汉代交通建设上的重要成就。古代的西域泛指天山以南今新疆至伊朗广大中亚地区。汉代时期,这一带分布着许多小国。汉武帝建元二年,张骞出使大月氏,开通了中原与西域的道路。中国的丝绸、铁器、陶器向中亚、西亚和欧洲源源不断地输出,产于中亚、西亚的葡萄、石榴、胡桃、良马、毛制品等陆续传入中国。丝绸之路分别起自长安或洛阳,到甘肃后分为北路、南路和中路。各代沿途修建了一些驿站,供信使和行人休息,这条路成为东西方文化交流的纽带。

三、隋唐时期

隋唐时期,是秦汉之后中华文明进程中的又一个高潮时期,交通建设也极为辉煌。

隋唐时期的运河建设系统而完备,已在全国范围内形成四通八达的水运网。隋开皇七年,为了平定江淮,隋文帝在邗沟的基础上,整治河道以通漕运,河成而名为"山阳渎",又称为"淮扬运河"。运河自山阳县(今江苏淮安)南至扬子(今江苏扬州),宽四十步,两岸筑御道、植柳树。隋炀帝于大业元年征洛阳役丁二百万,河南、淮北、淮南诸郡役丁一百一十万,兴工开凿"通济渠",利用开封以西一段汴水,下折而东南,经今河南杞县、睢县、商丘,安徽宿县、泗县,江苏泗洪,至盱眙入淮河,沟通黄河、淮河水运。大业四年,隋炀帝征发河北诸郡男女百余万开"永济渠",引沁水、南通黄河,北抵涿郡。在隋炀帝当政时代,以洛阳为中心,北抵涿郡、南到余杭的大运河终于全线建成。这是中国最长的运河,也是世界迄今为止最长的运河。全长两千多公里的南北大运河的开通,对于当时社会经济与文化的发展,发挥了积极的作用。隋代所建今河北省赵州安济桥(亦称赵州桥),气势雄伟,结构合理,在当时世界上是十分先进的,比欧洲同类型的桥要早千余年。至唐代,又修建了自四川至云南的石门道,使中原同边远的川滇完全连通起来,所谓"栈道千里,无所不通",从而大大加快了西南的开发。

唐代是中国封建王朝的鼎盛时期,重视道路建设。唐太宗即位不久就曾下诏书,在全国范围内要保持道路的畅通无阻。唐代著名的唐蕃道,东起唐都长安,经鄯州(今青海乐都)、鄯城(今青海西宁)、那禄驿,又经唐古拉山口抵吐蕃都城逻些城(今西藏拉萨),总里程两千八百九十五公里。

四、宋元明清时期

宋元明清时期,我国道路交通建设又有了十分显著的进步与发展。特别是元代国家疆域空前辽阔,当时行政管理、军事调度、经济往来、文化交流,都以邮驿系统作为基本条件。元代邮驿制度和邮驿组织在中国邮驿发展史和世界邮驿发展史中都具有重要的地位。元代经营的驿路,总里程难以确知。以元帝国的疆域而论,远远超过偏安东南的宋朝;与汉唐相比,也远为宏阔。在以元大都为中心的密集的交通道路网中,驿路东北通到奴儿干之地(今黑龙江口一带),北方则通到吉利吉思部落(今叶尼塞河上游),西南通到乌思藏宣慰司辖境(今西藏地区),联系地域之广阔,为前代所未有。

明代的国内商运得到空前的发展,尤其海路交通最为著称。永乐时期出现了在中国航海史和世界航海史上都堪称壮举的"郑和下西洋"。郑和于明成祖时任内宫监太监。自永乐三年至宣德八年共二十八年间,郑和奉明王朝皇帝之命,率领庞大的船队七次出使西洋。郑和的船队曾先后访问了亚洲和非洲共三十多个国家和地区,成为世界航海史上具有划时代意义的伟大创举,也反映了当时海上交通的发达。

清代利用原有驿道修建了长约十五万公里的"邮差路线"。清朝的茶叶之路,以山西、河北为枢纽,北越长城,贯穿蒙古,经西伯利亚通往欧洲腹地,是丝绸之路衰落之后在清朝兴起的又一条陆上国际商路。它始于汉唐时代,鼎盛于清道光时期。但中国的道路建设发展至清朝末年,已是驿道时代的尾声,代之而起者是汽车公路的逐渐兴起。

五、驿道与邮传

中国古代在道路交通建设的同时,也非常重视与之相关的服务设施和信息传递设施的建设。

春秋战国时期,以交通干道的建设为基础,相应的交通设施也得以进一步健全。《周礼·地官司徒》说,贯通都市和村野的交通大道上,每隔十里,设置有"庐","庐"可以提供行旅饮食;每隔三十里,有可以止宿的"宿","宿"设有"路室",并且有服务于行旅的粮草储备;每隔五十里有"市","市"有住宿条件更为优越的"候馆",行旅消费品的储备也更为充足。当时,中原各国政府普遍沿交通干道设立交通站,置备车马和专职管理人员,遇到紧急情形,则乘传疾驰,次第相继,使军情政令能得以迅速传达。可见,当时驿政的发达,突出表现为信息传递的神速。

唐代的邮驿,分陆驿、水驿及水陆兼办三种,共有一千六百多处。邮驿的行程也有明文规定,陆驿规定马每天走七十里,车三十里,遇有紧急事情,驿马一天能跑三百里以上。宋代驿和邮传逐渐分为两个互为独立的组织。邮传系统的中转组织称递铺。驿多称馆驿,主要职能是为过往行旅者提供食宿和交通工具。在道路不通的要塞仍置递铺,驿却只设于交通干道上。宋制六十里置一驿,递铺则是二十里一铺。馆驿的功能逐渐演变成休息站和迎送官员、招待商贾的场所。元代军事范围扩大,仅中国境内就有驿站一千四百九十六处,元代将馆驿音译为站赤,后由此称馆驿为驿站。明代的驿站有一整套严密组织和管理制度,大约每隔六十里或八十里便有驿站,到万历十五年,全国水陆驿总数有一千零三十六处。清代各省腹地设驿,军报所设为站。清末改设邮传部,驿站制度就此废止。

第二节　中国古代的主要交通工具

据《史记·夏本纪》所载:"陆行乘车,水行乘船,泥行乘橇,山行乘樏。"中国古代交通工具从一开始就具备多样化的特点。但在中国历史上,最主要的交通工具就是车和船,北方以车为主,南方以船为主,所以有"南船北车"的说法。此外,还有骑乘的马匹。

一、车

车是我国古代最主要的陆路交通工具。数千年来,他们曾在社会生活中占据过举足轻重的地位,无论是劳动生产还是战争,抑或政治活动,他们都是不可或缺的重要工具与装备,其数量的多寡与质量的优劣,经常成为衡量某一时期的社会发达与落后、国势强盛与衰弱的重要标准。

相传大约在四千六百年前黄帝时代创造了车,《太平御览》卷七百七十二引《释名》:"黄帝造车,故号轩辕氏。"到了夏代,"车"的制造和使用已相当广泛,有专门管理车事之官——"车正"。

商代,我国车的结构和制造已经非常完备。甲骨文中已有"车"字,从字形上看,已有车辕、车厢和车篷。商代出土的文物中可以明显反映出来车的基本形制。车的结构多是两轮、独辀、一衡,方形舆(车厢),舆上有伞盖,门向后开。周代最重视车。车制作精美,在构造和装饰上都已达到完美阶段。西周时贵族的马车关键部位以青铜制造,车饰用铜、贝甚至金等材料。战国以前,车子主要用于作战。到了汉代,车子有了很大的发展和变化,单辀车逐渐减少,双辕车有了大的发展,车的种类增多,且主要用于载人装货,而不是用于战场了。自此以后,历代车的基本形制没有大的变化。

车的种类主要有战车、辎重车和乘车。

战车即用于作战的车,通常是独辀驾四马或二马,车上甲士三人,成"品"字形排列。一人御车在前,称为御;后面二人,一个居车左侧,负责射箭,称为车左;另一人居车右侧,持戈矛,负责击刺,称为戎右。

辎重车双辕,多是架牛,主要用于载物品,又称为大车、重车。据《考工记·车人》载,大车两根直辕,短毂,轮高九尺,车厢进深八尺,宽六尺,轨距八尺,驾牛。因大车运载粮秣、财货、器械、衣服,可多达三十石,所以大车称为重车。载物又载人的辎重车称为辎车。《释名·释车》云:"辎车,载辎重,卧息其中之车也。"辎车有帷盖、窗棂、门户,遮风避雨,上下方便,适于军中将士宿营卧息。战国时的孙膑,曾"居辎车中,坐为计谋"。战国时期出现的独轮车是中国交通史上一项重要的发明。独轮车古代称"鹿车"或"辘车"。其构造简单,一轮,一人推动,可载物,可坐人,可以走山间崎岖小路,因其经济实用而被历代沿用。宋朝的载重大车叫"太平车",用五至七头牛拖拉,适合中长途货运。

乘车是专门用于乘人的车。乘车通常有帷盖、窗棂、门户,遮风避雨,上下方便。先秦时代,乘车一般都是站立在车厢里,手把着车厢里的横栏(称为轼)。可以坐着的车称为安车。《周礼·春官宗伯·巾车》载:"安车,雕面鹥总,皆有容盖。"郑玄注:"安车,坐乘车。凡妇人车皆坐乘。"官员告老,或征召德高望重的人,往往赐乘安车,这是一种优礼方式。安车多用一马,也有用四马的,那是表示特殊的礼遇。还有一种可以躺卧的车,称为温车,又叫辒辌车,有帷幔,上开窗子,根据气温开关窗子以使之温凉。秦始皇出巡就是坐在辒辌车中。两晋南北朝至唐,牛车得到上层人物的喜欢,乘牛车成为时尚。北朝皇帝出行时用的大楼辇用十二头牛驾车。南方,诸王三公出行乘犊车,又叫云母车。到清朝时又出现了轿车。轿车是马车与轿子结合的产物,外形如轿,用马和骡拉挽。

二、船

船是中国古代水上交通工具,东汉李尤《舟楫铭》载:"舟楫之利,譬犹舆马,载重历远,以济天下。"古人造船应是受到浮在水上的木头的启示。《淮南子》载:"古人见窾木浮而知为舟。"最初造船,是把一根独木中间和上面部分掏空。《易·系辞》载:"刳木为舟,剡木为楫。"这种肇始于远古的独木舟揭开了人类造船的历史。

商代已广泛使用船只作为水上交通工具。甲骨文中已有"凡"(船帆)和"舟""荡"(木板船)等字。春秋时期中原各国已注意到水上交通的重要性。地处江浙的吴越两国,已有专门的造船工场,叫船宫,专业造船的工人叫木客。由于作战的需要,战国时造船技术有了长足的进步,已能制造出双层的楼船。据《史记·张仪列传》载,当时已能造出两船并接的舫船,一船长几丈,能容五十人与三个月的食物,下水一天能行三百里。秦汉时代,由国家设置的大型造船工场可以造出各类战船、官船和海船。隋唐以后,在船的制作上已出现结构精密的大型木船,在濒江沿海地区和运河沿岸逐渐形成了世代以造船为业的船厂,制造漕船、官船和贡船的厂大多为官营,工匠分工细致,由政府组织。

古船的构造分为船体、船舱和动力三大部分。桨、橹、帆为动力部分。划船用具叫桨,长桨叫棹,短桨叫楫。橹也是划船工具,比桨大,多安在船的尾部。航行时,在船尾控制方向的装置叫舵。船上随风张幔叫帆,挂帆的柱杆叫桅,也叫樯。船体两边叫舷,船尾部分叫艄。船后安舵的地方叫舳,船前安桅的地方叫舻。船内分隔开来用以乘人或装置机件货物的部分叫舱,船上屋叫庐。

中国古代的船舶种类和名目繁多,但经过漫长的历史演变,形成了古代最有代表性的三种船型:以方头、平底为代表船型的沙船;以尖首、尖底为代表船型的福船和广船。

沙船又名"方艄",船形方首方尾,甲板宽敞,船体深小,干舷低,尾部出艄。它能驶过浅滩,靠近沙洲停泊,往来于淤沙之上。沙船是中国优良船型之一。其吃水浅,弥补了方头与水面接触大、阻力大的缺点,快航性也较好;船体粗大,可以设置多桅多帆,使之逆风顶水也能行船,适航性能强;船舷两侧有披水板、梗水木等设备,船的稳定性好;船尾部安装升降舵,舵面大,使舵的适应范围广;船舱采用水密隔舱,抗沉性好。由于沙船性能优秀,适用范围广,货船、海船和军舰多用这种船型。沙船的起源要上溯至殷商时期方头、方艄、平底等船种。唐宋时,今江苏一带运用已很普遍,且制作工艺已经定型。宋时称"防沙平底船",元时称"平底船",明代通称"沙船"。

著名的郑和宝船采用的就是沙船船型,由龙江造船厂和太仓造船厂制造。据文献记载,宝船中大船长四十四丈,宽十八丈;中船长三十七丈,宽十五丈。大船九桅,张十二帆。用于漕运的船大多属沙船船型,用于海运叫遮洋船,用于内河的叫浅船。明清制造漕船的船厂分布在运河沿岸,规模较大的有淮安的清江船厂、临清的卫河船厂和南京的龙江船厂等。

福船与广船的突出特点是尖首、尖底,外形高大如楼。区别是福船尾尖上阔,而广船则尾方平衍。福船和广船的船舷有护板,船舱是水密隔舱结构。尖首尖底利于破浪,容易转舵改变航向,且吃水深,稳定性好。福船尤其适宜在狭窄和多礁石的航道行驶。福船与广船船底采用三段称作龙骨的大木梁,有龙骨的尖底船灵活易于转动,可避免触礁。福船和广船在宋代已经非常成熟,今流行于福建、广东的民用小船多是福船船型。

三、马

中原地区,马作为骑乘的交通工具晚于乘车,大约始于战国时期。单骑的出现与战争分不开,赵武灵王胡服骑射揭开了中原地区单骑历史的序幕。秦汉时期,骑兵已成为一个重要兵种。到隋唐时期,乘骑之风已自上而下普及整个社会,不仅男子在隆重的场合骑马,贵族妇女出游时也热衷于骑马。唐代张萱《虢国夫人游春图》反映的就是这种情况。民间骑马之风到唐中期以后才算真正确立。民间乘骑之俗较骑兵晚出现这么久的原因:一是受社会习俗的制约,因骑马姿势类似踞坐,当时礼制认为不礼貌;二是马具的不完善造成乘骑难度很大。后者是主要原因。唐中期以前,骑马要经过训练,否则很难驾驭马匹。单骑的马具简陋也直接加大了骑马的难度。直到马镫发明后才改变了这种局面。马镫是马具中至关重要的部件,它是随着高桥马鞍的出现而产生的。魏晋时期出现供骑兵上下时蹬踏用的马镫,但其用途仅仅是供上下马之用,只是单马镫,属于马镫的原始形态。十六国时期在原始马镫的基础上,制作出真正的双马镫,这标志着乘马用具的完备,具有里程碑的意义。双马镫的使用使得骑者上下迅速,而且容易控制马,使得没有经过正规训练的人甚至妇女也可稳骑马上,因此在隋唐以后普遍骑用。

四、轿

轿又称为舆轿,是用人抬的独特交通工具。就其结构而言,轿子是安装在两根杠上可移动的床、座椅或睡椅,有篷或无篷。轿子在我国大约有四千多年的历史,其原始雏形产生于公元前二十一世纪的夏朝初期。《史记·夏本纪》记载:"陆行乘车,水行乘船,泥行乘橇,山行乘樏。"魏晋南北朝时,舆轿不仅用于爬山越岭,而且成为统治者代步的工具,在形制上也发生了很大的变化,总称为平肩舆,最大的叫八扛舆。八扛舆只有皇亲王公才能乘坐。盛唐时期舆轿类型更多:皇帝所乘叫龙辇;皇后所乘叫仪舆;王公大臣所乘叫步舆;贵族妇女所乘叫檐子或担子;民间通用的可称异床。这一时期以襻带系挂杠端,挂于肩上,双手下垂提杠而行。舆轿高只齐腰,可以总称腰舆。因为肩舆太高,不安全,故而改为手抬形式。唐代阎立本所画《步辇图》可以看到这种轿制。女性乘轿之风兴起于晚唐。宋代开始有"轿子"一词,当时轿子为全遮式,左右开窗,轿内放高脚椅座。乘轿者由席地而坐改为垂腿而坐,轿杆固定于轿的中部。宋代轿子的款式质地非常讲究,还根据地位尊卑制定了座轿等级。

第三节　中国古代的交通管理制度

在等级色彩浓厚的中国古代社会,交通管理制度的显著特点是其所体现出的等级差异。

一、骑乘权的差异

中国古代交通管理制度方面的等级差异首先表现在"骑乘权"上,即对车辆、马匹、舆轿等交通工具的使用有尊卑贵贱之分。一部分人有骑马、乘车、坐轿的权利,另一部分人却不准享有这种权利。在汉朝,商贾不准乘车、骑马;在唐朝,工商、僧道、贱民不准骑马;在元朝,娼妓不准乘坐车马。

坐轿方面的等级制度更为森严,历史上大多数朝代都有"舆担之禁"("担"是轿子的一种,泛指轿子)。如唐朝规定,士庶不得坐轿,只有当朝一品宰相、仆射在身患疾病时才可以坐轿;其余朝官,不论品位高卑,不许坐轿。北宋初年,只有个别朝廷重臣经皇帝特许后才能乘轿。南宋初年,宋高宗废除乘轿的有关禁令,平民百姓也可以乘轿,并把轿子用在娶亲上,称为花轿。明朝初年,朱元璋规定,京官三品以上方许乘轿,在京四品以下和在外官员只能骑马,不许坐轿。清朝初年,为了保持军队的骑射武功,规定武官不许坐轿;但许多提督、总兵无视朝廷定制,常常以轿代骑。至嘉庆年间,朝廷不得不重申禁令:"凡将军、都统、提督、总兵等高级军官如有乘坐肩舆者(肩舆是轿子的泛称),经人纠参,即行革职。"明清两代平民仍然可以乘轿,只是形制与官轿不同。

二、出行工具的差异

在享有"骑乘权"的人的内部,彼此间等级的高低和身份的差异是通过所乘交通工具的类型、数量、制造材料及其装饰、颜色、车上旗帜等方面的不同反映出来的。周朝时,辂车是天子专用车。辂车有玉辂、金辂、象辂、革辂、木辂五种类型。秦朝时,辒辌车是秦始皇的专用车,秦始皇第五次出巡死在路上,尸体载于辒辌车中。因此,至汉朝,皇帝不再乘坐辒辌车,而是把金根车作为专用车。汉朝以后,历代帝王大都把玉辂、金根车、步辇作为皇家专用交通车。至于王公大臣和有"骑乘权"的庶民,历代车舆典制对其用车都有相应的规定。如北齐时,正一品执事散官及仪同三司者可乘通幰车(幰是罩车、遮阳、防风、避雨的设备),车内可以用黄金装饰;七品以上官员可乘偏幰车,车内可用黄铜装饰。隋朝时,三品以上官员乘通幌车,五品以上官员乘亘幌车,六品以下官员或有"骑乘权"的人,所乘车辆不准拖幌。

有权骑马者的等级差别是通过马饰和鞍饰表现出来的。如宋朝,只有京官三品以上外任者才允许以缨饰马;在明朝,虽然官民都能以缨饰马,但官民都禁用红缨,只许用黑缨。对于骑马所用的鞍辔,历代王朝也有详细规定。如唐朝规定,未上任官员不准用银及黄铜饰鞍,只能用乌漆鞍;宋朝规定,五品以上官员才能使用银鞍,六品以下官员及庶人只能使用乌漆素鞍;元朝规定,一品官可用金、玉饰鞍辔,二、三品官员可用金饰鞍辔,四、五品官员可用银饰鞍辔,六品以下官员只能用钢、铁饰鞍辔。

坐轿人的等级差别是通过轿子的结构、用料、装饰、抬轿人数等方面表现出来的,这一点在清朝特别突出。清朝规定,只有官轿才能有起拱轿顶,民间花轿、市轿不准起拱,只能平顶;只准官轿外罩绿呢,一品文官至七品县官坐四人抬绿呢大轿;亲王、郡王乘八人抬枣红色大轿;皇帝、太后乘二十四人抬大轿,金黄轿顶,明黄轿帏。清朝最富丽堂皇的轿子是慈禧太后的"鸾舆",它以上等紫檀木为架,以黄金装饰轿顶,外罩杏黄色贡缎,上绣九条盘龙,以翡翠为莲花踏脚,出行时,由二十四名身材一般高、年纪一样大的太监抬着,以显示慈禧太后至高至尊的等级地位。

三、道路使用上的差异

在中国古代,道路的使用规则也比较明显地表现出等级制度。

古时有一种叫"仪制令"的交通规则,创始于唐代,盛行于宋代。其明确规定人们行路时要遵守"贱避贵"的规则。宋朝赵匡胤曾诏令详定内外群臣相见之仪,如"大小官员相遇于途,官级悬殊者即行回避,次尊者领马侧立,稍尊者分路行"。明朝也曾详细规定,街市军民、做买卖及乘坐驴马行路者,遇见公侯、一品至四品官员过往,要立即下马让道;官员相遇于途,官阶较低的官员要采用侧立、回避等办法让道。清朝规定,军民人等在街市上遇见官员经过,必须立即躲避,不许冲突。

思考题

1.简要解释:驰道、直道、褒斜道、辒辌车、沙船。

2.中国古代交通建设经历了怎样的发展过程?

3.简述中国古代"车"的起源与发展。

4.简述中国古代"船"的基本构造。

5.等级差异在中国古代交通管理制度中有哪些体现?

第九章　中国古代的贸易

学习目的

　　通过本章的学习，了解中国古代的市场、商人及与之相关的行会、钱庄等基本情况，掌握古代货币的起源、种类及其发展演变的历史，加深对古代贸易文化的认识。

主要内容

● 中国古代市场的发展状况
● 中国古代商人的状况及著名商人
● 货币的主要种类及其发展演变
● 行会、钱庄

　　贸易即商品交换。中国最早的贸易活动始于原始社会，有所谓"神农作市""祝融作市"的传说。但是作为它的发展形态，有专职的商人、稳定的货币、固定的市场、法定的管理制度的贸易，则出现在周代。数千年间，贸易是中国社会经济发展繁荣不可缺少的环节。《史记·货殖列传》说："农不出则乏其食，工不出则乏其事，商不出则三宝绝。"由此可见商品贸易的重要。

第一节　中国古代的市场与商人

一、中国古代的市场

　　周代以前的市场不可详考。古老的"日中作市"，只是临时性的商品交换地，还算不上市场。据《周礼·冬官考工记·匠人》记载，西周和春秋时期的主要市场是在国都之城或其他的一些大城市之中。在天子和诸侯的国都城内,基本上都是"前朝后市"的格局。市场设在王宫的北面,四周设有门市。市场交易分为三部分,中间的叫"大市",日中开市,主要是面向贵族;东边的叫"朝市",早晨开市,主要是面向商贾;西边的叫"夕市",傍晚开市,主要是面向小商贩。三市都有专门的管理人员"胥师"进行管理,掌管物价的叫"贾师",总的主管官员叫"司市",各有办事的场所。开市时以悬挂旌旗为号。市场外不准进行贸易。

汉代的长安、洛阳、临淄、宛、成都都是大的中心商业城市,每个城市都有集中的商业区和市场。京师长安有九个市场,都在空门(光门)夹横桥大道的两侧。道西六市,称为西市;道东三市,称为东市。每个市的四周都有围墙,把市场与居民区分开。每个市有市门,由市门监卒按时开闭。市内有市楼,有令署,是专门管理市场官吏的办公场所。每天仍然是升旗开市,市内划分成许多小区,各有人行通道。所有店铺(即肆)都按所经营的商品种类分区排列,并然有序。凡是在市区内长期从事经营的,都要登记列入市籍,按章缴纳费税。其他各城之市,也大体如此。

唐代的首都长安是当时世界商业最繁荣的城市之一。商业区设在外城廓。朱雀大街把长安城南部分为东西两部分。东西城区各有一个大市场,各占两坊之地。史载东市内有"货财二百二十行,四面立邸,四方珍奇,皆所积集"。西市格局也是如此,西域胡商和波斯、大食等外国商人的店铺都聚集在这里。

唐代的市,仍然沿袭古制,四周有墙,定时开放,市外不准开设店铺,管理非常严格。

北宋中期以后,商品经济的迅速发展打破了自西周以来的封闭式的市场旧制。如开封城内,出现了许多商业区,商店、作坊遍布全城各处,晚间的夜市也兴旺起来。南宋时期的杭州,市场已不再有高墙围绕,商业区进一步扩大。街道两旁的房屋家家都开店铺。还有分门别类的行市,各有集中区。如米市、肉市、菜市、猪行、布行等。宋代的市场,开创了商品经济发展的新局面,推动了商业的繁荣。

二、中国古代的商人

专门从事贸易的人称为"商人"。商人之"商"源于商王朝之"商"。商人在商王朝建立之前就是一个长于贸易的部落。他们六世先公王亥就是一个经常以牛为负重工具,在各个部落之间进行贸易的人,后来因此而被有易氏所杀。"殷人善贾,周人重农",这是两个古老民族各自的特点。商王朝灭亡后,一些商王朝的遗民们便复祖旧业,出走各地,进行贸易。重农的周人蔑称他们为"商人",久而久之,"商人"渐成贸易职业人的称号。商人分为两类:凡是固定在一个地方开店坐铺的经营者称为"贾",而流动在外进行贸易的称为"商"。所谓"行商坐贾",后来统称为"商人"。

在商代,从事贸易的人,一般最低应是平民。如齐国之祖姜尚在投周之前,就曾经在市场上屠宰卖酒。周代实行"工商食官"的制度。手工业者和商人都由国家统一管理控制,有专门的户籍,世代不得改变,地位如同奴隶。其原因:一是周人重农,故鄙视商人;二是商人多是商代的遗民,本来就是被打入另册的种族奴隶。

春秋时期商人的地位逐渐提高,商人已经成为士农工商"四民"中的一民。"工商食官"的制度逐渐被打破了,涌现出一些叱咤风云的大商人。世代从商的大商人,有的已经能够关注国家的安危、参与国家的政事。如郑国的商人弦高,假借君命犒秦师,阻止了秦国对郑国的入侵。也是出身于商人世家的端木赐,字子贡,是孔子的学生,也是一个跨国经商的大商人,与诸侯分庭抗礼,是一位杰出的政治家、外交家,曾仕卫、鲁等国。孔子之所以能够周游列国,全靠子贡的资助。再如越国的大夫范蠡,助越王勾践灭吴后,"变名易姓",越海经齐至陶,自称陶朱公,经商十九年,"三致千金",其子孙积财"至巨万",后来被尊为商人的祖师。

战国时期的吕不韦,更是人所共知的大商人。他千方百计地把一个落魄的秦公子异人扶立为国君,他由此而当上了秦的相国,被封为文信侯。他曾挟秦王政而执国柄,被尊为"仲父"。

汉王朝虽然实行重农抑商的政策,但随着封建私有经济的发展,商人阶层还是有所发展。汉武帝时的东郭咸阳、孔仅是大盐商和大冶铁商,他们二人同时被任命为大农丞,操纵国家经济命脉。还有富商家庭出身的桑弘羊,授治粟都尉。他们三人都是汉武帝在经济方面最得力的助手。由国家垄断盐铁的生产与销售、推行平准法与均输法等重大经济改革都是他们提出的。这些经济政策,迅速增加了国家的财政收入,有力地支援了对匈奴的战争,把西汉王朝推向了繁荣的高峰。其政策为以后历代封建王朝所参酌沿用。

明清时期,随着商品经济的活跃,一些地区的大商人们形成了一些具有垄断性质的商人集团,如徽商、晋商等。

徽商即徽州商人。古徽州包括今安徽省的歙县、休宁、祁门、绩溪、黟县及江西省的婺源等县地,治所在歙县。徽人经商始于宋代,明代中期而兴盛,至清代前期其势力达到高峰。他们主要是垄断经营盐业,此外,还有茶业、木业、典当业、冶炼业等。徽州商人建立了几乎覆盖大半个中国的商业网络,故民间有"无徽不成镇"之说。

晋商是山西的商人集团,主要是从事票号业与盐业以及高利贷、典当、米、布、棉等生意。晋商势力主要是在北方,有所谓"江以南皆徽人,江以北则晋人"的说法。徽商、晋商二大商人集团在明清时期,特别是在清代,对商业经济的发展,起着举足轻重的作用。清代末期,在外国资本侵入以后,徽商、晋商相继衰落。

第二节 中国古代的货币

中国是世界上最早使用货币的国家之一,已经有四千年左右的历史。中国的货币不仅产生得早,而且自成体系,形成了一种独立发展的货币文化。

一、中国古代货币的起源

货币是由商品交换而产生的,但最初的商品交换形式是原始的以物易物,互通有无。但随着社会的发展,人们需求的物品种类不断增多。有的时候自己所急需的恰恰是对方所没有的,而第三方虽然有这种物品,但自己所有的物品又恰恰是他所不需要的。这样就需要有一种"共用商品",它是大家在任何时候都需要的,并且用它可以与任何人互通有无。这种起着固定媒介作用、充当一般等价物的特殊商品,就是所谓的"货币"。中国古代是什么时候出现货币的呢?《易·系辞下》说:"神农氏作……日中为市,致天下之民,聚天下之货,交易而退,各得其所。"《古史考》也说:"神农作市。"《世本·作篇》又说:"祝融作市。"神农氏就是略早于黄帝的炎帝,祝融略晚于神农。这正是中华民族的先民们进入父系氏族公社以后蓬勃大发展的时期,各个氏族间、部落间的商品交易日益频繁,货币应运而生。

二、中国古代货币的种类

(一)贝币

海贝作为最原始的货币,不但见于古籍的记载,也被考古发掘出的大量实物所证实。它是一种小巧玲珑的齿贝,背凸腹平,中间有沟,沟两侧有齿形纹。在河南偃师夏代二里头文化遗址中,不但发现了自然贝,还有加工制作的石贝、骨贝。这说明自然贝作为一种货币已经不是一朝一夕的事,而是有了相当长的历史。在商代,贝币的计算单位是"朋"。一朋的数量是 5 个、10 个或 20 个贝币。

(二)铸币

继贝币之后的铸币是古代中国的主体货币,铸币包括铜铸币、金铸币、银铸币和铁铸币等。

1.铜铸币

铜铸币经历了五个发展演变阶段：

杂铸币　杂铸币始于商周，止于秦统一。最早的铸币是仿自然齿纹贝而铸的铜贝，早在商代后期就已经出现。在河南、山西都出土过这种铜贝币，这是世界上最早的金属铸币，比西方最早的小亚细亚的吕底亚铸币要早四五个世纪。大约在周恭王以后，铜铸贝币的使用逐渐多起来。铜贝币广泛流通以后，贝的计算单位改为"寽"。寽是古代金属重量单位的名称，一寽略小于半两（十二铢）。这是货币制度的一个重要改革，它开辟了"称量货币"的新阶段。春秋战国时期，诸侯国各自为政，自行铸币，其形制、大小、轻重各异。主要有流行于三晋（韩、赵、魏）、周、秦、郑、燕等国的布币（铲形）；流行于齐、赵、燕等国的刀币（刀形）；流行于周、秦、韩、赵等国的圜钱（外圆内方或内圆）以及流行于楚国的蚁鼻钱，实际上即铜贝币的变异。

半两钱　秦始皇统一六国后，于公元前 210 年下令改革币制，统一全国货币。以黄金为上币，以原来的秦国货币、外圆内方的铜钱为下币。其铭文曰"半两"，其重如文。外圆法天，内方象地，合天地于一体。从此，中国的主要货币——外圆内方形式的铜币固定下来，成为主体货币，一直到中华民国建立之后停止铸造，通行了两千二百余年。这是中国货币史上划时代的里程碑。

西汉前期沿袭秦制，也是铸半两钱进行流通，直至汉武帝时期终止。

五铢钱　汉武帝为整顿汉初私人铸钱造成币制的混乱，加强中央集权，大力推动经济的发展，于元鼎四年（公元前 118 年），罢半两钱，铸五铢钱。继而废私铸，由国家的上林三官（钟官、辨铜、技巧）铸造。从此，中国货币的铸造权、发行权完全集中于中央政府。五铢钱重如其文，轻重适中，使用方便，因此流通了七百三十九年，直至唐高祖武德四年（公元 621 年）止，七百年间一直是中国历朝的主要货币。

通宝钱　通宝钱是以"通宝"为钱名的货币。唐高祖武德四年（公元 621 年）铸造"开元通宝"，取代了五铢钱。所谓"开元"就是开辟新纪元，"通宝"就是流通之宝。钱币称"宝"，标志着货币作用的增强、社会地位的提高。从此，"宝"之称被历代王朝所沿用，或称"通宝"，或称"元宝""重宝""泉宝"等。此前，古代中国的衡制是十累为一铢，二十四铢为一两。开元通宝每一枚钱重二点四铢，十枚钱重一两。由此，钱又成了重量单位。一钱即开元通宝一枚的重量。通宝钱为唐代以后历代钱币的标准，流通了一千三百多年，直至中华民国建立以后才逐渐被淘汰。

铜币　清代末期，又出现了一种圆形无孔的铜铸货币——铜币。光绪二十六年(公元 1900 年),广东省造币局首先用机器制造铜币。面纹为"大清铜币"四个字,以龙为图案,分为当五(即一铜币相当于旧铜币五文)、当十、当二十等几种。始初极受欢迎,于是各省争相铸造,遂造成市场混乱而贬值,仅仅流通了三十年左右便停止,并没有取代外圆内方的钱币。

2.金铸币

黄金色泽美丽,不烂不锈,是理想的金属货币。据《史记》说,在虞夏之时,黄金就已经作为货币。《汉书》认为,西周初年黄金货币就已经有了一定形制。在安阳曾出土过金贝和包金的铜贝,证明商周时期黄金确已发挥了货币作用。春秋战国时的楚国曾以黄金为货币,叫"爰金"或"卢金"。秦始皇统一后,将黄金定为上币,单位为"镒",一镒二十四两。汉武帝太始二年(公元前 95 年)铸"麟趾袅蹄",又称为马蹄金,统一黄金货币的形制。不过黄金铸币的主要作用是收藏、赏赐等,使用时要按比价折合成铜币,用于直接交换、流通市场者不多。

3.银铸币

白银铸币在春秋战国时期已经出现。1974 年河南扶沟古城村出土 18 枚银币。估计可能仅为辅助性货币,没有大量流通。

汉武帝元狩四年(公元前 119 年)对匈奴用兵,为解决财政困难曾铸银币三种,因与钱的比价太高,仅四五年便废止。金章宗承安二年(公元 1197 年),铸造"承安宝货",这是汉武帝之后第一次出现的法定银币,形状类似银锭。两宋时期,政府正式规定白银为租税、官俸的法定货币。宋代白银货币称为"银锭"。元代以后,银币已成为流通中的主要货币。清代,政府明确规定:"以银为本,以钱为末。"

4.铁铸币

铁铸币极少。南唐后主李煜时期,为解决财政困难,曾铸铁币。南朝和五代时期也曾铸铁币,但只是暂时性的。宋代因年年要向辽、金进贡,民穷财困,年年铸铁币,与铜铸币并用。由于铁的本身价值不高,加之易锈烂,所以没有成为主要货币。

(三)纸币

中国是世界上最早使用纸币的国家,比欧洲兑换券要早数百年。纸币古称"钞"。纸币本身没有价值,是代表一定价值的符号,是在信用关系比较发达的情况下为社会公认的一种流通手段和支付手段。据说纸币的雏形早在西周时就已出现,叫作"里布"。春秋战国时期又有"皮币""傅别"。汉武帝制"白鹿皮币",虽因价格太高而未能流通,但它是我国纸币的先驱。唐宪宗时,富商至京师,常把钱存放在各道的奏进院(即在京办事处),使用时"合券"取钱,称为"飞钱",它是中国纸币发展的渊源。

中国真正的纸币是北宋初年出现的"交子"。它先是由个体富商自行发行的楮券(收据形式),两面有印记,密码画押,朱墨间错,临时填写数额,可在发行商于各地所设的交子铺随时兑现。继而又由富商们联合举办,后来由政府垄断。宋仁宗天圣二年(公元 1024 年)正式发行交子。交子用铜版印刷,三色套印,版画图案精美。宋徽宗时把交子改称"钱引"。其后,元明清各朝都发行了多种类型、名称各异的纸币。元代时称为"钞",元明两代又称为"宝钞",清代称为"钞票"。元代是纸币最盛行的时期,市场上除了银元宝外,几乎都是纸币。钞币流通到清咸丰官票宝钞消亡为止,大约有八百七八十年的时间。纸币因其便于携带,支取方便,对活跃和推动商业经济的发展起了重要作用。但无论哪一种纸币,在流通一阵之后,都毫无例外地大规模超量发行,引起通货膨胀和物价的上涨,成为封建国家掠夺人民财富的手段。

第三节　中国古代的行会与钱庄

随着商品经济的发展与繁荣,出现了商人的行业性组织行会和为贸易提供方便的钱庄。

一、中国古代的行会

从周至唐,都是实行封闭式的市场管理制度。在市场内,出售同一类货物都要集中在同一个区域内,称为"行"或"同行"。由于商品经济的发展,同行间的商人对内对外需要互相协助的事情越来越多,逐渐形成了一种自发性的组织,即最初的行会。中国古代商业行会究竟形成于何时,已难于稽考,但在唐代确已存在。据史书记载,唐代城市中行业种类很多,都城长安东西两市各有二百二十行,洛阳有一百二十行,如米行、肉行、布行等。每行有行会,负责保护同行商人的利益和应付官府征课之事,负责对内对外的一切事务。

宋代的商品经济空前繁荣,打破了封闭式管理的市场,商业店铺遍布城市中的各个角落,而且允许日夜经营。因此,宋代的行会也有重大的发展。一是范围扩大,变成了超区域性的行业组织。隶属于同一个行会组织的成员称为"行人""行商""行户"。二是有共同的标识。各个行业都有自己的衣着装束,从服装即能区分出商户是属于哪一个行业的。三是行会有严密的组织和制度。行会统一归政府管理。行会的首领,称为"行头""行老",主管对内对外的一切事务,与官府交涉本行的种种事情,权力很大。行会有严格的行规。行会的首领成了名副其实的封建把头。行会的作用：一是有利于同行业的互助，避免同行的无序竞争；二是有利于抵制外来商人，保护本地商人的利益；三是有利于官府控制，为官府服务，同时也抵制官府的过分盘剥，维护本行业商人的利益。但也不难看出，行会的封建性是非常强的，强烈的排他性不利于商业经济的发展。

明清时代，商人的行会组织不但数量显著增加，性质也有所改变。明清的商业行会，特别是清代的行会，与唐宋的行会几乎完全是为封建政府服务不同，其宗旨更侧重于保护本行和同乡人的利益，有时还起到一些抵制官府、官僚侵害商人的作用。康熙中期以后，开始出现一些超地域的会馆。这种超地域的观念，减少了狭隘的排他性，有利于商人在更广阔的区域内经营，这是商业行会的巨大进步。

二、中国古代的钱庄与票号

钱庄和票号是中国古代商品贸易中的金融机构，从事货币兑换、存款、取款、放贷等业务。

中国古代使用的是金属货币，在商品交换中携带很不方便，也很不安全。如宋代四川通行的铁钱。铁钱体重值小，买卖交易中用钱量大。大铁钱每千枚重二十五斤，小钱每十贯重六十五斤。买一匹绢，需要两万个小铁钱，重达一百三十斤，得用车载驴驮，极不方便。如果是在外地远途交易大宗商品，其难度可想而知。因此，随着商品经济的日益繁荣，有一个能够随时随地存钱、取钱的机构成为人们的渴求。

这种机构最早出现在唐代，称为"柜坊"。柜坊是钱庄的雏形，是代商人存放保管钱财的地方。它是把钱财存放在木制和金属制的大柜中并加锁。存钱者可凭柜坊开的凭据即"飞钱"随时支取，柜坊收取一定的保管费用。

宋代随着纸币"交子"的出现，伴生了用来兑换交子的"交子铺"。这种交子铺最初是由有声望的大商人联合办的。商人们只要在一地的交子铺存上钱，就可以领取交子。用交子可以在全国各地的交子铺（存钱交子铺的分铺）兑换钱币，也可以直接用交子进行商品买卖，免去了携带重金之苦。后来交子铺由国家直接经营，更增加了可信度和安全保证。

中国古代以铜钱为市场的主要流通货币，同时又存在金、银、纸币等几种货币。大宗的贸易和政府的财政收支多用银两，而民间的日用和小额贸易又多用铜钱。在交易中，这些货币之间往往需要兑换，明代这种从事货币存取兑换的机构称为"钱铺""兑店"，明末统称为"钱庄"。钱庄主要由大商人经营。

思考题

1.简要解释：商人、工商食官、徽商、晋商、半两钱、五铢钱、通宝钱、交子、行会、钱庄、票号。

2.宋代市场有什么重大变化？其原因何在？

3.分析中国古代商人兴衰的文化内涵。

4.概述中国古代货币的发展演变。

5.五铢钱为什么能够通行七百余年而不衰？

第十章　中国古代的帝王制度

学习目的

通过本章的学习,了解皇帝继承制度的几种形式和登极大典的基本程序以及处理军国大政的常朝,掌握古代帝王的尊号、年号、谥号、庙号的主要内容,加深对中国皇权的理解与认识。

主要内容

● 皇位的继承制度
● 皇帝登极、常朝礼制的主要程序
● 皇帝的谥号

在中国古代,帝王是国家的核心,是臣民的首领。他们的继立革废直接关系到国家的治乱兴衰,所以帝王制度是国家政治制度中最为重要的制度。

第一节　中国古代帝王的继承制度与登极仪制

一、帝王继承制度

从夏至清,王位、皇帝位的继承均为父死子继的世袭制,其间有少数的兄终弟及制。

(一)兄终弟及制

商代的王位基本上实行兄终弟及制。其制是去世之王将王位传给其弟,弟再传弟,直至最后一弟再将王位传给长兄之子,如此循环不已。这种王位继承制能够保证继位之王都比较年长成熟,有利于治国理政。但由于最后一弟往往把王位传给自己的儿子,而不愿传给长兄之子,因而常常引发子侄之间的争斗,造成国家的动荡。所以,商代后期开始转向父死子继制。

(二)父死子继制

夏代、周代的王位继承是父死子继制。周代的国家政权是建立在宗法制大家族基础之上的。为了防止众王子争夺王位而引起动乱,实行嫡长子继承制。王的多妻中有一主妻称为嫡妻,其他诸妻称为庶妻。嫡妻所生子称为嫡子,其长子为嫡长子,他是王位的第一继承人。至于他是否有才能,不在考虑之内,这叫"立嫡以长不以贤"。如果没有嫡长子和依次的嫡子,则在各庶妻所生之子即"庶子"中选。其原则是"以贵不以长",即选择地位最高的庶妻所生之子。至于他是否年长,不在考虑之内。在这种继承制度下,因为储君确定,所以能确保王室的稳定。但如果嫡长子年幼或无能,往往又导致太后、外戚、宦官专权,造成政权的失控。汉代以后历朝帝位的继承,基本上是沿用嫡长子继承制。

(三)密定皇储制

汉代以后历朝,有资格继承皇帝位的嫡长子称为皇太子。它是法定的继承人,要举行隆重的典礼册封。但预立太子的制度,也存在着严重弊端:一是所立太子未必真有治国的才能;二是往往引起朝中各种势力集团的明争暗斗。所以清代从雍正皇帝开始,采取秘密立储制。即由皇帝生前秘密确定皇储,写下遗诏,秘而不宣。皇帝驾崩后由大臣取出,当众宣诏,被立皇储者即刻登极。密定皇储制度,可以给老皇帝充分选择继承人的余地,又避免了皇子之间争夺继承权的斗争。

二、皇帝登极仪制

皇帝即位称为登极,又称为登基。登极大典是新皇帝向全国臣民及四周邻邦宣布其皇权的合法性,并宣布新的统治时期的开始。因此,在诸多的礼制中,最重要的是登极大礼。皇帝登极主要有两种形式:一是推翻旧政权,建立新王朝的开国大典;二是先帝驾崩,嗣君继位。

(一)开国大典

明太祖朱元璋,以武力推翻元朝,建立大明朝,其开国大典的登极礼仪,博采旧制,斟酌古今,堪称典型。其主要程序、仪式如下:

1.告祀天地

皇帝称为天子,是承天命而君临天下统治万民的。因此,必须首先告祀上天,以表示奉天承运,取得君权的合法性。古制天为阳,居南;地为阴,居北。所以,一般在南郊筑天坛祭天。祭告之后,于南郊即天子位。即位时,宣告立国号曰"明",建元"洪武"。丞相率百官及都民耆老,拜贺舞蹈,山呼万岁。

2.告祀宗庙社稷

皇帝即位以后,以大驾卤簿(最大规模的仪仗队)为导从,去太庙(始祖之庙)祭祀列祖列宗,以表示不忘所出,并求列祖列宗之灵保佑国运长久。由于是开国之君,为了显示血统的高贵,还要为列祖列宗追加尊号。

告祀宗庙以后,再告社稷。社为土地之神,稷为五谷之神。土地与五谷乃一国之本,社稷实为护国之神,开国之君告祀社稷,祈佑国泰民安。

3.皇帝御殿,接受百官朝贺

皇帝告祀上天、太庙、社稷之后,身穿衮冕之服,御奉天殿,接受百官的进表和朝贺。这是确立君臣之位,因而礼仪也非常隆重。

大典之日,列卤簿、甲士于午门之外,列旗仗与五辂(即天子所用的玉辂、金辂、象辂、革辂、木辂等五种车)于奉天门外。

第一通鼓响,百官穿朝服立于午门之外。至第二通鼓响,丞相率百官入奉天殿。拱卫司鸣鞭,在鼓乐声中,引班指导百官至殿前丹墀(宫殿前的石阶)两侧各自的位置上,手持笏板站好,文官在道东,武官在道西,皆按品级高低排列。自一品和从一品至九品和从九品,每品一行,共十八行。

百官列毕,皇帝衮冕登上御座,鼓乐齐鸣。乐止,将军卷帘,司宝将象征天子权力的玉玺放在案上。

值班二人号令整肃百官队伍。之后,赞礼官唱礼赞拜。奏乐,百官随乐四拜,起立,乐止。

在内赞(赞即主持人)唱喝的指挥下,宣表官宣读百官贺表。宣读完毕,赞礼官再唱赞拜。奏乐,百官四拜,乐止。百官揸笏,三鞠躬,舞蹈,拱手加额,山呼万岁。又四拜,礼毕。

百官贺毕,皇帝册立皇后、皇太子。次日,颁发即位诏书,告示天下。

(二)嗣君继位

先帝驾崩,出于"国不可一日无君"的考虑,嗣君多是在当天或数日内于先帝枢前即皇帝位。《后汉书·礼仪下》载汉代嗣君继位:三公进奏,按西周古礼,太子即日于枢前,依古制即皇帝位。太后准奏,群臣皆出,换吉服再入,重新聚会。太尉登阶,向当枢的御座北面稽首,宣读传位于嗣君的策命。之后,面向东,将传国玉玺跪授予嗣君,嗣君就御座,即皇帝位。群臣皆伏称万岁。宣告大赦天下。礼毕,群臣再换上丧服。

嗣君是承天命而继大位的,所以在即位的礼仪中,必祭告天地祖宗。在祭礼中,因是丧期,乐器皆设置而不用。仪式隆重肃穆而无欢乐气氛。

第二节　中国古代帝王的常朝仪制

臣见君曰朝。群臣朝见君王称为朝会。朝会分为大朝与常朝。大朝即规模盛大的朝会,礼仪隆重。大朝多在元旦、冬至、皇帝的万寿节(诞辰日)等大庆的日子举行。大朝不处理军国大事,主要是接受群臣的庆贺。常朝是皇帝日常召见群臣、听取奏事、询问国政、处理各种军国大事的朝见。常朝礼仪虽不如大朝隆重盛大,但也同样威严庄重,君臣有别,上下有序,体现出皇帝的至高无上。现以最有代表性的周代、唐代仪制予以说明。

一、周代的常朝礼仪

周代是以后历代王朝典章制度的奠基时代。周代的常朝,按朝会的场所不同分为外朝、内朝和燕朝。周代宫室制度,王宫有五重门。最外一重门称为皋门,第二重门称为库门,第三重门称为雉门,第四重门称为应门,第五重门称为路门。在皋门之内、库门之外举行的朝会称为外朝;在应门之内、路门之外举行的朝会称为内朝;在路门之内举行的朝会称为燕朝。三朝的场所不同,处理的政事不同,因而朝会的仪制也不同。

(一)外朝

外朝是治理狱讼之朝。外朝之日,周天子会见卿大夫、士及诸侯,听诉讼之事,决断罪过。其礼仪是:

天子坐北朝南。在朝廷的东侧竖立九根棘木,是孤卿(相当于后世的丞相)、卿大夫的朝位,面向西而立,士列其后;西侧也是竖九根棘木,是公、侯、伯、子、男的朝位,面向东而立,各乡、遂之官列其后。棘木质坚色赤,刺粗而长,象征孤卿、卿大夫等执法之官以赤诚之心侦刺隐情,公正断案。在外朝之前(正南方)竖三根槐木,是三公(即太师、太傅、太保)的朝位。三公面对三槐木面向北而立。槐木坚重,槐与怀同音,象征三公等位尊稳重、关怀民众。

在外朝门的左侧,置有嘉石,即带纹理的大石。令犯人坐在石上示众,用以惩罚犯罪的人;在外朝门的右侧置肺石,即色赤如肺的赤石。民有冤屈不平,站在肺石上,击石鸣冤,以使民情上达。

(二)内朝

内朝是天子与群臣治事之朝,所以又称治朝。因其位置在外朝与燕朝之中,又称为中朝。司士掌内朝的礼仪。

周代的内朝是每日皆朝。百官在天色微明时入朝,自应门右侧而入。三公、卿大夫等先立于廷中,皆面向北而立,等候天子。天子的卫队也各居其位。日出之际,天子在司士的引导下,身着朝服,头戴白色鹿皮冠,由路门出宫,自门东绕至屏前,当宁面南而立(屏即门外当门的小墙,宁即屏前中间的位置),对入朝的百官行揖礼。由于百官的爵级不同,王对他们所行的揖礼也不同。对三公、孤卿、卿行特揖之礼,对每人一揖;对大夫行族揖之礼,面对全体中大夫二揖,面对全体下大夫三揖;侧身对群士行旁三揖之礼。天子遍揖群臣之后,朝见即结束,由路门进入路寝。天子遍揖群臣表示礼贤下士,而不是像秦汉以后,群臣跪拜天子,说明西周时还没有建立君主专制制度,还保留着许多原始民主制的遗风。

(三)燕朝

燕朝在路门之内的路寝举行。路寝是天子的内宫。由于天子经常在路寝燕饮群臣,所以称为燕朝,也称为路寝之朝。内朝虽然称为治朝,但并不真正治事,只是礼仪性地接见群臣。天子谋事议政,主要是在燕朝进行。天子回到燕朝后,派人回到治朝之廷,询问公卿大夫是否有事进言,有则宣进,无事百官各归本府治所辖之事。

二、唐代常朝礼仪

唐代承周、秦、汉、晋等诸朝之制,使常朝礼仪更完备,规模更大。唐初,皇帝朝见群臣都在太极宫举行。太极宫的正殿名太极殿,每月朔(初一)望(十五日)之日,皇帝在此举行朝仪,朝见群臣,相当于周代的中朝;太极殿后有两仪殿,是皇帝处理政事的地方,相当于周代的燕朝,太极殿的正南方是太极宫的中央正门,名承天门,门前有三百步宽的横街,具有广场的性质,重大典礼都在这里举行,相当于周代的外朝。含元殿以北有宣政殿,称为正衙,是中朝的场所。宣政殿以北有紫宸殿,是皇帝的便殿,称为上阁,又称为内阁,即内朝所在。

唐代皇帝朝见群臣,因职事不同、品级不同而有不同的规定。《新唐书·职官志》记载:在京的九品以上的文武职事官员,朔望之日入朝;五品以上的文官,每日参朝,称为常参官;三品以上的武官,三日一朝,一月九朝,称为九参官;五品以上的武官五日一朝,称为六参官。皇帝每日正衙坐朝,听取群臣奏事,称为常参。每月朔望之日,皇帝要向先帝陵寝荐食,不能亲临正衙,改在便殿紫宸殿朝见群臣。百官随仪仗队从紫宸殿的东西阁门而入,因而称之为入阁。

朝参之日,有司在殿北壁下设御座,南向。御座后陈设画有斧形花纹的大屏障,称为黼扆。座外设有御幄,地面铺席,称为蹑席。殿内还有乐队,按礼仪要求奏乐。

第一通鼓响之后,立门的仪卫队立于廊下;第二通鼓响,夹门的仪卫队立于阶下。内仗、外仗警戒森严。

天未明时,参加朝参的百官,分文武两队序班于通乾门、观象门之南,武班列文班之后。天色黎明时,宣政殿内门敞开,二位监察御史分别引领两队文武百官入殿。文官自东门入,武官自西门入。进每道门时,百官要自报名号,核准后方可入内。

百官进入殿廷后,宰相与两省官(唐代称门下省为左省,长官侍中为左相;中书省为右省,长官中书令为右相)对班列于香案前。百官按文武分列殿廷两侧。文官居左(东),武官居右(西)。每列从前至后各按官品如一品班、二品班、三品班、四品班、五品班排列。每品班皆以尚书省的同品官员居首位。

武班供奉(皇帝左右侍卫武官)等皇帝卫队在宣政殿前、横街之北各依班次而立。

直接为皇帝服务的殿中省监、少监、尚辇奉御等官,分左右随皇帝的伞、扇而立。

一切准备就绪,侍中奏"外办",皇帝步出西序门。为了不使群臣看见皇帝就御座时的情景,以保持皇帝的威严形象,在皇帝升座时设伞障之仪。皇帝将出,东西两厢执羽扇者列队而出,称为索扇。群扇交合如屏,皇帝在羽伞遮蔽下落座。之后群扇复开,皇帝左右各留三面羽扇,其余撤回两厢。千牛备身(皇帝侍卫)各十二人,执千牛刀(御刀),分列皇帝左右两侧;备身各十二人,执弓箭,分列皇帝左右侧。

左、右金吾将军奏:"左右厢内外平安。"

通事舍人喝赞宰相及两省官行再拜之礼后,上殿。百官奏事。奏事毕,给事中奏"无事",皇帝退朝。皇帝将要下御座之前,索扇复出,皇帝步出东序门,然后撤去仪卫,百官退朝。

唐代以后各朝的常朝礼仪,基本上是承袭盛唐之制,各有损益。

常朝是皇帝朝会百官、处理国政之朝,威严庄重,它不仅是显示皇帝天威,也是警示文武百官必须尽职敬业、不得懈怠的组织形式。威严庄重的形式是为勤政的内容服务的。

第三节 中国古代帝王的尊号、年号、谥号、庙号制度

一、尊号

尊号,顾名思义,即尊崇之号。最初的尊号就是"王"与"皇帝"。

自夏代进入阶级社会、建立国家之后,国家的最高统治者称为王。但夏代初期不称王而称后。后的本义为生育的意思,引申为祖先。它反映出夏王朝刚刚从氏族组织脱胎的痕迹。少康重建夏王朝后,始称王。《说文解字》云:"王,天下所归往也。董仲舒曰:'古之造文者,三画而连其中者谓之王。三者,天、地、人也,而参(三)通之者王也。'"王字之三画象征天、地、人三界,中间的一竖,下立于地,是大地的主宰;上通于天,是天的代表,故称为天子;中统于人间之万众,故云"天下所归往也"。王是集神、人于一体的最高统治者。

在中国历史上第一个称皇帝的是秦王嬴政。他统一六国之后,认为称王已不足以显示他的丰功伟绩,遂将"三皇"(天皇、地皇、泰皇)、"五帝"(黄帝、颛顼、帝喾、唐尧、虞舜)合而为一,称为"皇帝"。《独断》云:"皇者,煌也,盛德煌煌,无所不照。帝者,谛也,能行天道,事天审谛,故称皇帝。"皇帝是奉天命、替天行道的盛德天子,乾纲独揽,一统天下。

自从秦始皇始创皇帝名号以来,"皇帝"之名就成为神圣的最高统治者的称号,也是尊号。所以每当开国之君或继位之君登极时,都要举行"上尊号"仪,奉为皇帝,表示确立至尊之位。如西汉初年,群臣劝刘邦称帝,说:"大王功德之著,于后世不宣。昧死再拜上皇帝尊号。"(《汉书·高帝纪》)北宋时,徽宗禅位于钦宗,"钦宗上尊号曰教主道君太上皇帝"(《宋史·礼志十三》)。上尊号要举行隆重的典礼,奉告天地、宗庙、社稷,以示神圣庄重。

唐代高宗和武则天时,感到"皇帝"二字还不足以体现神圣、至尊,又创行新的尊号法,下令"皇帝称天皇,皇后称天后"。武则天当了皇帝以后,又在皇帝名号前另加美号以示至尊。她先后四次为自己加上尊号:金轮圣神皇帝、越古金轮圣神皇帝、慈氏越古金轮圣神皇帝、天册金轮圣神皇帝。

唐和五代时,尊号一般为四或六个字,后面为"孝皇帝"。如唐中宗的尊号为"大和圣昭孝皇帝",后梁太祖的尊号为"神武元圣孝皇帝"。孝表示以孝治国,孝字不属于尊号的组成部分。自宋代以后,尊号用字越来越多。例如宋太祖的尊号为"启运立极英武睿文神德圣功至明大孝皇帝",不计皇帝二字,另加十六个

字。明太祖的尊号更长,多达二十个字。

二、年号

年号是皇帝用以纪年的名号,是某一皇帝当政时代的标志,因此也是某一皇帝的代号。

年号始创于汉武帝。公元前140年,汉武帝即位,称建元元年。"建元"是中国历史上第一个年号。从汉武帝至清代末帝溥仪的宣统为止,年号一直延续不绝。每个新王朝的皇帝即位,第一件大事就是建元改号,这叫"奉正朔",以示与民更始,象征着从此由他来掌管天下。

一般来说,每个皇帝都有自己的年号,或者一个,或者几个、十几个,无定制。汉武帝在位五十四年,用了十一个年号。武则天在位十五年,用了十四个年号。皇帝可以根据需要不断改元。但不论怎么改,我们都可以知道这个年号是属于哪一个皇帝的。如元光、元朔、元狩、元鼎、元封、太初、天汉、太始、征和、后元是汉武帝的年号;贞观是唐太宗的年号;先天、开元、天宝是唐玄宗的年号。这些年号实际就是某一个皇帝在执政不同阶段的代号。对于年号的更替,总的来看,宋代以前一帝多年号的情况较为普遍,元代以后,年号更新渐少。明代除英宗因被蒙古瓦剌部所俘两次登极因而有两个年号外,其余都是一帝一年号。清代十帝全都是一帝一年号。因此,明清两代皇帝的年号就完全成了皇帝称号。如洪武帝(明太祖朱元璋)、嘉靖帝、崇祯帝、康熙帝、乾隆帝、道光帝等。

三、谥号

在中国古代,帝王、诸侯及其后妃死后皆有谥号。所谓的谥号,就是根据他们生前的德行功过给予一种评价性的称号,以示善恶功过。谥号对受谥的人来说,也是一种代号。如汉武帝、晋元帝、隋文帝、隋炀帝等。

关于谥号的产生,有所谓"黄帝作谥"或"周公作谥"等说法。但据王国维考证,认为谥法产生于西周中期的恭王、懿王以后,这一说法得到广泛认同。按谥法的规定,生称名、称尊号,死称谥,不再称名,所以谥法又叫易名礼或更名典。

西周时期,谥号掌握得非常严格,周天子死后有谥,诸侯死后并不全部赐谥。春秋时期,礼崩乐坏,不仅天子、诸侯有谥,卿大夫和贵夫人也有了谥号,同时还出现了私谥,即由宗亲、门人等对死者的评价,以表示崇敬和怀念。秦统一中国后,秦始皇下令废止以下论上的谥法。西汉初重新恢复。自汉至晋,谥法规定逐渐严密。南北朝各族政权的建立,给谥法增添了新的内容。唐宋两代,谥法发展到鼎盛阶段。元代以后,谥法日渐衰落。唐宋以前谥法有褒有贬,元代取消恶谥。清王朝灭亡后,谥法废止。但现在人死后所致的悼词,对死者的一生进行评价,实际上就是谥法的遗留。

谥号有固定的一些字,这些字被赋予特定的含义,用来评价死者的德功是非。谥号大体分三类:一是表扬的,如经纬天地曰文,威强睿德曰武等。二是批评的,如乱而不损曰灵,杀戮无辜曰厉,好内远礼曰炀等。三是同情的,如恭仁短折曰哀,慈仁短折曰怀等。晋文公、汉文帝之“文”,汉武帝、晋武帝之“武”,卫灵公之“灵”,隋炀帝之“炀”,汉哀帝之“哀”,楚怀王之“怀”等皆为谥号。唐代以前,谥号一般都是一两个字,从唐代开始谥号加长,唐玄宗给他的列祖列宗一律改为七字谥。唐太宗李世民最初之谥为“文”皇帝,后改为“文武大圣大广孝”皇帝。此后历代王朝皆效仿,并且谥号越来越长,宋神宗的谥号有二十个字,清高宗乾隆的谥号竟多达二十三个字,即“法天隆运至诚先觉体元立极敷文奋武钦明孝慈神圣纯”皇帝。字多既不好记又不便于说,最后往往都要简化为一两个字,如对乾隆的谥号经常是称为“纯”皇帝。

谥号并不是皇帝所独有的,诸侯、文武高官、鸿儒耆宿或有“忠勇义烈”者死后,朝廷或私家根据他们生前的德行功过,也可以给他们谥号。自春秋贵族、大臣有谥以后,历代多沿袭,称为赐谥。汉代规定,生为列侯者,死后才可以赐谥。唐代规定三品以上的职事官,才有得谥的资格。对某些不够资格的,如果建立了特殊的功勋,也可以破格赐谥。对文武百官赐谥的制度直至清代没有太大的变化。如霍光赐谥“宣成”侯,诸葛亮赐谥“忠武”侯,欧阳修赐谥“文忠”公,岳飞赐谥“武穆”王,曾国藩赐谥“文正”公等。私谥也是始于春秋,至宋代而至鼎盛。私谥是非官方的评价,得谥者主要是当时著名的鸿学大儒。如东汉名儒陈寔死后,吊唁者多达三万余人,谥为“文范”先生。宋代大儒张载死后,门人谥为“明诚”夫子。这些由宗族亲属、弟子门生所赠的谥号,寄托着对死者的哀思和敬仰之情。

古人不仅重视生前名,也重视盖棺定论的死后名。流芳百世不仅是本人的光荣,也是家族的荣耀;遗臭万年则是莫大的耻辱。谥号的作用就在于褒善贬恶,为后人所鉴。因此,从周至清,盛行三千余年。

四、庙号

帝王为祭祀其祖先而建立的庙宇称为太庙。皇帝死后,在太庙立室奉祀,追尊为某祖、某宗,以确定、显扬他在皇室宗族中的地位。这种为其特立的名号,称为庙号。它与谥号一样都是皇帝死后的代号。

庙号制度始于殷代,如殷王太甲称太宗,太戊称中宗,武丁称高宗等。汉承其制,惠帝尊其父高帝刘邦庙为高祖庙,景帝尊其父文帝庙为太宗庙等。在汉代,只在那些被认为有功、有德的皇帝才有资格被称为“祖”或者“宗”。西汉十二帝中只有刘邦被尊为高祖(亦称太祖),文帝刘恒被尊为太宗,武帝刘彻被尊为世宗,宣帝刘询被尊为中宗,其他诸帝无庙号。东汉十二帝中也只有光武帝刘秀被尊为世祖,明帝刘庄被尊为显宗,汉章帝刘炟被尊为肃宗,仅三个人有庙号。

可见,当时尊庙号是非常严肃的。自汉代以后,历代皆因袭其制,均有庙号。

西晋、东晋十五个皇帝中有庙号者六人,另外又追尊司马懿、司马师、司马昭三个开国前的祖宗分别为高祖、世宗、太祖。这种追尊开国前列祖列宗庙号的做法,自晋以后历朝相沿成为定制。南北朝以后,皇帝死后尊庙号渐滥,唐代以后几乎无帝不"宗"了。

按庙号制度,开国皇帝一般都是称太祖、高祖或世祖,其后的嗣君一般称太宗、世宗等。如唐朝开国皇帝李渊庙号为高祖,他的儿子李世民庙号称太宗。当然也有特殊原因而略有不同的。如清朝以努尔哈赤为开国之君,所以尊其庙号为太祖,嗣君皇太极为太宗,但入主中原的第一个皇帝是福临,所以又尊福临为世祖,也近于开国之君。

皇帝有姓、有名、有字,还有尊号、年号、谥号和庙号,但按礼制,皇帝的名字是不能叫的。如果全称某皇帝,则是先庙号,次谥号,最后是尊号,如汉武帝刘彻的全号是世宗孝武皇帝,隋文帝的全号是高祖文皇帝。也可以只称谥号或只称庙号。大体上说来,对隋代和隋代以前的皇帝,多不称庙号而称谥号,这是因为不是所有的皇帝都有庙号,但基本上都有谥号,如汉武帝、隋文帝、隋炀帝等。唐代以后多称庙号,如唐高祖、唐太宗、明太祖、明成祖等。明清两代又习惯用年号称皇帝,如嘉靖、康熙、乾隆等。久而久之,人们往往是知其谥号而不知其庙号,或只知其庙号而不知其谥号。至于皇帝之外另加的尊号,人们知道的就更少了。

思考题

1.什么是内朝、外朝、尊号、年号、谥号、庙号?

2.简述皇帝的继承制度。

3.谥法始于何时? 谥号分为几类? 谥号有何作用?

第十一章　中国古代的职官、选官制度

学习目的

　　通过本章的学习，掌握历代中央机构和地方机构主要职官的设置情况，以及历代主要的选官制度，加深对中国古代政权机构的认识。

主要内容

- 秦汉的中央与地方官制
- 隋唐的中央与地方官制
- 清代的中央与地方官制
- 科举制度

　　国家机构及其职官是国家政权的体现，它直接决定着国家的兴亡、社会的发展、人民的祸福。怎样组建各级政权，如何选拔和任用官吏，是一个国家、一个民族文明程度的体现。中国古代丰富灿烂的物质与精神文明，正是这部国家机器的和谐运转创造出来的。

第一节　中国古代的中央机构及其职官制度

　　中央机构是国家政权体系中的首脑，负责制定法律、政策，号令全国。自夏商周三代而至明清，几经变化，非常复杂，仅选择几个有代表性的朝代进行说明。

一、周代的中央官制

　　周代的中央官制在商代的基础上进一步发展，形成一个庞大的官僚机构。

　　三公　即太师，统军事；太傅，辅弼天子；太保，保安天子，导以德义。三公位最尊,不设僚属。

六官　天官冢宰,也称为卿士,即后世的宰相,统领百官,辅佐天子;地官司徒,掌土地和户籍;春官宗伯,掌王族事务;夏官司马,掌军事;秋官司寇,掌刑法;冬官司空,掌公共工程。还有太史、太卜、太祝,掌卜筮、祭祀等。太史、左史、右史、小史等史官掌文书典册,帮助王制作诰命、传达王命、记录历史。这些官都是世代相袭,称为世卿世禄制度。

二、秦汉的中央官制

(一)秦代的中央官制

秦王朝的中央机构实行三公九卿制。

三公　丞相,是百官之长,辅佐天子,助理万机;太尉,掌全国的军事;御史大夫,副丞相,掌全国的监察。

九卿　奉常,掌宗庙礼仪;郎中令,掌宫殿禁卫;卫尉,掌宫门屯卫;太仆,掌御用车马;廷尉,掌刑法;典客,掌外交和民族事务;宗正,掌皇族宗室的谱系、名籍;治粟内史,掌财务;少府,掌山海池泽之税及皇帝生活供应。九卿之外还有列卿等,如中尉,掌京师治安;将作少府,掌修治宫室等。三公、九卿、列卿等各有自己的行政机构,处理日常工作。大事汇总于丞相,最后由皇帝裁决。

(二)汉代的中央官制

西汉初期基本上沿袭秦制。汉武帝时期,为了加强皇帝的权力,对官制进行了重大改革。最主要的是由皇帝身边较低级的官吏和侍从人员组成决策机构,称为中朝或内朝。原以丞相为首的三公九卿所组成的机构称为外朝。中朝的办事机构为尚书台,即皇帝办公厅。主官为中书谒者令(后改为尚书令)。外朝官员奏事必须经过尚书台,大臣要参与中枢决策,必须另加"领尚书事"或"平尚书事"的头衔才有可能。外朝完全成了执行机构,大大削弱了丞相的权力。另外,原来御史大夫的下属御史中丞专司监察,以后称为御史台。中国历史上专职的监察机构从此建立起来,加强了皇帝对官员的控制。

西汉职官体制基本如下:

三太　太师、太傅、太保。位在三公之上,辅佐皇帝,不常设。禄秩(官吏俸禄的级别)为金印紫绶。

三公　大司徒(原丞相),辅佐皇帝总理行政,金印紫绶,万石;大司马(原太尉),掌全国军政,后来又冠以大将军之号,称为大司马大将军,金印紫绶,万石;大司空(原御史大夫),掌论议及纠察诸事,银印青绶,万石。

九卿　太常(原奉常),掌祭祀礼仪,银印青绶,二千石;光禄勋(原郎中令),掌宫殿掖门的保卫,银印青绶,二千石;中大夫令(原卫尉),掌宫门屯卫之兵,银印青绶,二千石;太仆,掌车马,银印青绶,二千石;大理(原廷尉),掌刑狱,银印青绶,中二千石;大行令(又名大鸿胪,原典客),掌宾客朝觐、边地各民族事务,银印青绶,中二千石;宗伯(原宗正),掌皇帝宗族事务,银印青绶,中二千石;大农令(又名大司农,原治粟内史),掌谷货,银印青绶,中二千石;少府,掌山泽税收,银印青绶,中二千石。

列卿　执金吾(原中尉),掌京城治安,银印青绶,中二千石;典属国,掌蛮夷降者,二千石;将作大匠(原将作少府),掌修治宫室,银印青绶,二千石。

军官　大将军,其位有时在三公之上;骠骑将军、车骑将军、卫将军、列将军,不常设,临战而命。

东汉的中央政府还是由三公九卿所组成。不过,三公之上仅有太傅一人,称为上公。在新君继位时,太傅或太尉录尚书事,总揽政务。东汉官制最突出的特点就是进一步削弱三公的权力,加大尚书台的权力。尚书之官创于秦代,是少府的属吏,仅仅负责在朝中传达诏令,由下层文人担任。汉武帝时改称中书,由宦官担任。东汉光武帝于尚书台设尚书令一人,禄秩千石;副职一人,称尚书仆射,六百石。其下设六曹,即三公曹、吏曹、民曹、二千石曹、南主客曹、北主客曹,每曹各设尚书一人,主管曹政。其下各设侍郎六人,称为尚书侍郎,各分管所属事,禄秩仅四百石。尚书台官员是皇帝的侍从,虽然地位极低,但尚书台是在皇帝直接领导下的决策机构,是权力机构的核心。三公位虽高,并无实权,所谓"虽置三公,事归台阁"。

此外,又加强监察院机构御史台的权力,其长官为御史中丞,禄秩千石,监察百官,权力仅次于尚书令。

三、隋唐的中央官制

隋文帝将秦、汉、魏、晋、南北朝各代的中央官制进行了一次大综合,建立了三省六部制。唐代因袭而用,其制组织较严密,分工较明确。因此,从隋唐至明清,其六部各朝沿用,基本未改。

唐代中央机构官制大体如下:

三师　太师、太傅、太保。其官位品阶皆为正一品,是一种地位最高的虚衔,无实际职权,不常设。

三公　太尉、司徒、司空。皆正一品,多为虚设,不常设。

三省　尚书省,是最高行政机构,负责管理全国政务。长官称为尚书令,掌典领百官,正二品。下设尚书左仆射、尚书右仆射各一人为副,从二品。因唐太宗曾任尚书令,故后来不设,以左右仆射为实际长官。中书省,是决策机构,负责草拟有关军国大事的诏旨。长官为中书令,佐皇帝执大政,总判各省事。二人,正二品。下设中书侍郎二人为副,正三品。门下省,是审议机构。中书省草拟的决策,交门下省审议。如不可,返回重议;如可,由皇帝下诏,送尚书省执行。其长官为侍中,掌出纳王命,负责礼仪。二人,正二品。其下设门下侍郎二人为副,正三品。

三省长官皆为宰相。三省之设,实际上就是把过去的宰相之权一分为三,使之互相牵制,便于皇帝临上驾驭。

六部 六部是尚书省所辖的六个部门,即吏部,掌官吏选免、考绩、勋封;户部,掌口籍、田土、财政、赋税;礼部,掌礼仪、祠祭、学校等文教事务;兵部,掌军事行政和后勤供应;刑部,掌刑法、诉讼和司法行政等事务;工部,掌水利、土木工程、工匠等事务。每部各设尚书一人为长官,正三品。各部尚书之下设侍郎二人为副,正四品。

在三省六部之外,重要的中央机构还有御史台,职掌刑法、典章,纠察百官。长官为御史大夫一人,正三品。其副职为御史中丞,二人,正四品。

四、宋元明清的中央官制

宋元明清基本上沿用隋唐三省六部制,但拥有宰相之权的三省之制多有变化。总体而言,就是不断分割、削弱相权,强化皇权。

宋代中央政府主要由三大机构组成:一是中书省,是主持行政的最高机关,长官叫同中书门下平章事,即宰相,从一品,其下设参知政事二人,为副相,正二品;二是枢密院,简称枢府,为主持军政的最高机关,与中书省分掌文武大权,号称二府,长官叫枢密使,后又称为知院事,一人,从一品,其副职为枢密副使,后称同知院事,正二品;三是三司,是主持财政的最高机关,长官称为三司使,又称为计相。这样,又把财政大权从宰相的职务中分割出来。

元代的中央机构主要是中书省、枢密院、御史台。元代废门下、尚书省,中枢大政统一于中书省,长官为中书令,往往以皇太子充任,地位极尊。下设右、左丞相各一人,皆正一品。其下设平章政事四人,从一品;参知政事二人,从二品。平章政事、参知政事皆为副丞相。中书省下设吏、户、礼、兵、刑、工六部。枢密院职掌兵权,其长官为枢密使,也往往是以皇太子充任。下设枢密副使二人,从二品。御史台,掌监察,长官为御史大夫,从一品;副职为御史中丞,正二品。此外,还设有宣政院,掌宗教及吐蕃(西藏)事务,长官为宣政院使,从一品。还设有通政院,掌管驿站,长官为通政院使,从一品。

明代初年,丞相胡惟庸大权独揽,位高权重,竟欲谋反。所以太祖朱元璋废中书省,不设丞相,提高六部地位,尚书升为正二品。六部分管天下庶务。皇帝直接统管六部,处理国家大政,专治一切。仿宋代殿阁大学士之制,设大学士以充皇帝顾问,负责文墨。他们的官阶仅为正五品。明成祖时,选大学士入文渊阁办事,参与机务,称为内阁。仁宗以后,内阁专任批答奏章、草拟诏令,品位渐次提高,权势日重。大学士无丞相之名,却有丞相之实。为避讳丞相之名,内阁大学士统称为辅臣。有首辅、次辅、群辅之分,代皇帝票拟(即批答奏章),由首辅执笔,其他辅臣只不过参论而已。首辅的权力,超过了昔日的丞相。

六部之外,还新设有都察院,虽然是源于原来的御史台,但又有所不同,职掌纠劾百司,辨明冤枉,提督各道,为天子耳目。长官为左右都御史,皆正二品。都察院与六部平行,与六部尚书合称七卿。

此外,还设有大理寺,掌刑狱之事,长官为大理寺卿,正三品。副职为少卿,正四品。大案由刑部、都察院、大理寺共同审理,合称为三法司。三者互不统属,使司法权不被刑部所专。

明代的中央军事机构,罢枢密院,改设大都督府。长官为大都督,从一品。后来为防止军权过于集中,改为中、左、右、前、后五军都督府。各府长官为左右都督,皆正一品。军权由兵部和五军都督府两个机构共掌。兵部任命将领,发布调遣命令,但不直接统军。五军都督府统管天下军队,但无任免将领和调兵的权力。两者互相牵制,由皇帝统掌军权。

清代,专制主义的中央集权统治进一步加强。中央机构形式上是沿袭明制,以内阁为中枢机构。内阁大学士为宰辅,满、汉各一人,皆为正一品。但在内阁之外,又设议政王大臣会议,皆由满族大臣组成,策划军国大政。雍正时又设军机处,一切机密大政均由军机处办理,总揽军政大权,真正成为国家的最高行政机关。但它直接在皇帝控制之下,实际上是皇帝的秘书处。内阁仅是徒有虚名的办理例行事务的机构。军机大臣,由皇帝随时任免,所司之事,由皇帝临时交办。军机处的设立,标志着清代君主专制达到了顶点。

清代新设内务府,是掌管皇帝家务的机构。其长官为总管内务府大臣,由满族贵族王公担任。历代王朝皇帝家务都由宦官管理,他们职权很大。因此,宦官往往得到皇帝的倚重,从而得以干预政事。清代的这一改革,排除了宦官对皇权的干扰,杜绝了宦官专权之祸。

第二节　中国古代的地方机构及其职官制度

一、周代的地方机构与职官

周代实行分封制度,地方行政区划为国、都、邑三级。国是周天子分封的诸侯国,为周王朝的地方政权。诸侯分为公、侯、伯、子、男五个等级。都是大邑,是周天子或诸侯分封给卿大夫的采地。邑是居民点,类似于后来的村镇。周天子所直辖的统治区王畿之内,在国都之城附近的周围地区称为乡,规定五家为比、五比为闾、四闾为族、五族为党、五党为州、五州为乡,分别设有比长、闾胥、族师、党正、州长、乡大夫进行管理。乡以外的地区称为遂,规定五家为邻、五邻为里、四里为酇、五酇为鄙、五鄙为县、五县为遂,分别设有邻长、里胥、酇师、鄙长、县长、遂大夫进行管理。

诸侯、卿大夫所辖的领地以及他们的职位实行世袭制,不能随意剥夺,但他们必须奉从王命。不过,随着他们经济力量的不断增长,逐渐形成相对独立或完全独立的一级政权,因而导致春秋时期诸侯争霸、卿大夫瓜分国家的局面。

二、秦汉的地方机构与职官

(一)秦代

秦的地方机构为郡、县二级制。

秦始皇统一全国后,废除分封制,实行郡县制。郡县之制始于春秋战国时期。秦始皇分全国为三十六郡,后来增至四十郡。

郡　郡的长官为郡守,银印青绶,禄秩二千石,职掌全郡的政事。郡守之下设郡尉,银印青绶,比二千石,佐郡守掌管军事。又设郡丞,铜印黑绶,六百石,掌文书刑法。

县　郡下设县。县的长官,万户以上称县令,铜印黑绶,千石至六百石。万户以下称县长,铜印黄绶,六百石至五百石。县令(长)掌政事。其下设县丞,掌文书、刑法。又设县尉,掌军事。皆铜印黄绶,四百石至三百石。

县以下设乡、亭、里(即村落)。里之长为里正。十里为一亭,亭之长为亭长。十亭为一乡,乡之官有三老,掌教化;啬夫,掌赋税诉讼;游徼,掌治安。

(二)汉代

汉代部分恢复分封制,地方机构实行郡国并行制。即在皇帝的直辖区实行郡、县二级制,在诸侯王封国区实行国辖郡、郡辖县的三级制。十个诸侯王国辖三十九个郡,中央直辖十五个郡。

郡、县设官如秦制。

王国的机构基本上与中央政府相同。王下设太傅与丞相。太傅之职是辅教诸侯王,丞相统领众官,皆由皇帝任命。此外,还设有中尉,掌军事;设御史大夫,掌监察,由诸侯王自己任命。诸侯王国辖有数郡,多达数十县,有较大的政治、军事、经济大权,所以后来酿成"吴楚七国之乱"。叛乱平定之后,王国权力日小,国所辖地日少,后来只享租税。其地位与郡县相当。

西汉时期,汉武帝为了加强对地方的控制,分全国为十三个州(部)为监察区,每个州(部)派刺史一人专司监察,但不常驻地方,不设官署。东汉初,分全国为十三个州(部),每州设刺史一人,专司监察,常驻地方,设有官署。至东汉末年,州由监察区变成了一级行政机构,下辖郡县,成为州、郡、县三级地方机构。州的长官改称州牧,禄秩二千石,掌一州的政治、经济、军事大权。郡、县之制如西汉。

三、隋唐宋时期的地方机构与职官

(一)隋代

隋代地方机构实行郡、县二级制。

隋文帝鉴于南北朝以来滥置州、郡,官吏庞杂,于是精简地方机构,把州、郡、县三级制改为州、县二级制。后来隋炀帝又改州为郡,为郡、县二级制。

郡 分上、中、下三等,长官为太守,上郡从三品,中郡正四品,下郡从四品。太守之下设郡丞、郡尉、通守等官,辅佐郡守管理民政、军事等。

县 分上、中、下三等,长官为县令,上县从六品,中县从七品,下县正八品。县丞,从八品至从九品。县尉从九品。

隋代规定九品以上的地方官均由中央任命。郡、县佐官必须回避本郡,三年一换,不得重任。太守专理民政,郡尉专理军事,改变了魏、晋以来州、郡长官权力过大的弊端。

(二)唐代

唐代因袭隋制,只是改郡为州,基本上是州、县二级制。后来又出现道(镇)、府等地方机构。唐末时的地方机构大体是道(镇)—州、府—县的三级制。

唐太宗时为了加强对地方的监察,将全国划分为十道,即十个监察区。唐玄宗时分天下为十五道。唐代后期全国共有四十余道。朝廷派采访使、观察使等官员常驻各道。安史之乱后,掌兵的节度使兼任地方行政长官,下辖几个州。节度使的辖区也称为道,又称为镇,这样,道就成了州以上的一级行政机构。

　　唐玄宗开元年间,把一些具有特殊地位的州改为府。如首都长安为京兆府,东都洛阳为河南府,北都晋阳为太原府,合称三都府。安史之乱后,又把几个皇帝曾经驻跸过的州升为府。至唐末,共有十个左右府。府的地位高于州,只是更为重要一些,无隶属关系。这是中国正式设府之始。府下辖县。

　　地方行政机构的主要职官:

　　道　长官为观察处置使,每道一人。或设巡察使、按察使、按察采访处置使。后来多变为节度使,集政权、军权、财权、监察权于一身,逐渐形成地方割据势力。

　　府　长官称为牧,每府一人,掌清肃邦畿、考核官吏、宣布德化、劝课农桑,从二品。其下设尹,每府一人,从三品。尹之下设少尹,每府各二人。尹与少尹皆为府牧的辅佐。

　　州、县职官基本如隋制。

(三)宋代

　　宋代地方行政机构分为三级,最高一级为路,路下设府、州、军、监,为平行机构,其下是县。

　　宋代鉴于唐与五代的藩镇之祸,为加强中央集权,削弱藩镇,将原节度使所辖的道(镇)改称为路,其权一分为四。宋初分全国为十道,宋太宗时改称为路。路最多时全国有二十六个。路无固定体制,甚至连驻地、辖境、名称也随时变动,其官员均由皇帝直接委派。严格说,路只是介乎行政区与监察区之间的一种区划,分辖府、州。

　　宋代以府、州、军、监为同一级行政区划。宋沿唐制,在政治、经济、军事三者兼重的地方设府,如首都、陪都等地,其地位略高于州。在军事要地设军。军在唐代只是军区,五代以后,渐与行政区混而为一,宋代则成为兵、民军政合一的行政区划。在冶铁、煮盐等重要的工业区设监。

　　各级地方行政机构的主要职官:

　　路　路的机构大体上分为四司:一是转运司,长官为转运使,下有副使、判官,掌一路的财富,又兼管监察官吏之事,南宋时称为漕司;二是提点刑狱司,长官为提点刑狱公事,掌刑狱之事,南宋时称为宪司;三是提举常平司,长官为提举常平茶盐公事,掌义仓、常平仓、市易、水利等事,南宋时称为仓司;四是经略安抚司,长官为经略安抚使,掌一路兵、民、军事,通常由本路知州或知府充任,南宋时称为帅司。因四司都有监视地方官吏之责,所以合称为"监司"。四司互不统属,直接对中央负责。

　　府　府的长官为知府事(或府尹),简称知府,总掌府政。首都的开封府知府正三品,其他府略低。下设少尹(知府之副)、判官(掌与知府同签文书等)、推官(掌刑狱)等为辅佐,皆从六品。

州　长官为权知州事，简称知州，从五品。其下设通判，掌签发文书与议政，从八品。府、州设通判，是宋代的特殊制度。府州公文，必须有通判附签才能生效，是对知府、知州监察牵制之官，故号称"监州官"。

军、监的长官称为权知军事、权知监事，简称知军、知监，机构与州同。

县　县分为八等。长官为县令，正七品下至从八品，下设县丞、县尉。

宋代地方官制异于前代者有四：一是设通判监督，防止主官专权；二是以文人充任，防止军人专政；三是任期三年，满期皆离；四是不准在本籍为官，防止形成地方势力。

四、元明清时期的地方机构与职官

(一)元代

元代地方行政机构主要分为行省、路、州、县四级，有的设府。

行省即行中书省，是元代特殊之设。元代初期，为加强对地方控制，由中央的中书省派出分支机构分驻地方，称为行中书省。后来演变成为地方最高一级行政机构。全国共设十一个行省。

行省　行省仿中央中书省而设官。长官为丞相，从一品，总统全省政治、经济、军事一切大政，但不常设。无丞相则由平章政事主政，简称平章，从一品。其下设右丞、左丞(皆正二品)、参知政事(从二品)等为辅佐。行省制度可以有效控制地方，为明清直至当今所沿袭。

路　行省下辖路。路设万户府或总管府，均分为上、中、下三等。府的长官为达鲁花赤(蒙语，意为镇压者、独裁者)，正三品(上等府)，由蒙古人担任，但往往并不实际掌事，高居众官之上起监督作用。由万户或总管主政，皆正三品。下设同知、治中、判官、推官等佐官。全国共有一百八十五个路。

州　路下设州。州分上、中、下三等。州的监临官为达鲁花赤，从四品(上等州)。主政官为州尹(大州称尹)或知州，从四品，属官有同知、判官等。在边远地区不设州，设军，制与州同。全国有州三百五十九个。

县　州下设县。县分上、中、下三等。监临官为达鲁花赤(从六品至从七品)。县尹主政，其下有丞、主簿、尉等。全国有县一千一百二十七个。

府　设府不普遍。有的属于路，有的属于行省，有的直属于中央的中书省。有的下辖县，有的不辖县。监临官为达鲁花赤，正四品。主政官有知府或府尹，正四品，全国设府三十三个。

(二)明代

明代的地方行政机构分为省、府、县三级。明初，太祖朱元璋鉴于元代行省职权过大，无所不统，所以设"三司"，将行中书省的职权一分为三。承宣布政使司,简称布政司,主管全省的民政与财政。长官为左、右布政使各一人(从二品),为全省的最高行政长官,世称藩司或藩台。下设左、右参政(从三品),左、右议政(正四品),皆无定员。全国除南北两京外,共有十三个布政司。提刑按察使司,简称按察司,主管全省的刑狱司法和纠劾官吏,长官为按察使一人(正三品),世称按台或臬台,下设副使(正四品)及佥事(正五品),无定员,副使、佥事分管诸道事务,谓之"分巡道"。都指挥使司,简称都司,主管全省的军政,长官为都指挥使一人(正二品),下设都指挥同知(从二品)二人、都指挥佥事(正三品)四人,辅佐都指挥使。都指挥使官品高于布、按二司的主官,号称"二品大帅"。三司各不统属,全归中央统辖。三司分权,虽然防止了地方权力过大,但事无总统,又有运转不灵之弊。所以明朝中期以后,中央不断派部院大臣出任总督,巡抚各省,以协调三司。

省以下的行政单位为府,直隶于布政司,全国共有一百五十九个府。府设知府一人(正四品),掌一府之政。下设同知(正五品)、通判(正六品)、推官(正七品)等官,分掌军纪、巡捕、农田、刑名等。

府下辖县,全国共一千一百七十一个县。县设知县一人(正七品),掌全县之政。县丞一人(正八品),主簿一人,分掌粮马、巡捕之事。

(三)清代

清代的地方行政机构为省、道、府(直隶州、直隶厅)、县(散州、散厅)四级。

清代鉴于明代的省一分为三,不便统一管理,又恢复了行省制度。省由总督或巡抚综理军民要政。总督或巡抚在明代本为主军政和巡察地方之官,至清代总督兼管二省或三省大政,巡抚成为主管一省的行政首长,与总督同称"封疆大吏"。此外,与明代不同的是,清代在一些特殊地区设有厅。

各级地方行政机构职官如下:

行省　省的最高长官为总督,正二品。若加尚书衔为从一品,总管二至三省军、政、财、官、民,职权极大。全国设总督八人,后来又增设东北三省总督。巡抚,为一省之长,每省一人,职权略小于总督,从二品,世称抚台。在督抚之下设承宣布政使司,其长官为布政使一人,从二品,管理一省的民政、财政。又设提刑按察使司,长官为提刑按察史,一人,正三品,管理一省的司法。

道　省下设道。长官为道员,正四品,有守道与巡道的分工。守道主管钱谷,巡道主管刑法,世称"道台"。此外,还有一些专道,主管一省或一方面的事务。如兵备道、河工道、盐法道等。道员或统辖全省地方,或分辖三四府州地方,是省与府之间的地方长官。

府　道下设府。长官为知府,一人,从四品。顺天府、奉天府的长官称为府尹,正三品。全国共有二百一十五府。

县　府下设县。长官为知县,一人,正七品。全国有一千三百五十八个县。

第三节　中国古代的选官制度

在国家的政权建设中,官吏的选拔是一项非常重要的制度。中国古代社会从夏商至明清的选官,大体经历世袭制、选举制、科举制三个发展阶段。

一、世卿世禄制

夏商周三代的官吏,基本上是由王的子孙和各个贵族大家的子孙世世代代担任的。他们世世代代做国家的各级官员,世世代代享有国家的爵禄,称为世卿世禄制度。夏商之制不得详知,周代是以宗法制为基础的分封制组成各级官僚队伍。在宗法制中,实行嫡长子继承制。天子的嫡长子世世代代为天子,百世不迁。其他诸子分封出去为诸侯、卿、大夫。他们的地位也是世世代代由嫡长子继承。其他诸子或为士,经过乡学、国学的培养,经考核后选拔为下级官员。

二、察举征辟制

汉代实行察举征辟制,它是由春秋战国时"选贤任能"发展而来的。春秋时期,礼崩乐坏,阶级关系发生了巨大变化。周王朝的世袭制逐渐被打破,一些国家按选贤任能的原则选拔官吏。战国时期的各国纷纷变法,把选贤任能以法律的形式确定下来。一是从士中选拔,由于私学的发展,出现了数量众多的知识分子阶层,通称为"士",各国养士成风,多则数千人,国君和大贵族随时从士中选拔官吏;二是以军功选拔,以杀敌多少来授予不同的爵位和官职;三是任用客卿,即任用其他国家的杰出人才,不拘一格授予高官。所以,战国时期出现不少布衣将相。秦汉时期,全国统一,选贤任能进一步发展,汉代时形成了"察举征辟"的选官制度。

所谓的察举,就是由中央和各州郡的地方长官(二千石以上的官吏)在自己的辖区内按照孝廉、茂材、贤良方正、能言极谏等科目进行考察和选拔人才,向中央推荐,叫作"察举",也叫"推举"。经过朝廷考核后,按才能授予不同的官职。

所谓的征辟,实际上是一种特殊形式的察举。"征"就是由皇帝直接聘请德高望重的人来担任高官。"辟"是由地方高官直接选拔人才为自己的幕僚属官。汉代把察举作为高级官吏的职责,必须执行。不察举要免官,举人不当要受处分。

三、九品中正制

魏晋南北朝时期,推行"九品中正"的选官制度。它是由汉代的察举发展演变而来的。曹丕称帝后,实行"九品官人法"。"九品"就是将士人分为上、中、下三大等级,每个等级再分为上、中、下三个小等级,共九个等级,称为"九品"。在州、郡、县设"中正"官,负责对辖区内的人才进行考察,以九品分等,供朝廷因"品"授官。九品中正制初始时,尚能以人才论优劣。但曹魏后期,各地中正官都被世代为官的门阀大族所把持。他们为确保本集团的利益,把出身门第作为品评的唯一标准,形成了"上品无寒门,下品无士族"的局面。两晋及南北朝各国皆以九品中正制选拔官员。

四、科举制

九品中正的选官制度,由士族门阀控制政权,造成了政治的极端腐败。同时它把大量的庶族地主排挤于上层统治之外,激化了地主阶级内部的矛盾。隋王朝统一后,鉴于士族势力的衰落和九品中正制的弊端,为了扩大统治基础,取得广大中小地主阶层的支持,废除了九品中正制,于隋炀帝大业三年(公元607年)实行科举制选拔官吏。

所谓的科举制,就是允许普通士人和官员自愿报名,经过分科考试,依照成绩从中选取人才并授给官职的一种制度。科举制度自隋经唐宋而至明清,实行了一千三百多年,是中国封建社会最为重要的选官制度。

科举制度创始于隋代,完善于唐代,改革于宋代,鼎盛于明代,衰落消亡于清代。现以明清时期的科举制说明这一选官制度的基本情况。

(一)学校是科举考试的阶梯

明代以前,学校只是为科举输送考生的途径之一;明代以后,参加科举必须首先入学校学习。明清时期的学校有府学、州学、县学,府、州、县学的学生称为生员。未取得生员资格的读书人,不论年龄大小都称为儒童或童生。童生要取得生员的资格,必须经过县试、府试和院试。这一系列的考试,称为童试。县试通常是在二月举行,由各县的知县主持,考第一名者称为县案首。县试被录取的童生再去府中进行府试。府试在四月举行,由知府主持,考第一名者称为府案首。被录取者造名册送省里的学正,参加院试。院试由各省学正主持,学正又名提督学院,故称这一级考试为院试。院试合格者称为生员。这些生员被分别安排到府学或县学中学习。生员分为三等,有廪生、增生、附生。廪生是定员之内的,由国家提供膳食;增生是定员之外又增加的学生;在廪生、增生之外再增加的名额,附于诸生之末,称为附生。从各级学校生员中选拔出的优秀者称为贡生,可以直接进入京师的国家最高学府国子监,称为监生。各学校的生员,经过省提学官举行的岁考、科考而列为一、二等者,取得参加乡试的资格,称为科举生员。

(二)科举的三级考试

明清的科举考试分为乡试、会试、殿试三等。

乡试 明清的乡试都是每三年一考,在各省的省城举行,考场称为贡院。主考官由皇帝任命在京的翰林及进士出身的部院员充任。考期是八月,故又称为秋闱,还称为大比。监生和科举生员均可以参加应考。考试分为三场。乡试考中的称为举人,俗称孝廉。第一名称为解元,即由地方解送朝廷的第一名人才。乡试中举叫乙榜,又叫乙科。放榜时正值桂花飘香,所以又称桂榜。

会试 由礼部主持的全国考试,又称为礼闱,于乡试后的第二年举行。主考官由皇帝任命高级官员担任,称为总裁,又称为座主或座师。考期在二月,故又称为春闱。参加考试的必须是各省乡试中的举人。他们的乡试试卷必须经过重新核查,称为磨勘,考前还要进行复试。成绩分为四等,只有前三等才能参加会试。会试也分为三场。考中的称为贡士,俗称出贡,别称明经;第一名称会元。

殿试 在会试当年举行。明代是在三月,清代是在四月。它是由皇帝亲自主持,在殿廷上亲发策问的考试,所以称为殿试,又称为廷试。应试者为贡士。贡士在殿试中均不落榜,只是由皇帝重新排名次,特别是一甲三名的名次。录取分三甲:一甲三名,赐进士及第。第一名称为状元、鼎元,第二名称为榜眼,第三名称为探花,合称三鼎甲。二甲赐进士出身,三甲赐同进士出身。二、三甲的第一名都称为传胪,一、二、三甲统称为进士。进士榜称为甲榜,或称甲科。进士榜用黄纸书写,称为黄甲,又称为金榜,所以中进士称为金榜题名。

乡试第一名称为解元,会试第一名称为会元,殿试第一名称为状元。如果连中三元,则是科场中的佳话。

清代制度,在殿试之后,除状元、榜眼、探花之外,其他进士还要进行一次"朝考"。最后根据历次考试的综合成绩分出等级,根据等级授以官职。状元直接授翰林院修撰(从六品),榜眼、探花授编修(正七品)。其余的进士,成绩好的,入翰林院做庶吉士。成绩次一些的,可授为六部主事、内阁中书、御史及知州、知县等官。

(三)考试内容及八股文

乡试考试内容主要是《四书》文、试帖诗、《性论》或《考经》,默写《圣谕广训》百余字。会试考试内容为《四书》《五经》的经义,论、判词及诏、诰、表三种文体选其一,策问(经、史、时务策)。清代取消论、表等,改为试帖诗。会试考试内容为经史、时务、策问。殿试只考时务策。

明清乡试、会试皆考八股文,能否考中,主要取决于八股文的优劣。八股文以《四书》《五经》中的文句作题目，只能依照题义阐述其中的义理，措辞要用古人语气，叫作"代圣人立言"。

八股文又称为制义、制艺、时艺、八比文等。有四段对偶排比的文字，一共八个部分，所以叫八股文。股文是对偶的意思，八股文是用八个排偶组成的文章。全文由破题、承题、起讲、入题、起股、中股、后股、束股八个股和最后的大结（即总结）所组成。

破题是对题目进行解释，只能用两句单行文字；承题是对破题的主要内容进行承接，引申而言，用四五句单行文字；起讲是总领全文，用十句左右；入题是紧接着论说，从上文引到本题，用二三句或四五句；起股是开始发议论，要提起全篇的气势，用八九句双行排比文字；中股是全篇的重心所在，须尽情发挥，句式双行，文字多少不定；后股是畅发中股所未尽之意，要求庄重踏实，句式双行，文字多少不定；束股是用来回应提醒全篇，宜短不宜长；大结为全文的结束语，以三四句收篇。

从起讲至束股要用圣贤的语气论说。

八股文初始于北宋，程式化于明代成化年间。其形式呆板僵化如同枷锁，束缚思想，毫无实用价值。因此，考中后即弃而不用，被称为"敲门砖"。光绪三十三年（公元1907年），科举考试被废除，八股文也随之被抛入历史的垃圾箱。

思考题

1.简要解释：三公九卿（秦汉）、三省六部、枢密院、军机处、行中书省、总督、巡抚、察举、九品中正、乡试、会试、殿试、状元、榜眼、探花、八股文。

2.简述秦代的中央官制。

3.简述唐代的中央官制。

4.简述清代的地方行政机构及其主要职官。

5.概述中国古代社会选官制度的发展演变。

第十二章　中国古代的礼仪

学习目的

通过本章的学习,了解礼的起源与本质以及主要的礼敬仪节,掌握礼的分类与基本内容以及行走坐立的主要礼仪,加深对中国古代社会被称为"礼仪之邦"的认识与理解。

主要内容

● 礼与五礼
● 礼敬仪节
● 坐立行走的礼仪

中国古代素以"礼仪之邦"闻名于世。礼的精神、礼的原则,贯穿于中国古代社会政治、经济、军事、文化、宗教等各个方面。大而言之,礼是治国理民的根本大法;小而言之,礼是人人都必须遵守的行为规范。《左传·定公十一年》说:"礼,经国家,定社稷,序民人,利后嗣者也。"礼仪是中国传统文化的重要组成部分,不了解中国古代的礼仪,就不可能真正认识中国古代的社会。

第一节　礼的起源与五礼

一、礼的起源及演变

什么是礼?《管子·五辅》说:"上下有义,贵贱有分,长幼有等,贫富有度,凡此八者,礼之经也。"《礼记·哀公问》说:"非礼,无以节事天地之神也;非礼,无以辨君臣、上下、长幼之位也;非礼,无以别男女、父子、兄弟之亲,昏姻疏数之交也。

君子以此之为尊敬然。"综合诸古文献的解释,可知礼的本质就是强调差异,区别等级,使每个人在社会生活中都固定于一个相应的位置,如君臣、父子、兄弟、夫妻等。由于有等级差别,从而体现出贱者对贵者、幼者对长者的崇敬与服从。这种人人必须遵循的行为规范就是"礼"。

礼并不是空洞的,而是通过占有各种体现差别的物、做出各种体现差别的仪容动作表示出来的。体现差别的物,如饮食、服饰、车马、宫室等称为"礼物";体现差别的仪容动作,如跪拜、揖、让等称为"礼仪"。由礼物、礼仪所表示出的内容称为"礼意"。礼就是礼物、礼仪、礼意的统一体。

礼是怎样起源的?《礼记·礼运》说:"夫礼之初,始诸饮食。其燔黍捭豚,污尊而抔饮,蒉桴而土鼓,犹若可以致其敬于鬼神。"这句话的含义有二:一是说最初的礼始于饮食,二是说这种饮食之礼可以用来敬事鬼神。它明白无误地揭示出了礼产生的本源和礼的发展。礼作为一种体现"贵贱有等,长幼有差"的行为规范,是由社会性的物质基础决定的。饮食乃人生的第一需要,是最基本的物质基础。在人类社会中,人与人之间最早的社会性差别就是体现在饮食分配上的差别。卑者、幼者向尊者、长者进献饮食,使尊者、长者先食,以表示敬畏之意。这种在饮食上尊卑长幼有别的行为规范,就是最早的礼。可见,礼确实是起源于饮食。《荀子·礼论》说:"礼起于何也? 曰:人生而有欲,欲而不得,则不能无求,求而无度量分界,则不能不争,争则乱,乱则穷。先王恶其乱也,故制礼义以分之,以养人之欲,给人之求,使欲必不穷于物,物必不屈于欲,两者相持而长,是礼之所起也。"人最根本的欲求就是食欲,最主要的争夺之物便是赖以维持生存的食物。在原始社会,氏族首领(即荀子所说的"先王")为了解决人们对食物的欲求,同时为了避免争夺,将氏族成员分出长幼之序,长者即尊者,幼者即卑者,以序分配食物。卑幼者首先将食物奉献给尊长者,表示崇敬。尊长者将其余的食物以序分配给卑幼者,体现出爱抚,这种氏族内部分配食物的习俗就是最初的"礼"的萌芽。在甲骨文中,"禮"字作"豊",是"豆"中盛"玉"之形。豆是盛食品的器皿,玉代表最精美的食物,把最精美的食物献给尊长就是"礼"。礼字的构造,真切地说明了礼"始诸饮食"。宗教是人类社会发展到一定历史阶段的产物。原始宗教产生之后,人们以敬事氏族长老之礼敬事鬼神,其仪式就是祭祀。先有敬人之礼,之后才有敬事鬼神之礼。

礼最初是一种体现氏族成员长幼尊卑的习俗,进入阶级社会以后,统治阶级把氏族社会的"礼俗"加以改造,成为"礼制",即所谓的"夏礼""殷礼""周礼"等。夏商周三代的"礼",不仅是指人们的行为规范,还包括国家政治、经济、军事等各个方面的典章制度。礼在国家的社会生活中起着一种习俗法的作用。

春秋时期,由于经济基础的变化,即土地国有制瓦解,土地私有制产生,出现了"礼崩乐坏"的局面。礼作为一种旧的习俗法已经逐渐不能适应社会的需要，各国相继制定了一些成文法，如郑国铸刑书，晋国铸刑鼎等。因此，礼作为典章制度的内容越来越少，只剩下一些繁杂的仪节。战国时期，孟子把礼看成是一种道德原则，是仁、义的表现形式。荀子是重视礼的，看得比仁、义还重要。但荀子讲的礼，实际上具有法的意义，被看成法的总纲："礼者，法之大分，类之纲纪也。"（《荀子·劝学》）这里的礼已经不是原来意义上的礼。至汉代以后各朝代，礼主要属于道德范畴。此外，更多的情况是表现为各种典礼中的礼仪、礼节。

二、五礼

中国古代的礼仪，包罗万象，极其繁多和庞杂。儒家的经典《礼记》中说："礼仪三百，威仪三千。"古代的礼家把许许多多的礼，按照内容的性质分为五大类，称为五礼。五礼即吉礼、凶礼、宾礼、军礼、嘉礼。从周汉至明清，历代王朝基本上都是按照这五礼进行礼的分类。

(一)吉礼

吉礼是关于祭祀的典礼。"吉"字的主要含义是无灾有福。吉礼是敬事鬼神而求福的礼，包括祭祀天神、地祇、人鬼三类。通过对天神、地祇、人鬼的种种祭祀活动，求得庇佑而致吉祥。在五礼之中，吉礼是最重要的。

(二)凶礼

凶礼即丧葬灾变之礼。凶礼共有五个方面，即丧、荒、吊、禬、恤五种。丧礼是对各种不同关系的人的死亡表示不同程度的哀痛之礼；荒礼是对某一个国家、某一个地区遭受到饥荒、疫病等不幸和灾难，天子与群臣通过减膳、撤乐等表示同情之礼；吊礼是对其他国家或朋友等遭受水、旱、风、火等自然灾害时，天子与群臣派遣使者表示慰问之礼。以上三种礼各级贵族都可以举行。禬礼是当同盟国被敌国侵犯、国土残破、人民伤亡时，盟主国会与各同盟国一起筹集财物，偿其所失之礼；恤礼是当某国遭受外侮和内乱时，其邻国给予援助和支持之礼。

(三)宾礼

宾礼是指诸侯国朝见天子、天子聘于诸侯及诸侯国之间聘问会盟等之礼，也就是国与国之间的外交往来之礼。

(四)军礼

军礼是与军事有关的礼仪制度。军礼包括大师、大田、大均、大役、大封等五项。大师之礼指天子或诸侯的征伐活动，包括宗庙谋议、命将出征、载主远征、凯旋献俘等。大田之礼指天子、诸侯的定期狩猎活动。大均之礼是指天子和诸侯在其国内检校户口，征收赋税。检校户口是为了查清兵源，征收赋税是为了保证军需，所以大均列入军礼之内。大役之礼是由国家组织发起的大规模营建工程。

大封之礼是指勘定各种封地之间的疆界,需要组织民众挖筑封疆,并以军事力量进行维护、支持。在秦汉以后,军礼主要是指军队的训练及战争中的各种活动,包括君主亲征、命将出征、祃祭、受降、献俘、行赏、大阅、大射等。

(五)嘉礼

嘉礼是用来协调人际关系、沟通和联络感情的礼仪,它体现在各种喜庆活动中。嘉礼主要包括六个方面的内容,即饮食、婚冠、宾射、飨燕、脤膰、贺庆等。饮食之礼,即贵族和平民饮酒之礼和食礼。婚冠之礼包括婚娶之礼和冠礼。宾射礼即射礼,古代射箭比赛分设宾主,所以称为宾射,凡参加这一比赛活动的贵族、平民都按等级遵循不同的礼仪制度。飨燕礼即筵宴之礼。脤膰礼是举行祭祀之后,把祭肉分给助祭者的礼仪。贺庆礼就是喜庆祝贺之礼。

第二节　礼敬仪节

在各类人际交往活动和祭祀活动中,为了表达对人、神的尊敬、畏服或感激之情,身体的各部位做出种种示意的动作,如折腰、屈膝、拱手、叩头等,称为行礼。所礼敬的对象地位不同、场合不同,行礼的姿势也各有差异,各种不同的礼姿称为仪节。尊卑有别、贵贱有等、长幼有序之礼,即由各种不同的仪节体现出来。

拱　亦称拱手、敛手,其仪姿是身体正立,两臂如抱鼓伸出,两手沓合,即一手在内,一手在外地叠合。行吉礼,男子左手在外,右手在内;女子则右手在外,左手在内。行凶丧之礼,男子右手在外,左手在内,女子则左手在外,右手在内。男子为阳,所以尚左;女子为阴,所以尚右。吉事为阳,男子行吉礼,左手在上;丧事为阴,男子行丧礼,右手在上。女子行礼则相反。

拱手礼常用于见面或答谢时的致敬,既可以用于身份平等的人,也可以用于礼敬长上,长上也可以行拱礼作答。

揖　与拱礼相似,也是身体站立,左右两手在胸前一内一外地叠合。拱礼手不动,身体也不动,即所谓"垂拱""立拱"。揖礼则是由胸前向外推手。所以《说文解字》云:"揖,攘也。手着胸曰揖。"攘即推。两手先叠合于胸,然后向外推即为揖。揖礼是表示较轻敬意之礼。揖礼按所揖对象、身份不同而揖姿不同,又分为时揖、土揖、天揖、长揖、还揖、特揖和旅揖等仪节。

①时揖　行礼时,略俯身,手向前平推至前。据《周礼·秋官司寇·司仪》载,时揖是周天子向有姻亲关系的异姓诸侯所行之礼。

②土揖　行礼时,略俯身,推手稍稍向下。是周天子向没有姻亲关系的异姓诸侯所行之礼。

③天揖　行礼时,略俯身,推手略略向上小举。是周天子对同姓诸侯所行之礼。

④长揖　用于对身份稍尊于自己的人所行之礼。唐人颜师古说:"长揖者,手自上而极下。"行礼时,站立俯身,拱手高举,从上移至最下面。

⑤还揖　回身向左右两侧所行揖之礼。

⑥特揖和旅揖　特之意为一,对行礼的对象单独行一揖礼称为特揖;旅之意为众,对爵位相同的一群人,共行一揖礼称为旅揖。

跪　表示崇高敬意的大礼。古代跪与坐相似。跪为屈膝,两膝着地,腰身挺直,脚跟与臀部相离;臀部抵在两脚跟上则为坐。挺身直腰之跪称为长跪,又称为跽。最初,跪本身还不是一种大礼,只是行拜礼前的一个预备姿势。

拜　拜究竟是什么样的仪姿,古今学者释说不一。《说文解字》云:"拜,首至地也。"段玉裁《说文解字注》则说:"拜,首至手也。"他认为拜见就是《周礼》中所说的"空首",即其他诸经书中所说的"拜手"。拜就是拜手的省称。什么是"首至手"呢? 就是"既跪而拱手,而头俯至于手,与心平",即头至手。头不至于地,即空首。"对稽首、顿首之头着地言也。"段玉裁的释说是正确的。拜和拱一样,是以手姿致敬,以头加手而跪,表示敬意的程度更深,因而又称为拜手。

拜仪分为多种,主要有空首、稽首、顿首、稽颡、肃。

①空首　空首即是拜。拜是男子的通常礼仪。身份平等者之间可用,卑者对尊者、尊者对卑者也可以用。古人席地而坐,表示感谢、亲近和尊敬,可以随时行拜礼。

②稽首　郑玄说:"拜,头至地。"稽首行礼的仪姿是屈双膝跪地,继而拱手至地,手仍不分散,左手按在右手上,俯身,头也缓缓至于地,手在膝前,头在手前,头抵地后停留片刻抬起。稽首往往是与拜相配行。一拜一稽首称为拜稽首。如《左传·僖公二十三年》:"公子降,拜稽首。"二拜一稽首称为再拜稽首。如《左传·僖公二十八年》:"重耳敢再拜稽首。"稽首是拜礼中最重的礼仪。一般用于祭祀天地、祖宗,诸侯拜天子,臣拜国君,子拜父等重要的礼仪场合。身份地位等同者,一般不行稽首礼而只行拜礼。

③顿首　郑玄说:"顿首拜,头叩地。"后世俗称叩头。其仪姿是跪而拱手至地,如稽首仪,只是稽首头轻缓至地,稍做停留。顿首则是头快速叩地,叩而即起。顿有快之意,所以称为顿首。顿首礼多是用于表示哀求或表示谢罪等场合。如《左传·定公四年》载:吴破楚都郢,楚臣申包胥奔秦国求救,"立依于庭墙而哭,日夜不绝声,勺饮不入口七日",得见秦哀公,"九顿首而坐",秦乃同意出兵

救楚。

④稽颡　稽颡主要是用于居丧期间答拜前来吊丧宾客的礼仪。《仪礼·士丧礼》载："吊者致命，主人哭拜，稽颡成踊。"稽颡与顿首基本相同，颡者，额也。叩地的部位用额，所以称为稽颡。稽颡则是头至地急快而叩，稍有停留，既体现了失去亲人的极度悲痛，又表达了对吊丧宾客的感激之情。

⑤肃　肃为军礼，即长揖之礼。清代学者黄以周认为肃与肃拜不同。他说："肃拜者，跪而俯下手也。肃者，立而俯下手也。"黄以周的释说确为精见。《礼记·曲礼上》载："介者不拜。"因为军中将士甲胄在身，不便于跪俯，所以不行跪拜之礼，只是行长揖之礼。

鞠躬　鞠躬为敬惧恭谨之容。鞠躬的仪姿是身体曲敛，形如弯弓。但先秦时期的鞠躬与后世的立正、鞠躬礼不同，可以是走路时的仪姿，如孔子"入公门，鞠躬如也"，"摄齐升堂，鞠躬如也"；也可以是恭直时的仪姿，如孔子"执圭，鞠躬如也"。严格来说，它还不是一种致礼之仪。大约魏晋以后，鞠躬始成为一种致敬的礼仪。金元明清时期，鞠躬礼为拜天地鬼神、君主、长上的重要礼仪之一。清代的满族人日常通行鞠躬礼。《柳边纪略》载："满人相见，以曲躬为礼，久别相见则相抱。"其仪姿是身体直立，脚跟靠拢，两臂下垂于两腿侧，五指合掌，目视受礼者，上身向前曲躬，一次为一礼。官员之间有时也行鞠躬礼，如亲王出行，贝子、镇国公等要让道于旁，勒马鞠躬。在朝廷，西方诸国使者拜见大清国皇帝行鞠躬礼。辛亥革命推翻了专制主义的帝制，1912年南京临时政府刚一成立，孙中山先生即宣布取消屈辱人格的跪拜礼。袁世凯当上大总统以后，迫于形势，也不得不宣布：男子礼节为脱帽鞠躬（以右手脱帽），大礼三鞠躬，常礼一鞠躬，寻常相对，只用脱帽礼。女子之礼大致相同，只是不脱帽，专行鞠躬礼。从此，鞠躬礼成为中国社会的常礼。鞠躬礼是卑幼者先向尊长者致礼，尊长者随即脱帽答礼。

请安　俗称"打跹"，是清满族人从民间至宫廷的通礼。请安礼有男女之别。

男子请安礼的仪姿：凡是服箭衣（即缀马蹄袖口之袍）者，先弹袖放下"挖杭"，即袖头，先左袖，后右袖；接着将左足略移前半步，左膝前屈，同时左手手心向下自然地垂在左膝盖上；右足后引屈膝，至地不及寸，同时右手下垂，上身稍向前俯，似如拾物状；眼平视，不能低头、扬头或歪头，约一呼一吸时间，左足撤回，恢复立正姿势，施礼完毕。施礼时，一边施礼，一边说："某某（自称名）给某某（对施礼对象的称谓）请安！"受礼者除有家中尊长外，亲友、长辈或还半揖，或执持行礼者之臂，平辈则同样还礼。

女子行请安礼的仪姿：上身挺直，两腿并拢，右足略后引，两膝前屈，呈半蹲姿势，同时左手在下，右手在上相选搭在两膝盖上，眼平视，约一呼一吸时间，复原礼成。施礼时，必须长衣拂地，拖襟四开，缓而且深，显出高雅气质。女子还有抹鬓请安礼。其仪态是成立正姿势,然后五指并拢摸抹右鬓,同时请安问好。满族贵族女子多穿高底"寸子"鞋,不便前屈下蹲,或乘舆时受人请安还礼,多行抹鬓礼。

跪安 在清代满族贵族中,男子晚辈对长辈,下官对长官,奴仆对主人请安还常用"跪安"礼。跪安礼的仪姿:先是看准了施礼对象,然后俯首急行二步,至受礼人身前,双手扶膝,然后右腿跪在地上,左腿也随之下跪,但膝盖一着地就起来,随后右腿也起来。在施礼的同时,口称"某某给某某请安",起来时,要从容收腿,挺腰敛胸,双臂垂直,两手向后稍拢,两脚并齐打横儿,每施一礼都要毕恭毕敬。

跪叩 由顿首礼发展演变而来。清代盛行跪叩礼,分为一跪一叩、一跪三叩、二跪六叩、三跪九叩等几种仪式,跪叩次数愈多礼愈重。据《清宫琐记》载,行叩拜礼的仪姿是:先是弹袖,右手先将左手背上的马蹄袖迅速弹下,接着左手再将右手背上的马蹄袖弹下,弹袖毕,屈膝跪地,手平举到鬓角处,手心向前,双手落地,在两手前叩头,叩头要发出咚咚响声。如此举手叩头三次,起身,为一跪三叩。如果反复三次,即为三跪九叩。三跪九叩为最高的大礼,在朝廷盛大典礼上,文武百官向皇帝行三跪九叩礼。

唱喏 为男子相见礼,是对揖礼的一种发展。古代行揖礼只是举手而无声,东晋时期,人们在行揖礼的同时又口颂敬辞,称为唱喏。据宋人陆游说,唱喏是始于东晋江左的王氏家族(王子猷,王羲之之子)。由于唱喏是边揖边颂,能增加恭敬的程度,所以易于被人们所接受。唐宋时期成为一种颇为流行的礼仪。唱喏不仅与揖礼相配合,也常与鞠躬、拱、叉手等礼相配合。

道万福 女子行礼时,口称"万福",表示礼敬祝贺。女子的道万福与男子的唱喏是属于同一性质的礼仪。该礼仪流行于唐宋时期。道万福的仪姿是:行礼时,双手手指相扣,放在左腰侧,弯腰屈身以示敬意。

免冠 即脱帽行礼。冠为首服,古人最重冠冕。男子成年时,要举行冠礼。戴冠意味着成为正式的社会成员。冠是人格和尊严的象征,免冠行礼表示降低自己的身份,向受礼者认错或谢罪。《史记·魏公子列传》载:"平原君乃免冠谢,固留公子。"免冠也表示致敬。战斗中武士之冠称为胄,为了表示敬意,则免胄行礼。《左传·成公十六年》载,晋楚鄢陵之战,晋将郤至三次与楚王之卒相遇,"见楚子必下(下战车),免胄而趋风"。冠是至尊之服,免冠表示自己不敢为尊,所以有致敬之义。

膜拜 表示极端崇敬的礼仪。其行礼的仪姿是两膝跪地,先举两手加于额,再拱手至地稽首。《穆天子传》载:"吾乃膜拜而受。"《梁书·武帝纪》载:"北阙藁街之使,风车火徼之民,膜拜稽首,愿为臣妾。"这些都反映了这种礼节。

第三节　坐立行走的礼仪

中国古人坐立行走皆有礼仪。对他人来说,是明尊卑长幼,以表示礼敬;对自己来说,是修养身心,以正德行。

一、坐的礼仪

在宋代以前,无椅凳,人皆席地而坐。坐姿也与现在不同,是以两膝着地,两股贴于两脚跟上,类似于今日的跪,但跪是两股不贴两脚。根据《礼记·曲礼》等古籍记载,坐的礼仪有以下几个方面的要求。

坐如尸　尸是古代祭祀中代表死者受祭的人。尸居神位,坐必端正严肃。要求一般人在公众场合,或会见客人时,必须腰直胸挺,双目正视,容貌端庄,即所谓的正襟危坐,不能箕坐。箕坐又称为箕踞,其姿势是两腿叉开前伸,上身直立,形如簸箕。这是一种随意轻慢的坐式,古人认为不合礼节。不重礼节的汉高祖刘邦,常以这种坐姿待人。《史记·田叔列传》载:"赵王张敖自持案进食,礼恭甚。高祖箕踞骂之。"

坐不中席　古代的席是用蒲草编织而成的薄垫,多是长方形,铺于地上,可坐可卧。一张席可坐四人,共坐时分坐四端。因此,普通人不能坐在席中间,坐在中间是一种傲慢无礼的行为。同时也不能横着膀子坐,挤凌别人。尊者可以独坐一席,居中而坐。

偏席不坐　席在堂室中必须放正。席的四边必须与四面墙平行,位置适当。因此,《论语》记载孔子是"席不正,不坐"。就席的时候,从席的后边或旁边走到席的一角坐下,不能从席上踩踏而过。

虚坐尽后　除吃饭以外,坐时要尽量靠后,以表示谦敬。吃饭要尽量靠前,这是因为古时用小几放盘吃饭,只有靠前才便于吃饭,不失礼。在席上拿东西交给站着的人,要保持坐姿不能变成跪式,因为那样会显得自己低贱。如果是拿东西给坐着的人,则不能站起来,那样会使接者仰视而自感低下。

座次尊卑　在坐的礼仪中,座位的位次非常重要。它是尊卑长幼之别的体现。场所不同,参加的人不同,座次尊卑也有所区别。这种区别主要是通过方向体现出来的。据清代经学家凌廷堪《礼经释例》考证:"室中以东向为尊,堂上以南向为尊。"这一见解是正确的。

古代贵族的房屋是堂室结构的。平民多是只有室而无堂。堂与室只是一墙之隔,前(南)为堂,后为室。堂多是举行庆典、祭祀、盛宴的地方。室是居住的地方,也举行一些活动。室与堂中座次有所不同。

室内座次以居西面向东之位为尊。如果是家族聚会,主座席位于西墙下居中面东,最尊;其他人在前方两侧分为左右两排,按左一、右二、左三、右四、左五、右六等顺序依次相对而坐。据东汉经学大师郑玄的《鲁礼禘祫志》记载,天子在太庙的太室中举行的祭祖活动,神主的排列就是如此。太祖的神主(祖宗牌位)居西面东;第二代神主位于太祖的东侧居北面南;第三代神主位于太祖的东侧居南面北;第四代神主在第二代神主之东面南;第五代神主在第三代神主之东面北;第六代神主在第四代神主之东面南;第七代神主在第五代神主之东面北。第二、三、四、五、六、七代神主各自两两相对。古代祭祀,“事死如事生”,对死去祖先祭祀时的尊卑座次,与活着的后代聚会时尊卑座次是完全相同的。这叫作“昭穆”之序。

夫妻二人在室中,其座次是夫居西面向东,妻居东面向西,相对而坐,男尊女卑。《仪礼·士婚礼》所载的夫妻对席礼即如此座次。

在室中宴请客人,也是最尊者的座位居西面东,次尊者的座次在左前方居北面南,再次者在最尊者前方居南面北,最末者居东面西。《史记·项羽本纪》记载鸿门宴的座次即如此。项羽以尊长自居,与他的叔父项伯面向东而坐,他的亚父、尊师范增面南而坐,使刘邦面北而坐,张良作为刘邦的随从面西而坐。按礼,请来的贵客应居尊位,但项羽却使刘邦面北而坐,仅尊于随从张良,这是有意污辱刘邦。所以,司马迁才不厌其烦地记载鸿门宴的座次之序。

如果是最隆重的聚会,则在宽大的堂内举行。座位就是以南向为尊。如《礼记·乡饮酒义》记载,西周以来由乡大夫主持的大型宴会——“乡饮酒”,其尊卑的座次是:主宾之位在堂的北墙下牖(窗)与户(门)之间(北墙东侧有门,西侧有窗,门窗之间地方宽敞),居堂的西北方向,面南而坐;主人之位在主宾的东南方向,面西而坐;介是主宾带来的辅助者,即陪客,其位在主宾的南侧(堂的西南方向),面东而坐;僎是主人的辅助者,其位在主人的北侧(堂的东北方向),面西而坐。这种座次,按《礼记》的解说是“宾主象天地也,介僎象阴阳也”。主宾是主人所敬重的,象征天之尊,所以居最尊之位,面向南;介也是客人,是主宾的辅助者,也是代表,位居第二;主人以礼下人,象征地之卑,位居第三;僎因是主人的辅助者,位于第四。

因为面南之位是最尊的,所以皇帝是“南面称孤”,众官是“面北称臣”。在朝廷中的座次,皇帝最尊,坐北面南。大臣朝见皇帝分左右两列面北,示卑。但左右两侧以右侧为尊,左侧为卑。《史记·廉颇蔺相如列传》说:赵王“以相如功大,拜为上卿,位在廉颇之右”。张守节《史记正义》云:“秦汉以前用右为上。”皇帝坐北面南,右侧之队即居西侧,左侧之队即居东侧。大臣面北朝见毕,则转过身来夹阶而列。这样,右队面东,左队面西,又以居西面东为尊,居东面西为卑。

二、站立与行走的礼仪

俗云:"坐有坐样,站有站样。"站立和行走也皆有礼仪规范。

站立要"立如斋""立必方正""立毋跛"。即站立要像祭祀前斋戒时那样端庄持敬,挺直端正,不能一脚踏地,另一脚虚点地,像瘸子一样身体倾斜。要体现出谦恭有礼,明辨尊卑上下。也不能站在门的中央,妨碍他人的出入,即所谓的"立不中门"。当已经有两个人并立时,不要插在他们中间站立,即"离立,毋往参焉"。

走路行走的礼仪规范主要有"行不中道",古代路面分左中右。尊者行中道,卑者行两侧。不行中道,以示谦恭有礼。在升阶入堂时,作为主人,要请客人先上台阶;作为客人,则要谦让主人先上。登阶不能一步一个台阶,要"拾阶聚足",即前脚登上一个台阶,后脚与之并齐,然后再上,以示稳重端庄。"将上堂,必声扬"。如果不是主人陪着登阶升堂,一定要大声报知主人,使主人预知。"将入户,必视下","行不履阈"。因为户内属私居之室,视之则不敬,不得举目而视。进屋时,不要踏踩门槛,要轻轻跨过。在堂上走路的时候,要迈小步子,后脚紧跟前脚的一半。在堂下行走,则可以自由迈步。这叫"堂上接武,堂下步武"。"武"即足迹。

如果是去拜见或迎接尊者、长者,或是在尊长面前走过时,要"趋而进"。所谓的"趋",即面容谦恭,迈着小而快的步伐,表示恭敬。如果是大步快跑,显得慌乱;昂首阔步则显得傲慢。《论语·乡党》记载孔子奉君命去迎接外宾时,"趋进,翼如也",快步向前,像鸟儿展翅一样。其礼节得体,颇得称赞。关于古人坐立行走的礼仪,《礼记》一书记载颇详。

思考题

1.简述拱、揖、拜、请安、跪叩、道万福的基本要求。

2.什么是礼? 其本质是什么?

3.简述五礼的主要内容。

4.中国古代在室内如何区分尊卑之位?

5.中国古代在室内和堂内宴请宾客,其座位是如何安排的? 为什么?

第十三章　中国古代的法律

学习目的

通过本章的学习,了解中国封建正统法律思想的形成、内容及特点,掌握中国古代法律制度的发展演变过程,认识中国古代法律的主要形式,从而对中国古代法律体系进行全面、系统的把握。

主要内容

● 中国古代法律制度的产生发展
● 中国封建法律制度的特点
● 中国封建法律的主要形式及主要法典

中国古代的法律历史悠久,自夏而至清,四千年来从未中断。以博大精深的法律思想为理论支撑的中国古代法律制度内容丰富、形式多样、特色鲜明,是中国古代文化成果中一颗璀璨的明珠。

第一节　中国古代法律的产生与发展

法律不是从来就有的。在原始社会,没有私有财产,没有阶级,也就不存在国家和法律。《韩非子·五蠹》篇说:"上古之世……厚赏不行,重罚不用,而民自治。"中国古代的法律,从夏代至清代开始形成,经历了四千多年旳发展历程。

一、中国古代法律的产生与发展

(一)夏商西周奴隶制法的形成与发展

《左传·昭公六年》记载:"夏有乱政而作禹刑","商有乱政而作汤刑"。刑是法的通称,说明夏商二代都建立了镇压奴隶反抗的法律。西周时期,奴隶制法发展到高峰。西周实行"礼制",礼在西周具有法的性质,它是维护宗法等级制度的规章制度和行为规范,使奴隶制法形成一定的体系。与此同时,一些关于断罪和量刑的原则也开始形成和确立,显示了我国奴隶制法律在世界法制史上的领先地位。

(二)春秋战国时期封建制法逐渐代替奴隶制法

这个时期的一个突出变化,就是改变奴隶制法"临事议罪"的状态,把法律公之于众,使之成为"国之常法"。成文法的公布是我国法律向规范化、法典化发展的历史转折。战国时期魏国的李悝制定的《法经》六篇,可称为我国历史上第一部初具体系的封建法典,为封建法律的发展奠定了重要基础。

(三)秦至清两千年封建法制的发展

1.秦汉时期封建法制的奠基阶段

战国时商鞅改"法"为"律",称为"秦律"。秦始皇统一六国后,以此为基础,建立起了全国统一的封建法制。秦繁法苛刑,"尚法而亡"。汉武帝"罢黜百家,独尊儒术",以亡秦为教训,把儒家的伦理纲常与法制结合起来,制定了《九章律》等汉律六十篇,开始了把封建法制的儒家经典法典化的发展过程。

2.隋唐时期封建法制的成熟阶段

隋唐法制体系严整,内容详备,达到我国封建法制的最高水平。特别是汇集历代法典精华的《唐律》,被誉为封建法典的楷模。此后历代法典,虽各有损益,但都以此为范本。

3.宋至明清全面强化封建专制主义法制阶段

自宋朝开始,统治者以全面强化封建专制主义为基本国策,法律为适应这种集权趋势,刑罚日益严酷,将皇帝针对具体人和事所发的诏、令,变成断狱的依据,加强了皇权对立法和司法审判的控制。

二、中国封建正统法律思想的基本特点

中国封建正统法律思想建立在以农立国的自然经济基础之上,发展了以家族为本位、以血缘关系为纽带的宗法制度。其基本内容及特点可以概括为以下四点。

(一)宣扬君权至上,法自君出

秦统一六国后,确立了专制主义中央集权的政治体制,皇帝独揽大权,"命为制","令为诏",法自君出。君主言出法随,可以一言立法,一言废法,一言改法,可以不受法律的制约。西汉董仲舒则进一步神化君权,明确提出:"唯天子受命于天,天下受命于天子。"(《春秋繁露·为人者天》)也就是说,人间受命统治的君

主权力是天授的,君主顺天意处事,掌生杀予夺的大权,君主"立于生杀之位"(《春秋繁露·王道通三》)。君主的命令是天的意志的体现,所有臣民必须服从。

(二)应经合义,礼法结合

如前所述,儒家自荀子始就有礼法并重的思想,认为统治者要"明礼义以化之,起法正以治之,重刑罚以禁之"(《荀子·性恶》),礼法结合已成为一种趋势。董仲舒则将儒家经义直接应用于法律实践,即依据儒家经典,尤其是《春秋》的"微言大义"来审理案件,定罪量刑。这种引经决狱的结果,不但把经与律本来不谐调的东西谐调起来,而且给当时的法律条文赋予儒学精神,促进法律条文朝着儒家化方向发展,确立了儒家的法律思想在司法领域的指导作用和统治地位,为儒家立法取代秦以来的法家立法铺平了道路。

(三)以"三纲"为根本原则

封建正统法律思想的主要表现,就是以"三纲"为核心的封建礼教作为指导立法、司法活动的基本原则。

孔子曾提出"君君、臣臣、父父、子子"(《论语·颜渊》)的等级名分说。韩非子也认为:"臣事君,子事父,妻事夫,三者顺则天下治,三者逆则天下乱,此天下之常道也。"董仲舒根据先秦儒家关于君臣、父子关系的论述,提出了"三纲"的理论,认为君尊臣卑、父尊子卑、夫尊妻卑是天道的体现。《白虎通义》明确将儒家"三纲"概括为"君为臣纲,父为子纲,夫为妻纲"。"三纲"是以"尊尊亲亲"原则为内容的封建宗法等级观念的核心,作为封建正统法律思想的重要内容,它始终是封建立法和司法的一项根本原则。

(四)德主刑辅,先教后刑

先秦儒家在强调"礼治"时,都强调和"礼治"密切联系着的"德政"。如孔子在主张复周公之礼的同时,吸收其"明德慎罚"思想,主张德治,即"为政以德,譬如北辰,居其所,而众星拱之"(《论语·为政》),强调在治理国家的德、礼、刑、政四种手段中,以德、礼为主要手段,而以政、刑为辅。董仲舒总结了孔子以来"德主刑辅"思想的发展,并用阴阳学说阐述了其德主刑辅思想,形成了一套完整的"阳德阴刑"的德主刑辅论。他认为:"天道之大者在阴阳,阳为德,阴为刑,刑主杀而德主生。"(《汉书·董仲舒传》)在他看来,德主刑辅是天经地义的。运用到政治统治上则为先教后刑:"教,政之本也;狱,政之末也。其事异域,其用一也。"(《春秋繁露·精华》)儒家德主刑辅思想的发展,到董仲舒时已基本完成,它作为封建正统法律思想的一项重要内容,为封建统治阶级设计了一种德刑兼用的统治方法,影响深远。

第二节　中国古代的主要法律形式

中国古代法律思想博大精深,法律制度内容丰富,法律形式也多种多样。

一、中国奴隶制法律的主要形式

(一)习惯法

习惯法是中国古代法律制度的最初形式。奴隶主阶级将传袭已久的有利于统治的原始习惯加以筛选补充,就成为体现统治阶级意志的习惯法,对被压迫的平民与奴隶具有较大的迷惑性和欺骗性,如原始社会祭祀鬼神的"礼"在相当长一段时间内就是以习惯法的形式成为奴隶主阶级实施法律统治工具的。又如《国语·周语》中所载,"赋事行刑,必问于遗训"及"昔者先王议事以制,不为刑辟",其中的"遗训"和"制"都具有习惯法的性质。

(二)制定法

奴隶制国家为了维护贵族奴隶主利益而特意制定的法律,称为制定法。统称其为刑。刑,《说文解字》云:"刑者,刭也。"刭是用刀割头之意。后泛指所有刑罚的通称。《说文解字》段玉裁注云:"刑者,五刑也。凡刑罚、典刑、仪刑皆用之。"奴隶制时代,刑为法律的通称。应奴隶主阶级统治的需要,刑作为制定法不断出台,如《禹刑》《汤刑》《九刑》《吕刑》等。在奴隶制社会,作为制定法的"刑",到封建社会初期则改为"法"。刑的特点是突出处罚的具体形式,而法的特点则是突出判断该不该处罚和应该按什么法条进行处罚。战国以后,随着封建法律的制定,刑多指狭义的刑罚。

(三)王命

中国奴隶制时代,君主所发布的誓、诰、命都是重要的法律形式,誓"用之于军旅",诰"用之于会同",命则是随时而发的指导国家活动的法律。如《尚书·甘誓》所载,夏启在平息有扈氏叛乱时,就发布"誓"以告诫臣民,训令将士,具有法律效力。《尚书》中《汤诰》《大诰》《康诰》等都在不同程度上具有法律效力,成为中国奴隶制时代法律体系的重要组成部分。

中国奴隶制法律形式经过长期发展演变呈现出系统化、多样化趋势,为中国封建时代形成系统完备的法律形式奠定了基础。

二、中国封建制法律的主要形式

中国封建制法律的形式相当丰富,按其性质可以分为刑事法规与行政法规两大类。

(一)属于刑事法规性质的法律形式

1.刑法或刑法典及其注释

刑、法　刑与法,二者同义。在中国奴隶制时代,"刑"为法律的通称。战国以后,刑多指狭义的刑罚,不再是法律的通称,取而代之的是"法"。《说文解字》云:"法,刑也。"又《韩非子·立法》说:"法者,编著图籍,设于官府,而布之于百姓者也。"可见,法是封建国家以文字形式制定并公布的具有强制性的刑事规范。战国时魏国的李悝编撰的《法经》是中国历史上第一部系统的封建法典。由"刑"到"法"的变化是社会进步的重要标志之一。

律　《说文解字》说:"律,均布也。"均,即均匀;布,引申为散。段玉裁作注云:"律者,所示范天下之不一而归一。"在中国封建社会,律作为一种整齐划一的法律形式,是定罪量刑的依据。战国时期秦国的商鞅以李悝的《法经》为基础,主持秦国的变法活动。他打破了传统模式,采取以罪统刑的新体例,将法典的基本形式改称为"律"。这次变革被称为"改法为律"。从此,律作为基本法典的名称历代相因,直至清末,如《秦律》《汉律》《唐律》《大明律》《大清律》等。

律疏　律疏即法律的注释,是由朝廷或经朝廷指派的私人对法律条文加以解释,附于律后。其为封建刑法典的有机组成部分,与法律具有同等的法律效力,是中国封建法律的一种重要形式。《唐律疏议》作为我国现存最早、最完整的封建法典,在中国古代法制史上独树一帜,代表了当时最高立法成就,被后世的历代封建王朝奉为立法的楷模。

2.单行刑事法规及律的补充规定

令　秦汉时的令是律的重要补充形式,是皇帝针对一时之事而发布的法律文件,用于补律之不足,有变更或取代律的效力。秦汉时,令的内容十分广泛,如秦代的《焚书令》《挟书令》等,汉代的《狱令》《品令》等,涉及政治、经济、军事、文化等社会生活的各个方面。汉时已有专门令典的编纂。

科　科是律之外关于犯罪与刑罚的单行法规,又称"科名"或"事条"。秦简中有《牛羊课》,《战国策》已有"科要既备"之说。汉代"科"作为一种法律形式已被广泛使用。

比　比即比附,指在律无正条的情况下,取已经判决的典型案例作为司法审判的依据,又称"决事比"。它既是一项断狱原则,又是盛行于两汉到南北朝的一种法律形式。汉武帝时大量用"比"断狱,仅"死罪决事比"就有万余事。由于用比来审案既方便又灵活,为司法官广泛采用,但容易导致司法上的黑暗。"比"是北宋末年"例"兴起的先导。

敕　敕又称敕令、诏敕,是皇帝在特定时间、针对特定的人和事所发布的命令。因其不具有普遍和长期的适用性,故而需要整理、删定,分门别类汇编在一起,颁行于天下,使之成为具有稳定性和普遍适用性的法律形式,这种活动叫"编敕"。它与"散敕"的区别在于,不再是皇帝用敕令处理一件件具体的问题,而是上升为法律条文。编敕始于宋建隆四年,在编定《宋刑统》时,窦仪将刑事方面的敕、令、格、式编入《刑统》,将非刑事的敕令单独汇纂四卷为《新编敕》,从此开编敕之先例。到宋神宗时,编敕的法律地位进一步提高,"凡律所不载者,一断以敕"。敕令作为一种直接由皇帝来发布的法律形式,是皇帝加强中央集权的手段,其广泛应用反映了君主专制的强化。

例　例即断例,是由中央司法机关或皇帝审断的案例被相继沿用,成为惯例。编例,即将原本临时的断例,上升为具有普遍效力的法律形式。编例起自宋仁宗赵祯庆历时命"刑部、大理寺以前后所断狱及定夺公事编为例"(《续资治通鉴·卷一百四十》)之诏,盛行于宋明清等朝。明清时律例合编,用例不用律。

诰　诰是君主发布命令、文告的一种形式。《尚书》中的《汤诰》《大诰》《康诰》等篇中的诰是夏商周统治者出征前对将士的训令以及对臣民的告诫。明太祖朱元璋鉴于明初"民狃元习,为私灭公,暴戾日滋"(《明史·刑法志》)的现实,决定以重典惩治奸顽,他辑录了用重刑惩治官民犯罪的案例、训导等,亲自编定《大诰》四编,作为一种特殊的刑事法规,具有最高的法律效力。

(二)属于行政法性质的法律形式

晋代以后,令、格、式、典都是从正面规定国家各项基本制度,是各级官吏必须遵循的行为准则,具有行政法的性质。

令　令是律的补充形式。晋以前律、令无严格区分,晋以后则有明确区分,正所谓:"律以正罪名,令以存事制。"(《太平御览·律令下》)从晋代开始,令是规定国家制度的行政法规,涉及的范围十分广泛,包括官员的设置、品秩、俸禄、考课或者祭祀的礼仪、户口、田制、赋役、仓库、关市等制度方面的规定。如唐代的《武德令》《贞观令》《开元令》等都是当时较为重要的令。

格　格是由皇帝发布、国家机关必须遵行的各类单行敕令与指示的汇编。作为法律形式的格最早见于东魏《麟趾格》,格以独立的法典形式正式问世。北魏末年开始"以格代科",格成为律的重要补充形式。格在某种程度上具有刑事特别法或行政特别法的性质,其效力往往大于律。明清时,格的内容分别纳入令典和其他法规中,因而再无格的名称。

式　式是中央国家机关具体办事的细则和公文程式,均以国家机关的名称分类定名。式本源于秦代的《封诊式》和汉代的《品式章程》。西晋太康元年颁布《户调式》,内容包括户调制、占田制、课田制及品官占田荫客制等法律规定,式首次成为独立编订的综合法规。唐代,式与律、令、格并行,明清时随着会典的编纂,式的地位有所下降。

典　典即典章制度,是关于国家政治体制机构设置和官吏权责、办事程式的综合性的行政法规。典本身就有法的意思,最早见于《周礼·天官冢宰·太宰》:"太宰之职,掌建邦之六典。"这里所说的"六典"就是指六官之典,即关于官制的法规,其开创了以典设官明职的行政法编制体系与原则。唐玄宗时仿效《周礼》制六典,定六典为理典、教典、礼典、政典、刑典、事典,即为《唐六典》。它是中国古代第一部综合性的封建行政法典,开创了中国古代行政立法法典化的先河。此后又有元代的《元典章》、明代的《明会典》及清代的《清会典》。

中国封建制法律的主要形式有刑、法、律、律疏、科、比、敕、例、诰、令、格、式、典等,各朝各代的统治者一般都以律为主,同时辅之以其他法律形式,相互补充、交互为用,形成了一套严密而完整的封建法律体系。

第三节　中国古代的主要法典

以博大精深的法律思想为理论支撑的中国古代法律制度沿革清晰,内容丰富,在不同时期形成了各具特色的法典。

一、春秋战国时期

春秋时期,社会动荡不安,奴隶制上层建筑出现了"礼崩乐坏"的局面,旧制度渐破,新制度渐立,封建法律制度逐步取代奴隶制法律制度。春秋时期郑国和晋国最早将成文法公布于众,"以为国之常法",而其他诸侯国也争相效仿。到了战国时期,以成文法为主体的新的法律制度开始在更大范围,以更成熟的形式建立起来。其中,魏国李悝制定的《法经》六篇是我国首部初成体系的封建性质的法典,是这一时期法律成就的代表。

《法经》　《法经》是战国时期李悝制定的。李悝是战国初期的政治家,是法家前期的主要代表人物之一。他曾做过魏文侯的相国,力主变法改革,提倡法治,在总结春秋以来各诸侯国新兴地主阶级的立法经验的基础上,著《法经》六篇,即《盗》《贼》《囚》《捕》《杂》《具》。《法经》首先确立了"王者之政,莫急于盗贼"的立法宗旨。李悝认为盗和贼是对统治的最大威胁,所以放在了最前边。《盗》

是保护封建私有财产的法规;《贼》是防止叛逆、杀伤,保护人身安全和维护封建社会秩序的法规;《囚》是关于审判断狱的法律;《捕》是关于追捕罪犯的法律;《杂》是有关处罚狡诈、越城、赌博、贪污、淫乱等行为的法律;《具》是关于定罪量刑中从轻从重等法律原则的规定。《法经》是中国历史上第一部比较系统的封建成文法典,它初步确立了封建法制的基本原则和体系,对当时封建经济的形成和巩固起到了一定的积极作用,并成为以后历代法典的蓝本。

二、秦汉至明清时期

(一)秦汉时期

《秦律》　秦代法律的总称,泛指自商鞅变法到秦始皇统一中国之后秦国和秦朝的法律制度。就湖北云梦睡虎地出土的《云梦秦简》所反映的内容看,秦律除主要为刑事法规外,还包括民法、经济法、行政法和诉讼法等方面的规定。秦律内容丰富,已形成一个以刑法为主、辅以诸多法律门类的庞大法律体系。

《汉律》　汉代法律的总称。汉代吸取秦亡的教训,并根据新形势制定了《九章律》《傍章律》《越宫律》《朝律》等,共六十篇,统称为"汉律"。汉律以《九章律》为核心,是萧何在《法经》的基础上增订而成的。《九章律》主要是:《盗律》《贼律》《囚律》《捕律》《杂律》《具律》《户律》《兴律》和《厩律》。以《九章律》为核心的汉律初步奠定了中国两千多年的封建法律体系,是封建法律儒家化的起始。

(二)隋唐时期

隋唐时期是中国古代社会的鼎盛时期,这个时期的法律制度也达到了中国法律制度发展的顶峰。唐代的《唐律》荟萃了以往历代律典的精华,是中国封建时代一部成熟的法典。唐高宗永徽三年(公元 652 年),唐朝集合全国律学人才中的精英撰写的《唐律疏议》是我国现存最早、最完整的一部封建法典。

《开皇律》　隋朝开皇元年(公元 581 年)到开皇三年(公元 583 年)修订颁布的《开皇律》是隋文帝时期立法上的重大成就。《开皇律》在封建法典中以"刑网简要,疏而不失"而著称。《开皇律》上承《汉律》的源流,下开《唐律》的先河,在中国历史上占有重要的地位。

《唐律疏议》　唐高宗永徽三年(公元 652 年),由长孙无忌等十九人奉诏撰写,次年(公元 653 年)成书并颁行,共三十卷,五百零二条,其篇目是名例、卫禁、职制、户婚、厩库、擅兴、贼盗、斗讼、诈伪、杂、捕亡、断狱。它以刑法为主,兼统其他如民事、经济、婚姻等法,简化法律条文,减轻刑罚,有"一准乎礼,而得古今之平"的评价;它把镇压的锋芒指向敢于反抗、动摇封建统治的所谓"十恶"大罪,并规定了维护封建特权的"八议"制,规定了笞、杖、徒、流、死五种刑罚,统称为"五刑"。《唐律疏议》是我国现存最早、最完整的一部封建法典,它不但集中体现了唐初封建统治集团的法律思想,而且还着重鼓吹了君主专制、封建伦理和等级制度等,为维护封建统治做出了重要贡献,因而受到此后各代封建统治者的高度评价,为唐以后各朝法律的制定树立了楷模。

(三)宋至明清时期

宋至明清时期是中国古代法律制度走向极端的君主专制时期,各代统治者均加强了对司法权的控制。明清时期的三司会审、九卿会审制度的建立和秋审复核制度的实行,充分体现了皇权在司法审判控制上的加强。另外,这一时期阶级矛盾、民族矛盾互相交错,为加强统治,出现了重治盗贼、肉刑复活、文字狱等情况。元代、清代带有民族歧视性和适用于少数民族地区的法律制度的出现,是这一时期法律制度的一个特别之处。

《宋刑统》 宋太祖建隆三年(公元 962 年),工部尚书兼判大理寺窦仪等人奏请朝廷建议修订法律,得到朝廷同意后,由窦仪等人主持其事。次年编成《宋建隆重详定刑统》(简称《宋刑统》),并于同年八月颁行,为中国历史上第一部"模印颁行"的封建刑法典。《宋刑统》将律、敕、令、格、式加以综合编纂,即在沿用《唐律》五百条的同时,另将适用于当时的有关刑书的敕、令、格、式,按《唐律》的疏议、注、问答分类编附于后,具有同等法律效力。

《大明律》 从吴元年(公元 1367 年)十月朱元璋命左丞相李善长、御史中丞刘基等人议定律令开始,中间经过多次修订补充,至洪武三十年(公元 1397 年),《大明律》正式颁布。共三十卷,四百六十条。有的承自前代,有的为明代所创。《大明律》是中华法系又一代表性法典。全律文字浅显易懂,在内容上突出实用性,大大加强了对君主专制政体的维护,因此对以后的清朝有重大的影响,并成为邻近东亚国家立法的蓝本。

中国封建法律制度由秦汉到明清,历经两千多年的发展,形成了沿革清晰、内容丰富的一套法律系统,被称为"中华法系",列为世界五大法系之一。

思考题

1.简要解释:三纲、刑、法、律、敕、令、格、式、典,以及《法经》《秦律》《汉律》《唐律疏议》《大明律》。

2.中国正统法律思想的基本特点是什么?

3.简述中国古代主要的法律形式。

4.简要列举中国古代主要法典的名称。

第十四章　中国古代的军事

学习目的

　　通过本章的学习，了解中国古代军队的组建与编制、主要武器的种类与样式以及兵器发展演变过程，掌握古代主要战争形式的特点及命将之礼、指挥作战的主要器具与方法、古代主要兵书等，对中国古代军事的概况有所认识。

主要内容

● 历代的军队编制

● 主要的格杀兵器与远射兵器的发展

● 战车、甲士、步卒的配置与车战

● 选将与命将

● 古代战争的指挥器具与方法

● 主要兵书

　　战争——这个人类互相残杀的怪物，早在原始社会就已经出现了，特别是进入阶级社会以后，任何一个朝代都把战争视为关系国家盛衰存亡的头等大事，几乎毫无例外地把最先进的技术、最聪颖的智慧用于战争。制造什么样的武器，组建什么样的军队，进行什么样的战争，这些层面都集中体现了中国古代的军事文化。战争是人类历史发展中最为重要的组成部分之一。

第一节　中国古代的军队

　　军队是战争的主体，任何战争都是在双方的军队之间进行的。要了解古代的战争,首先就要了解古代的军队。

一、军队的兵源

(一)夏商周三代的征兵制——"国人"当兵

中国古代最早的军队,就是原始社会末期黄帝、炎帝时代的军队。那个时期的军队,都是由氏族部落的男性成员临时组成的,战时为兵,无战则为民,兵民合一,没有专职的军人和军队。

进入阶级社会以后,夏商周三代仍然实行无战为民、临战为兵的征兵制,史称"寓兵于农""农兵合一""军政合一"。但夏商周三代,并不是所有的人都能在战时成为兵。按三代之制,只有"国人"才有当兵的权利,而"野人"则不能当兵。国人是居住在国都之城和城郊的征服者部族的成员,他们是贵族以及享有人身自由和某些政治权利的平民。当兵不仅是他们的义务,更是他们的权利。野人是居住野中的被征服者部族的成员,处于奴隶的地位。他们只有纳贡和服役的义务,而没有任何政治权利。据《周礼》一书所载,周代国人的村社行政组织是五家为比、五比为闾、四闾为族、五族为党、五党为州、五州为乡。战时征兵,每家出一人,组成军队的各级组织,五人为伍、五伍为两、四两为卒、五卒为旅、五旅为师、五师为军。各级行政组织的长官则成为军队中的各级统领,各率本部参加作战。战事结束,兵归于农,将归于朝。这种农兵合一的征兵制,一直延续至春秋时代。春秋时期齐桓公任用管仲进行军事制度的改革,就是对这种征兵制的整顿与发展。

战国以后,随着以土地国有制为基础的井田制的瓦解、奴隶制的崩溃,国人与野人的界限逐渐消失了,都成了封建国家的编户齐民,都是享有人身自由的农民。凡是成年男子,定期服兵役是他的义务。从战国直到清王朝灭亡,直属封建国家的农民都是军队的主要来源,征兵制始终是组建军队的基本方式。

(二)始于战国时期的募兵制

战国时期,战争频繁而战期长,军队的来源除了按制征兵以外,出现了募兵制,即国家用金钱或其他物质条件雇佣人当兵组成军队。《荀子·议兵篇》说:"故招延募选,隆势诈,尚功利,是渐之也。"又说齐、魏、秦三国之兵"是其赁市佣而战之"。荀子讲的都是雇佣兵的情况,但募兵只占少数。

汉代实行征兵制,另外也实行募兵制。汉武帝时所组建的皇帝禁卫军——八校尉就是招募而来的。他不仅招募汉族人,还从少数民族中招募,如越骑为越人,长水、胡骑都为胡人。

唐代在府兵制瓦解后,主要是实行募兵制。宋代主要是实行募兵制,每当荒年,便大量招募饥民当兵。强壮的留作保卫中央的禁军,体弱的作为厢兵,留守地方。还招募少数民族组成军队,驻防边疆。清代实行八旗制,满族的八旗子弟,人尽为兵,对汉族则实行招募制,组建绿营兵。募兵制是征兵制的补充形式。募兵所招募的人成分复杂,有农民,也有工商杂户,影响军队的战斗力。所以明代的戚继光提出切不可用城市油滑之人,而要用乡野老实人。

二、军队的编制

(一)商周的军队编制

商代军队的编制不详。据殷墟出土的甲骨文所载,其军队最高建制为"师",共有右、中、左三个师。据学者研究,其军队最基层的建制为十人,以十进制组建,还有百人、千人等各级建制。

周代军队,初期最高的建制为"师"。古文献与铜器铭文中有"西六师""殷八师""成周六师"的记载。其建制也是十、百、千、万的十进制。《尚书·牧誓》记武王伐纣时军队编制为"师氏、千夫长、百夫长"。一师当为一万人,其长称为师氏。

西周中后期,由于战争频繁和规模扩大,出现了"军"的最高建制。据《周礼·夏官司马》载,其建制系列为伍、两、卒、旅、师、军。五人为伍,其首称为伍长;五伍为两,二十五人,其首称为司马,由中士担任;四两为卒,一百人,其首称为卒长,由上士担任;五卒为旅,五百人,其首称为旅帅,由下大夫担任;五旅为师,二千五百人,其首称为师帅,由中大夫担任;五师为军,一万二千五百人,其首称为军将,由卿担任。

按制度规定,周王六军,大诸侯国三军,中等诸侯国二军,小国一军。周天子是六军的最高统帅。各诸侯国的国君是本国军队的最高统帅,但要统一听从周天子的调遣。

(二)汉唐的军队编制

汉代军队编制,系列为列、火、队、官、曲、部、校、裨、军。五人为列,二列为火,五火为队,二队为官,二官为曲,二曲为部,二部为校,二校为裨,二裨为军。校为常见的编制,每校八百人,其首称为校尉,每军三千二百人。汉武帝的禁卫军有八支,每支都由校尉率领,称为八校尉。

唐代实行府兵制。全国共设六百三十四府,府分三等。上府兵一千二百人,中府兵一千人,下府兵八百人。统兵官每府设折冲都尉一人,左右果毅都尉各一人,所辖以"团"为单位。士兵以十人为伙,其首称为伙长;五伙为队,五十人,其首称为队正;二队为旅,一百人,其首称为旅帅;三旅为团,三百人,其首称为校尉。按上府人数计,折冲都尉所辖每府为四个团;其下左、右果毅都尉各辖两个团。

(三)清代的军队编制

清代军队的基本编制是八旗,有满洲八旗、蒙古八旗和汉军八旗。汉军八旗以绿旗为标识,所以又称为绿营兵。

八旗是清太祖努尔哈赤所建,由女真族氏族社会的一种狩猎的牛录组织演变而来,是一种兵民结合、军政结合、耕战结合的军事组织。所谓的八旗就是八支以不同颜色旗帜为标识的部队,即正黄旗、镶黄旗、正白旗、镶白旗、正蓝旗、镶蓝旗、正红旗、镶红旗。正旗即整幅一色的旗,镶旗即镶有其他颜色之边的旗,黄白蓝三旗镶红边,红旗镶白边。同类旗中,正旗尊于镶旗。

八旗制度规定,三百人为一牛录(汉语为"大箭"的意思),其首称牛录额真(额真汉语为"首领""主"的意思),汉语称为佐领。每个牛录下辖四个达旦,每个达旦七十五人,其首称为章京(汉语为"执掌者"的意思)。五牛录为一甲喇(汉语为"辈分""世""代"的意思),一千五百人,其首称为甲喇额真,后改名为甲喇章京,汉语称为参领。五甲喇为一固山(汉语为"旗"的意思),七千五百人,其首称为固山额真(汉语为"旗主"的意思),汉称为都统。其下设梅勒额真二人为副职,汉称副都统。八固山即八旗,八旗共六万人。固山额真名为旗主,但只管一般的军务和旗务,只有旗主贝勒才是每个旗真正的统帅。贝勒汉语为"王"或"诸侯"的意思,是爵位之名,多是皇帝的子侄。

满洲八旗后来又分为京营兵和驻防兵。驻防兵由各旗抽调,分驻全国各要地。京营有护军营、前锋营、键锐营、火器营、步军营等,其中由八旗都统直接指挥的叫骁骑营。

第二节　中国古代的兵器与甲胄

兵器是战争中进行厮杀的工具。最初的兵器即生产工具,随着社会的进步和战争的发展,用于战争的生产工具逐渐转化为具有不同形制、不同功用的武器。最常用的武器主要有以下几类。

一、格杀兵器

戈　戈是一种可钩、可啄并有长柄的武器。因为它是以钩或啄击的方式杀伤敌人,所以称为戈。全形的戈,由铜戈头、木柄、铜冒(戈柄顶端的铜套)、铜鐏(柄尾的圆锥形金属套)四部分组成。戈头是用以杀伤的部分。戈是商周时期最常用的兵器,有长短两式。考古发掘出土的戈,长者达三米以上,用于车战;短者一米有余①,用于步战。战国以后戈逐渐被戟所取代。

矛　矛是直而尖形的刺杀兵器。《释名·释兵》云:"矛,冒也……前刺之言也。"冒即向前突刺,因其是以向前突刺的方式杀敌,故称为矛。春秋战国以后的矛头多是窄尖而长,便于迅速穿刺,深中要害。用于步战的矛较短,用于车战的矛则长,最长的夷矛二丈四尺。

戟　戟是一种戈、矛合体的兵器。顶端为矛,称为锋;旁枝为戈,称为援。《说文解字》云:"戟,有枝兵也。"戟与枝为一声之转,因为矛有旁枝,故称为戟。商代即已使用戟。西周的戟多是戈、矛合铸一体的,春秋战国时期的戟多是矛、戈分体联装的。有的在一个矛头之下联装三个戈头,以增强杀伤力。战国末年,由于铁开始用于制造兵器,戟的锋刺和援变得窄而尖锐,不仅适于步战,也适于车战和骑战,是秦汉时期最主要的兵器之一。魏晋以后,随着重甲骑兵的发展,用戟刺穿人马铠甲比较困难,因而逐渐退出战争舞台,至唐代变成仪仗装饰。

枪　枪是在矛的基础上演变出来的刺杀武器。枪头为铁制,安装长柄。枪与矛的区别是矛头长,枪头短而尖,比矛轻便而锋利。因此,东汉以后便在战争中得到广泛使用。根据不同的战斗需要,枪的种类日益繁多。北宋的兵书《五经总要》记载的步兵、骑兵用枪就多达九种,有双钩枪、单钩枪、环子枪、素木枪等。还有专用于攻城的短刀枪、短锥枪等,以及专用于投掷的梭枪等。直至清末,枪一直是用于战争的主要兵器。

刀　刀是用于劈砍的格斗兵器,由刀身和刀柄两部分组成。早在商周时期,刀就是用于近身肉搏的兵器,但因其形制较短,不利于两军厮杀,因而不是主要兵器。西汉时期,由于钢铁冶炼技术的进步,环首刀出现在战场上。其形制是直脊直刃,长约一米,柄首为圆形的环。刀柄多夹以木片并用绳缠绕,以便于把握。东汉以后,刀成为步兵特别是骑兵进行格斗的主要兵器,并出现了多种形制的刀。汉晋时期流行一种称为"大刀"的刀,刃长三尺,柄长四尺,双手挥舞砍杀。有的刀形如半弦月,称为偃月刀。《三国演义》中的关羽使用的就是这种刀。唐代时又出现了一种两面带刃的刀,全长一丈,重十五斤,称为陌刀。宋代流行一种双手握的长刀称为朴刀。大刀、长刀虽然劈杀有力,但较为笨重,元代逐渐少用。最常用的是佩挂在腰的短柄刀,称为佩刀,又叫横刀,是步骑两用刀,一直沿用到近代。

剑　剑直身尖锋,是用于近战刺劈的兵器,长约三尺。春秋战国时期使用较广,秦汉以后逐渐被刀所取代,成为百官佩挂在身上的饰物和防身武器。

斧、钺　斧、钺是用于劈砍的兵器。小者称斧,大者称钺,两者形制相似,故

---

① 《考工记》载为 6 尺 6 寸,周代 1 尺折今 19.91 厘米,则约为 1.32 米。

常联称斧钺。商周时期,斧、钺以青铜制作,有长、短两种形制。它们既是作战的武器,又是权力的象征。秦汉以后,斧、钺多用于仪仗,很少用于实战。隋唐时,战斧的刃部加宽,柄增长,提高了斧的杀伤力。依其样式叫长柯斧、凤头斧。唐宋时期流行用斧作战,是常备兵器之一。

二、远射兵器

古代的战争,除了近距离的血搏之外,还有远距离的杀伤。用于远距离杀伤的兵器称为远射兵器,主要有弓箭、弩和火炮。

弓箭 弓是由有弹性的弓臂和有韧性的弓弦所组成的。弦拴在弧形弓臂的两端,通过以手拉弓使弓臂弯曲,产生弹力,松手释弦,弓体迅速恢复原状,将搭在弦上的箭弹射出去。箭又称为矢,是搭在弓弦上用以杀伤的兵器。箭由杆、镞、羽三部分组成。镞俗称箭头,是由青铜或铁制成的锐形器。弓箭早在原始社会就已经出现,是重要的射猎器具,也是用于战争的兵器。夏商周三代,弓箭即已广泛用于步战和车战。

弩 由于拉弓射箭都是由人的臂力起作用,不仅受力量的限制,也影响准确度,所以在春秋后期出现一种由机械控制的新型发射器,这就是弩。弩由弓与臂两部分组成,臂又称为柄。臂设"矢道",臂的尾部装有青铜制的弩机,在弩机上挂弦的叫作牙,牙的瞄准器叫作望山,又叫作度。锁牙的构件叫作牛,下面的扳机叫作悬刀,装弩机的铜匣叫作郭。发射时,先将箭放在矢道上,然后将弓弦向后拉,挂在牙上,对正目标瞄准后扣动悬刀,箭即射出。弩机构造简单,射程远,可达六百步之外,而且命中率高,是远程兵器的重大进步。有的弩可连发三箭,称为连弩。弩的射程是由弦的张力决定的,拉弦如果臂力不够,可以用脚蹬拉弦,这种弩称为蹶张弩。后来又出现了绞车弩,即用绞轮把弩弦拉开而发箭,弹力更大,射程更远。

砲 砲者,抛也。抛石杀敌的机械称为砲。古代最原始的砲,即利用杠杆原理,用人力把装在筐内的石块抛向敌人。《孙膑兵法·陈忌问垒》载:"弩次之者,所以当投机也。"投机即投石机,就是抛石的砲,历代称谓不同而已。汉代称为礮,《说文解字》云:"礮,建大木,置石其上,发机以槌敌也。"砲之名,见于成书于南朝时的《文选·闲居赋》:"砲石雷骇。"李善注:"砲石,今之抛石也。"唐时称之为"将军砲",《新唐书·李密传》载:"以机发石,为攻城械,号将军砲。"唐太宗征高丽时,"列抛车,飞大石,过三百步,所当辄溃"(《新唐书·高丽传》)。显然,这是具有巨大杀伤力的兵器。使用火药之后,"砲"字又作"炮"。

三、火药兵器

中国古代兵器的发展,从北宋开始进入一个新的阶段,出现了火药武器。宋代的火器,尚处在初始阶段。北宋时仅有燃烧性火器。

霹雳炮　公元 975 年,宋军用火箭与火炮与南唐作战。公元 1126 年,金兵围攻汴京,李纲用霹雳炮轰击金兵。在 12 世纪末,金人制造了一种铁壳装火药的爆炸器,这是世界上最早的金属炮弹。不过这些爆炸物都是借弓、弩、抛石机之类的机械力发射出去的。

火枪　我国最早的管形火器出现在南宋时期,时称火枪。它是用巨型竹管,内装火药,临阵燃放,喷出火焰烧杀敌人,实际上是一种火焰发射器。宋理宗时又出现了一种叫作突火枪的兵器,可能是发射子弹。

铳　铳是用金属管发射弹丸的兵器。元代至顺三年(公元 1332 年)出现用铜制造的铳,称为火铳,由前堂、火药室、尾銎组成。由铳口装入弹丸,点燃火药后,将弹丸射出。这是世界上发现最早的有明确纪年的火铳。明代时火铳使用得更多,不但有三眼火铳,还有十眼火铳,可以接连点火接连射出弹丸。明清时期,军队多使用由日本传入的鸟铳。鸟铳由火绳点火,可以瞄准,射程远,成为明清军队的主要火药兵器。

炮　是一种口径较大、发射管较长的发弹兵器。从目前已发现的实物来看,至迟在明代洪武年间,我国已经制造铁炮。陕西省博物馆藏有三门洪武十年(公元 1377 年)铸造的铁炮,全长 1 米,口径 21 厘米,这是迄今所知中国最早的大型火炮。明代后期,英国的火炮传入中国,称为红夷大炮(当时误认为是荷兰所造,明代称荷兰为红夷)。这种大炮安全,射程远,命中率高。明朝进行仿制,用以对付李自成等农民起义军和关外的清军,努尔哈赤就是被这种炮击伤而致死的。

四、防御兵器

盾　盾又称为干,是用来防御戈、矛、刀及箭等的兵器,多用木、藤、皮等制作。《释名·释兵》云:"盾,遁也。跣其后,避刃以隐遁也。"因其能避遁刀矛之害故名曰盾。盾分为步兵盾、车兵盾、骑兵盾,因用途不同而形式不一。

甲胄　为了避免身体受到刀箭等的伤害,古人穿在身上的保护衣称为甲,戴在头上的帽子称为胄。历代的胄大体相似,多用金属制作,以显示威武之姿,有的还在胄顶插以羽毛为装饰。早期的甲多用整块的皮革制作,为了活动方便,逐渐改为小块皮革连缀而成。商周时期有铜胸甲,战国以后出现了铁甲。铁甲虽然比皮甲沉重,但坚固不易穿透,具有良好的保护性能,历代多用。

第三节　中国古代的战争形式

中国是一个内陆国家,水战不多,古代的战争形式主要是陆战。陆战因兵种的不同而有步战、车战与骑战。

一、步战

步兵古称徒、卒或步卒,是最原始的兵,步战是最古老的战斗方式。虽然商、周、春秋时代,车战曾经纵横于战场,但步兵的步战仍然是不可缺少的辅助力量。进入战国时期后,步兵再度辉煌,步战成为主导的战争方式。骑兵出现以后,虽然以它的疾快、勇猛而著称,但仍然无法取代步兵步战。直至清代乃至近代,步战都是最主要的战争形式。

步战就个体战态而言,表现为单兵的格斗,其胜负取决于战士的战技、力气和智慧。但是赢得全局战斗胜利的主要因素并不是单兵的厮杀,而是战斗组织的力量。古代步兵最基本的战斗组织就是"伍"与"什",统称为"什伍"。五人为"伍",各执长短不同的兵器,互相配合。商周时代步兵的武器主要是戈、戟、矛、殳与弓矢,称为"五兵"。兵书《司马法》说:"兵惟杂","兵不杂则不利"。"凡五兵当,长以卫短,短以救长,迭战则久,皆战则强。"就是说兵器作用的发挥,在于长短相杂,互相配合,以长卫短,以短救长。戈、戟为短兵;矛、殳为长兵;弓矢为射兵。临战时,五人为一个战斗团体,持短兵戈、戟者在前,持长兵矛、殳者居后,持弓矢者居最后,组成一个梯次队形。短兵灵活,但兵器短,杀伤距离有限,易遭敌人攻击,这就需要持长兵在后相助,矛前刺,殳下砸,全方位制敌。长兵可以远距离杀敌,但太长则有击刺的死角,敌兵冲到面前则失去战斗力。这时在前的短兵则予以救护。持弓矢的射兵,可以随时射杀远近的敌人,以助长兵、短兵。但射兵没有肉搏的武器,还需要有准备射击的时间,这就需要持长短兵者的掩护。五兵相杂,轮番出击(即"迭战"),可以持久,同时出击(即"皆战"),可以增强战斗力。五人所持的兵器并不是一成不变的,可以根据战斗的不同需要而变化。但五人为"伍"的战斗组织和互相配合的原则不能改变,否则要受到严惩。其根本原因就在于要确保人的团结和不同兵器配合而形成的战斗力。

"什"是由两个"伍"所组成的一个较大的战斗组织,由"什长"统一指挥。它的作用如同左右手,互相配合,互相掩护。更大的战斗组织也是如此。据《资治通鉴》胡三省注说,战国时期的步兵组织是五人为列(伍),两列为伙,五伙为队,两队为官,二官为曲,二曲为部,二部为校……各级组织都是以列(伍)为最基本的战斗单位,每一级都分为两个部分,使整个部队形成一个分而不散、互为羽翼的战斗整体。

二、车战

车战是以战车为主要战争工具的战斗形式。据《尚书·甘誓》所载,早在夏代初期就已经有车战。商周时期,煌煌战车已经成为战场的主宰。周武王就是以车战和步战相配合一举灭商的。春秋中期至战国,车战达到了它辉煌的顶点。中等国家的战车都多达千乘,大国如晋,有"甲车四千乘"。战国时期,由于步兵的振兴和骑兵的出现,古老的战车逐渐退出历史舞台。

战车是车战的主要战具。马是战车的动力。商代前期的战车多是驾二马,商代后期、西周、春秋至战国,战车都是驾四马。这是由于战争规模和范围不断扩大,需要更强的马力所致。但驾车的马也不是越多越好,马多不仅不便于驾驭,更主要的是被杀伤的可能性大,一马受伤就要导致全车停止。经过战争的选择,以四马最为适宜。

战车上的甲士,通制皆为三人,其名曰车左、车右(戎右)及御。三人在车上成"品"字形排列。居车左侧者曰车左,居右侧者曰车右或戎右,居前驾车者曰御。车上甲士三人,各有分工。车左执弓矢,主射,为一车之长,担负指挥作战的任务。如御者伤亡,车左要代替御者驾车。车右执戈矛,主击刺,还负责保卫车左和御者的安全。如果战车遇到险阻,还要下车排除障碍,凡杂务皆车右之责。

一乘战车,除车上三名甲士以外,还要配属若干步兵配合作战。配属的步兵称为徒、卒或步卒。《左传·宣公十二年》载:"遂疾进师,车驰卒奔,乘晋军。""车驰卒奔"即战车在步卒的配合下作战的写实。战车的杀伤力在于射与击刺,每辆战车都备有弓矢、戈矛和盾牌。车战首先从远距离的互射开始。这要求主射的车左在四马狂奔的战车上,不仅要站得稳,而且要前后左右皆能准确发射。《左传·宣公十二年》记载晋楚邲之战,晋军分两队追赶楚军,楚将乐伯"左射马而右射人",阻止了两队追兵,可谓箭无虚发的神箭手。

两军相遇后,最后决定胜负的是以戈矛相拼的肉搏。但两车在面对面的情况下是无法厮杀的,因为两车各有驾马在车前,距离远,即便是长矛长戈也无法刺到对方。因此,只有两车相交,从舆侧接敌才能厮杀,这在车战的术语中叫作"错毂"。即如《楚辞·国殇》所说:"操吴戈兮被犀甲,车错毂兮短兵接。"错毂厮杀时,既要求车跑得迅猛,以增强击刺的冲力,又要求避开两车的长毂(车轴之端),以避免碰撞毁车,还要求为车右寻找一个出矛杀敌的最好时机和角度。可见,错毂不仅是比赛两个车右的勇力和技巧,也是比赛两个御者的驾驭技术,只有御者与车右配合得十分巧妙才能取胜。

三、骑战

以骑兵作战称为骑战。在中国古代,骑兵始于北方的少数民族。《管子·小匡》记载,周惠王十三年(公元前 664 年),齐桓公救燕,"破屠何,而骑寇始服"。中原地区用骑兵作战则始于战国初期,大约是在公元前 454 年至公元前 390 年的六十余年间。公元前 307 年,赵国的武灵王"胡服骑射",推动了骑兵的建设与骑战的发展。从秦汉直至明清,骑兵一直是重要的兵种,骑战是极为重要的战争形式。汉武帝北伐匈奴,皆以骑兵为主力。元封元年(公元前 110 年)汉武帝北巡出长城,"勒兵十八万骑,旌旗径千余里,威震匈奴"。骑兵是军队中的精锐,要经过严格的选拔。据《六韬·武骑士》载,骑士的标准必须是年四十以下,身高七尺五寸以上,身强力壮,动作敏捷,能在飞奔的马上挽弓射箭,前后左右自如应敌,并且还要有越沟堑、登丘陵、过险阻、渡大泽的本领,更要有驰强敌、乱大众的勇气。

骑兵的装备精良。为了便于连续长途飞奔,一名骑兵往往要配备两匹战马,轮换骑乘。马备有鞍镫,便于上下,使骑兵与战马连成一体。骑兵还要披以铠甲,以减少伤亡。骑兵身披甲,头戴胄,腰悬弓矢,手执戟、矛或盾牌、马刀等长短兵器,正是"金戈铁马,气吞万里如虎"的形象。

骑战的特点,主要在于它的快速凶猛,所谓"疾如锥矢,战如雷电,解如风雨"。它的全部力量集中体现在冲锋上,万马奔腾,如排山倒海之势,无坚不摧。骑兵还多用于侧击包抄,远袭敌后或断绝粮道,出奇兵而置敌于死地。西汉初,周亚夫平定吴楚七国之乱,即"使轻骑绝吴楚兵后食道"而取胜。

四、战阵

无论是步战、车战还是骑战,个人战技再高超,也不能取得全面战斗的胜利。只有通过严密组织的队形,把所有的单兵力量凝集在一起,才能攻如狂飙,守如山岳,无往而不胜,这种队形就是"阵"。在古代战争中,将帅都非常重视排兵布阵。宋代的岳飞说道:"阵而后战,兵法之常。"(《宋史·岳飞传》)明代的名将戚继光作战重视布阵,他说:"数年屡战,一切号令行伍,俱为图款(阵图),毫不更易,是以每战必全捷,而我军不损。"(《纪效新书》卷八)

中国古代的战阵名目繁多,见于《孙膑兵法》的就有十种阵列:方阵、圆阵、疏阵、数阵、锥行之阵、雁行之阵、钩行之阵、玄襄之阵、水阵与火阵。秦汉以后,随着战争经验的积累,战阵的形式也越来越多,尤其是宋代特别重视对战阵的研究。对诸多的战阵,不能一一详尽其形式,但其基本形式主要是方、圆、曲、直、锐五种阵形。其他各种阵形多是这五种阵的变化与发展。布阵各有其妙,但都要遵循一些总的原则:一是要根据天、地、人的具体情况而布阵。天是天时、气候;地是地形的选择;人是敌我双方的具体情况。即兵书《六韬》所说的"天阵""地阵""人阵"。《孙膑兵法·八阵》云:"上知天之道,下知地之理,内得其民之心,外知敌之情,阵则知八阵之经……此王者之将也。"二是要注意车、步、骑等各兵种的配合和长、短、射、盾等各种兵器的配置。各发挥其长,互补其短,相互呼应,构成一个统一而灵活的整体。阵的各个部分必须是紧密联系的。"击其首则尾至,击其尾则首至,击其中则首尾俱至。"(《孙子兵法·九地》)千车万卒组成一个坚固的整体。阵列不是固定不变的,在交战的过程中,统帅要根据战况而不断地变换阵形,方阵变圆阵,圆阵变为雁行之阵等。如孙膑所云:"形胜之变,与天地相敝而不穷。"(《孙膑兵法·奇正》)变幻莫测才是阵的精妙所在。

第四节　中国古代的选将、拜将与作战指挥

古谚云:"千军易得,一将难求。"将帅的指挥才能不仅直接关系到战争的胜败,甚至关系到国家的盛衰存亡。故《孙子兵法·作战》云:"知兵之将,民之司命,国家安危之主也。"战国时期,赵王错用赵括而有长平之败,几至亡国。秦王嬴政善任王翦等人为将,灭六国而一统天下。因此,历代帝王无不重视将帅的选拔。

一、选将

中国古代,"国之大事,在祀与戎",选将是国君的首要任务之一。什么样的人才能为全军之将呢?《孙子兵法·计篇》云:"将者,智、信、仁、勇、严也。"曹操认为这是为将必备的"五德"。唐代杜牧阐发说:"兵家者流,用智为先。盖智者,能机权,识变通也;信者,使人不惑于刑赏也;仁者,爱人悯物,知勤劳也;勇者,决胜乘势,不逡巡也;严者,以威刑肃三军也。"作为全军之将,不仅要有将才,更要有将德。诸葛亮在《心书·将弊》中指出了武将的八个致命伤:"一曰贪而无厌,二曰妒贤嫉能,三曰信谗好佞,四曰料彼不自料,五曰犹豫不自决,六曰荒淫于酒色,七曰奸诈而自怯,八曰狡言而不以礼。"可见,统军之将只有德才兼备、文武双全的人才能够担任。

二、命将

将帅身系人民生死和国家安危,国君为了表示对将军的尊重和信任,对已经确定的将帅,要举行极为隆重的拜将出征之礼。成书于战国时期的《六韬·立将》《尉缭子·将令》及成书于西汉时期的《淮南子·兵略训》,都有关于命将出征之礼的记载,基本反映了战国及秦汉时期命将出征礼仪的情况。其程序如下。

(一)召将

国君避开正殿,在偏殿召见将要任命的将军,宣谕道:"现在国家遇有危险,社稷安危在于将军一身,望将军能率军征讨。"这是非正式征询意见,所以在偏殿召见。

(二)占卜

将军被召见并从命之后,国君要命太祝、太卜、太史等神职官员斋戒三日,国君也要斋戒三日。之后前往太庙进行占卜,向上帝及祖宗卜问所选之将是否合适。

(三)举行命将出征之礼

命将出征之礼一般是在太庙举行,表示国君是代表列祖列宗命将,不敢独断专行。有时国君为了把命将之礼办得更隆重,典礼不在太庙举行,而是露天建筑高坛,登坛命将。高坛本是举行祭天大礼的地方,国君登坛命将,表示"礼乐征伐自天子出",是承天命而命将及征伐。汉高祖刘邦与项羽争夺天下,命韩信为大将,就是"择良日,斋戒,设坛场"而举行大礼的。

国君命将的程序是:国君亲捧着一柄象征生杀大权的斧钺,授予将军。授斧钺时,国君执钺的头部,将军执钺的柄部。国君神色庄重地说:"从此,军中上至于天的一切事情都由将军管理。"之后,国君两手执钺的柄部,将军手执钺的刃部,国君说道:"从此,军中下至于渊的一切事情都由将军管理。"接着国君向将军嘱咐:"率军征战,要善于审时度势,不要畏敌,不要轻敌,不要因为任务重大就拼命,不要身居高位而轻蔑部下,不要固执己见而违背众人的意志,不要把诡辩之辞当成理,要身先士卒,与士兵同甘共苦。切记呀!"将军捧过斧钺,接受任命后,拜而回答说:"臣听说,国事不应受外部干预,作战不能由君主在朝廷遥控指挥。臣子怀有二心,就不能忠心耿耿地侍奉君主。将帅受君主牵制,顾虑重重就不能专心专意地去战胜敌人。臣既然已受命,不获胜利不敢生还,请陛下允许我照以上的话去做。若陛下不能应允,臣不敢担任主将。"国君应允,向三军宣布:"军中人人各有职责,如果有人越职向上请示者,斩!军中不允许有两个发号施令者,违者,斩!延缓命令者,斩!不执行命令者,斩!"将军受命,转而向三军发布命令:"全军将士,立即开赴国都城门之外,限定中午设立军营,在军营门口设置计时表柱,至时不到者,严惩!"至此,拜将之礼结束。战国及秦汉时期的命将出征礼仪,基本上为历代所承袭,但随着时代不同而又有所发展。清代乾隆十四年(公元 1749 年)制定命将礼仪,其仪式主要有三项:一是授敕印,皇帝在太和殿举行授印大礼,经略大将军率出征诸将于丹陛上跪受敕书和将印,行三跪九叩大礼;二是告祖祭天地,经略大将军至奉先殿,敬告列祖列宗,大军起行之日,皇帝率经略大将军及诸将至堂下行礼,祭纛(军中大旗)于门;三是祖道,即祭祀道路之神。大军启行,皇帝亲送至长安门外,赐酒,送行各官向大将军敬茶,大将军望阙谢恩。礼毕,大军踏上征程。

三、战旗、战金与战鼓

古代战争,两军厮杀,战阵亘延数里,车、骑、徒兵逾万。指挥官要号令千军万马,单凭口喊、手挥是无能为力的,主要是以旗、金、鼓作为指挥作战的信号。《孙子兵法·军争篇》说:"言不相闻,故为之金鼓,视不相见,故为之旌旗……夫金鼓旌旗者,所以一人之耳目也。人既专一,则勇者不得独进,怯者不得独退,此用众之法也。"因此,古称战旗、战金、战鼓为"军之三官"。

(一)战旗

先秦时期,战旗都是斜建在战车上,标明车主的身份、等级、统属并用于指挥。战旗由緵、杆、斿、旆四个主要部分组成。緵是旗的幅面,用来画物象,不同的物象是不同职务的标志。杆即旗杆,用来张旗。斿是附于緵侧的飘带。杆的高低、斿数的多少,是尊卑的等级标志。旆是继接于緵的长帛,可以挂上,也可以解下,旆挂与不挂是战与不战的标志。战旗的种类,据《周礼》的《大司马》及《司常》所载,主要有常、旂、旗、旟、旐、旌等。天子之旗叫作常,緵纯朱色(深红色),画日月,杆高九仞(战车上的旗以尺代仞,实高九尺),十二斿。诸侯之旗称为旂,緵纯赤色(浅红色),画交龙(一上一下之龙)。诸侯爵位分为公、侯、伯、子、男五等,斿数有差。上公九斿,侯伯七斿,杆皆高七仞。军吏之旗叫作旗,緵白色,画熊虎,从军将至伍长都称为军吏,尊卑悬殊。其级别用斿数、杆高来区别。军将为卿,緵纯白色,六斿,杆高五仞;师帅为中大夫,旅帅为下大夫,緵白色,以杂色缀其边,是为杂帛(纯色示尊,杂色示卑),四斿,杆高五仞。卒长为上士,两司马为中士,伍长为下士。旗緵也是杂帛,分别为三斿、二斿、一斿。杆高皆三仞。各种旗緵上还要写上旗主的官职、姓名、所属,用来标示名位,识别部曲,便于指挥。周制,兵主要是从国人中征发,郊野不征兵。后来随着战争规模的扩大,兵源不足,郊野也征兵。郊野军吏的旗叫作旐,其緵黑色,杂色缀其边,緵上画龟蛇。郊野最高的军吏是遂大夫,其爵为中大夫,所以四斿,杆高五仞。居朝中的百官之旗叫作旟,緵赤色,画疾飞的鹰鸟。卿之旟为纯赤色,中大夫以下为杂帛,斿数、杆高按爵位的高低而有区别。旌是一种特殊的旗。《周礼·司常》说:"析羽为旌。"旌无縿,是两根分开的长大羽毛,有的旌是牦牛尾制作的。旌也可以系在各类旗的杆上,作为饰物。旌毛多是白色,有的也染成五彩。旌主要是用来指挥作战的旗。如商周的牧野之战,周武王"左杖黄钺,右秉白旄以挥",即用白旄指挥作战。充当先锋的战士,要把旌毛插在肩上,称为"被羽",用来鼓舞士气,带动冲锋。在各种军旗中,画有熊虎的旗与旌最常用,因此,"旌旗"便成了各种旗的总称。

战旗之用,除了表示军吏的级别、统属外,还以示色、示物、示位的方式传递军情号令。旗的示位,即以不同旗色、旗势指挥部队。"旗麾之左则左,麾之右则右","旗低则趋"(《尉缭子·勒卒令》)。秦汉以后,历代的军旗在先秦旗帜的基础上各有创新,指挥的规定也各有不同。一般都以主帅、主将的大旗为一军的象征。旗上往往还要绣上主帅的姓或姓名。如岳飞所部的大旗,是"以红罗为帜,上刺岳字"。也有绣各种图案的,如日、月、虎、鹰之类。帅旗称为"牙旗",帅旗所在,表示指挥中心的位置。唐代《卫公兵法》所记载的旗帜指挥军队的方式较有代表性。在中军大旗周围设五色旗与各部相应。黄旗表示居中,红旗表示居南或向前,青旗(或蓝旗)表示居东(左)或向东,黑旗表示居北或向北,白旗表示居西(右)或向西。主将发出命令后,司旗官立即按命令将某种颜色的旗竖起,相应方位的某部见旗令后,立即将本部之旗竖起,叫作"应旗"。若主将命令全军行动,则五色旗全部竖起,指挥的旗帜向哪个方向指示,部队即按令旗所示行动。旗帜下垂,是令跑步前进;两旗或数旗交叉,是令示旗之部合队。前哨部队备五色小旗,遇树林举青旗,遇水泽举黑旗,遇敌兵举白旗,遇山险举黄旗,遇烟火举红旗,如前进无阻则高招(高杆大幅旗)。举一旗,示单行行军;举二、三、四旗,示二、三、四行行军;举五旗,全营各部行军。用旗表示敌情,旋转挥舞青旗示敌多,旋转挥舞白旗示敌少,旋转挥舞红旗示敌急,旋转挥舞黄旗示敌缓,必须接战挥舞黑旗。旗旋转的方向就是敌人所在的方向,主将根据各种旗色、旗势了解军情,也以旗色、旗势传达命令,指挥战斗。由于旗帜是主帅的标志,是全军的象征,是发号施令的器具,所以历代都非常重视战旗。旗之所指,就意味着胜利,故云"旗开得胜"。战胜敌军,首先是砍倒敌旗,旗倒兵散,就会失去战斗力。战旗是军队的灵魂。

(二)金鼓

金鼓是听觉信号。金主要是指军队中用以传递声音信号的铙、铎、镯、錞、锣等青铜制的音响器物。其后又有号、角等。铙,形似铃,中间空,有柄。使用时口向上,捶击而鸣。镯,又叫钲,形似钟而长,下有长柄可执,打击而鸣。铎,是一种大铃,内有一铜制的悬舌,摇动而发声。錞,又叫"錞于",形如圆筒,上圆下虚,打击而鸣。锣,形如圆盘,打击而鸣。号、角皆为吹气而鸣的器具。鼓,形如木桶,两面蒙以牛皮,槌击而鸣。鼓按大小和不同的样式分为路鼓、贲鼓、晋鼓、提鼓、鼙鼓等多种。按《周礼·大司马》载,王执路鼓,诸侯执贲鼓,军帅执晋鼓,师帅执提鼓,旅帅执鼙鼓。路鼓最大,鼙鼓最小。先秦时期鼓都是建置在战车上,战国时期出现马上的战鼓,以后历代皆因用而异。

击鼓进军。鼓是进军的信号,《楚辞·国殇》载:"援玉枹兮击鸣鼓,天时坠兮威灵怒,严杀尽兮弃原野。"就是两军会战击鼓厮杀场面的描写。击鼓是将帅指挥才能的表现。首先,将帅要以不同的鼓声调动不同兵种的军队;其次,要以不同的鼓声指挥部队按战斗的需要做出前进、后退、左右、起、坐等不同战术动作;再次,要根据敌我双方的战势,抓住有利战机,发起攻击。《左传·庄公十年》记载齐鲁长勺之战,曹刿待齐军"三鼓"之后,士气衰落之际,擂鼓出击,一鼓作气,击败了齐军。"止鼓"即以铙声停止鼓声,所谓"鸣金收兵",就是指鸣铙而言。具体做法是,主帅以鸣铎令执铙者鸣铙,鼓人听见停止击鼓,鼓止则军停,再次鸣铙则军退。后来,锣、钹也是用于止兵、收兵的器具。汉代以后,羌族的"角"传入中原;金元时期,唢呐由中亚传入我国。角与唢呐声音高亢、浑厚响亮,相继在军中广泛使用,按预先的规定吹奏不同的节奏,传递各种不同的信号。旌旗之术、金鼓之声,全军将士必须毫无例外地服从。"鼓之则进,金之则止,不从令者诛。"如此,"三军服威,士卒用命,则战无强敌,攻无坚阵矣"(《吴子兵法·应变》)。

第五节　中国古代的兵法

兵法又称兵书,是我国古代军事家所撰写的军事学著作。它是古代战争实践的科学总结,是军事文化的集中体现。我国古代的兵书非常多,从先秦到明清,据陆达杰 1933 年在《历代兵书目录》一书中的统计,共有一千三百零四部,流传下来的有二十八部。实际上还不止此数,本节择其主要者予以简要介绍。

一、先秦时期的兵法

(一)《孙子兵法》

《孙子兵法》历来被列为我国兵书之首,是春秋末期吴国名将孙武所著。孙武字长卿,齐人。因齐国内乱而赴吴,以兵法十三篇献给吴王。吴王任他为将,西破强楚,北威齐晋。据现代人考证,《孙子兵法》大约成书于公元前 406 年至公元前 453 年之间。该书总结了商周及春秋时期的诸多战争的经验教训,提出了一系列带有普遍性的军事规律。《孙子兵法》的战争观,一是认为战争胜利的首要因素是"道",即要得到人民群众的支持;二是战争的物质基础是经济;三是战争胜利的最高目标是"自保而全胜","不战而屈人之兵"。其战略战术思想,一是要集中优势兵力消灭敌人,要避免与强敌硬拼;二是要避实击虚,出奇制胜;三是要机动灵活,不能拘泥于任何一种一成不变的信念;四是要"知己知彼","知己知地",即充分了解敌我双方的情况,掌握各种气候条件和战场的地形条件。《孙子兵法》开创了我国军事学术研究的先河,两千余年间,一直是指导各种形式战争的经典。唐代初年该书传入日本,被誉为"百世兵家之师";明代传入欧洲各国,有许多文字译本,是我国古代文化中一块灿烂夺目的瑰宝。

(二)《孙膑兵法》

孙膑是孙武的后世子孙,战国中期齐国阿(今山东阳谷东北)人。传说他为鬼谷子之徒,因在魏国受过膑刑,后人称其为孙膑。回到齐国后,他深得齐威王和大将田忌的信重,曾为田忌军师,出谋划策,于桂陵、马陵两次大败魏军,杀魏国大将庞涓,俘魏军统帅太子申,从此使魏国一蹶不振。齐国一度取得中原霸主地位,孙膑也名扬天下。孙膑军事著作称为《孙膑兵法》。《汉书·艺文志》载:"齐孙子八十九篇,图四卷。"但约在东汉末年,其书失传,致使后世有人竟认为孙武即孙膑,"孙子十三篇"即《孙膑兵法》。1972 年 4 月,在山东临沂银雀山汉墓中同时出土了《孙子兵法》和《孙膑兵法》,这才澄清了千古之谜。但出土的《孙膑兵法》已经损失严重,残缺不全。

《孙膑兵法》所反映的战争观:其一,他认为战争是不可避免的,但也不是永远可仗恃凌人的手段;其二,他认为取得战争胜利的决定因素是人,"间于天地之间,莫贵于人",是战争的正义性。富国是强兵的基础。《孙膑兵法》的战术思想对《孙子兵法》有所发展:其一,他对攻、战、守三种战争形势都有新的认识,不再认为"攻城为下",还提出了"必攻不守"的积极进攻作战的指导原则。其二,提出"上知天之道,下知地之理,内得其民(兵)之心,外知敌之情"和"见胜而战"的作战原则,以及"用阵三分,诲(每)阵有锋,诲(每)锋有后,皆待令而动。斗一、守二。以一侵敌,以二收"的布阵交兵原则。其三,《孙膑兵法》十分重视战斗中队形即"阵"在战争中的作用,创立了以步兵为主,车、骑为辅的战阵理论,创立了中国冷兵器时期比较完善的基本阵法,为后代的战阵理论和战争实践提供了最宝贵的指导思想。总之,孙膑对战争中的攻、战、守三种作战形式的理论都有新的发展。

(三)《尉缭子》

《尉缭子》是战国中期魏国的尉缭所著,全书二十四篇。《尉缭子》的战争观:其一,战争的胜利主要是依靠人的智慧,反对迷信鬼神,体现了朴素的唯物主义思想。其二,军事与政治、经济密不可分,民富、国治则兵强;民富国治,虽不战也可以威制天下。其三,军队的战斗力主要在于士气。激励士气的办法是厚赏重罚,以"严法重刑"治军。《尉缭子》的战略战术思想是主张攻不能必克则不可以攻,战不能必胜则不可以战,不打无把握之仗,反对消极防御。

(四)《六韬》

《六韬》成书于战国中后期,作者不详,包括《文韬》《武韬》《龙韬》《虎韬》《豹韬》《犬韬》。《文韬》《武韬》集中反映了作者的战争观:其一,他认为政治要优先于军事,以治国为治之本。战争要本于道义,欲取天下,必须要收揽人心,得人心在于爱民。其二,战争应以"文伐"为首,即利用敌国矛盾,分化瓦解和削弱敌人,以"不战而屈人之兵"为上。《龙韬》主要论述军队的统帅与指挥。《虎韬》主要论述战争的武器装备及突围、渡河、对阵、迂回、伏击、攻城等战术问题。《豹韬》主要论述在各种地形条件下的作战方法。《犬韬》主要论述集中军队,捕捉战机以及车步骑各兵种布阵作战的方法,对诸兵种联合作战提出了精辟见解。

(五)《吴子》

《吴子》相传为战国初期的军事家吴起所著,分为《图国》《料敌》《治兵》《论将》《应变》《励士》六篇,是一部很有价值的兵书。在战争问题上,《吴子》主张一次性决胜,速战速决。反对长期多次作战,认为这样即使是胜利了,也是灾难性的后果。在战略战术上,《吴子》极为重视军队的训练,提出"用兵之法,教戒为先",还提出作战要重视选将,"将在智不在勇"。其中认为,争取战争胜利,在于鼓励士气,"兴师动众,而人乐战;交刀接刃,而人乐死"。其中还特别强调战争中严明军纪、统一指挥的重要性。

二、汉唐时期的兵法

(一)《三略》

《三略》又名《黄石公三略》。传说是西汉初黄石公所著,传授给张良,但经学者考证,此著当成书于东汉末至魏晋时期。全书分为上中下三卷,乃是混合儒、法、墨、道诸家思想于一体的杂家之作,讲政治权谋多于军事谋略。

(二)《卫公兵法》

李靖为唐初名将,精通兵法,生于公元 571 年,卒于公元 649 年。他的著作原为《李靖六军镜》三卷,都已失传,只《通典》引文中保留了部分内容。清代学者汪中沂把散见于《通典》等书中的内容摘出,编成《卫公兵法辑本》,分为上中下三卷,上卷为将务兵谋,中卷为部伍营阵,下卷为攻守战具。其军事思想继承了前代兵法的精华而又有所发展。他的战略持久、战役速决、兵贵神速的军事思想和以"锥形之阵"对敌突破分割、以竖阵(纵队)接敌、逐次抵抗、交互掩护撤退等战术,都是具有创新之举的战法,是军事思想发展史上的一个里程碑。

三、宋明时期的兵法

(一)《武经总要》

《武经总要》是北宋王朝用国家的力量编辑而成的一部军事巨著,成书于宋仁宗庆历四年(公元 1044 年),由枢密使曾公亮、端明殿学士丁度奉旨主编,宋仁宗亲自作序。全书共四十卷,前二十卷论述军事组织、制度、训练、宿营、布阵作战、攻城守城、武器装备、军事地理等;后二十卷辑录前代战史和阴阳、星占与军事的关系,多涉封建迷信。《武经总要》是研究北宋及以前历代军事的重要资料。

(二)《纪效新书》《练兵纪实》

《纪效新书》与《练兵纪实》皆为明代军事家、抗倭名将戚继光所著。《新书》是戚继光在浙江、福建任职时,为训练抗倭部队而写。《纪实》是戚继光都督总理蓟辽练兵时所写。两书文字通俗,明白如话。强调"学用一致",理论结合实际,反对"摆花架子"。主张严明号令,整顿军纪,在战斗中练兵。提倡用兵"出于法而不泥于法",要从实际出发,敢于创新。他所创造的"鸳鸯阵"与"三才阵",即为以散兵群、散兵行作战的创举。戚继光的兵法,是战争经验的总结,实用性强,对后世影响很大,"谈兵者尊用焉"。

思考题

1."八旗"指什么?

2.说明下列兵器的形制和功用:戈、矛、戟、枪、刀、剑、斧、钺、弓箭、弩、盾。

3.中国古代重要的兵书有哪些?

4.中国古代主要有几种战争形式? 各有什么特点?

5.中国古代是怎样选将与命将的? 为什么特别重视对将帅的选拔?

6.中国古代用什么器具指挥作战? 是怎样进行指挥的?

第十五章　中国古代的教育

学习目的

通过本章的学习，了解中国古代教育的基本情况，掌握中国古代教育的起源和中国古代学校的发展演变，认识中国古代教育对当代社会的影响。

主要内容

● 中国古代教育的起源

● 中国古代学校的发展过程

● 中国古代的家庭教育

何谓教育？《说文解字》的解释，"教，上所施，下所效也"；"育，养子使作善也"。所谓的教育就是长者、先知者有目的地把自己的经验和技能传授给下一代或者其他年轻人，使之对各种事物的认识和进行生活、生产的技能有所掌握并不断发展完善的行为。"教育"一词始见于《孟子·尽心上》："君子有三乐，而王天下不与存焉。父母俱存，兄弟无故，一乐也；仰不愧于天，俯不怍于人，二乐也；得天下英才而教育之，三乐也。"教育作为一种人类的社会行为，是与人类之始并存的。人类最初的教育是传授生存技能和生产技能的社会教育。《尸子》有一段关于原始氏族社会生活实况的记载："燧人之世，天下多水，故教民以渔；宓羲氏之世，天下多兽，故教民以猎。"《周易·系辞下第八》载："包牺氏没，神农氏作。斫木为耜，揉木为耒，耒耨之利，以教天下，盖取诸益。"燧人氏、宓羲氏（包牺氏）、神农氏教民渔、猎、农作是最早的社会教育。家庭出现以后，对儿童最早的教育是家庭教育，父母是最早的教师。进入阶级社会以后，对青少年一代最主要的教育是学校教育。

第一节　中国古代的学校教育

学校是集中较长时间对受教育者进行教育的场所。进入阶级社会以后,统治者为了使他们的子孙能够继承他们的私有财产,巩固统治地位,便选择固定场所对其子孙从小就进行较长时间的教育,这就是后世所说的学校。

一、夏商周三代的学校教育

史载最早的学校出现在尧舜时代,夏商周三代进一步发展。《孟子·滕文公上》谈及夏商周三代的学校说:"夏曰校,殷曰序,周曰庠,学则三代共之,皆所以明人伦也。""校""序""庠"都是学校的名称。"校"的本义为用木桩围成的养马之所,后来逐渐演变成为习武和比武的场所;"序"是射的意思,表示习射之所。可见,最初的学校主要是进行军事训练。

周代的学校教育制度逐渐完善。周代的学校称为"庠"。庠原本是贵族"国老""庶老"养老的地方。学校由国家兴办,学生都是贵族的子弟,平民和奴隶的子弟没有在学校受教育的权利。学校的教师都由国家的官员来担任,学生毕业后都是国家的各级官吏,政教一体,官师不分,故称为"王官之学"。

周代的学校大体可分两类、两级:一类是"国学",一类是"乡学"。国学设在天子或诸侯所在都城,分为大学与小学两级。国学由中央和侯国的宫廷直接管理,学生都是王侯公卿高等贵族的子弟。乡学即设在地方各级行政区划乡、州、党、闾的学校,乡称校,州称序,党称庠,闾称塾。乡学由地方各级政府分别管理,学生主要是中下级贵族的子弟。

学生的入学年龄,史籍记载不一。通常认为是八岁入小学,十八岁入大学。学校课程是以礼、乐、射、御、书、数等"六艺"为主体的教育内容。礼:礼仪制度(即今德育);乐:音乐、舞蹈;射:射箭技术;御:驾驭马车的技术;书:书法(书写、识字、文字);数:算法(计数)。西周初期学校教育侧重射、御等军事课程,练兵习武,力图把学生培养成为"执干戈以卫社稷"的武士。为适应其培养目标的要求,西周初期大学和小学,都是选拔武官任教。"师"是军队最高编制之名,所以任教者称为"教师",其名一直延续至今。国学既是施教的场所,又是国家举行重大礼仪活动的地方。

二、春秋时期的私塾

春秋时期礼崩乐坏,奴隶主贵族的地位崩溃了,平民和奴隶的地位上升了。随着奴隶制的瓦解,西周的王官之学也遭到了破坏。孔子顺应历史发展的大潮,打破了"学在官府",即只有贵族子弟才有权受教育的王官之学,兴办私塾,开创了私人办学,明确提出了"有教无类"的思想。即不分贵族与平民,不分国界与华夷,只要有心向学,都可以入学受教。孔子的弟子有的出身于贵族阶层,更多的是出身于平民阶层,甚至还有出身于贱人和强盗的。他们来自鲁、齐、晋、宋、陈、蔡、秦、楚等不同国度,不仅打破了当时的阶级界限、国家界限,也打破了当时的夷夏之分。孔子的教学方式不仅有讲学于杏坛之下的课堂教学,还有带领学生周游列国的实践教学。孔子私学的教学内容主要是讲授《易》《书》《诗》《礼》《乐》《春秋》,后世称为"六经"。孔子一生中弟子三千,贤人七十二,极大地推动了春秋和战国时期文化的发展,开辟了两千余年私人办学的先河。诸子纷纷仿效孔子,广招门徒,著书立说,促成了战国时期百家争鸣文化教育繁荣的景象。孔子被后世尊为"万世师表"。

三、汉代的学校教育

汉代是我国古代学校教育的大发展时期,从中央到地方建立了较为完备的教育体系。它的突出特点就是把独尊儒术作为教育的指导思想。汉代的学校分为官学和私学两种,官学又分为中央官学和地方官学两大类。

中央官学主要是太学。汉武帝采纳董仲舒的建议罢黜百家、独尊儒术,于公元前124年在京师长安创办太学。太学是全国最高教育机构,以儒家经典《诗》《书》《易》《礼》《春秋》五经为教学内容,每经立一博士为教师,招生十人,五经博士在全国共招五十人。选择十八岁以上,仪状端正者充之。后来,西汉政府又特许郡国县官挑选少年入太学旁听。太学规模不断扩大,到成帝时,博士弟子增至三千之众,东汉质帝时太学生增至三万余人。汉代太学规模之宏大,世界罕见。同时,地方的郡、国、县在各地设庠、序之学以"崇乡里之化"。灵帝时设鸿都门学,这是一所国立文艺专科大学,仅习辞赋、小说、绘画等技艺,为我国历代专门学校的创建开了先河。

汉代鼓励私人办学。西汉早期,黄老之学盛行,只有私学,没有出现官办的学校。汉武帝罢黜百家定儒一尊出现官办的学校之后,民间私学仍然兴盛。进行启蒙教育的学校称"蒙馆"或"书馆",相当于官办的小学。一些经师大儒创办私学,开门授徒。其学校称为"精舍"或"精庐"。官办的太学讲经学重在阐发微言大义,称为今文经学。私学讲经学注重考证,讲求名物训诂,称为古文经学。

有的经学大师如马融、郑玄等,学生多至千人,甚至无法容纳。由于私学力量日益增强,至东汉末超过了官学地位。

四、唐代的学校教育

唐代继承并大大发展了历代的学校教育制度,在政治统一、经济繁荣、文化科学水平发达的基础上,形成了相当完备的学校教育体系。学校教育达到了中国封建社会学校教育的顶峰。唐代的学校,总体上可以分为官学和私学两大类,其中官学又包括中央官学和地方官学,私学主要有家学和开馆授徒等方式。

(一)中央和地方的各类学校

由中央直接设立的学校有"六学""二馆"。中央六学属于直系,包括国子学、太学、四门学、书学、律学、算学。六学直隶于国子监,是为"国之学子"而设的最高学府。长官为国子祭酒。祭酒原指古代飨宴时酹酒祭神的长者,后泛称年长或位尊者。汉代有博士祭酒为博士之首;西晋改设国子祭酒;隋唐以后称国子监祭酒,为国子监的主管官。

六学中的前三学属大学性质,后三学属专科性质。"二馆"是崇文馆和弘文馆,属于旁系。弘文馆归门下省直辖;崇文馆归东宫直辖。皇族子孙另立皇族小学。

国子学:公卿大夫之子弟称为国子。国子学是高等贵族官僚子孙学校,学生主要是三品以上官员和从二品以上官员的曾孙。

太学:招收文武五品以上中级官员的子孙及三品官员的曾孙。

四门学:原本是北魏孝文帝于京都洛阳四门设立的四处小学,唐代成为大学之名。四门学收文武七品以上低级官员之子,同时还招收地方庶民中的俊秀青年。律学、书学、算学凡八品以上官员的子孙及一般庶民有志于学者皆有权利入学。弘文馆、崇文馆属最高级贵族学校,收皇帝、太后、皇后亲属和宰相等高级官员的儿子。

书学:训练通晓文字并精于书法的官员。

律学:培养熟识唐朝律令的行政官员。

算学:学习数学,训练天文历法、财经管理、土木工程方面的人才。

此外,还有隶属于各相关衙署的专门学校:

医学:隶属太医署,培养掌握传统中医药知识技能的人才。

兽医学:兽医学附设于太仆寺,教授治疗牲畜疾病的知识和技术。

天文学:附设于司天台,分三科教学,即天文、历法、漏刻。

音乐学校:音乐学附设于太乐署,由乐博士对长期常备的乐工和短期轮番的乐工分批教学。

　　工艺学校：附设于少府监，由技艺最高的巧手任师傅来教授生徒。

　　以上的专门学校，范围广、门类多，有的与行政或业务部门结合，有的则分离设置，其设置的形式多样化。这是世界上最早出现的实科学校，而欧洲这类实科学校的出现，是在资本主义已相当发达的十七八世纪，比唐代晚了一千余年。

　　地方官办学校，在各府有府学，各州有州学，各县有县学，县内又有市学和镇学。所有府州县市各学校统属直系，由长史掌管。至唐玄宗开元年间，府州县学已具有相当的规模并形成相对完备的制度。

　　各类学校的课程，国子学、太学、四门学及弘文馆、崇文馆主要是学习儒家经学，各个专门学校则主要是学习专业课程。

　　各类学校的教师有博士、助教、直讲等。弘文馆、崇文馆的教师称为学士。博士主讲，助教佐博士教授，直讲佐博士、助教教授。博士、助教大多既是学校教师，又是政府官员。他们在校教职的大小以在政府里所属职位的高低为标准。如在国子学任教的博士须有五品以上的资格，助教须有七品以上的资格。其他学校教师资格品级渐低。

　　学校有严格的考试、升学、退学制度。考试有旬考、月考、季考、岁考等，其成绩作为升退的依据。学生已通二经或三经，经考试合格，可参加科举考试；愿留监者，可以升进，四门学生可升补太学生，太学生可升补国子学生，可提高政治地位和改善经济待遇。学生成绩太差，品德不好，不听教导，可令其退学。

（二）唐代的私学

　　唐代私学遍布城乡，制度不一，程度悬殊，既有名士大儒的传道授业，也有村野启蒙识字的私立小学。退休的国子学等学校的博士和被贬的官员都可以再立馆授徒，他们主要是讲授经学。韩愈（公元 768 年—公元 824 年）、柳宗元（公元 773 年—公元 819 年）被贬时，许多学生不远数千里拜他们为师。山野私立小学主要是启蒙教育，流行的蒙学课本，除汉代的《急就篇》、梁代的《千字文》外，还有《兔园册府》《太公家教》《蒙求》等书。此外，还讲授一些诗歌。元稹（公元 779 年—公元 831 年）在《居易集》的序中说："予常于水平市见村校诸童竞习歌咏，召而问之，皆对曰：'先生教我乐天（即白居易）、微之（即元稹）诗。'"由此可见，农村私立小学学诗的风气颇为盛行。

五、宋代的书院

　　宋代的学校教育基本上是模仿唐代而有所增新。中央官学是在国子监下设置教授经学的国子学、太学（四门学、广文馆及辟雍存在时间短暂），传授各种专门知识和技艺的律学、医学、算学、书学、画学和武学。地方仍照唐制按地方行政区域建立学校。宋地方行政区分路、州（府、军、监）及县三级，各级设置学校教授儒学的四书五经。

宋代教育最有特色的是书院。

书院多为著名学者私人创建或主持的高等学府。

书院名称始于唐代,原为藏书与修书之所。南唐升元四年(公元 940 年)建立的庐山白鹿洞国庠,是含有教育性质的书院之始。

唐末五代时期,由于连年战乱,官学废弛,教育事业多赖私人讲学维持。宋初的统治者仍在忙于军事征讨,无暇顾及兴学设教。在这种学官失职、官学徒有其名的情况下,一些在官场失意的大小官吏和散居民间的有德有识的知识分子,利用原有的学校旧址或选择山林僻静处筑庐设院,招徒授业,传播文化,切磋学问,培育人才,因而教育的重心便转移到私家讲学的书院之中,形成影响极大、特点突出的教育组织。

北宋初年,著名书院有四:石鼓书院、白鹿洞书院、应天府书院与岳麓书院。南宋时书院迅速发展,遍及府、州、郡、县,成为中国教育史上书院制度最为盛行的时期。著名的书院也有四个:白鹿洞书院、岳麓书院、丽泽书院与象山书院。其中以朱熹的白鹿洞书院影响最大。四大书院或是私人设置,或是地方郡守修建,均不纳于官学系统之中。书院的主持人称为山长。

书院以理学及心学的教育思想为指导,反对以追逐科举及第为直接目标的学校教育和社会风气,强调教育的首要任务是培养人的德行。大师以"人师"自律,弟子以"正其谊不谋其利"自策。书院教育重在陶冶人的品格。

书院的教学盛行自由讲学,形成了自己独特的教学风格。教学采取自学、共同讲习和教师指导相结合的方式进行,而以自学为基础。书院提供充分的书籍条件。教师十分注意对学生进行读书和研究学问方法的指导,倡导学生、师生、师友之间开展学术争辩,学术上的争论并不影响彼此情谊。

学生入官学要受籍贯限制,而书院没有这一约束,学生可以越出本籍自由辗转千里择师。书院允许学生中途转换教师。师德高尚的教师还主动向弟子推荐比自己高明的教师。

宋代的书院经元明至清末,对中国古代教育、学术的发展和人才的培养,都产生了重要的影响。

六、明清的学校教育

明清时期为了加强封建专制统治,都非常重视学校教育,把学校教育与科举考试紧密联系在一起,规定科举出身必须经过学校的培养。明代的学校继承唐宋元历代形制,同样是分为国家建立的官学和私人办的私学。国家办的学校统称儒学。官学分为中央学校和地方学校两种。中央直属学校有国学、宗学、武学,尤其以国子监最为重要。

(一)国子监

明初将国子学改为国子监,在南京和北京各设一所,称为南监和北监。管理国子监的官员称为祭酒,国子监教师有博士、助教、学正、学录。

国子监学生称为监生。与唐宋的国子学最大的不同是,国子监打破了高官贵族对学校生源的垄断。监生依其来源分为五类:一是在京会试落榜的举人,由翰林院择优送入监内读书,称为举监;二是地方官学生员选拔入监的,称为贡监;三是一定级别以上的官员及功臣后代,称为荫监;四是缴纳钱物而买到的监生资格,称为例监,亦称捐监;五是外国留学生,称为夷生。

国子监以四书五经为主要教材,以程朱理学思想为统一的标准。此外,还要加授《刘向说苑》以及律令、书数、御制大诰。各科课程每个月考试一次。学业分为初、中、高三等,考试成绩及格逐步升级。初级一年半,中级一年半,高级一年。高级考试及格发给出身资格,即毕业证书。毕业后可派充相应的官职,不及格者仍留校继续学习。

国子监生学习至一定年限,须分拨到政府各部门实习吏事,称历事。实习三个月,经考核,上等者报吏部候补,但须回监再学习一年,始正式授官。

国子监对监生的学习、饮食、衣服、起居、出入等皆有严格的管理规则,违规者给予相应的处分。

监生享受优厚的待遇,鼓励读书。膳食、衣冠、被子由国家供应;年节发给赏钱;已婚的养及妻子,未婚的赐钱婚聘;省亲回籍赐衣、赐钱作为路费。

(二)宗学、武学

宗学是皇帝宗室的贵族子弟学校,招收世子、长子、众子、将军、中尉年未弱冠者入学。由宗正主管,教师由王府长史、纪善、伴读、教授等官中学行优长者担任。学习四书五经外,还要学习《皇明祖训》《孝顺事实》等。

武学是军人子弟学校。在京城和地方府州县皆有设置。课程学习儒家的四书五经和武学科目,如《武经七书》《百将传》等。

(三)地方学校

明代地方行政区划分为省、府、州、县四级,设有府学、州学、县学三级学校。三级学校是平等的。提学官掌握一省的教育行政大权。学生分为三等资格:第一等叫廪膳生,第二等叫增广生,第三等叫附学生。课程分为礼(包括经、史、律、诰、礼仪等)、射(射箭)、书(书法)、数(数学)四类。在学期间有月考、岁考、科考三种。月考由教官主持,岁考和科考由提学官主持。岁考成绩分六等,一、二等奖励,三等平常,四等惩责,五等降级,六等除名。考一、二等的参加复试,称为科考。科考分一、二、三等,一等的有资格参加科举的乡试,不必再留校,相当于毕业,其余的继续留校学习。

官办的地方学校还有社学。社学是设在城镇和乡村地区的学校,以民间子弟为教育对象,主要学习《三字经》《百家姓》《千字文》等,然后学习经、史、历、算等知识。

明代的民间私塾和书院大体与宋代相同。

(四)清代末年的教育改革

清代前期的学校教育与明代大同小异。受西方影响,清末"新政"当中对教育进行了一些重大改革,主要是"停科举""设学堂"和"奖游学"三项内容。

1901 年 9 月,慈禧太后颁发谕旨,称"人才为政事之本,兴学育才为当务之急⋯⋯除京师已设大学堂,应行切实整顿外,著各省所有书院,于省城均改设大学堂,各府及直隶州均改设中学堂,各州县均改设小学堂⋯⋯著各该省督抚、学政,切实通饬,认真兴办"。1902 年,清政府公布了由管学大臣张百熙主持拟定的我国第一部确立新式学制系统的《钦定学堂章程》(又称"壬寅学制")。1904年,清政府审定颁发了由张百熙、张之洞、荣庆等重订的《奏定学堂章程》(又称"癸卯学制")。1905 年,清朝废除了科举,建立了京师大学堂(即现在的北京大学)、清华学堂等一些重要学府,同时委派了好几批留学生到欧美各国学习近代的先进科技知识。中国的教育从此进入了一个崭新的发展阶段。

第二节 中国古代的家庭教育

家庭教育是人类有家庭以来最初最古老的教育。中国古代的家庭教育作为学校和社会教育的辅助手段,传承了中国几千年的历史文明,对培养一代又一代的杰出人才、形成民族文化传统做出了重要贡献,是中国历史文化中绚丽的一页。

一、家庭教育的内容

(一)立志教育

志向是人生奋斗的目标,前进的动力,无论是平民之家还是帝王将相之族,都把立志作为家教的首要内容。历代的平民之家在孩子刚刚懂事的时候教他的儿歌,如"颠颠颠,骑大马,做大官","抬抬抬,发大财"等,即立志的启蒙教育。

家教立志的典范当数诸葛亮的《诫外甥书》:"夫志当存高远。慕先贤,绝情欲,弃疑滞。使庶几之志,揭然有所存,恻然有所感;忍屈伸,去细碎,广咨问,除嫌吝。虽有淹留,何损于美趣,何患于不济。若志不强毅,意不慷慨,徒碌碌滞于俗,默默束于情,永窜伏于凡庸,不免于下流矣。"

魏晋南北朝时期杰出的玄学家嵇康的《家诫》,告后辈要立志,志之必坚。他说:"人无志,非也","若志之所至,则口与心誓,守死不二,耻躬不逮,期于必济"。否则立志不坚,"中道而废",功败垂成,将抱恨终生。

南北朝时期中国著名思想家、教育家颜之推的《颜氏家训》中教育子弟如何修身、治家、处世、为学等,说:"有志尚者,遂能磨砺,以就素业;无履立者,自兹堕慢,便为凡人。"

(二)伦理道德教育

德育历来是中国古代家庭教育的核心内容,并因此逐渐形成"遗子以财,莫若以德"的德教之风。古代家教中的修德是多方面的,主要有:

1.孝悌

家庭是社会的细胞,对父母和长辈尽孝,兄弟之间相亲相爱,是家庭和睦的根本,家和万事兴。《周易·家人》这一卦的卦辞中说:"教先从家始","正家而天下定矣"。孔子曰:"弟子入则孝,出则弟(悌),谨而言,泛爱众而亲仁,行有余力,则以学文。"家教以"孝悌"为核心,是我国古代家庭教育的一大特色。历代的"家训"无不把孝悌作为训诫子弟的内容。著名的"二十四孝"是中国古代家家对儿童、青少年讲述的故事。

2.忠廉

"忠君报国当忠臣,廉洁奉公当清官"是中华民族世世代代进行家教的内容。岳母教育儿子"精忠报国",刺字于背,使岳飞成为忠君报国的楷模。包拯教育子孙:"后世子孙仕官,有犯赃者,不得放归本家,亡殁之后,不得葬于大茔之中,不从吾志,非吾子孙。"

3.勉学

中华民族自古以来就是重视学习的民族,教育子孙致力于学习。掌握知识和技术是安身立命之本。孔子曾教育儿子:"不学《诗》,无以言。不学《礼》,无以立。"欧阳修教诲其子要苦学以成人:"玉不琢,不成器,人不学,不知义。然玉之为物,有不变之常德,虽不琢以为器,而犹不害为玉也;人之性因物则迁,不学则舍君子而为小人。"只有刻苦学习,才能达到追求的目标,不学则无以立。

前辈向晚辈传授谋生技能是中国古代家教的重要组成部分。

《颜氏家训·勉学篇》中也指出:"人生在世,会当有业。农民则计量耕稼,商贾则讨论(就某一问题交换意见或进行辩论)货贿,工巧则致精器用,伎艺则沉思法术,武夫则惯习弓马,文士则讲议经书。"就是说人生在世,需要有谋生的事业,有一技之长。中国古代往往是职业世袭,所谓"书香门第""礼乐世家""将门出虎子""士之子恒为士、工之子恒为工、商之子恒为商、农之子恒为农",其中一个很重要的原因就是不同的家教使然。

4.勤俭

勤俭持家是中华民族的美德,教育子孙勤俭修德几乎是每个家庭都有的家教。明代思想家朱柏庐的《朱子治家格言》中说:"勤于俭,治生之道也。不勤,则寡入;不俭,则妄费。寡入则财匮。财匮,则苟取。"明嘉靖进士周怡写给儿子的家训《勉谕儿辈》中说:"由俭入奢易,由奢返俭难。饮食衣服,若思得之艰难,不敢轻易费用;酒肉一餐,可办粗饭几日;纱绢一匹,可办粗衣几件;不馋不寒足矣,何必图好吃好着?常将有日思无日,莫等无时思有时,则子子孙孙常享温饱矣。"

5.处事

从家庭的角度来讲,知孝悌、懂伦理是对内的生存规则,学会为人处世则是对外的生存规则。所以,在我国古代,各类家庭无不谆谆教导其子女为人处世的道理。宋朝的邵雍教育子弟"人应从善弃恶",要做到"目不观非礼之色,耳不听非礼之声,口不道非礼之言,足不践非礼之地,人非善不交,物非义不取"。《颜氏家训·风操篇》中也系统阐明了处世的道理,在与人交往中,首先要"言语纯朴""称呼得体",还要做到"尊重人情""忌日不乐"以及"交友重义""茶敬待客"。古代先贤教育子孙多爱引证孟子的一句:"穷则独善其身,达则兼济天下。""善其身""济天下"堪称我国古代处世文化中的精髓。

二、家庭教育的方式方法

(一)重视胎教和自幼施教

教育孩子同培育树苗一样,要自幼加以扶持和带领,使他们向着正确的方面发展。我国古代家教十分重视胎教和学前教育。蒙学家王相在《三字经》注中提到胎教时,告诫人们,孕妇"目不视恶色,耳不听淫声,不出乱言,不食邪味,常行忠孝友爱慈良之事,往往生子聪明,才智贤德过人,此未生之胎教也"。颜之推《颜氏家训》指出:孩子未出生时要进行胎教,不懂事时要适当劝诱,懂事之后则要用家长的威严和慈爱,使孩子在饮食行为和道德作风等方面都养成一个好习惯。司马光《训子孙文》说:小孩一出生,就要慎择乳母,"必择良家妇人,稍温谨者";小孩能吃饭时,就教他用右手;小孩能说话时,则教他说本身的名字及一般的问候语;更大一点,懂些道理时,就教他怎么样恭敬长辈,"有不识尊卑长幼者,则严诃禁之"。

(二)因材施教,循序渐进

由于人的资质禀性不尽相同,兴趣爱好相差更远,因此要因其材而施其教。

项羽就曾在其叔父指导下学文不成改学武,终成一代英雄。循序渐进的教育方法很早就出现在我国,如西周时期,周代贵族家庭就有按儿童年龄安排教育的制度。《礼记·内则》就对此进行过介绍:"六年,教之数与方名。七年,男女不同席,不共食。八年,出入门户及即席饮食,必后长者,始教之让。九年教之数日。十年,出就外傅,居宿于外,学书记。"

(三)以身作则,潜移默化

历代家庭教育重言传,更重身教。老子所谓的"不言之教",正是以自身的行为所进行的潜移默化的教育。

史载:曾子的夫人去赶集,他的儿子也要跟着去。曾子的夫人对儿子说:"你先回家,我回来杀猪给你吃。"曾子的夫人从集市上回来,看见曾子要捉小猪去杀。她就劝止说:"我只不过是跟孩子开玩笑罢了。"曾子说:"这可不能开玩笑啊! 小孩子没有思考和判断能力,要向父母亲学习,听从父母亲给予的正确的教导。现在你欺骗他,这就是教孩子骗人啊! 母亲欺骗儿子,儿子就不再相信自己的母亲了,这不是正确教育孩子的方法啊。"曾子为了实现这个承诺,真的把猪杀了给儿子吃肉。这个家喻户晓的家教故事,通俗而深刻地阐明了父母一旦有所承诺,就一定要守信兑现的道理。曾子用自己的行动教育孩子要言而有信,诚实待人。元代的郑太和就告诫为人父母者:"当以诚待下,一言不可妄发,一行不可妄为,庶合古人以身教之之意。"他认为家长的言行对孩子起着"潜移默化"的熏陶作用,做父母的教育子女,要随时随地把身教与言传结合起来,以身作则,才能使子女健康成长。

(四)训诫引导,慈严结合

凡善于教子弟者,并非只是一味地训诫,也要注意对子弟的循循善诱,恩威并施,在情感交融中申训诫大义。孟母"断杼"就是因势利导,诱使儿子勤学向善。训诫与引导相结合,反映了为家长者严与慈的一致。不能过严,过严易失子女的爱心;又不能过宽,过宽易失子女的敬意。战国末期的法家代表人物韩非就曾提出:"母厚爱处,子多败,推爱也;父薄爱教笞,子多善,用严也。"受时代局限,中国古代的家庭教育也存在"凡怒子弟,小则骂,大则笞","棍棒底下出孝子"的严厉家教,曾子就险些被他的父亲大棒打死,这是中国古代家教的糟粕。

(五)重视环境的作用

我国古代家庭教育中非常重视环境在儿童成长过程中的作用,如孟母三迁择邻的故事就是生动的例证。颜之推也曾强调:"与善人居,如入芝兰之室,久而自芳也;与恶人居,如入鲍鱼之肆,久而自臭也。墨子悲于染丝,是之谓也。"

思考题

1.中国古代的教育是怎样产生的？

2.中国古代的学校教育有几种形式？如何评价？

3.简述中国古代的家庭教育的主要特点。

4.简要解释：国学、乡学、太学、有教无类、书院。

第十六章　中国古代的科学技术与五大发明

学习目的

　　通过本章的学习,掌握中国古代科学技术的特点,了解中国古代科学技术的辉煌成就,及其在中国与西方经济、政治、文化交流中的重要作用和对世界文明发展做出的贡献,从而增强爱国主义情感。

主要内容
- ● 中国古代科学技术的特点
- ● 中国古代科学的主要成就
- ● 中国古代的五大发明

　　中国古代科学技术,曾长期处于世界领先地位,为整个人类文明的进步做出了重大贡献。英国著名科学家李约瑟在其著作《中国科学技术史》中指出,中国人"在许多方面有一些科学技术发明,走在那些创造出著名的希腊奇迹的传奇式人物的前面,和拥有古代西方世界全部文化财富的阿拉伯人并驾齐驱,并在公元三世纪到十三世纪之间保持一个西方望尘莫及的科学知识水平"。中国古代科学技术在漫长的发展过程中形成了独具特色的体系,取得了辉煌的成就。

第一节　中国古代科学技术的特点

　　中国古代科学技术涉及领域众多,内容丰富多样,但它终究扎根于中国人的思维模式和精神特质,因而具有鲜明的中国特色。

一、实用性

一般来说,凡是科学技术都有它实用性的特质,但中国古代科技和西方比起来,其实用性则表现得更充分、更明显,更倾向于追求功利。这一特点的形成有着深刻的社会历史原因。中国自古以来就是一个农业大国,其发展无不打上农业的烙印。农业生产中遵循着"人勤地不懒""种瓜得瓜,种豆得豆"的原则,于是人们形成了重实际、求功利的思维模式。它是以农为本的社会生产和生活的需要。这一思维模式正是中国古代科学技术实用性特点赖以生存的土壤。同时,在中国古代社会,统治阶级政治与军事的实际需要也要求中国古代的科学技术向着实用、功利的方向发展。中国古代科学技术无不以"实用"来规范自己的道路,如中国古代的农学、天文学、数学的长足发展都是其实用性特点的体现。中国古代历代统治者都认识到,只有仓廪实、衣食足,人民才能守礼节、知荣辱,因而都非常重视农业的发展,皇帝常把各地农业收成的好坏作为考核地方官吏政绩的标准,这就使得农学朝着实用性的方向发展。中国农学史中的两部巨著《齐民要术》和《农政全书》充分体现了其指导人民生产和生活的实用性。《齐民要术》的写作目的就是要教会人们务农的方法。《农政全书·凡例》中说徐光启"生平所学,博究天人,而皆在实用"。另外,中国古代农学著作中常提及耕作技术、农具制作、农田水利等内容,其实用性可见一斑。中国古代天文学中的历法体系相当发达,它一方面成为统治者改朝换代、篡位夺权、祈祥避灾的工具;另一方面则指导人民的生产与生活实践,如历法中设置的"二十四节气"就是对人们耕作与收获的提醒与指导。中国古代的数学从一开始就具有较强的实用性。最初产生的"筹算"就是直接来源于实际生活的应用运算,后来演变成珠算,但仍未脱离实际应用的范畴,都是为了解决农业生产及生活中的实际问题。可见,中国古代科学技术无不打上"实用"的烙印。

二、整体性

李约瑟在《中国科学技术史》一书中指出:"在希腊人和印度人发展机械原子论的时候,中国人则发展了有机宇宙哲学。"也就是说,在中国历史上,人们侧重于综合,从整体上对事物进行研究和把握,这一哲学倾向正是中国古代科学整体观所植根的思想土壤。整体性原则在中国古代科学技术各个领域均有所体现。中国古代农学理论著述中,如《吕氏春秋》中的《上农》等篇,无不强调把天、地、人作为一个有机整体,强调要获得好的收成就必须把这三个要素综合考虑、有机结合,并进行统筹规划。传统的中医理论不仅把人放在自然环境和社会环境的整体中去剖析病症,而且也把人体当成一个有机整体来对待,认为人体各脏器、器官和组织通过经络系统的联结作用,并通过气、血、津液等在周身的循环不息的运行,使人体的内脏与躯壳、五官九窍、四肢百骸,形与神构成一个统一的系统,它们相互协调、相互作用,在病理变化中相互影响。在中国古代天文学中,人们更多的是借助天文学探求不同天象与人间万象的联系,以天象变化来预测、解读人事。丰富的天象记录,不过是为了探寻天人之间联系的奥秘,人们一直将天、人当作一个整体来看。

三、直观经验性

中国古代科学技术由于受中国传统思维方式的影响,具有明显的直观经验性,其成果基本停留在直观经验的概括上,"详于法而不著理",重经验概括而不重逻辑推理。如古代天文学中,天文记录从甲骨卜辞时代就开始了,以后历朝历代对天文现象的观察和记录都非常详细,但缺少逻辑的分析与推理。比如哈雷彗星从春秋到清末共有记录三十一次,但中国古代天文学家只是停留在经验观察和猜测上,从来没有进行归纳总结,终究没能发现其运行规律,最后还是英国天文学家哈雷发现了这一规律。再如中国古代农学,虽然著述颇丰,但多是对农业生产经验的概括性总结,未能形成理论体系。

第二节　中国古代科学的主要成就

中国自古以农立国,在众多的古代科学门类中,农学的地位非常突出。与农学有着密切联系的天文学、数学和医学在中国古代也得到了长足的发展,进而形成了具有鲜明中国特色的四大学科,并取得了辉煌的成就。

一、农学

中国古代农学成就最突出地体现在大批农学著作的涌现中,它们既是中国古代农事经验的结晶,又对农业的发展起到积极的指导作用。在丰富的农学著作中,《齐民要术》《王祯农书》《农政全书》号称三大农书,最负盛名。

(一)《齐民要术》

北魏贾思勰所著的《齐民要术》是中国现存最早而又最完整的农学著作,是中国古代农业体系形成的标志。全书共十卷,九十二篇。内容包括农、林、牧、副、渔各个方面,涉及范围极广,总结了从西周到北魏一千六百多年的农业生产技术经验。书中所记述的绿肥轮作制是我国古代农民的重要创造,它认识到气候有一年四季的变化,土壤有温寒、燥湿、肥瘠之分,农作物的生长既有自己的规律性,又因时因地各有所宜,强调天时、地利和人力三要素,主张把三者有机地结合起来,强调因时制宜、因地制宜、精耕细作、合理经营,对中国古代农业生产有深刻影响。书中还总结了中国北方的抗旱、保墒、施肥、无性繁殖、嫁接等农业生产技术,总结了马、驴杂交优生,禽畜去势催肥,微生物发酵以及家畜饲养等经验。《齐民要术》是中国古代最重要的农业科学著作,在世界农学史、生物学史上占有重要地位。

(二)《王祯农书》

元代王祯所著的《王祯农书》是中国古代又一部重要的农学著作,全书分三部分:《农桑通诀》《百谷谱》《农器图谱》。《农桑通诀》具体说明了农桑的起源,泛论农、林、牧、副、渔各项技术和经验,强调天时、地利、人力共同决定农业生产的思想。《百谷谱》叙述了谷子、水稻、麦等粮食作物以及瓜、菜、果树的栽培、保护、收获、贮藏、利用等技术和方法,也包括了林木、药材等植物的种植和利用。《农器图谱》是该书的一个创举,三百零六幅图中大部分都是当时农用实物的写真,并附有文字说明,具有很强的实用性。《王祯农书》对农田水利的认识是比较系统全面的,能注意到水的综合利用,把灌溉和航运、水利、水产等结合在一起考虑安排。另外,书中编绘的"授时指掌活法之图"是王祯的创新之处。他把星躔、季节、物候、农业生产程序灵活而紧凑地联成一体,把"农家月令"的要点全部集中总结在一个小图中,即"授时指掌活法之图",非常实用。《王祯农书》是中国农学的珍贵遗产。

(三)《农政全书》

明代徐光启所著的《农政全书》是中国古代农学的集大成之作。全书共六十卷,分成十二目:"农本"(经史典故、诸家杂论、国朝重农考);"田制"(井田考和《王祯农书》中的各种田制图);"农事"(营治、开垦、授时、占候,以屯垦为重心);"水利"(水利工程、农田水利、《泰西水法》);"农器";"树艺"(谷物、蔬菜、果树);"蚕桑";"蚕桑广"(木棉、苎麻);"种植"(经济作物);"牧养";"制造"(食品、房屋);"荒政"(备荒,附《救荒本草》和《野菜谱》)。该书资料充实,内容广泛,从历朝的农业典制、技术政策到一般农业生产技术措施,从水利工程到农具的制造,从新引入栽培的作物到野菜谱等,无所不包。与以往的农书相比,《农政全书》突出之处就是它系统而集中地记述了屯垦、大规模的水利工程、备荒三项,这三项不是一般的农业生产技术措施,而是保证农业生产和农民生命安全所必需的。《农政全书》堪称中国古代农学之巨著。

二、天文学

中国古代天文学在中国古代社会的生产和生活中产生并发展,其成就颇丰,在中华民族悠久的文化史上写下了光辉的一页。

(一)天象记录

中国古代的天象记录,不但在时间上比世界其他国家早,而且也最完备、最详尽可靠。《尚书·胤征》记载了世界上最早的日食现象:"乃季秋月朔,辰弗集于房。"春秋以后,史书中多有日食记录。据统计,自春秋至清初,中国有详细的日食记录一千多次,月食记录约九百次,新星、超新星记录有六十多次。现今世界公认最早的太阳黑子记录见于《汉书·五行志》:"河平元年三月乙未,日出黄,有黑气大如钱,居日中央。"从汉代到明代,我国关于太阳黑子的记载逾百次之多。美国天文学家海耳曾指出:"中国古人测天的精勤,十分惊人。黑子的观测,远在西人之前大约两千年。历史记载不绝,而且相传颇确实,自然是可以征信的。"世界上最早对哈雷彗星的记录见于《春秋》:"秋七月,有星孛入于北斗。"从春秋战国到清末,有关哈雷彗星的记录共三十一次,各类彗星记录不下五百次。法国人巴尔代在研究了《彗星轨道总表》后断言,彗星记录最好的,当推中国的记载。有关流星雨的记载,也是中国最早,记述达一百八十多次,而且描述生动、精彩。如《宋书·天文志》中所载:"大明五年……三月,月掩轩辕……有流星数千万,或长或短,或大或小,并西行,至晓而止。"这是关于天琴座一场流星雨的翔实记载。诸如上述的中国古代天象记录非常丰富,它们是世界天文科学的珍宝,对现代天文学研究仍有重要的参考价值。

(二)天文理论

中国古代在宇宙理论方面留下了丰富的遗产。

盖天说　盖天说最为古老,第一次盖天说认为"天圆如张盖,地方如棋局",意为天是圆形的,像一把张开的大伞覆盖在地上;地是方形的,像一个棋盘;日月星辰则像爬虫一样过往天空。而第二次盖天说载于《周髀算经》,认为天是半圆形的,地是拱形的,日、月、星辰附着天而平转,不能转到地的下面。它比第一次盖天说有所进步,能解释一些天文现象;但理论的错误导致推算与天象不符,遂逐渐被浑天说取代。

浑天说　东汉张衡所著《浑天仪图注》是"浑天说"的代表作。他说:"浑天如鸡子,天体圆如弹丸,地如鸡子中黄。孤居于天内,天大而地小。天表里有水,天之包地,犹壳之裹黄。天地各乘气而立,载水而浮……天转如车毂之运也,周旋无端,其形浑浑,故曰浑天。"可见浑天说比盖天说进了一步,它认为天不是一个半球形,而是一个圆球,地球在其中,就如鸡蛋黄在鸡蛋内部一样。浑天说以对天象的直观观察为基础,能较好地解释一些天体的运动,在历法中有较大实用意义。这一说法在中国古代天文领域称雄了上千年。

宣夜说 宣夜说由东汉前期的郗萌作了系统的总结和明确的表达。他指出"天了无质,仰而瞻之,高远无极",不存在一个"固体"的天球。他还指出:"日月众星,自然浮生虚空之中,其行其止皆须气焉。"(《晋书·天文志》)他从正面提出了日、月、星辰悬浮于宇宙空间,并依靠气的作用而运动的观点。宣夜说描述了一幅日、月、星辰在物质的无限空间运动的图景。这些见解比浑天说和托勒密的地心说都要高过一等,是中国古代一种朴素的无限宇宙观念。中国古代天文学理论成就启发了现代天文理论,为世界天文学发展做出了重要贡献。

(三)历法

中国古代天文学成就最突出的表现就是发达的历法系统。夏商周时期,我国就已出现了历法。春秋末年则出现了"四分历"。四分历规定,一回归年的长度为 365 日,朔望月的长度为 29 日,19 年中置 7 个闰月,这在当时是十分先进的。此后中国的历法不断改进,有代表性的有秦代的《颛顼历》、西汉的《太初历》和《三统历》、东汉的《乾象历》、南北朝的《大明历》、唐代的《大衍历》、南宋的《统天历》、元代的《授时历》等,使中国古代历法愈加趋于成熟。其中以汉代的《太初历》和元代的《授时历》最为著名。

《太初历》 《太初历》由落下闳、邓平等人编制,于汉武帝太初元年(公元前104 年)颁布实施。它规定一年等于 365.2502 日,一月等于 29.53086 日;将原来以十月为岁首改为以正月为岁首;开始采用有利于农时的二十四节气;以没有中气的月份为闰月,调整了太阳周天与阴历纪月不相合的矛盾。这是我国历法上一个划时代的进步。《太初历》还根据天象实测和多年来史官的记录,得出 135个月的日食周期。《太初历》不仅是我国第一部比较完整的历法,也是当时世界上最先进的历法。

《授时历》 《授时历》由郭守敬、许衡、王恂、杨恭懿等编制,颁布于元世祖至元十八年(公元 1281 年),是中国古代历法中使用最久的历法。它以 365.2425天为一年,较之地球绕太阳公转一周的实际时间仅差 26 秒,其在天文数据、计算方法等方面都臻于完善,被称为中国古典系统历法的终结之作,比西方的格里高利历(现行国际通行的公历)要早三百多年。

三、数学

数学素有"科学之王"的美誉,它是衡量一个国家科技发展水平的重要标志。中国古代的数学取得了辉煌的成就,堪称世界一流。

(一)十进位值制

中国古代数学最值得一提的是十进位值制,它对世界文化贡献巨大。从有文字记载开始,中国的记数法就遵循十进制。商代甲骨文中和西周的钟鼎文中的自然数已经采用十进位值制,人们用一、二、三、四、五、六、七、八、九、十、百、千、万等字的合文来记十万以内的自然数。这种记数法远远领先于其他民族,古罗马人用七个基本符号、古希腊人用二十七个字母表示一千以内的数,美洲玛雅人采用二十进制,古巴比伦用六十进制,均不及中国的十进制科学。印度到 6 世纪才开始使用十进位值制。中国人创造的十进位值制记数法对世界影响巨大,曾被马克思称为"最妙的发明之一"。英国李约瑟说:"如果没有这种十进位制,就几乎不可能出现我们现在这个统一化的世界。"

(二)《周髀算经》

《周髀算经》是中国流传至今的一部最早的数学著作,也是我国最古老的天文学著作,约成书于公元前 1 世纪,原名《周髀》,主要阐明当时的盖天说和四分历法。唐初规定它为国子监明算科的教材之一,故改名"周髀算经"。《周髀算经》在数学上的主要成就是介绍了勾股定理及其在测量上的应用以及怎样引用到天文计算中。《周髀算经》记载了勾股定理的公式与证明,相传是在商代由商高发现的,故又称为商高定理,比古希腊的毕达哥拉斯定理早五百多年。

(三)《九章算术》

《九章算术》是中国古代数学的代表性成就之一,标志着我国数学体系已基本形成,约成书于公元 1 世纪。全书共九章:"方田"(田亩面积计算)、"粟米"(谷物粮食按比例折换)、"衰分"(按比例分配问题)、"少广"(已知面积、体积,求其一边长和径长等)、"商功"(土石工程、体积计算)、"均输"(合理摊派赋税)、"盈不足"(即双设法问题)、"方程"(一次方程组问题)、"勾股"(利用勾股定理求解的各种问题)。其中涉及二百四十六个数学问题,概括了汉以前的数学知识,其中运用的开平方,引入的负数概念和正负数的加减运算、分数运算等在当时居于世界领先地位。《九章算术》对中国古代数学的发展具有重要的奠基意义,对世界数学发展都具有重要影响,该书的一些知识还传播至印度和阿拉伯,甚至经过这些地区远至欧洲。

(四)《数学九章》

《数学九章》是中国古代数学的又一部重要著作,其作者为南宋秦九韶。全书共十八卷,九章九类,即"大衍类""天时类""田域类""测望类""赋役类""钱谷类""营建类""军旅类""市物类",每类九题,共计八十一题,内容丰富,上至天文、星象、历律、测候,下至河道、水利、建筑、运输,涵盖各种几何图形和体积及钱谷、赋役、市场、牙厘的计算和互易。书中提出的"大衍求一术",即一次同余式组解法,是中世纪世界数学的最高成就,比西方著名数学家高斯建立的同余理论早五百五十四年,被西方称为"中国剩余定理"。而书中提出的"正负开方术",即任意高次方程的数值解法,也是中世纪世界数学的最高成就,比英国人霍纳的同样解法早五百七十二年。《数学九章》代表着当时中国数学的先进水平,也标志着中世纪世界数学的最高水平。

(五)割圆术和圆周率

圆周率的研究是中国古代数学的一项重大成就。圆的周长与直径的比叫圆周率,通常用希腊字母"π"表示,是数学中的一个重要常数。魏晋之际的数学家刘徽对"π"值进行了长期的研究,创立了"割圆术"和极限方法,求得圆周率近似值为3.14。到南北朝时,中国古代著名数学家祖冲之继续研究圆周率,最终把圆周率精确到小数点后第七位,即"π"在3.1415926和3.1415927之间,并用355/113(密率)和22/7(约率)两个近似分数值表示。这比欧洲早一千多年,在当时居于世界最高水平。

中国古代数学在宋元时期达到繁荣的顶点,涌现了一大批卓有成就的数学家。其中秦九韶、李冶、杨辉和朱世杰成就最为突出,被誉为"宋元数学四大家"。

秦九韶(公元1202年—公元1261年),字道古,安岳(今四川安岳)人。如前所述,其代表作为《数学九章》,创造了"大衍求一术""正负开方术",不仅在当时处于世界领先地位,在近代数学和现代电子计算设计中,也起到了重要作用。

李冶(公元1192年—公元1279年),字仁卿,号敬斋,真定府栾城县(今河北栾城)人。其代表作为《测圆海镜》,他的研究工作是多方面的,包括数学、文学、历史、天文、哲学、医学等领域,其中最有价值的工作是对"天元术"进行了全面总结,标志着我国传统数学符号代数学的诞生。

杨辉,字谦光,钱塘(今浙江杭州)人,生平履历不详。其著作有《详解九章算法》《日用算法》《田亩比类乘除捷法》《乘除通变本末》(与他人合编),以及《续古摘奇算法》(与他人合编)。他在《详解九章算法》一书中画了一张表示二项式展开后的系数构成的三角图形,称为"开方做法本源",现在简称为"杨辉三角"。

朱世杰(公元1249年—公元1314年),字汉卿,号松庭,寓居燕山(今北京附近),其代表作有《算学启蒙》和《四元玉鉴》。《算学启蒙》是一部通俗数学名著,曾流传海外,影响了朝鲜、日本数学的发展。《四元玉鉴》则是中国宋元数学高峰的又一个标志,其中最杰出的数学创作有"四元术"(多元高次方程列式与消元解法)、"垛积法"(高阶等差数列求和)与"招差术"(高次内插法)。朱世杰被西方科学史家誉为贯穿古今的一位最杰出的数学家。

四、医学

中国古代医学不仅具有悠久的历史，而且硕果累累，涌现出了大批医学著作，这里就其中较为重要的几部加以介绍。

(一)《黄帝内经》

《黄帝内经》是中国古代第一部系统的医学专著。其成书于战国晚期，包括《素问》八十一篇和《灵枢》八十一篇，各九卷。它分别从阴阳五行、天人相应、五运六气、脏腑经络、病机、诊法、治则、针灸等方面，结合当时哲学和自然科学的成就，进行了比较系统的理论概括。《黄帝内经》也是一部养生宝典。书中讲到了怎样治病，但更重要的是怎样不得病，怎样在不吃药的情况下就能够健康长寿，提出了"不治已病治未病，不治已乱治未乱"的观点。它是中国医药学发展的理论基础和源泉，被公认为中医学的奠基之作。

(二)《伤寒杂病论》

《伤寒杂病论》为东汉张仲景所著，是中国医学方书的鼻祖，被学术界誉为讲究辨证论治而又自成一家的最有影响的临床经典著作。该书成书在公元200年至210年前后，分为《伤寒论》和《金匮要略》两部分，前者论述了外感热病的诊治，后者叙述了疑难杂症的诊治。全书共收三百多药方，为中医方剂提供了变化和发展的依据。书中还创造性地提出了中医诊断学中的"六经辨证"和"八纲原理"，奠定了我国中医治疗学的基础。该书遂被后世医家尊称为"万世宝典"，张仲景也由此被尊称为"医圣"。

(三)《千金要方》

《千金要方》为唐代著名药学家孙思邈所著，该书的出现标志着中国古代中医学的成熟。该书共三十卷，系统地总结了自《黄帝内经》以后至唐初的医学成就，是一部科学价值较高的著作。书中对医德、本草、制药等都有独到的论述；其有关妇科、儿科的论述，奠定了宋代妇、儿科独立的基础；其治内科病提倡以脏腑寒热虚实为纲，与现代医学按系统分类有相似之处；其中将飞尸鬼疰(类似肺结核病)归入肺脏证治，提出霍乱因饮食而起，以及对附骨疽(骨关节结核)好发部位的描述、消渴(糖尿病)与痈疽关系的记载，均显示了相当高的认识水平；关于针灸孔穴主治的论述，为针灸治疗提供了准绳。《千金要方》素为后世医学家所重视，孙思邈本人也被尊称为"药王"。《千金要方》还流传至国外，产生了一定影响。

(四)《神农本草经》

《神农本草经》成书于汉代，撰人不详，"神农"为托名。它是我国现存最早的药物学专著。全书共三卷，记载药物三百六十五种(植物药二百五十二种，动物药六十七种,矿物药四十六种),分上、中、下三品,包括有毒的和无毒的,并对每一味药的产地、性质、采集和主治病症进行详细记述,系统总结了春秋战国以来的药物学知识。其中规定的大部分药物学理论和配伍规则以及提出的"七情合和"原则在几千年的用药实践中发挥了巨大作用,被誉为中国药物学的奠基之作,对后世药物学产生了深远的影响。

(五)《本草纲目》

《本草纲目》为明代李时珍所著,是中国古代药物学的最高成就。全书共五十二卷,一百九十多万字,收药物一千八百九十二种,载方一万一千零九十六个,涉及动物、植物、矿物、化学、地质、农学、天文、地理等诸多科学领域。在药物分类上,它采取了"析族区类,振纲分目"的科学分类。它把药物分为矿物药、植物药、动物药。其中,矿物药分为金部、玉部、石部、卤部等四部。植物药一类,根据植物的性能、形态及其生长的环境,区别为草部、谷部、菜部、果部、木部等五部;草部又分为山草、芳草、醒草、毒草、水草、蔓草、石草等小类。动物药一类,按低级向高级进化的顺序,排列为虫部、鳞部、介部、禽部、兽部、人部等六部。此外,还有服器部。这种分类法,已经过渡到按自然演化的系统来进行了。《本草纲目》不仅是我国一部药物学巨著,也是我国古代的百科全书。

中国古代科学除了以上所述的农学、天文学、数学、医学外,其他诸如地学、化学、生物学、物理学等学科也取得了许多成就,它们共同形成了中国古代独树一帜的科学体系。

第三节 中国古代的五大发明

中国古代发达的科学知识促进了科学技术的发展,其中尤以造纸术、印刷术、火药和指南针最为突出,一向被誉为中国古代对世界具有重大影响的四大发明。四大发明不仅是中国古代科学技术高度发达的标志,也是整个人类文明的重要里程碑,正如马克思所说:"火药、指南针、印刷术——这是预兆资产阶级社会到来的三项伟大发明。火药把骑士阶层炸得粉碎,指南针打开了世界市场并建立了殖民地,而印刷术则变成了新教的工具,总的来说变成了科学复兴的手段,变成了对精神发展创造必要前提的最强大的杠杆。"但人们忽略了中国先民们发明的养蚕技术和丝织技术,它是先于世界上任何国家的。它通过丝绸之路传播于世界各国,同样对世界文明发展做出了重大贡献,堪称古代中国的第五大发明。

一、造纸术

纸张是中国古人的重大发明。在上古时代,先民们主要依靠结绳记事,以后渐渐发明了文字,开始用木片、竹片、石片、兽骨、兽皮及缣帛等作为书写材料。但利用竹片、木片、石片、兽骨、兽皮作为书写材料太笨重,而利用缣帛作为书写材料又太昂贵,随着社会经济文化的发展,迫切需要寻找廉价易得的新型书写材料。经过长期探索和实践,中国古人终于发明了用植物纤维造成的纸。1957 年西安市东郊的灞桥出土了公元前 2 世纪西汉初期的古纸。经分析化验,它主要由火麻和少量苎麻的纤维所制成,这是现存世界上最早的植物纤维纸,证明早在公元前 2 世纪,中国劳动人民就已经发明了造纸术。《后汉书·贾逵传》记载:建初元年(公元 76 年),汉章帝命贾逵选择成绩优秀的太学生二千人,奖给"简、纸、经传各一通"。这说明当时已用纸抄写书籍。但麻纸质地粗糙,且数量少、成本高,仍不易普及。东汉元兴元年(公元 105 年),在宫廷中任尚方令的蔡伦,集中了以前造纸的经验,在漂麻造纸的基础上,以树皮、麻头、破布、破渔网等为原料,经过挫、捣、抄、烘等工艺制造纸,这一改进不仅扩充了造纸的原料来源,使造纸的成本大幅降低,而且提高了纸的质量。蔡伦把制造出来的一批优质纸张献给汉和帝刘肇,汉和帝十分赞赏他的才能,马上通令天下采用。蔡伦的造纸方法很快传遍各地。公元 114 年,蔡伦被封为"龙亭侯",民间便把他制作的那种纸称为"蔡侯纸"。蔡伦也被公认为造纸业的祖师。东汉以后,在蔡伦改进造纸方法的基础上,人们推陈出新,造纸术普及全国各地,出现许多各具特色的纸张。宣纸、蜀纸、苏纸、池纸等竞相媲美,尤以宣纸最为著称,获"纸寿千年"的美名,被推为"文房四宝"之一。从公元 6 世纪开始,中国造纸术相继传入朝鲜、越南、印度和日本。8 世纪传入阿拉伯地区。12 世纪,造纸术经阿拉伯传入欧洲。发明造纸术是中国对世界的伟大贡献。美国学者德克卜德曾评价说:"世界受蔡侯的恩惠要比受许多更有名的人恩惠更大","纸对后来西方文明整个进程的影响无论怎样估计都不过分"。

二、印刷术

中国古代的印刷品是世界上最早的印刷物。其印刷技术即将文字、图画等原稿经制版、施墨、加压等工序,使油墨转移到纸张、织品等材料表面上,批量复制原稿内容的技术。印刷术的特点是方便灵活,省时省力,可以批量生产。中国的印刷术经过雕版印刷和活字印刷两个发展阶段而不断完善。雕版印刷术始于隋朝。中国的印刷术源远流长。雕版印刷是由先秦时期的印章发展演变而来的。印章一般只有几个字,表示姓名、官职或机构。印文均刻成反体,有阴文、阳文之别。在纸没有出现之前,公文或书信都写在简牍上,写好之后,用绳扎好,在结扎处放黏性泥封结,将印章盖在泥上,称为泥封。泥封就是在泥上印刷,这是当时保密的一种手段。纸张出现之后,泥封演变为纸封,在几张公文纸的接缝处或公文纸袋的封口处盖印。据记载,北齐时(公元 550 年—公元 577 年)就已经有人把用于公文纸盖印的印章做得很大,很像一块小小的雕版了。晋代时道家使用的大木印四寸见方,刻有一百二十个字。佛教徒为了使佛经更加生动,常把佛像刻在木板上,印在佛经的卷首。这种刻字的大块木印和刻在木板上的佛像实际上已经是一块小型的雕版。碑石拓印技术和印染技术对雕版印刷技术的发明也有重要的启发作用。汉灵帝四年(公元 175 年),朝廷将《诗经》《尚书》《周易》《礼记》《春秋》《公羊传》《论语》等七部儒家经典共二十多万字,分刻于四十六块石碑上,立在太学门前,成为当时读书人的经典。魏晋六朝时,有人用纸将经文拓印下来,自用或出售,使其广为流传。用纸在石碑上墨拓的方法,直接为雕版印刷指明了方向。印染是在木板上刻出花纹图案,用染料印在布上的技术。印章、拓印、印染技术三者相互启发、相互融合。隋唐时期(公元 7 世纪左右),雕版印刷技术就应运而生了。早期印刷活动主要在民间进行,多用于印刷佛像、经咒、发愿文以及历书等。唐初,玄奘曾用回锋纸印普贤像,施给僧尼信众。1900年,在敦煌千佛洞里发现一本印刷精美的《金刚经》,末尾题有"咸同(唐懿宗年号)九年(公元 868 年)四月十五日"等字样。这是目前世界上最早的有明确日期记载的印刷品。北宋庆历年间(公元 1041 年—公元 1048 年),杭州书肆刻工毕昇根据实践经验,发明胶泥活字印刷技术,即在胶泥片上刻字,一字一印,用火烧硬后,便成为活字,以一个个活字编排成文后进行印刷。毕昇被后世尊为印刷术的始祖。元代的王祯改毕昇的"泥活字"为"木活字",并发明了转轮排字架,进一步提高了活字印刷术的效率和质量。印刷术先后传到朝鲜、日本以及中亚和西亚地区,并由阿拉伯人传至欧洲,为知识的广泛传播、交流创造了条件。中国印刷术被认为是世界科技史上最伟大的发明之一。

三、火药

火药即能够燃烧起火的药物,所以称为火药。因其呈黑色,人们称之为黑火药。黑火药是用硝酸钾、硫黄和木炭粉按照一定的比例(硝酸钾 75%,硫黄 10%,木炭 15%)混合而制成的。黑火药着火时,发生化学反应,硝酸钾分解放出的氧气使木炭和硫黄剧烈燃烧,瞬间产生大量的热和氮气、二氧化碳等气体。由于体积急剧膨胀,压力猛烈增大,于是发生爆炸,因此又称为炸药。火药作为中国四大发明之一,是人类文明史上的一项杰出的成就。火药的发明经历了一个长时间的探索过程,至今已有一千多年的历史。火药的发明源于中国古代的炼丹术。早在战国时代,道家的一些方士们为了追求长生不老而炼制丹药。在长达千百年的摸索炼丹中,至魏晋南北朝隋唐时期,炼丹家已经确知硫、硝、木炭三种东西混合在一起以火冶炼会发生强烈的反应,起火燃烧。《太平广记》中有一个故事,说的是隋朝初年,有一个叫杜子春的人去拜访一位炼丹老人,当晚住在那里。半夜杜子春梦中惊醒,看见炼丹炉内有"紫烟穿屋上",顿时屋子燃烧起来。这可能是炼丹家配置易燃药物时因疏忽而引起火灾。还有一本炼丹书《真元妙道要略》也谈到用硫黄、硝石、雄黄和蜜一起炼丹失火的事,火把人的脸和手烧坏了,还直冲屋顶,把房子也烧了。书中告诫炼丹者要防止这类事故发生。这说明唐代的炼丹者已经掌握了一个很重要的经验,就是硫、硝、木炭三种物质可以构成一种极易燃烧的药,这种药被称为"着火的药",即"火药"。由于火药的发明来自制丹配药,在火药发明之后,曾被当作治疮癣、杀虫和辟湿气、瘟疫的药类。大约在 10 世纪初的唐代末年,火药开始在战争中使用,最初爆炸性能不佳,主要是用来纵火。北宋时,火药和火药武器在军事上得到了广泛使用,北宋政府在首都汴梁建立了火药作坊,是专门制造火药和火器的官营手工业作坊。至南宋时,火药武器技术愈发先进,出现了突火枪,发明了有深远影响的以竹筒制成的管形火器,后来又把竹筒改为铁管或铜管,子窠用铁块等物质制成(类似子弹),然后利用火药爆破的张力把子窠推出去,这是后来步枪和子弹的雏形。继而古人又发明了炮,宋灭南唐夺取金陵时就使用了火炮,这使得宋朝成为世界史上最早使用"热兵器"的国家。13 世纪,火药由商人经印度传入阿拉伯国家,希腊人通过翻译阿拉伯人的书籍知道了火药,火药武器则是通过战争传到阿拉伯国家。成吉思汗西征,蒙古军队使用了火药兵器。公元 1260 年,元世祖的军队在与叙利亚的作战中被击溃,阿拉伯人缴获了火箭、毒火罐、火炮、震天雷等火药武器,从而掌握了火药武器的制造和使用技术。阿拉伯人与欧洲的一些国家进行了长期的战争,战争中阿拉伯人使用了火药兵器,在与阿拉伯国家的战争中,欧洲人逐步掌握了制造火药和火药兵器的技术。火药和火药武器的广泛使用是世界兵器史上的一个划时代的进步,使整个作战方法发生了翻天覆地的变革,中国的火药推进了世界历史的进程。

四、指南针

指南针又称指北针,主要组成部分是一根装在轴上的磁针,磁针在天然地磁场的作用下可以自由转动并保持在磁子午线的切线方向上,磁针的北极指向地理的北极。利用这一性能,人们可以辨别方向,常用于航海、大地测量、旅行及军事等方面。指南针是中国古代劳动人民在长期的实践中对物体磁性认识的结果。先民们很早就发现了磁石指极性的特性,并加以运用。战国时,人们把天然磁铁做成一个勺子,放在光滑的铜盘上,转动勺子,当勺子停下来时,勺把总是指向南方,称为"司南",这是我国最早的有史籍记载的指南工具。但司南指示方向的准确率并不高。北宋后期,人们将磁铁制成鱼形,并让鱼浮在水面,磁鱼静止后,鱼头总是指向南方,这就是"指南鱼"。后来,人们把磁铁磨成磁针,指南针由此产生。宋代科学家沈括在其著作《梦溪笔谈》中对指南针的制造与使用进行了详细的记载,并指出指南针是由方家(堪舆家)首先发明使用的,用"磁石磨针锋"的人工磁化方法制成,有"水浮法""指甲旋定法""碗唇旋定法"和"缕悬法"四种装置方法。书中还提到指南针"常微偏东",说明沈括已经注意到磁偏角,这是磁学史上一个非常重要的发现,比欧洲人早了四百多年。11世纪末,我国开始在航海中使用指南针。宋人朱或曾记述了公元1099年—公元1102年间,在海船上使用指南针的经过。公元1123年,徐兢到朝鲜去,回国后描述这次航海过程说,白天靠太阳定方位,晚上在海洋中不可停留,注意看星斗而前进,如果天黑可用指南浮针来决定南北方向。南宋时,把磁针与分方位的仪器组装成一个整体,这种新仪器叫针盘,或叫地螺(罗),也有叫子午盘、定盘针、经盘、罗盘的。公元1274年,南宋吴自牧所著《梦粱录》中记载:"风雨冥晦时,惟凭针盘而行。"元代还造成立针式指南工具——指南龟、指南鱼。张燮的《东西洋考·舟师考》记载,明代海上航行,"独恃指南针为导引,或单用,或指两间,凭其所向,荡舟以行"。中国的指南针,大约12世纪传到阿拉伯国家和欧洲,极大地促进了欧洲航海事业的发展,为哥伦布发现美洲大陆和麦哲伦的环球航行提供了重要条件。指南针的发明是中华民族对世界文明的又一伟大贡献。

五、养蚕技术与丝绸

中国是世界上栽桑、养蚕、丝织最早的国家。从汉代起,中国的丝绸不断大批地运往国外,开启了世界历史上第一次东西方大规模的商贸交流,成为世界闻名的产品。从中国到西方去的大路,被欧洲人称为"丝绸之路",中国也被称为"丝国"。

(一)中国古代养蚕丝织的起源与发展

古籍《皇图要览》记载上古史说:"伏羲化蚕,西陵氏始养蚕。"《史记·五帝本纪》记载:"黄帝居轩辕之丘,而娶西陵氏之女,是为嫘祖。嫘祖为黄帝元妃。"伏羲是古代传说中的中华民族的人文始祖,史家研究其所处时代约为距今8000年—7000年文明初开的新石器时代早期。黄帝时代是距今约6000年—5000年文明大发展的新石器中期。就是说伏羲时代已经知道利用野生蚕取丝,黄帝时期开始驯化家养蚕,缫丝织帛。

考古出土文物可与这些文献记载互相印证:1975年—1978年在浙江余姚河

姆渡村的新石器时代遗址(距今7000余年),发现一批纺织用的工具和一件牙质盅形器。这件盅形器周围用阴纹雕刻着类似蠕动的蚕的图形,配以编织花纹。把蚕和编制花纹连在一起,说明此时已经有了蚕丝织品。1958年浙江吴兴钱山漾良渚文化遗址发现了丝线、丝带和平纹绢残片。据发掘者报告:钱山漾遗址第二次发掘时,在探坑22出土不少丝织品,麻织品有麻布残片、细麻绳,丝织品有绢片、丝带、丝线等。经浙江纺织科学研究所等单位对出土丝织物鉴定,其结论为:家蚕丝织物、绢片为平纹组织,织物密度120根/寸,这说明良渚文明已经掌握了相当发达的养蚕和纺织技术。经碳14测定和从树轮校正的年代结果来看,其距今5300年以上,这是我国至今发现年代最早的丝织品实物。这些考古资料令人信服地证明,中国的养蚕、抽丝、丝织的起源年代远远早于黄帝时代。蚕神嫘祖不是养蚕、缫丝和织绸技术的发明者,最多只是一个集大成者。

夏代种桑养蚕和丝织生产有了较大的发展,已用多种织纹织成精美的丝织品,品种日益增多。殷代甲骨文中不仅有蚕、桑、丝、帛等字,而且还有一些和蚕丝生产有关的完整卜辞。甲骨文中还有关于蚕神和祭祀蚕神的记载,可见蚕桑在当时是一项非常重要的生产事业。商代开始出现绮、纱、縑、纨、縠、罗等许多种类的丝织品。有大量事实说明,丝织品在当时社会经济生活中越来越重要,已经成为货物交换的中间媒介。

在西周及春秋战国时期,养蚕织丝是妇女的主要生产活动。丝绸已经成为当时统治阶级衣着的主要原料。几乎所有的地方都能生产丝绸,丝绸的花色品种也丰富起来,主要分为绢、绮、锦三大类。锦的出现是中国丝绸史上一个重要的里程碑。

秦汉时期,丝织业不但得到了大发展,而且随着汉代中国对外影响的大规模扩展,丝绸的贸易和输出达到空前繁荣的地步。贸易的推动使得中原和边疆、中国和东西邻邦的经济、文化交流进一步发展,从而形成了著名的"丝绸之路"。

唐朝是丝绸生产的鼎盛时期,无论产量、质量和品种都达到了前所未有的水平。丝绸的生产组织分为宫廷手工业、农村副业和独立手工业三种,规模较前代大大扩充。同时,丝绸的对外贸易也得到巨大的发展。

宋元时期,随着蚕桑技术的进步,丝绸的花色品种有明显的增加,特别是出现了宋锦、丝和饰金织物三种有特色的新品种,同时对蚕桑生产技术的总结和推广也取得了很大的突破。

明清两代,由于资本主义的萌芽与发展,丝绸的生产与贸易也发生了较大的变化:丝绸生产的商品化趋势日渐明显,丝绸的海外贸易发展迅速。但是,封建制度对生产力的阻碍也十分突出,中国丝绸业在苛捐杂税和洋绸倾销的双重打击下,陷入了十分可悲的境地。

(二)中国古代丝织品的主要种类

中国古代丝织品主要有绫、罗、绸、缎、锦、缣、纱等重要品种。

绫 绫是斜纹地上起斜纹花的丝织物,是在绮的基础上发展起来的。战国、秦汉时的丝织物中已有这一品种,唐代绫的生产始盛,浙江所产缭绫尤为名贵。绫光滑柔软,质地轻薄,用于书画装裱,制作衬衫、睡衣等。

罗 罗是用纠织法以地经纱和绞经纱与纬纱交织,形成椒形绞纱孔隙的丝织物。

绸 绸专指利用粗丝乱丝纺纱织成的平纹织品,属中厚型丝织物。绸出现于西汉,在两晋南北朝时期,绸开始有粗、细之分。明清以来,绸成为丝织品的泛称。

缎 缎纹组织的丝织物,出现于宋代。缎的经纬丝中只有一种显现于织物表面,相邻的两根经丝或纬丝上的组织点均匀分布,不相连续,故外观光亮平滑,质地柔软,厚薄可根据用途进行调节,是极其富丽华美的高级丝织品种。

锦 锦是多彩提花熟丝织物。西周时期中国已经出现用两种以上的彩色丝线提花的重经织物"经锦"。战国时期,经锦技艺有了很大发展。东汉锦纹样概括而写实,人物与禽兽奔逐于动荡的云气山岳之中,充满着动感与力度。

唐代出现了纬线起花的纬锦,此后中国织锦就变成以纬线显花为主,可用多把不同色的纬梭轮换织造,从而丰富了织锦图案的色彩。至宋代,四川成都的蜀锦成为著名品种。明清时期,苏州生产的重锦、细色锦和匣锦闻名于国内外。

缣 缣是双根并丝所织的粗厚平纹丝织物。古代多用于书写。缣帛柔软而光滑,而且书写时易着墨,幅面大小也可以根据文字多少任意裁切,是书写文字的良好载体。

纱 纱是表面有均匀方形孔眼的纱组织丝织物。纱是我国古代丝绸中出现得最早的一种,它是由单经单纬丝交织而成的,因而质地轻薄。上乘的纱料,以蚕丝纤度匀细见长。素纱襌衣每平方米纱料仅重 15.4 克。

(三)中国古代丝绸的社会价值

丝织品的总称叫作帛,以麻、葛织成的织品称为布。帛在中国古代社会是一种非常珍贵的物品,具有重要的价值。其在经济、服饰、文化艺术上均散发出灿烂的光芒。

1.华贵的衣料

中国古代的衣料主要就是布与帛。广大下层民众多是用葛与麻织成的粗布,而贵族与官僚则是用帛。如皇帝的龙袍、官员的官服、各级贵族的常服等都是用各种不同的帛制成的,非常华贵。1972 年在湖南省长沙马王堆汉墓一号墓出土了一件素纱襌衣,这件纱衣主人名辛追,是西汉长沙国丞相利苍的妻子。纱衣共用料约 2.6 平方米,仅重 49 克,还不到一两,是世界上最轻的素纱襌衣和最早的印花织物,可谓"薄如蝉翼""轻若烟雾",且色彩鲜艳、纹饰绚丽。它代表了西汉初年养蚕、缫丝、织造工艺的最高水平。唐朝时期的贵族穿用的丝织品更加精美,白居易诗《缭绫》这样描写缭绫的华丽:"应似天台山上明月前,四十五尺瀑布泉。中有文章又奇绝,地铺白烟花簇雪……天上取样人间织。织为云外秋雁行,染作江南春水色。"

2.书画的载体

帛也是中国古代常用的书写和绘画的载体。中国古代文字出现以后,最初常用的书写载体是木牍和竹简。简牍虽然价廉易得,制作也比较简便,但体积较大,重量较重,携带不便。此外,字数较多的著作由许多竹简编连而成,一旦散乱,竹简混杂,重新整理非常困难。因此,早在简牍盛行时期,就已经出现了在丝织物上书写的方式,称为"帛书"。缣平整光滑,易于着墨,用于书写的帛主要是缣。帛书始于何时已不可考。商代已经出现了比较成熟的丝织品,以此推之,帛书的出现也不会太晚。《墨子》曰:"古者圣王……书之竹帛……传遗后世子孙。"明确将简帛并称,说明春秋战国时期帛作为文字载体已得到广泛使用。帛在用于书写的同时也逐渐成为绘画的载体,称为"帛画"。帛画盛行于战国、秦汉。1942 年湖南长沙战国楚墓出土了世界上现存最早和最珍贵的帛书。1973 年在长沙马王堆三号汉墓中出土的帛书共有 28 种,计 12 万余字,还有两幅彩绘帛画、三幅画在帛上的地图。这些帛书、帛画生动地再现了中国古代绢帛作为书写和绘画载体的真实景象。

3.古老的货币

因为丝织品稀少贵重,最具有使用价值,所以帛是最古老的货币之一。帛与布是最早的物品交换的中介物,从原始社会后期它诞生那天起就起着原始货币的作用,经夏商周三代至春秋战国时期,布帛的使用达到了全盛。布帛作为货币,其计算单位为"匹"。帛面以两端相向对卷,两卷合成一束称为"匹",所以"匹"也称为"两"。《汉书·食货志》说:"周布帛之制,以广二尺二寸为幅,长四丈为匹。"西汉时期虽然流行金属货币,但帛作为货币仍然盛行,特别是东汉,布帛的货币职能更为突出。在魏晋南北朝的时候,官员们的钱基本上都是用帛来计算的。隋唐商品交换经济复苏,但布帛仍是法定流通货币,"金银之属谓之宝,钱帛之属谓之货"。唐朝以后,帛的货币作用才有所削弱。综观中国两千年封建社会历史,丝绸无论是对国家还是个人都曾以各种不同形式充当着重要的支付手段和贮藏手段。帛作为货币影响深远,后来的钱也叫布或币(帛)。今天,"货币"两字已成为交易媒介物的专用名词。

(四)中西交流的丝绸之路

古老华贵的丝绸不仅深受国人的喜爱,更被世界各国视为瑰宝。可能早在西周时期,丝绸就已经被西方人得知。据《穆天子传》记载:公元前 10 世纪的西周天子周穆王,从中原出发,驱车西游抵达中亚的一些氏族部落,以丝绸作为国礼,赠送给所出访的国家。这大概是丝绸西传最早的历史。古希腊称远在东极的中国为"赛里斯"(拉丁文:Sinae、Serica、Seres),意为丝绸。希腊创作于公元前 8 世纪末的《荷马史诗·奥德赛》中写道:"从门阈直到内室,椅子上放着柔软的绮罗。"这些被视为珍宝的"绮罗"等丝织品很可能就是通过辗转交换从中国得来的。当时的中国与西方的贸易还很不畅通。直至公元前 2 世纪,汉武帝派张骞出使西域,才逐渐开通了以长安(今西安,东汉时延伸至洛阳)为起点,经今甘肃、新疆,又经中亚一些国家及伊朗、伊拉克、叙利亚等西亚诸国而达地中海,以罗马为终点,全长 6400 余公里的通路。这是一条东方与西方之间进行经济、政治、文化交流的主要通道。由于它的最初作用是运输中国古代出产的丝绸,因此,19 世纪末,德国地质地理学家李希霍芬在《中国》一书中,把它命名为"丝绸之路"。随着时代发展,丝绸之路成为古代中国与西方所有政治、经济、文化往来通道的统称。有西汉张骞开通西域的官方通道"西北丝绸之路";有北向蒙古高原,再西行天山北麓进入中亚的"草原丝绸之路";有长安到成都再到印度的山道崎岖的"西南丝绸之路";还有从广州、泉州、杭州、扬州等沿海城市出发,从南洋到阿拉伯海,甚至远达非洲东海岸的海上贸易的"海上丝绸之路"等。

丝绸贸易打开了中外经济、文化交流的大门。东西方频繁地往来,中国的丝绸、瓷器、农桑、造纸术、印刷术、火药、指南针等物产和技术经过"丝绸之路"传到世界各地,与此同时,中亚、西亚和欧洲的各种物品以及西亚和中亚的音乐、舞蹈、饮食、服饰等也源源传入中国。丝绸之路为世界文明的发展做出了极其重大的贡献,称其为中国古代的第五大发明实非过誉。

思考题

1.简要解释:《齐民要术》《太初历》《周髀算经》《数学九章》《黄帝内经》《神农本草》《本草纲目》。

2.简述中国古代科学的特点。

3.列举中国古代的五大发明并简要说明其有何重要的社会价值。

4.中国古代的丝绸在东方与西方之间经济、政治、文化交流中起了什么样的重要作用?

第十七章　中国古代的青铜器、玉器与瓷器

学习目的

通过本章的学习,了解中国青铜器、玉器和瓷器的出现及其发展历程,掌握主要青铜器、玉器和瓷器的种类、功用,掌握历代青铜器、玉器和瓷器的基本特点以及在中国古代文化史中的地位与贡献。

主要内容

● 中国青铜器、玉器和瓷器的发展历程
● 青铜器、玉器和瓷器的种类及功用
● 历代青铜器和历代名窑瓷器的特点

器物是人类文明发展程度的物化,是传统文化的重要层面。中国古代精美的青铜器、玉器和瓷器是非常具有中华民族特色、举世瞩目的器物。

第一节　中国古代的青铜器

青铜器的发明与使用是中国古代文明的光辉硕果。考古学家将人类早期历史划分为石器时代、青铜时代和铁器时代。中国的青铜时代开始于公元前21世纪,经夏、商、西周而至春秋,历经近1600年。青铜器文化是夏商周时期的物态文化核心。其数量之多、种类之繁、用途之广、艺术之美,独冠世界各国青铜器之林。

一、中国青铜器的出现及发展

青铜是指铜与锡、铅、铝、铍、磷等的合金。青铜熔点低,硬度高,适合制作各

种器物。青铜器是在红铜器的基础上发展起来的。古文献和大量的考古资料证明，在公元前21世纪的夏代之初中国历史进入青铜器时代。《左传·宣公三年》记载："昔夏之方有德也，远方图物，贡金九牧，铸鼎象物……用能协于上下，以承天休。"《汉书·郊祀志》记载："禹收九牧之金，铸九鼎，象九州。"是说夏代开国之君大禹，将他所统辖的疆域划分为九州，征集九州所贡献的铜，铸成九只大鼎，并将九鼎置于京都，表示拥有统治天下的权力。据历代文献记载，象征王权的九鼎经夏商周三代一直传到战国末年秦灭周而入秦，可证禹铸九鼎之事不虚。黄河流域华夏族对青铜器的制作和使用，经夏而至商周达到鼎盛阶段。中国古代各地区青铜器数量多，种类繁，工艺高超，广泛应用于社会生活的各个领域。主要有食器，包括炊煮器、盛食器和取食器，如鼎、鬲、甗、簋、盨、簠、敦、豆、匕等；酒器，包括饮酒器、盛酒器和提取酒的器皿，如爵、角、斝、觚、觯、尊、觥、卣、盉、方彝、罍、壶、勺等；乐器，如铙、钟、铮等；兵器，如戈、矛、戟、钺、矢镞等；工具，如手工业工具斧、斤、凿、锯及农具耒、耜、铲、锛、锸、耨、镰等；货币，主要有布币、刀币、贝钱和圜钱等；各种杂器，如车马器、铜镜、符及玺印等。战国时期以后，由于铁器的广泛应用、礼乐制度的崩溃，青铜器逐渐退出历史舞台，但各种青铜器仍然受到人们的垂青钟爱，一直延续到现在。在21世纪的今天，仍然不断有灿烂精美的青铜器被制造出来。这些现代青铜工艺杰作闪烁着夏商周以来古老青铜文化的光辉。

二、历代青铜器的特点

青铜器是人类历史上的一项伟大发明。位于亚洲西部临黑海和地中海的安列托利亚半岛（今属于土耳其）是世界上最早冶铸青铜器的地区，目前发现有距今8000年的青铜器。两河流域美索不达米亚地区青铜器出现于6000年前，苏美尔文明时期雕有狮子形象的大型铜刀是早期青铜器的代表。古埃及和古印度等地的青铜文明紧随其后。中国的青铜时代虽然晚于西亚、北非、南亚的一些古老国家，但后来居上，独具特色。

第一，中国古代的青铜器分布地域广、数量大、种类多。

中国青铜器出土较为集中的地区是中原，但它的分布范围远远超出中原地区，东北、西北、巴蜀、岭南甚至西藏及东海渔岛上都发现有青铜器。中国青铜器数量大，种类繁多。究竟中国有多少件青铜器物，这是谁也无法统计的数字。仅就陕西而言，从1949年10月到1979年，30年间先后出土商周青铜器3000余件。据青铜器学家张光直先生统计，已经出土的中国青铜器的数量和种类，都是世界出土青铜器相应数量的总和。

第二，中国古代的青铜器形制宏大精美，堪称世界之最。

　　商代晚期至西周早期,是青铜器发展的鼎盛时期,器型宏大,浑厚凝重,花纹繁缛,富丽神奇,精品极多。春秋战国时期也有很多样式新颖别致的青铜器。其铸造工艺、造型艺术,世界上没有一个地方的青铜器可以媲美。在现存的商周青铜器中,商代后母戊方鼎以其巨大而闻名遐迩。它高 133 厘米,重 875 公斤,形体宏伟,外观庄严,体现了中国古代青铜铸造技术的高超水平。虎食人卣是一件不可多得的艺术珍品。通体作虎踞坐形,以虎后爪与尾为器的三个支撑点,而虎的前爪正有力地攫着一断发跣足的人,作噬食状,造型十分逼真生动。且从提梁至三个支点通体都是花纹,铸造精致,给人以美的享受。西周的何尊、墙盘、利簋、大克鼎,春秋时期的莲鹤方壶,战国时期的宴乐攻战纹壶、越王勾践剑及秦始皇陵出土的铜车马等,都具有撼人心魄的艺术感染力,是国之瑰宝、艺林之珍品。

　　第三,中国古代青铜器刻有铭文,独秀世界青铜器之林。

　　世界各地古青铜器绝大多数没有铭文,只有印度出土的少量青铜器或铸有很短的铭文。中国古铜器有铭文的仅出土的就多达 10000 余件。青铜器铸刻铭文是从商代中期开始的,起初只是一两个字,最长也不过 48 字。西周时期是铭文大发展时期,鸿篇巨制不少,如毛公鼎铭达 497 字,是铭文最长的青铜器。这些铭文字体,或粗犷放达,苍劲有力;或瘦劲秀美,世称金文。铭文的内容主要包括:族徽、用器者、做器者、重要的事件、祖先的功绩、买卖交易情况、周王的告诫等。其不仅具有很高的书法欣赏价值,更具有极重要的史料价值。

　　第四,中国古代的青铜器崇礼重戎。

　　中国古代,祭祀与军事就是国家最重要的头等大事,因此历代国君和大贵族都把当时大量的青铜用于祭祀和战争。那些本来是用于现实生活的各类青铜器,专用于祭祀、庆典、宴饮、丧葬等大礼仪中就是礼器。礼器一般由鼎、簋、豆、壶、斝(或盉)组成,等级不同的贵族用器数量都有规定。鼎是最重要的礼器,也称为重器,是王权的象征。青铜礼器被制度化、神秘化、权力化,寄托着统治者的信条与期望,反映着他们的思想观念。它已经不是一般的日常实用生活器具了,完全被贵族所垄断,成为象征贵族身份地位的重器。在中国古代青铜器中,礼器和兵器数量最多,质量最好,形制最精美。

第二节　中国古代的玉器

　　中华民族自古以来就是一个崇尚美玉的民族,以玉为原料制成的中国古代玉器以其鲜明的民族特色和深厚的文化内涵成为古老中华文明的组成部分。

一、中国古代玉器的始源与发展

中国古代玉器源远流长,至今已有七千多年的历史。大约七千年前,南方河姆渡文化的先民们,在选石制器过程中,把拣到的美石制成装饰品,用来打扮自己、美化生活,拉开了中国玉文化的序幕。在距今四五千年前的新石器时代中晚期,辽河流域、黄河上下、长江南北,处处闪耀着中国玉文化的曙光,其中以兴隆洼文化、良渚文化、红山文化出土的玉器颇具盛名。

商代玉器是王室的专用品。河南安阳殷墟妇好墓出土的玉器,代表着商代治玉的最高水平。春秋战国迄秦汉时期的玉器,礼玉渐少,而佩玉增多。春秋战国时期是中国古代玉器发展的高峰时期,镂空、浮雕等手法普遍应用。在中国玉器发展史上,三国两晋南北朝时期是中国古代玉器发展的低谷期。唐宋时期玉器制造迅速复兴。随着隋唐的统一和强盛的大帝国的建成,出现了许多精美绝伦的玉雕艺术品,如唐代的白玉八瓣花形杯,薄胎外壁满饰花草纹,做工精细,堪称绝品。隋唐玉器,风格浑厚自然,气韵生动大度,多创新之作。宋代徽宗皇帝赵佶嗜玉成瘾,金石学的兴起、工笔绘画的发展、城市经济的繁荣、写实主义和世俗化的倾向,都直接或间接地促进了宋代玉器的空前发展,许多玉饰的花纹具有浓厚的生活气息和民族特色,刻画细腻,真实自然。元明清时期是我国玉器发展的鼎盛时期,这一时期的玉器借鉴绘画、雕刻、工艺的表现手法,使其作品达到了炉火纯青的艺术境界。突出的标志是出现了划时代的作品,清乾隆五十二年雕造的玉雕《大禹治水图》,玉料采自新疆,重约五千三百公斤,浮雕大禹治水的故事,堪称划时代的巨制。这一时期,社会各阶层用玉量也显著增多,几乎涵盖生活的各个层面。

二、中国古代玉器的种类

中国古代玉器种类繁多,其中礼乐类、佩饰类和丧葬类玉器较具代表性。

(一)礼乐类

礼乐类玉器是祭祀、朝享、交聘、军旅等礼仪活动中使用的一些器物。这类玉器都被赋予了特殊的意义,即所谓藏礼于器。《周礼·春官宗伯·大宗伯》载:"以玉作六器,以礼天地四方:以苍璧礼天,以黄琮礼地,以青圭礼东方,以赤璋礼南方,以白琥礼西方,以玄璜礼北方。"玉璧、玉琮、玉圭、玉璋、玉琥、玉璜六种玉礼器,即为"六器"。

璧是中国古代用于祭祀的最主要的玉器,玉质环状物,凡半径是空半径的三倍的环状玉器称为璧。在先秦,天的形状被认为是圆的,圆形的璧象征天体。因此在古代,璧是一种重要的玉器,使用年代之长、品种之多是其他玉器不能相比的。璧有以下几种用途：一为礼器，二为佩玉，三为礼仪馈赠品，四为葬玉。玉璧的纹饰随着时代不同而有所变化。和氏璧是中国古代最负盛名的玉礼器。

(二)佩饰类

佩饰类玉器指人身佩戴的玉器，其内容十分庞杂。主要有头饰、耳饰、项饰、身饰等。佩饰类玉器产生于原始社会。许多器形较小的板状体及器身有穿孔的玉器都被认为是佩饰玉，如玉藻、玉人、玉龙、玉耳、玉玦、玉环及各种玉佩、玉坠等，其中最显要的玉佩饰是玉藻与玉佩。

玉藻就是帝王冠冕后成组垂挂的玉珠。历代帝王举行吉礼时，头戴冕冠。冕冠前后各有十二组玉珠，每组十二颗，共计二百八十八颗；玉珠用赤、青、黄、白、黑五种色彩的玉料制作，用五种色彩的丝线串联。古代最具盛名的玉佩饰由七块小玉组成。上面一块横玉叫珩，珩下面的圆玉叫瑀，瑀两边的方玉叫琚，两琚下面各垂挂一只璜，两璜口相向，中间的一枚玉叫冲牙。佩戴者行走时，冲牙同两边的璜互相冲撞，发出清脆悦耳的响声，右边是徵声和角声，左边是宫声和羽声。

(三)丧葬类

这类玉器简称葬玉，专指那些为保存尸体而琢制的随葬玉器。古代的人们由于受鬼神观念和宗教思想的影响，相信人死亡后，灵魂便会到另外一个世界。为了灵魂永存，人们便将某些玉器用来保护死者的尸体。从战国时代起，我国就逐渐形成了一套丧葬用玉的制度。历史上用过的葬玉主要有瞑目(包括面具、眼帘和眉)、玉握、玉蝉、玉塞、玉衣等。

玉蝉是古代含在死者口中的葬玉，因多刻为蝉形，故名"玉蝉"。玉衣也称"玉匣""玉柙"，是汉代皇帝和高级贵族死后穿用的殓服，外观与人体形状相同。玉衣以金线缕结，称为"金缕玉衣"。其他贵族则使用银线、铜线编造，称为"银缕玉衣""铜缕玉衣"。

三、中国古代玉器的文化内涵

在中国古代文化艺术的百花园中，最神秘莫测、变化多端的莫过于玉器。玉器蕴藏着多层文化内涵，深深影响了古代中国人的生活观念。

(一)玉器是财富的象征

从社会文化的角度观察，玉具有较高的经济价值和审美价值，富贵人家争相把玉当作聚财富、耀门第的一种珍宝。《管子》中说："先王以珠玉为上币，黄金为中币，刀布为下币。"人们喜欢金玉并论，如"金相玉质""金玉满堂""堆金积玉"等，甚至认为玉的价值比金银还要高，所谓"黄金有价玉无价"。

（二）玉器是权力等级的标志

古玉器的政治价值表现在它是社会等级制的物化。取之于自然，琢磨于帝王宫苑的玉器被看作等级、身份的象征。西周时，玉器已成为王公大臣生活中不可缺少的部分，各种礼仪都必须用玉，而且有一套完整的规定。《周礼·春官宗伯·大宗伯》有"以玉作六瑞，以等邦国，王执镇圭，公执桓圭，侯执信圭，伯执躬圭，子执谷璧，男执蒲璧"等规定，对王和公、侯、伯、子、男五个等级的封国国君所用之玉作了严格区分。考古发现玉器多出自有身份和地位的大中型墓葬中，而小型墓则极少见到玉制品。死后葬玉象征他所拥有的特权和高贵。

（三）玉器是美德的象征

自春秋末年起，随着社会制度的变革，统治阶级为了维护社会安定，巩固其国家权力而崇尚玉器，从社会理念上提倡"君子比德于玉"。玉器作为德行操守的象征，日益受到重视。孔子阐明玉有仁、知、义、礼、乐、忠、信、天、地、德、道十一种品德，把玉拟人化了。这种看法虽然有点过分，但它代表了儒家对于玉的认识和看法，强调玉的可贵不在外在的美，而在其内涵与人的精神世界彼此相通并息息相关。人们赋予玉以德行化、人格化的内涵，使玉成为君子的化身。由于玉被赋予了如此丰富的道德内涵，因此君子必须佩戴它。"君子佩玉，无故不离其身"，也就成为一时的风尚。君子比德于玉，佩玉成了君子有德的象征。丰富的象征意义和多层面的文化内涵，使玉器在中国古人的物质生活和精神生活中占据了重要的地位，构成了中国古代物质文化中的一支特殊文化——玉文化。

第三节　中国古代的瓷器

瓷器是世界各国人民普遍使用的器具，中国是瓷器的故乡。中国古代瓷器文化，一以贯之地体现了中国各个历史阶段的物质文明与精神文明成就，成为中华民族的优秀文化遗产。在过去的千余年里，中国陶瓷通过各种渠道输往亚洲、非洲、欧洲、美洲和澳洲的许多地区，对这些地区广大群众的社会生活产生了重大影响。在英文中"瓷器（china）"与"中国（China）"同为一词，中国以"瓷国"享誉于世。瓷器的发明是中华民族对世界文明的伟大贡献。

一、中国古代瓷器的发明与发展

古代的瓷器是在陶器的基础上发展起来的。瓷器的出现经历了陶器—原始瓷器—瓷器的漫长发展过程。

中国新石器时代早期，即距今 8000 年—7000 年，先民们就已经开始制作陶器。商朝前期，先民们在烧制印纹硬陶和涂釉的白陶器的过程中，烧制出一种比以往陶器更坚硬、表面釉层呈现青中泛黄的新陶器，后人称之为青瓷，视为原始瓷器。成熟青釉瓷约在公元 1 世纪的东汉晚期烧造成功，汉字中开始出现"瓷"字。工匠在浙江上虞一带烧成了成熟的青瓷器，胎土细致，瓷胎已烧结，胎釉结合紧密，釉色纯正，透明而有光泽。此时还出现了黑釉瓷。自此直至魏晋南北朝，中国瓷器基本上是青瓷的天下。

魏晋南北朝时期，制瓷业有了很大的进步，全国各地的青瓷烧造都各有特色。北朝后期，在北方出现了白釉瓷器。这一时期青瓷发展到极高水平，并为"南青北白"局面的形成奠定了基础。

隋唐五代时期，正式形成了中国瓷器史上"南青北白"的局面，即南方以生产青瓷为主，北方以生产白瓷为主。青瓷以越窑产品的质量最高，白瓷以邢窑产品的质量最高。这一时期，中国瓷器的外销形成了较大的规模。

两宋、夏、辽、金时期是中国古代瓷器的繁荣时期。瓷器的品种繁多，釉色缤纷，除了官窑之外，民营的瓷窑兴起。根据产品在工艺、釉色、造型、装饰等方面的特点，形成了不同的窑系。在青花彩瓷出现之前，两宋、辽、金瓷器达到了造型、施釉、纹样装饰等工艺的最高水平。

元代是古代瓷器发展的重要时期，起着承先启后的重要作用，源自宋代的各名窑继续发展。景德镇等地在白瓷高度发达的基础上，高温釉下彩品种——青花、釉里红瓷器普遍出现，成为中国瓷器史上又一个里程碑。

明清时代的制瓷业以景德镇为中心，御窑厂（官窑）制品更是穷极精丽，可以说是中国古代瓷器的高度总结与代表。青花瓷器是各种产品的主流，以明代永乐至宣德年间的水平最高。彩瓷发展到空前繁盛的时期，明代初年以铜红釉水平较高，明成化年间以斗彩著称，弘治年间出现低温黄釉，正德年间出现孔雀绿釉，嘉靖时期出现五彩，清代釉色品种更为丰富，如釉上蓝彩、墨彩、釉下五彩、金彩、粉彩、珐琅彩以及各种单色釉。明清时期还出现了釉上釉下彩结合，半脱胎、脱胎瓷器等新工艺，器物品类空前丰富，装饰手法与题材也空前繁盛。

二、中国古代瓷器名窑与瓷都

（一）千年古窑龙泉窑

龙泉窑位于今浙江省西南部龙泉市地区，以烧制青瓷而闻名。从东汉末期开始，已经有瓷窑，生产瓷器的历史长达 1600 多年，是中国制瓷历史上最长的一个瓷窑系。南宋时期龙泉窑得到空前的发展，龙泉青瓷进入鼎盛时期。宋代龙泉窑青瓷形成了自己独有的风格，最明显的特点是釉色葱翠、釉层透明、玻璃质感强。梅子青釉瓷器就是在南宋龙泉窑中烧制成功而把青瓷釉色之美推到顶峰的。龙泉窑至明清时期逐渐衰落,至清代晚期结束。

(二)名窑之魁汝窑

宋瓷窑场首推五大名窑,即汝窑、官窑、钧窑、哥窑、定窑,而汝窑居五窑之首。汝窑是北宋时期建立的官窑,窑址因在北宋时期的汝州(今河南宝丰县清凉寺村及汝州文庙、严和店窑址、张公巷窑址等)而得名。汝窑始于宋初,盛于北宋后期,终于元代末年。汝瓷以青瓷为主,属于青瓷系列,汝瓷为宫廷御用瓷器。器形多仿造古代青铜器式样,以其工艺精湛、造型秀美、釉面蕴润、高雅素净的丰韵而独具风采,在我国青瓷发展史上,是一个划时代的重要标志。汝瓷的特点:一是汝窑瓷器有的釉面多为错落有致的极细纹片,俗称开片。二是釉面成色以天青色为基调。工匠以名贵的玛瑙入釉,烧出的瓷器色泽独特,青如天,面如玉,其釉色随光变幻,犹如"雨过天青云开处""千峰碧波翠色来"之美妙。汝瓷被世人赞为"似玉非玉而胜玉",被视若珍宝,与商彝周鼎比贵。汝窑传世作品不足百件,因此非常珍贵,被誉为"家有万贯,不如汝瓷一片"。

(三)白瓷名窑定窑

定窑为民窑。始建于唐,兴盛于北宋,终于元代,烧造时间700余年。窑址分布于河北曲阳县磁涧、燕川以及灵山诸村镇,这里唐代属定州,故称为定窑。定窑瓷器的特点:一是釉色多白。定窑以烧白瓷为主。釉色多为白色,瓷质坚密细腻,胎薄有光,釉色润泽如玉。二是刻、划、印花。定窑器的花纹千姿百态,其装饰技法以风格典雅的白釉刻花、划花和印花为主,还有白釉剔花和金彩描花。划花多与刻花相配,白釉印花最富特色。

(四)出窑万彩的钧窑

钧窑分为官钧窑、民钧窑。最初的窑址建立在北宋时的阳翟县钧台(今河南禹县神垕镇),金朝改阳翟为钧州(即均州),因其地而名,故称钧窑,亦称均窑。钧窑创烧于唐,兴盛于宋。徽宗年间,其达到登峰造极的地步,被定为"宫廷御用珍品"。多彩窑变是钧瓷釉彩最突出的特点。钧瓷两次烧成,第一次素烧,出窑后施釉彩,二次再烧。在烧制过程中,因为配料中掺入铜的气化物,造成器物的釉色发生五光十色的神奇变化。"入窑一色出窑万彩",红、蓝、青、白、紫交相融汇,灿若云霞,俗称为"窑变"。宋代诗人曾以"夕阳紫翠忽成岚"赞之。窑变是中国制瓷史上的一大发明。

(五)迷雾疑团的哥窑

宋代五大名窑的哥窑,实际上无论是名称还是窑址甚至时代都处在迷雾疑团之中,争论颇多。传说哥窑出现在南宋,窑址在处州龙泉(今浙江龙泉)。哥瓷属于青瓷系列。哥窑器物传世的以各式瓶、炉、洗、盘、碗、罐为常见。根据历史文献的记载,结合考古出土的实物及传世瓷器,哥窑瓷器的显著特点有:一是釉面网状开片。开片是发生在釉面上的一种自然开裂现象。开裂原本是瓷器烧制中的缺陷,后来人们掌握了开裂的规律,有意识地让它产生开片,从而产生了一种独特的美感。二是釉面无光,属无光釉,犹如"酥油"般的光泽,色调丰富多彩。三是聚沫攒珠,是指哥窑釉内气泡细密像颗颗小水珠一样,满布在器表上,如珠隐现,有一种"聚沫攒珠"般的美韵。

(六)官窑

官窑之称始于宋代,它是专指有别于民窑而由官府主办的烧瓷窑,其产品为宫廷所垄断。北宋窑址在今开封,南宋窑址在今杭州。以后历代都有由朝廷设置的专门机构管理的官窑。从 1128 年元世祖忽必烈设置浮梁磁局,到 20 世纪清朝覆亡,景德镇拥有烧造时间最长、规模最大、工艺最精湛的官办瓷厂,专门烧制元、明、清三代皇家用瓷,中国的官窑制度在这里延续了 632 年。

官窑瓷器以宋代瓷器最受青睐。其形制和工艺与汝窑有共同处。器多仿古,釉质莹润温雅,尤以釉面开大裂纹片著称。

元代官窑瓷器以枢府瓷为代表。枢府瓷色白微青,好似鹅卵色泽,故名卵白釉瓷,又称卵白釉。品质优秀,在印花花卉间印有对称的"枢府"二字款。

明代永乐的甜白、宣德的青花、成化的斗彩代表了明代官窑瓷器的最高成就,其器形、纹饰、发色成为历代模仿的典范,并开始流行在瓷器上题写帝王年号,即官窑纪年款。

清代官窑瓷器由于专供皇室使用,制瓷水平达到了前所未有的高峰,特别是康熙青花瓷更是"独步本朝",达到了相当高的艺术水准。清代官窑瓷器特点:一是造型。康熙时期的瓷器多古拙丰满,浑厚硬朗挺拔;雍正时的瓷器多秀巧隽永;乾隆时则显规整;嘉庆、道光以后则稚拙笨重。二是胎釉彩。康熙时期清代官窑瓷器特点是"紧皮亮釉",釉面紧绷在胎体上,蓝彩透彻亮丽;雍正时期的胎最白,含杂质最少;乾隆时期胎体洁白细腻,釉面匀净,多数是青白釉,少量为粉白釉,光泽莹润。三是纹饰。康熙时期,山水人物故事、"刀马人"较多,体现古代战争场面、战马嘶鸣的大场面较多,而康熙后期社会已经安定下来,开始有耕织图等;雍正时期已基本没有"刀马人"纹饰,花卉、花鸟颇为流行,讲究秀美,布局也更加合理;乾隆时期纹饰复杂,装饰繁缛,受西洋的影响较为明显,比如有西方妇孺、儿童画等。四是款识。官窑瓷器一般均署"大清××年制""××年制"或"××御制"等朝代款识。

(七)天下瓷都景德镇

景德镇从古至今以天下瓷都闻名中外。景德镇在宋代以前叫新平,又叫昌南镇。北宋时真宗皇帝命人在这里烧制御用瓷器,并在瓷器底部写上"景德年制"四个字。景德是宋真宗的年号,从此昌南镇改为景德镇,延续至今。

景德镇陶瓷始于 2000 多年前的汉代。五代时的景德镇以南方最早烧造白瓷之地和其白瓷的较高成就而奠定了自己的地位,从而打破了青瓷在南方的垄断局面和"南青北白"的格局。唐代时烧造出洁白如玉的白瓷,便有"假玉器"之称。宋代青白瓷的制作,对于元、明、清瓷业的发展有着极为重要的作用。明清时期,景德镇发展成为"天下窑器所聚"的全国制瓷中心。清代康、雍、乾三朝,瓷器发展达到历史巅峰。

景德镇陶瓷大量系艺术陶瓷、生活用瓷和陈设用瓷,以白瓷最为著称,素有"白如玉,明如镜,薄如纸,声如磬"之称,品种齐全,曾达 3000 多种。其瓷质优良,造型轻巧,装饰多样。在装饰方面有青花、古彩、粉彩、斗彩、新彩、釉下五彩、青花玲珑等。

景德镇是"瓷器之国"的代表和象征,制瓷历史悠久,瓷器精美绝伦,闻名全世界。青花瓷又称白地青花瓷,常简称青花,是中国瓷器的主流品种之一,属釉下彩瓷。原始青花瓷于唐宋已见端倪,成熟的青花瓷则出现在元代景德镇的湖田窑。明代青花成为瓷器的主流。清康熙时发展到了顶峰。明清时期,还创烧了青花五彩、孔雀绿釉青花、豆青釉青花、青花红彩、黄地青花、哥釉青花等衍生品种。

思考题

1.简要解释:禹铸九鼎、后母戊鼎、毛公鼎、和氏璧、金缕玉衣、六器、汝窑、钧窑、官窑、定窑、哥窑。

2.中国古代最早的青铜器出现在什么时候? 有何为证?

3.简要说明鼎、簋、豆形制特点及其功用。

4.简述中国古代玉器的文化内涵。

5.中国古代玉器大致可以分成哪几类?

6.景德镇生产的什么瓷器精美绝伦,闻名全世界?

第十八章　中国古代的儒家与儒学

学习目的

　　通过本章的学习,了解儒家与儒学以及儒家的主要
经典和儒学大师,掌握儒学发展三个阶段的主要特点,
正确评价儒学在中国古代文化史上的地位,深刻认识中
国古代社会的特点。

主要内容

● 儒学的发展史及儒学长期成为封建社会统治思想的
　原因、历史地位
● 儒学的主要经典及著名大师

　　中国传统文化的主干是儒学、道学与佛学三家学说,其中以儒学为核心。儒
学是中华文明史上宝贵的精神财富,两千余年来对中华民族乃至全人类都有着
极其深远的影响。不了解儒学,就不能真正了解中华民族、中国历史和博大精深
的中国文化。

第一节　中国古代的儒家与儒学

一、儒与儒家

(一)儒

　　要了解儒家、认识儒学,首先就应该知道什么是儒。最初的儒是一种职业之
名,是从巫、史、祝、卜中分化出来的文职人员,也称为术士。故《说文解字》云:"儒,
柔也,术士之称也。"《韩非子·五蠹》说:"儒以文乱法,侠以武犯禁。"儒是从事文事

的,所以儒字的含义是"柔也"。从事哪些"文事"呢? 主要是进行教学和襄礼。《周礼·天官冢宰·太宰》说,周代的太宰(相当于后世的宰相)治理国家,主要靠九种人来加强与民众的联系,第四种人就是儒。儒是"以道得民"。东汉的经学大师郑玄对此注释说:"儒,诸侯保氏,有六艺以教民者。"儒在诸侯国称为保氏,他的职责,一是劝谏国君的过错,二是在学校中进行六艺的教学。所谓的六艺就是礼、乐、射、御、书、数六个方面的教学内容。西周、春秋时期是最重礼的时代,但礼仪程序复杂,一般人很难弄懂,必须有专门的人来掌握。因为儒是最懂礼的人,所以在迎宾宴饮、婚丧嫁娶等各类活动中,常常进行礼仪指导,称之为襄礼。

儒既然是一种职业,从事儒的人自然也就参差不齐,有大儒、雅儒、俗儒、散儒、小儒、贱儒等,即所谓"君子儒"和"小人儒"之分,优劣不一。

(二)儒家

儒家是由孔子在春秋末期所创立的学派。其时,孔子弟子三千,贤人七十二。这些学生来自鲁、晋、卫、宋、燕、秦、楚各个国家和社会的各个阶层,其后又分别到各国和各个部门去做事,是一个非常庞大的学术团体。在战国时的诸子百家中,儒学是居于首位的"显学"。西汉以后,逐渐成为中国封建社会中占统治地位的学派。因为孔子是以六艺教人的儒,所以他所创立的学派就被称为儒家。儒家之"儒",虽然是源于儒业者之名,但儒不等于儒家。在儒家创建之前就有儒,在儒家创建之后,也不是所有的儒者都成了儒家之一员,儒家之外还有儒。儒家与儒并不是一个概念。儒家是一个有共同的宗师、共同的学习经典、共同的奋斗目标、共同的思想主张的学术派别。

二、儒学及其发展演变

儒学就是儒家的学说,儒家学派系统的思想理论是在孔子所奠定的思想基础上、在其所建构的理论框架内建立起来的。两千年来,儒学经历了几次重大的转变,并由此表现出了几个不同的发展阶段。

第一个阶段:先秦原始儒学。这是儒学的奠基和开拓阶段。其代表人物是孔子(名丘)、孟子(名轲)和荀子(名况)。

孔子是孔学的创始人。他在批判和继承夏商周三代思想文化的基础上,面对春秋时期的社会实际,以讲授古典要籍的形式,阐发自己的观点。从维护"亲亲尊尊"宗法等级制度出发,提出了以仁与礼为核心的道德思想、以德治国的政治思想、重人事轻鬼神的天命思想,为儒学的研究方法、基本内容和理论框架奠定了基础。孟子以他的仁政说、心性论发展了孔子的思想,成为儒家学说的第二奠基人。荀子的隆礼、重法、礼与法统一的思想,是孔、孟礼治思想的补充与完善,特别是他"明于天人之分"的思想奠定了儒学唯物主义流派的理论基础。以孔子为宗师,以孟、荀为旗手的儒家学派在战国时期的百家争鸣中是第一"显学"。

第二个阶段：神学化、经学化的两汉儒学。这是儒学经过第一次大改造后而独尊的阶段。其代表人物是董仲舒。

秦始皇建立统一的秦王朝后，"焚书坑儒"使儒学遭到了沉重的打击。汉初崇黄老思想，行无为之治。汉武帝时接受了董仲舒的建议，"罢黜百家，独尊儒术"，使儒学走上了独尊的道路。先秦儒家所讲的典籍被奉为"经"，即《诗经》《书经》《易经》《礼经》《春秋》等，并以经书为依据，提出了"大一统"的思想，以巩固多民族国家的统一，从而奠定了儒学在中国传统文化中的主体地位。儒学独尊地位的确立，是与董仲舒对儒学的改造分不开的。董仲舒以先秦儒学为主体，吸收道、法、墨、名、阴阳诸家之学，熔于一炉。为了神化君权，董仲舒又将儒学神学化，创建了"天人合一"的思想，使孔子变成了神圣的教主。

第三个阶段：宋元明清的理学。这是儒学获得新的生命力、再度辉煌的时期。其代表人物是朱熹。

汉代儒学的神学化导致其庸俗化，魏晋以后受到严重冲击，从它的顶峰地位上跌落下来。至唐，经韩愈等人的大力提倡而有复兴之势。宋人周敦颐、程颐、程颢、张载、朱熹等人，批判地吸取了道教、佛教的某些思想，对儒学进行第二次大改造，形成了新儒学，又称为理学。朱熹是理学的集大成者，他的理学思想是新儒学成熟的标志。理学无论是在深度上还是在广度上都超过先秦的原始儒学和两汉的神学儒学，在理论思维方面也达到了很高水平。因此，从南宋末年直至清代末年的近七百年间，一直是历代封建王朝居于主导地位的思想。但在明代末期，理学逐渐走向僵化。特别是进入近代以后，在西方文化的挑战面前，在各国列强的侵略之下，由于解决不了所面临的诸多社会问题，理学陷入了从未有过的危机之中。五四运动时，理学受到了严厉的批判。儒学在思想意识上占统治地位的时代宣告结束，儒学独尊的局面一去不复返了。

儒学作为儒家的思想体系，并不是一个人创造的，它是在两千余年间，由许许多多的儒家杰出代表经过漫长的积累共同创造的。它的特点是：

第一，以孔子为宗师。儒家从先秦至明清，虽然由于对儒家经典理解的不同而分成许多派别，互相斗争，但都以孔子为宗师，都维系在孔子的大旗之下，所以使儒学万变不离其宗。

第二，以注释阐发儒家的经书为宗旨。儒家学派多以解释经书的方式表达自己的思想，建立自己的思想体系。

第三，在政治上，憧憬三代之治。"祖述尧舜，宪章文武"，把弘扬"先王之道"作为奋斗目标，主张行仁政、重德治、以礼治国。

第四，在思想上，明伦理、重教化、主自律。无论哪一派儒学，都提倡伦理教化和道德修养,以圣人为理想的人格,以道德为行政的基础,"内圣外王",以维护"亲亲尊尊"为中心的君权统治和宗法制度。

第五,在天道观上,尊天而重人,以人为本。重视现世,倡行人的刚健、进取、修身、齐家、治国、平天下,体现出追求事功、积极进取的人生哲学,与佛、道的避世主义形成鲜明对照。

以上是儒家学说的基本特征。历史上不同时期、不同派别的儒家学说,虽然表现出强烈的个性差异,但只要是儒家,其学说就会打上这样的印记。

三、儒学长期成为封建社会统治思想的原因及历史地位

儒家学说是以小农经济为基础的宗法封建思想。它之所以能够长期成为封建社会的统治思想,就在于它适合社会的需要。中国古代社会自周、秦以来,一直是"宗法制封建社会"。说它是"宗法制"的,是指血缘团体的家族或宗族是社会的细胞。在大家族中,父权至上,按血缘的亲疏区分上下贵贱的等级。说它是"封建的",是指国家的形式是君权至上的等级制,宗法制的大家族是封建国家的基本单位。中国的封建社会就是这种君权与父权的统一,一家一户的小农生产是它的经济基础。儒家的核心思想"亲亲尊尊",即君君、臣臣、父父、子子,就是宗法制封建国家这一社会存在的产物。同时,儒家学说也是为这样的社会存在服务的意识形态。它以"仁"来调和家族内、国家中各等级之间的矛盾,以"礼"使这些等级合法化、固定化,从而维护君权、父权的统治,保持社会的稳定。因此,它被统治阶级所需要。对被统治的广大民众来说,一家一户的小农生产,是在国家的组织下、父家长的领导下进行的,他们需要得到以君主为代表的国家的保护,也需要来自家族的关爱和帮助,因此,他们也能够接受提倡"亲亲尊尊"的儒家思想。由于儒学能够满足于以家族为本位的封建社会的多方面需要,因而尽管历代王朝不断更迭,儒学却两千余年兴而不废、不断发展,成为封建社会的统治思想。

儒学是集精华与糟粕于一体的学说。因此,在历史上既有积极作用,也有消极作用。其积极作用:

第一,"独尊儒术"和"大一统"的思想加强了中华民族的凝聚力,确保了多民族国家思想上和政治上的统一。

第二,儒学明伦理、重教化的崇尚道德的思想,调和了社会矛盾,稳定了社会秩序,推动了封建社会经济、文化的发展与繁荣,同时也培育了伟大的中华民族的民族精神和高尚的道德情操。儒学对中国历史的发展、中华民族的进步,功不可没。

但是儒学毕竟是产生和发展于封建社会的思想,它的本质是维护君权、父

权、夫权专制主义的。其神权化的儒学思想,君为臣纲、父为子纲、夫为妻纲的"三纲"伦理观,理学的"存天理、灭人欲"的思想等,都是束缚广大民众思想的枷锁,在一定程度上阻碍了科学的进步、人身的解放。它所倡行的等级观念、独裁意识等至今仍然遗患于世,是必须批判清除的。

第二节 中国古代儒家的经典——十三经

儒家的经典有十三部,称为"十三经"。何谓"经"? 经者,常也,是经常不变之义;又指常行的义理、法则。战国时期,人们把作为典范的书称为"经"。如墨子的学生称墨子的书为《墨经》。儒家则把他们经常阅读、作为典范的六部书称为"六经"。如《庄子·天运篇》云:"孔子谓老聃曰:'丘治《诗》《书》《礼》《乐》《易》《春秋》六经,自以为久矣。'"六经中《乐经》后来亡佚,西汉时变为"五经"。《五经》中的《礼》,汉代指《仪礼》,后来指《礼记》;另外把《春秋》和《左传》合并了。唐代增加了《周礼》《仪礼》《公羊传》《谷梁传》,成为"九经"。唐文宗时,复刻"十二经,立石国学",又增加了《孝经》《论语》《尔雅》。宋代时,理学家朱熹又把《孟子》列入"经"的行列,就成了"十三经",此后,"十三经"始终是儒家必读的经典。

一、《易》

《易》又称为《周易》,是中国古代一部用来占筮的书。《周易》之"周"即周王朝之周,《周易》即周代之《易》。《易》的成书大约在西周初年。

《易》分为经与传两部分。《易经》的核心部分是六十四卦。所说的"卦"就是由阴爻"－－"与阳爻"——"所组成的图形。基本图形是由三个爻组成的,共有八种,称为八卦,即乾(☰)、坤(☷)、震(☳)、巽(☴)、坎(☵)、离(☲)、艮(☶)、兑(☱)。八卦自身重合,或互相重合,构成六十四卦,如乾卦为"䷀"、泰卦即为"䷊"。对每一个卦的说明为卦辞;对每一爻的说明为爻辞。古人通过爻与卦的变化来占测未来。《易传》是解释《易经》的,大约成书于春秋战国之际。共分为十篇,即《彖传》上下、《象传》上下、《系辞》上下及《文言》《说卦》《序卦》《杂卦》,古称"十翼"。

《易》不仅是一部指示吉凶的占筮书,更主要的它还是一部哲学书。它通过解释卦、爻的变化,反映了那个时代人们对自然界和人类社会的存在形式、发展变化规律等各个方面的认识。《周易》的哲学思想为中国古代哲学奠定了基础。它反映的"天行健,君子以自强不息"精神,对于铸造中华民族的民族精神、民族性格,起了重要的作用。

二、《书》

《书》又称为《尚书》,即上古之书。它是周代及其以前各个历史时期政治文献的汇编。依据时代顺序分为《虞书》《夏书》《商书》和《周书》,其中以《周书》的数量为最多。

《尚书》有两种传本:一种是今文《尚书》,一种是古文《尚书》。今文《尚书》传自秦代博士伏生。汉文帝时,晁错用当时流行的隶书抄录传世,所以称为今文《尚书》,共二十八篇。汉景帝时,鲁恭王要修建宫室,在孔子故居的墙壁中发现几种古书。其中《尚书》比伏生所传多出十六篇。因为这部《尚书》是用古文书写,所以称为古文《尚书》。古文《尚书》在当时未受重视,东汉以后亡佚。

东晋初年,梅赜自称找到了古文《尚书》二十五篇,并将伏生所传分为三十三篇,共五十八篇,献给朝廷。从此以后,梅赜所献的古文《尚书》成了定本。宋代朱熹对这部古文《尚书》的真伪产生过怀疑。清初,经阎若璩等人考证,证明多出的二十五篇为伪书。此后,人们在研究《尚书》时,多以伏生所传二十八篇为据。《尚书》是研究上古历史的重要文献。

三、《诗》

《诗》又称《诗经》,是西周初年至春秋中期五百年间的诗歌选集,现存三百零五首。诗原本是歌唱之词,依据乐调的不同,分为风、雅、颂三类。《风》也称为《国风》,是王畿之内的一些地区和一些诸侯国的民间歌谣,共一百六十首;《雅》分为《大雅》和《小雅》两类,多是贵族的作品;《颂》是宗庙祭祀祖先的乐歌,庄严肃穆。

诗歌在古代社会政治及宗教生活中都具有重要作用,所谓"正得失,动天地,感鬼神,莫近于诗"(《毛诗·关雎序》),所以孔子和历代儒家都非常重视《诗》。儒者经常用《诗》中的诗句来讽喻、劝谏君主,用诗句来表达行政的意见。因为诗是配乐用来歌唱的,所以儒者在教学中用音乐来培养学生的情感,用诗句来激励学生的志向。在祭祀中,通过庄严肃穆的乐曲和歌词,培养王公贵族继承列祖列宗遗志、发扬光大其事业的雄心,关爱民众,振兴国家。总之,《诗》是进行礼仪教化的最生动而深刻的教材,故被历代儒家所尊。

四、《周礼》

《周礼》本叫《周官》,是阐述周代国家组织机构及官吏职责的书。汉武帝时,河间献王刘德收集到许多先秦旧书,其中有《周官》一书。西汉末年,刘歆校书,定《周官》为周公所作，与《礼经》并列，所以称为《周礼》。但经历代学者考证，此书乃是有人搜集西周及春秋时期的各国官制材料，加上个人的某些设想编辑而成之书。《周礼》非周公所作，其书当成于战国时期。《周礼》虽非周公所作，但它确实保留了许多有价值的史料。因此，历代学者及政治家多从《周礼》中寻找设官分职、变法革制的历史与理论依据。

《周礼》全书分为六个部分：天官冢宰、地官司徒、春官宗伯、夏官司马、秋官司寇及冬官考工记。但冬官部分丢失，汉代刘德补以《考工记》。

五、《仪礼》

《仪礼》原来叫《礼》，汉代称为《士礼》，相对《礼记》而言，又叫《礼经》。因其全书十七篇，全是礼仪的详细记录而不讲礼的意义，所以晋代时称其为《仪礼》。

《仪礼》是儒家传习最早的一部书。据《史记》和《汉书》所说，《仪礼》一书出于孔子，应是孔子搜集从西周至春秋周、鲁各国的礼仪，加以整理、编辑而成之书。《仪礼》所载之礼，主要是行于"士"这一阶层的礼。虽然诸侯之礼很少，更不及天子，但后世可以从这个社会层面之礼，窥测周代礼仪的大概。所以其后的历代王朝制礼作乐，无不把《仪礼》作为重要的参考。

六、《礼记》

《礼记》有两种传本：一种是西汉戴德编定的，有八十五篇，今存三十九篇，习称"大戴礼"；另一种是戴德之侄戴圣编定的，有四十九篇，习称"小戴礼"。汉末，郑玄为"小戴礼"作注。唐代孔颖达又以郑注为基础作《礼记正义》，使"小戴礼"成为《礼记》的定本。

《礼记》是对《仪礼》进行解说之书。据《汉书·艺文志》载，其作者是孔子的学生"七十子后学者所记"，成书于战国时代。《礼记》虽然只是解说，但它所反映出的儒家思想是非常丰富的。特别是其中的《大学》《中庸》两篇，后来被朱熹与《论语》《孟子》汇编在一起，名曰《四书》，是封建社会后期最为重要的儒家经典。

七、《春秋左传》

《春秋左传》原是《春秋》与《左传》两部书。晋代杜预为《左传》作注，将其附于《春秋》之后，两书遂合而为一。

《春秋》是鲁国史书之名，以编年体记述从鲁隐公至鲁哀公时期的历史，历十二代君主，计二百四十年。但被尊为儒家经典的《春秋》则不是鲁史《春秋》的原貌，是经过孔子重新改写后的《春秋》。孔子痛恨春秋时代的乱臣贼子恣意横行，以《春秋》之书对他们进行口诛笔伐，借以宣扬自己的政治主张，目的就是使世世代代的乱臣贼子惧。据《史记·孔子世家》载,孔子作《春秋》,完全由自己一人所为,连他的弟子子夏等人都不能参与。写完之后,孔子对弟子们说:"后世知丘者以《春秋》,而罪丘者亦以《春秋》。"《春秋》的主要思想:一是宣扬专制主义的"大一统"思想,二是宣扬"君君、臣臣、父父、子子"的礼治思想,三是宣扬"严华夷之变"的文化沙文主义思想。正因为如此,它后来才成为构建和巩固大一统封建国家君主专制的理论武器。

《左传》据说是春秋末期鲁国的左丘明所著,也是一部编年体史书。古代儒者认为它是对《春秋》的解说,是一部记述春秋时代历史的最宝贵的史书。《左传》本不是经书,但自从它立于学官,后来又附于《春秋》之后,也逐渐被儒家视为经典。

八、《春秋公羊传》

《春秋公羊传》,根据传统说法,作者为战国时的公羊高。其后父子相传,至西汉景帝时由公羊寿和胡母子都著于竹帛。《公羊传》专门阐释《春秋》的微言大义,是今文经的重要典籍。西汉董仲舒就是最著名的公羊学大师。历代今文经学家常用它作为议论政治的工具。

九、《春秋谷梁传》

《春秋谷梁传》,传统说法认为是战国时期谷梁赤所作,专门阐释《春秋》。与《公羊传》一样,初以口传,至西汉时著于竹帛,曾经受到汉宣帝的喜爱,是今文经的重要典籍。

十、《论语》

《论语》是儒家学派创始人孔子及其弟子的言行录,共二十篇。汉初传授《论语》的有齐、鲁两家,称为"齐论"与"鲁论"。现在世传本的《论语》是西汉末年张禹根据"鲁论"并参考"齐论"编定的,后人又称之为"张侯论"。《论语》在汉代虽受重视,但并未取得经的资格,唐文宗时列入"十二经"。南宋朱熹将《论语》编入《四书》后,成为士人的必读经书。它也是研究孔子、研究儒学最重要的书籍。

十一、《孟子》

《孟子》是孟轲及其弟子的言行录。《史记·孟子荀卿列传》说:孟轲"退而与万章之徒,序《诗》《书》,述仲尼之意,作《孟子》七篇"。可知,《孟子》一书是孟轲与其弟子们一起编定的。《孟子》在唐代以前地位不高。唐代后期,韩愈推崇孟子。南宋时,朱熹将《孟子》与《论语》并列,同纳入《四书》中,使《孟子》不仅成为经书,而且是最为重要的几部经典之一。

十二、《孝经》

《孝经》是专论孝道之书,分为十八章,因为历代皇帝都倡行孝道,所以也都重视《孝经》。对于《孝经》的作者,其说不一:一是认为孔子所作,二是认为曾子所作,三是认为曾子的门人所作。今无定论。

十三、《尔雅》

《尔雅》是中国古代的一部词典,共十九篇,解释从天地万物到人类社会的各种名物制度。唐代以后,逐渐被视为儒家经典。《尔雅》相传为周公所作,又说为孔子所作。据《四库提要》考证,《尔雅》成书于传授《诗经》的毛亨之后,作者并非一人。《尔雅》取材广泛,不限于儒家经典。由于读经者多借《尔雅》印证古代名物制度,后来《尔雅》也就被列为儒家经典。

第三节　中国古代的儒学大师

在儒学产生与发展的历史长河中,涌现出了许多灿如明星的大师。正是他们的业绩、他们的思想,丰富了儒学的宝库,推动了儒学的发展与繁荣,他们的名字将永垂史册。

一、儒学的开山鼻祖——孔子

(一)孔子的身世

孔子,名丘,字仲尼,公元前 551 年生于鲁国陬邑的一个下层贵族之家。孔子是殷人的后裔,他的先祖是宋国的贵族,因政治变乱,迁居鲁国。他的父亲叔梁纥,是鲁国的武士,因功而升为陬邑宰。叔梁纥六十余岁娶颜氏之女颜徵在为妾,生孔子。因其出生时头顶凹凸不平,形状如丘,故取名丘。

孔子三岁丧父,其母颜徵在领他别居于鲁都曲阜城内,生活异常艰苦。曲阜是文化发达的礼仪之都,耳濡目染,使孔子从小就喜欢礼仪,十七岁时便以"知礼"而闻名于曲阜。二十岁后,他曾经为大贵族季氏当过家臣,负责管理仓库和畜牧等杂事。孔子志向远大,刻苦自学,到处求教,三十岁时便已精通礼、乐、射、御、书、数等"六艺",知识全面,德行高尚。

从中年起,孔子打破自西周以来"学在官府"的旧制,首开私人讲学之风,广招门徒，"有教无类"，创立了儒家学派。五十岁时当了中都宰（县邑长官），五十二岁时升任小司空（管土木工程），不久又升为大司寇（鲁国最高司法长官）。孔子所任各职，皆政绩斐然。五十五岁时，因不能容忍鲁君的无礼而愤然辞官。鲁定公十三年（公元前497年），孔子为了施展政治抱负，率领他的学生们，开始了漫长的周游列国的生涯，先后到过卫、陈、宋、蔡、楚等国。但他倡仁爱、行礼治的学说，在"礼崩乐坏"的春秋时代不合时宜，所以不被采纳。十四年后，孔子又回到了鲁国，继续从事教育事业，并整理古籍，讲授"六经"，笔削《春秋》，弟子三千，贤人七十二，业绩煌煌。鲁哀公十六年（公元前479年），儒家的开山鼻祖、伟大的教育家、思想家孔子与世长辞，享年七十三岁。

（二）孔子的思想

孔子的思想主要包括以下几个方面：

1.以"仁"为核心的道德思想

孔子在中国哲学史上第一次提出了以"仁"这一道德规范作为调整人与人之间矛盾的原则，所谓的"仁"，就是爱人，爱一切人。不但要爱亲人、爱贵族，就是平民甚至奴隶都在爱的范围，即"泛爱众"。这种博爱大众的道德思想是前所未有的，但其"泛爱"是以"礼"为原则的，即建立在"亲亲尊尊"基础上的有等差的爱，以血缘的亲疏、政治地位高低决定爱的方式和程度。其他的道德准则，如义、礼、信、勇等，都是"仁"的体现。

2."道之以德，齐之以礼"的政治主张

孔子主张实行德治教化，使民众自觉遵守"君君、臣臣、父父、子子"的"礼"，以维护社会的稳定。

3."敬鬼神而远之"的天道观

孔子承认天命鬼神的存在，但并不依赖，应"敬鬼神而远之"；认为"未能事人，焉能事鬼"，重视现实世界，重视人的努力。

4."有教无类"的教育思想

在教育上，孔子主张"有教无类"，即不分贵贱，不分族类，任何人都可以受教育。孔子的学生中，不仅有出身于贵族的，还有出身于平民、商人、贱人和鄙野之人的。

二、"亚圣"孟子

（一）孟子的身世

孟子，名轲，字子舆，战国中期邹国（今山东邹县）人，大约生于公元前372年，卒于公元前289年。他是鲁国贵族孟孙氏的后裔。幼年丧父，母亲仉氏，很重视对他的教育。"孟母三迁""断机教子"是后世广为流传的故事。这对他一生

影响甚大。

孟子"受业于子思之门人",是孔子嫡孙子思的再传弟子,孟子以孔子正传自居,故后人称他与子思的学派为思孟学派。孟子学成后,就开始周游列国,企图以其学佐诸侯干出一番事业。但当时各诸侯国为了迅速富国强兵,都是重用商鞅、吴起之类的法家人物实行变法,认为孟子的主张过于宏远而不切合实际,故皆不重用。孟子晚年回到邹国讲学,与门徒公孙丑、万章等人著书立说,"序《诗》《书》,述仲尼之意,作《孟子》七篇"(《史记·孟子荀卿列传》)。孟子继承并发展孔子的思想,被历代统治者视为孔门儒学的正宗。唐代大儒韩愈提出"道统"说,定孟子为孔子之道的唯一继承者。后来孟子被封建统治者奉为仅次于孔子的"亚圣"。

(二)孟子的思想

孟子的思想主要包括以下几个方面的内容:

1."性善论"的人性论

孟子认为人的本性是善良的。每个人生来就具有善良本性的开端。他说:"恻隐之心,仁之端也;羞恶之心,义之端也;辞让之心,礼之端也;是非之心,智之端也。"这四种善端,发展下去就成为仁、义、礼、智四种美德。他认为人们对物欲的追求致使善性泯灭,因而主张通过"寡欲"、自省、养心、修身的方法来恢复善良的本性。所谓的人性是指人的社会性,孟子的人性论则是将人的自然性与人的社会性混而为一,是唯心主义的。孟子的人性论是他思想的理论基础。

2."仁政"的政治主张

孟子从他的性善论出发,进一步发展了孔子关于"仁"的思想,提出了行"仁政"的政治主张。孟子认为在一个国家中"民为贵,社稷次之,君为轻"。人民群众是国家的主体,只有得到人民的拥护才能当天子。因此,国君必须对人民施行"仁政",不行"仁政"的国君,可以流放,甚至可以诛杀。所谓的"仁政",一是"制民之产",即要使人民拥有一定的土地;二是减轻对人民的剥削,减轻租税,实行"什一之税";三是"尚贤",他认为只有重用贤人才能推行仁政,他甚至提出国君可以把权位禅让给"贤人";四是反对兼并战争。

3."畏天""知天"的"天命论"思想

孟子认为天是至高无上的,具有超人的力量。国君即天子,是由天选择的。人的生死荣辱是由天命决定的。因此,要敬畏天命。但人也是可以感知天命的,只要充分扩张善良的本心,就可以知道人的本性,进而即可"知天",达到"天人合一"的神秘境界。孟子的"天命论"是唯心主义的。

三、儒学独尊的奠基人——公羊学大师董仲舒

(一)董仲舒的身世

董仲舒,广川(今河北景县大董故庄)人,生卒年不详,学者推测当生于汉高祖末年或惠帝初年,卒于武帝太初元年(公元前104年)之前,八十岁以上。

董仲舒为学异常勤奋,数十年如一日,专心研读《春秋》,"三年不窥园"。董仲舒学通五经,义兼百家,长于议论,善于文章,尤其见长于《春秋公羊传》,是最为杰出的今文经公羊学大师。汉景帝年间,他被立为讲授《春秋公羊传》的博士,拜门求学的人多不胜数,只有那些资性优异的弟子才能登堂入室,得其亲传,其余弟子只能在门下转相传授。董仲舒以儒学为主干,兼收道、法、墨诸家之学,尤其是阴阳家之学,构建成一种新的神学化了的儒学体系。汉武帝年间,为招纳贤良文学之士,董仲舒提出一套推崇儒学、神化君权、巩固封建集权统治的哲学理论,即著名的"天人三策",得到了武帝的赏识。特别是他所提出的"罢黜百家,独尊儒术"的建议被汉武帝所采纳,从此确立了儒学的主导地位,两千年不废。可是董仲舒文幸人不幸,汉武帝虽然采纳了他的许多建议,却未重用其人,只是任命他为诸侯国江都王之相。后来因讲说灾异事,被捕下狱,不久获释,又任胶西王之相。董仲舒恐日久生祸,遂以老乞归,居家著书。但朝廷每有大事还多向他询问。董仲舒大约在太初元年(公元前104年)病逝。《天人三策》《春秋繁露》为其传世之作。

(二)董仲舒的思想

1."大一统"的政治思想

董仲舒《春秋繁露》的根本思想就是"大一统"(即大统一),认为"大一统"是天经地义的,"一"是万物的本源。天下万物统于一,天下万民"一统于天子"。为了保持政治上的统一,就必须思想统一。因此,他提出"罢黜百家,独尊儒术",为汉王朝加强中央集权、强化君权、巩固大帝国的统一提供了理论根据。

2."三纲五常"的道德论

董仲舒据孔子"君君、臣臣、父父、子子"的伦理纲常和仁义道德的思想,以及"阳尊阴卑"的神学理论,提出了"三纲五常"的道德学说,"三纲"即"君为臣纲,父为子纲,夫为妻纲","五常"即仁、义、礼、智、信五种永恒不变的道德规范,并且把"三纲"说成是"天"的意志,借以维护封建的等级制度。

3."天人合一"的神学思想

董仲舒认为"天"是"百神之大君",是有意识的至高无上的神。人是天按照自己的意志、自己的形象复制出来的。因此,天人之际是息息相通、互相感应、合而为一的。君主是天之子,是天按照自己的意志选择出来的,是天在人间的代

表,因此,皇权也是至高无上的。皇帝为政好,天就会呈现"祥瑞",表示嘉奖;为政有缺,天就会降"灾异",表示谴告,屡告不改,天就会另择他人为天子。"天人合一"的神学思想,一方面神化了君权,巩固了君主专制;另一方面又试图以神权来限制君权,使之不得任意妄为,以利于维护封建国家的长久统治。

四、理学大师朱熹

(一)朱熹的身世

朱熹,生于南宋高宗建炎四年(公元 1130 年),卒于宁宗庆元六年(公元 1200 年),字元晦,又字仲晦,号晦庵,晚号晦翁、遁翁、云谷老人、沧州病叟。他祖籍徽州婺源(今属江西),出生于福建南剑(今福建南平),后迁崇安(今福建崇安镇),晚年又迁建阳之考亭(今福建南平市建阳区考亭村)。

朱熹是宋代理学的集大成者,是中国封建社会后期最有影响的思想家。朱家是婺源的大姓,朱熹先辈世代为官,以儒传家。其父朱松十分重视对朱熹的教育,向他传授二程(程颐、程颢)的理学。朱熹自幼聪颖,十岁读《孟子》时,受"圣人与我同类"的启迪,立志要做圣人。他学习异常刻苦,博览群书。十九岁中进士,其后拜理学家李侗为师,成为二程的第四代传人。

朱熹历仕高宗、孝宗、光宗、宁宗四朝,曾任泉州同安主簿、知南康军、焕章阁侍制兼侍讲等职,为官清正,多有作为;但仕途多艰,因倡行理学,屡遭排斥,多次罢职。宁宗时,掀起一次反理学的斗争,理学被斥为"伪学",朱熹被指控为犯有"十大罪"的"伪君子",后来又被定为"逆党",以至门人故交过其门而不敢入,但朱熹却镇静自若。他的一生中,为官时间短,大部分时间都在讲学、著述,直至去世。

朱熹一生孜孜不倦,其呕心沥血所营建的理学之道,在他死后不久得到了统治者的理解和重视。宋理宗认为理学"有补于治道",追封朱熹为"太师""朱文公",不久又改封"徽国公",下诏将朱熹的牌位供奉于孔庙,与孔子同享后人的祭祀。理学从此成为封建社会后期的至尊之学,成为封建王朝的统治思想长达近七百年,直至清末。

(二)朱熹的理学思想

朱熹继承孔、孟之学,吸纳佛、道之说,发挥周敦颐、张载、程颐、程颢理学之论,创建了系统的理学思想,使儒学更加富有哲理内涵。

1."理"为天地万物本源的宇宙观

朱熹认为"理"是天地万物生成的本源,"气"是构成万物的材料。理是"生物之本",是看不见的本体,是"形而上"的"道";气是"生物之具",即阴阳五行等物质。理的全体、理的最高境界是"太极",太极是一切理的总和。人与万物,包括

"三纲五常"等一切现存的制度,都是天理的体现,从而从哲学的理论上论证了封建制度的合理性。

2.人性论和禁欲主义的伦理学说

朱熹继承和发扬了孟子、二程的人性论,认为人性就是理,太极体现于人就是性,天理是至善的,人性也是至善的。人性至善的表现,即先天就具有仁、义、礼、智等美德。这样就从哲学的高度论证了封建伦理的合理性,使其成为不可动摇的天理。朱熹又认为人性中的"天理"与"人欲"是对立的。人心符合天理就是善,违背天理就是恶,人之所以为恶,就是因为人欲侵蚀了天理。为了保持天理、保持人的善良本性,就要"存天理,灭人欲"。他说:"天理人欲,不容并立。"所谓的"存天理",就是要维护"三纲五常"的封建伦理,"灭人欲"就是要消除一切不利于封建纲常伦理的思想和行为,维护和巩固封建制度。

朱熹的理学是更加系统化、理论化的儒学,是维护封建统治最有效的思想武器,被统治者称为"立亿万世一定之规"(康熙《朱子全书·序》),成为封建国家的御用哲学,具有不可动摇的地位。

思考题

1.什么是儒、儒家、儒学、六艺、十三经、理学?

2.简述儒学的发展演变。

3.儒家有何基本特征?

4.儒学是怎样成为"独尊之学"的?试分析儒学为什么能够在封建社会长期居于统治地位。

5.孔子的思想包括哪些主要内容?

6.孟子的思想包括哪些主要内容?

7.董仲舒的思想包括哪些主要内容?

8.朱熹的思想包括哪些主要内容?

第十九章　中国古代的道家与道教

学习目的

通过本章的学习,了解道家思想、道教基本情况以及两者的关系,掌握道家思想、道教对中国古代社会的影响,以便全面深刻地认识中国古代文化及中国古代社会。

主要内容

● 道家的主要代表人物及其思想
● 道教的产生发展及其主要教派
● 道教的特点及其对中国古代社会的影响
● 道教的名观与道教诸神

中国古代儒、道、释三家中的"道",是指道教。但道教与道家又是密切联系在一起的,它们都深刻地影响着中华民族的传统文化。

第一节　中国古代的道家

道家是春秋战国时期由老子所开创的学派,它的主要代表人物是老子与庄子。

一、老子与《道德经》

老子其人其书至今仍是一个谜,许多问题还在探讨中。按照《史记》的说法,老子姓李名耳,字聃,春秋末期楚国苦县人,曾任东周守藏室的史官。孔子曾经向老子问礼,老子回答以"道"。他深奥玄妙的言论,使孔子深为折服,称老子是一条见首不见尾的神龙。老子修道德之学,以自隐无名为追求的目标。后来,他见王室衰微,天下大乱,遂归隐而去。至函谷关时,关令尹喜素知老子学识渊博,便请老子为其著书。于是,老子著书五千言,分上下两篇,之后,莫知所终。

老子的著作被后人称为《老子》。《老子》八十一章,分道、德两篇,共五千余字。"道"是全书的核心,所以以老子为创始人的学派被称为"道家"。《老子》的思想主要有以下几个方面的内容。

(一)"道"是宇宙万物的本源

老子认为"道"是宇宙万物的本源,在没有上帝之前就有"道"。道为"万物之宗","道生一,一生二,二生三,三生万物"。那么"道"是什么呢?是物质类的东西还是精神类的东西呢?他说:"天下万物生于有,有生于无。"道就是"无"。但老子又说"无"并不是没有,而是一种看不见、听不到、摸不着的存在。它寂静无声,辽阔无边,"独立而不改,周行而不殆"。由此,研究者认为,老子所说的"道"是一种超然于万物之上的"精神"。天地总有一天是要毁灭的,而"道"是永久存在的。多种多样的万有世界,最后都要回归于它们的老根——道。由此可见,老子的道是属于唯心主义思想体系的。道的本体性、创造天地万物的巨大威力、神秘的存在形式,为后来的道教所借用。

(二)神秘主义的认识论

与老子的道相对的另一个概念是"德"。德者,得也。德的意思就是得道,即认识道、体验道。老子从唯心主义的道出发,认为人的认识不是来源于感觉经验,不是来源于实践,而是来源于自身的体验。他说:"不出户,知天下;不窥牖,知天道。""是以圣人不行而知,不见而名。"他提出通过"涤除玄览"的神秘主义的自我体验来获得感知。"致虚极,守静笃,万物并作,吾以观复。"就是要排除一切杂念,把自己的内心洗涤得如同一面幽深清澈的镜子,致虚守静,这时芸芸万物就会自动地涌现于心镜,就可以体验出它们的存在、它们的运动,这就是"悟道""得道"。

(三)天道无为的思想

所谓的"无为",就是无意识、无目的,任其自然发展而行。天道以大自然为法,其造万物是"无为"的。因此,对造出的万物不据为己有,也不以为是自己的功劳,也不去主宰它们。"道"正因为是自然无为的,所以它才有化育万物的巨大力量。"道常无为而无不为"。老子"天道无为"的思想用于政治方面,就是"无为而治"。他说:"我无为而民自化,我好静而民自正,我无事而民自富,我无欲而民自朴。"他认为"无为而治"是统治人民的最好办法。

(四)朴素辩证法思想

老子认为天下万物都有矛盾对立的两个方面,互以对方的存在为自己存在的前提,"有无相生,难易相成"。矛盾着的双方是不断发展变化的,各自向对立面转化,"物极必反"。"祸兮福之所倚,福兮祸之所伏",祸可以变成福,福也可以变成祸。从"物极必反"出发,老子又提出"知其雄守其雌"、甘居柔弱、甘居人下、藏锋不争、以柔弱胜刚强的思想。

老子之"道",其为"万物之宗"的本体、"无为而无不为"的造万物的巨大威力、"涤除玄览"的自我感知、祸福相因的转化、柔弱胜刚强的弱用之术等,无不带有神秘的色彩,故而后来被道教所借用,奉为道教的第一经典——《道德经》。

二、庄子与《南华真经》

庄子,名周,战国中期宋国蒙(今山东曹县)人。生卒年不可详考,大约在公元前 355 年至公元前 275 年。他曾在家乡当过漆园吏,可能没干多久就辞官归隐了。庄子一生穷困潦倒,而志趣高尚,傲视王侯。据说楚威王曾派使者厚礼聘庄子为卿相,庄子笑对楚国使者说:"千金重利,卿相尊位,想引诱我成为祭祀的牺牲,喂养数年,穿上绣衣,送入太庙去挨宰吗?我宁愿游戏于小小的泥沟之中,自得其乐,也不愿意为那些有国者所牵制。终身不仕,是我最引以为快的志向。"他专注于对精神上绝对自由的追求。庄子生活贫困,靠编草鞋为生,即使见魏王时穿的是补了又补的衣服,也面无愧色。

庄子继承并充分发扬了老子的思想,是战国时期道家的代表。庄子把老子的思想推向极端,以相对主义的认识论来看待世界、看待社会、看待人生,形成一种以脱离现实、追求精神绝对自由为特色的处世哲学。庄子的思想保留在今《庄子》一书中,《庄子》三十三篇。传统看法认为其"内篇"部分为庄子本人的作品,"外篇""杂篇"部分为庄子后学者所作。其思想要点如下。

(一)万物一齐,不与世争

庄子认为现实社会中的争斗、人生的苦恼,都是由万物的差别而引起的。如有贵贱的差别,人皆争"贵"而避"贱",为此而进行争斗。得"贵"则欢喜,处"贱"则悲痛。但在庄子看来,万物本来没有差别,"万物一齐,孰长孰短"?俗人视万物不齐,不是万物本身不齐,而是观察者的立场不同,是观察的角度不同而造成的。如果以"道"即"虚无"的观点来看,"物无贵贱"。世界就是虚无的,万物的差别当然也是虚无的,差别只是观察者主观赋予客体的一种幻觉。再如生死,从生的角度看,死是死;如果从死的角度看,死则为生,生则为死,生死本无别。如果能用"万物一齐""万物皆一"的观点来看待世界,世界就是一个无差别的世界。掌握了这种观点、这种看待世界的方法,就叫"得道"。生于世,避于世,与世无争,从斗争中摆脱出来,则逍遥于快乐的精神世界里。

(二)安时处顺，听天由命

面对残酷的现实社会，庄子主张"安时而处顺"，因循自然，"不谴是非以与世俗处"。庄子认为凡物皆喜顺恶逆。他说，虎性虽暴，顺之可以媚人；骑的马虽然驯服，但逆之也会暴怒。因此，安时处顺乃是远祸保命的诀窍。所谓的安时处顺，就是随俗沉浮，与世俯仰，听任自然。社会处处是陷阱吗？他可以在陷阱中苟且安身。社会处处是污泥浊水吗？他宁愿做一只拖着尾巴的乌龟在泥沟中爬行。混生于世，不忿不争，"人能虚己以游世，其孰能害之"！

在庄子看来，人世间的一切都是命中注定的。他说："死生、存亡、穷达……命之行也。"命是不能改变的，"性不可易，命不可变"，"无以人灭天，无以故灭命"。只有安于天命，才能免于祸患，"知其不可奈何而安之若命，德之至也"。安时处顺，听天由命，就是一种最高的德，是得道的体现。

(三)无为无待，超然世外

庄子认为人的一生就是一个苦难的人生。一生中充满了争斗，如同一匹奔驰的马永远停不下来，劳役终生，疲惫不堪，不知何处是归宿，实在是太可悲了。庄子抱着把一切都看透了的态度来对待这个人世，主张"无为""无待"，摆脱现实社会，追求超人世的无条件的精神自由。庄子认为人生的一切苦恼和灾难都来源于"有为"——要干一番事业，都来源于"有待"——追求功名。这些都是束缚自由的绳索。庄子反对认识世界、改造世界的一切"有为"活动。他认为人无法取得正确认识，没有一个判断是非的标准，都是"此亦是非""彼亦是非"。人改造世界的活动也是徒劳的，任何进取都会招来祸患。"直木先伐，甘井先竭"。成材者，杰出者，其结果就是"直木""甘井"的下场。在庄子看来，"有为"是有害的，只有"无为"才是超然的、逍遥的。怎样才能"无为"呢？庄子认为一切"有为"的根源就在于"有我""有己"。要从这个圈子里跳出来，就必须"忘我""丧我"，就是要把自己从形体到精神全部忘掉，达到"形如槁木，心如死灰"的程度，进入一种我不知有我、我非我、"万物与我为一"的境界。庄子把能达到这种境界的人称为"真人"。真人忘怀于物，无情无欲，不追求事业上的建树，不为俗世所扰，随物而行，应时而变，无牵无挂，无拘无束，"乘云气，御飞龙而游乎四海之外"，在精神上获得无限的自由。

庄子的哲学，是一种避世、超世的哲学。这种企图摆脱现实社会、追求精神上的绝对自由的思想，本身就具有浓厚的宗教色彩，所以后来的道教把庄子奉为南华真人，把其书《庄子》奉为《南华真经》。

第二节　中国古代的道教

　　道教是中国本土产生的宗教。因为它最初以先秦道家学派的著作为经典，奉老子为教主和最高的天神，所以称之为"道教"。

一、道教的起源

　　道教创始于东汉后期。其思想和道术的渊源较为古老，也很庞杂。在其发展过程中，又吸取了佛教的一些思想和教仪，是典型的多元合一的宗教。其来源主要有以下几个方面：

　　第一，多神崇拜的原始宗教。中国古代社会中，认为万物皆有灵魂。人之灵魂称为鬼，天地山川百物之灵魂称为神。鬼神具有神秘的力量，能够造成人的生死祸福，由此而形成一个天神、地祇和人鬼的神灵系统，以及各种对它们进行礼拜、祭祀的仪式。道教承袭了这种多神崇拜的原始宗教思想和礼拜仪式。

　　第二，巫术和神仙方术。从商代起，人们认为卜筮可以决疑惑、断吉凶，巫师可以交通鬼神。战国以后，神仙方术逐渐兴盛，在燕、齐一带出现了宣传长生成仙之术的方士。这是道教的道士和道教修炼方法的前身。

　　第三，神学化的儒学。西汉中期以后，董仲舒将儒学神学化，以阴阳五行附会经义，并且创造设坛祈祷、求雨止雨的各种仪式。经学的怪胎——谶纬之学盛行，其中的图记、谶语及宗教式的说教等，都为道教的形成做了思想上、舆论上、形式上的准备。

　　第四，黄老思想。黄老思想在西汉前期曾经作为国家政治的指导思想。儒学独尊以后，黄老思想仍然在流行。黄老之学本身就包含许多神秘的内容，而研究黄老之学的学者中又有许多就是神仙方士，他们以长生成仙思想使黄老之学向宗教方向发展，逐渐形成以崇奉老子为神明的黄老道。黄老道与仙道合流，是道教产生的基础。

　　第五，佛教的影响。佛教在西汉末年（公元前 2 年）传入中国，至东汉末年已经有了近二百年的发展。佛教的思想、教仪对道教的最后形成无疑有着重要启迪。

　　东汉末年，社会矛盾日益激化，社会动荡不安，人民大众处于水深火热之中。哪里有苦难，哪里就有宗教。以黄老道为基础，融合民间原始宗教、神学化的儒学、佛教的若干内容于一体的道教应运而生了。

二、道教的发展与教派

（一）东汉末期的早期道教

东汉末年道教产生之后，分为两派。

1.丹鼎派

创始人为东汉末年的左慈，以烧炼金丹和宣传长生成仙为主。魏伯阳的《周易参同契》（即"大易""黄老""服食"同出一门，契合大道）为该派的早期经典。

2.符箓派

此派宣传以符水咒法为人治病，主要在民间流行。它又分为两派：一派是"五斗米道"。创始人为东汉末年的张陵（公元 34 年—公元 156 年），又称张道陵。传说他是张良的八世孙，自称在四川鹤鸣山受老子之命为"天师"而创"道"，称为"天师道"，奉老子为教主，以《老子》书为主要经典之一。凡入道者皆须交五斗米，用于互助互济，所以称为"五斗米道"。另一派是"太平道"。创始人为东汉末年的张角，崇奉太乙神。符箓派的经典为《太平经》。其基本思想是针对贫富不均的社会现象，追求一个理想的太平世界，具有反剥削、反压迫的思想。因此，张角以"太平道"为组织形式，发动了黄巾起义。东晋末年，孙恩、卢循也以"五斗米道"为组织形式发动起义。早期的道教主要流传于民间，是具有反封建统治性质的宗教。

（二）两晋、南北朝时期道教的分化与三教合流的思想

晋代以后，封建统治者为操纵和利用宗教来欺骗、麻醉人民，把民间宗教改造成为御用宗教，道教逐渐上层化，但民间仍然传播着通俗形式的道教。对早期道教进行改造，使之上层化的主要代表人物是葛洪、寇谦之和陶弘景。

葛洪（公元 284 年—公元 364 年），晋朝人，自号抱朴子。其著作也称为《抱朴子》。他为道教构建了一套较为完整的宗教理论体系。他袭用老子的哲学思想，提出了以"玄"（即道）为核心的宗教理论以及修道成仙的方法，将道教的神仙方术与儒家纲常名教相结合，为道教的上层化奠定了理论基础。高级士族参加道教的人数日益增多。

寇谦之（？—公元 448 年），南北朝时期北魏人。早年入嵩山修道，诡称奉太上老君的旨意清整道教，代替张陵为天师，称为"北天师道"。他提出教徒"于君不可不忠"，"不得叛逆君王，谋立国家"。贫苦百姓要安于贫贱，"勿以贫贱求富贵"。因此，道教得到了统治者的推崇。北魏太武帝定道教为国教，并自号为"泰平真君"，封寇谦之为"国师"。寇谦之完成了道教由民间宗教向上层御用宗教的转变。在最高统治者的支持下，道教兴盛一时，成为与佛教争雄的宗教。

陶弘景（公元 456 年—公元 536 年），南北朝时期梁朝人。他继承了老子、庄

子哲学和葛洪的神仙理论,并吸收了儒学和佛学的观点,主张儒、释、道三教合流。他本人对儒学有很深的研究,又兼信佛教,因而他所提倡的三教合流很有影响,为后人所法。

(三)唐代道教的鼎盛

南北朝以来,儒、道、释并兴,互有进展。唐代为李渊所建,他为了借用神权来提高皇权的地位,自认是道教始祖老子(姓李,名耳)的后裔,因此大力推崇道教。高祖李渊下诏,明令道教居于儒、释之前。唐高宗追封老子为"太上玄元皇帝",并诏令"道士女冠宜隶宗正寺",即把道教徒看成皇族的一员,又把《老子》等道教经典纳入科举考试。于是,朝野上下,无不崇道,道教进入鼎盛阶段。这时的道教,受佛教的影响,也转向了对宗教理论的创建、研究,推动了道教的发展。

(四)宋金元时期道教的多宗派发展

宋金元时期,民族矛盾异常尖锐,因而道教也朝着多宗派发展,互争宗教的领导权。

南宋的道教,除有龙虎天师、茅山上清、阁皂灵宝等三山符箓派外,还有自称得异传的神霄派、清微派、混元派、东华派、净明派等。但他们也有共同的特点,即大多是提倡儒、道、释三教同源,大量融合儒、释思想,特别是以援引理学思想为其特色。

在北方,金大定七年(公元 1167 年),王喆(字知明,号重阳子)创立全真道,主张三教同源合一。此外,还有大道教、太一道等派。元代时,王重阳的弟子邱处机,号长春子,深得成吉思汗的信重,封为国师,命他总领道教。因此,全真道在元代盛极一时。元代成宗大德八年(公元 1304 年),授张陵第三十八代后裔张与材为"正一教主",总领天师道各派,统称"正一道"。此后,道教逐渐形成北方的全真道与南方的正一道两大教派,经明、清而一直流传至今。

(五)明代道教的发展与清代道教的衰落

明代统治者重视道教,特别是重视正一道。明世宗嘉靖皇帝笃信道教,自号为"玄都境万寿帝君",任命道士邵元节、陶仲文等担任朝廷重要官职,参与朝政。道教发展兴盛。

清代,由于朝廷重视佛教、轻视道教,道教毫无生气,逐步衰落下来。

三、道教的特点

道教是教理多元杂合、教旨超凡脱俗、教仪斋醮如巫的宗教。其主要特点包括如下几个方面。

(一)糅合道家、儒家思想和佛教的宗教理论

1.以道家的"道"为教理的核心

道教的"道"包括两个方面的内容:一是继承了道家以"道"为世界本源的思想,认为道是"涵乾括坤"的最高本体,世界上的一切物象都是"道"所生,但它更强调道的神秘性。同时,还提出"道意""道性"等范畴,论道是有思想、意识和性情的,把道人格化,把"三清尊神"(元始天尊"天宝君",灵宝天尊"太上道君",道德天尊"太上老君")作为"道"的人格化身。这样,就使得"道"具有神仙创世的意义,从而把道家的"道"引向宗教。二是发挥了老子关于"德"的思想,着重阐述如何"得道"的问题。道教释"德"即为"得","德道"就是获得道果,使"道"在我,与道合一,从而成为肉体与精神不灭的神仙。

2.以儒家的等级制度、道德规范和佛教的戒律为教规主体

道教吸纳了儒家尊卑有等、贵贱有序的礼制思想,建立了等级森严的教阶制度。把天神、地神、人鬼、仙真等都分成若干等级,所谓"仙亦有等级千亿"。道徒也等级分明,分为六等。在道行的高低上也有"三号"之分。等级尊卑是教徒必须遵守的教规。儒家的忠、孝、仁、义、礼、智、信等道德规范,佛教的不杀生、不荤酒、不口是心非、不偷盗、不邪淫等戒律,都是道教的主要教规。

(二)"超凡脱俗、得道成仙"的宗教追求

佛教是对来世的追求,基督教是对死后进入天堂的追求,而道教则是对现世的人生追求。追求现世的愉悦自由,现世的长生不死。它的核心是出世脱俗、得道成仙。什么是仙呢?《释名·释长幼》说:"老而不死曰仙。仙,迁也,迁入山也。"仙就是能够在现世保全生命、永远不死而进入另一个境界中的人。人们所渴望的精神自由、丰衣足食、延年益寿、长生不死都可以在超现实的仙人世界中得到满足。而从现世的社会到超现实的仙境,只需要通过修炼就可以达到,就可以由俗人而成为肉体和精神两不灭的仙人。

(三)内修外炼的成仙方法

道教的修炼方法称为"炼丹",分为"外炼"和"内修"两个部分,即炼"外丹"和修"内丹"。服饵金丹以求长生不老,是道教的重要信仰和追求。金丹即外丹。炼外丹就是把丹砂、汞、铅等各种道教认为可以使人长生不老的"石药",放入"炉鼎"中烧炼,所得出的结晶称为"丹",又称为"金丹""仙丹",服之即可延年益寿、长生不老。所谓的修"内丹",就是把人体当成炉鼎,以体内的"精""气"为药物,通过服气、吐纳、导引、胎息、辟谷、房中术等一系列方法,使精、气、神凝结成"圣胎""圣丹"。因为这是无形的内炼功夫,所以叫作"内丹"。道教认为,人通过修"内丹",服"外丹",即可以成仙。

(四)斋醮如巫的宗教活动

道教是多神崇拜。其主要的宗教活动就是致请各方各类的神仙,为活人消灾、免祸、送福,为死人超度灵魂。这类宗教活动称为斋醮。它以民间传统的巫

俗文化为主体,又吸收一些上层社会祭祀天地祖宗等礼仪糅合而成。

"斋"始于东汉时期的五斗米道和太平道。斋的主要形式是法师让信徒居于静室中思过,向法师诉过。法师(或鬼吏等)为其祈祷,请神仙为之免灾消祸。"醮"是陈设祭品,祭祀神仙,招神驱邪之仪。宋代以后的道教,因斋醮仪式逐渐合一,因而斋醮合称。

道教的派系众多,各派的斋醮形式也各有不同。在诸派斋法中,以灵宝派斋法最规范、最系统,对后世道教影响也最大。从晋、南北朝直至元、明、清诸代,正一、全真两派斋醮,莫不宗于灵宝派。

大规模的斋醮,要在野外筑坛,坛高三层或五层,用绵蕝作围栏,分出几个小区,每个小区都有门,各有其象征意义。斋者即祈福消灾者,皆反缚双手,分别进入各个小区中,向神诉说自己的罪过和请求。在绵蕝之外的人称为斋客,只拜谢,不自缚。在坛的道士恪尽职守。法师一人,主持斋醮。半夜时,在星辰之下,陈列供品,祭祀各类神灵。书写表章、咒语,焚烧,上奏天曹,请求神仙降临,为斋者消灾祛病。还要使用一些法器,如木印、木剑等,施展法术,为斋者驱邪治病。法师作法时,还要表演登刀、入火之技,以示有神在身。

后来,由于在野外筑坛多有不便,改在道观之内进行。而民间多是在宅院内举行,专门驱除住宅内的邪魔或附于人身的恶鬼等。这些宗教活动中,道士一般都要诵经、礼拜、请神、画符及做出各种迎神、打鬼的动作,带有极为浓厚的巫术色彩。

第三节　道教的宫观与诸神

一、道教的宫观

宫、观是道教奉神修道的场所。

宫观之称始于汉武帝。宫,秦代之后为皇帝居所的专称;观,原是城门之上左右两旁高立的阁楼之名,是用来四处观望的,故名为"观"。汉武帝本好神仙之术。道士说,神仙喜欢在高达天庭的楼阁台榭上往来,在那里可以与仙人相见。因此,汉武帝下令全国各郡修建宫观,用来迎接神仙。如在长安建了蜚廉桂观,在甘泉宫建了益延寿观等。汉武帝居"宫"登"观"迎接神仙,所以宫、观连称。

道教最初的宗教活动场所称为"静室",道师的宗教活动场所称为"治",基本上都是普通的房屋。南北朝时称为"馆",是皇帝用来接纳德高望重的道士和进行宗教活动的场所。如北齐建有兴世馆等。北周所建称为"观",如通道观、玄都观等,这是道教称"观"之始。

后来的道教徒所说的道教之"观",始于春秋时期函谷关令尹喜。他在终南山建草楼观,用来观测天象,后来在此迎接老子,其说乃是附会神化之言。唐代时,因老子被追封为"太上玄元皇帝",所以供奉老子的道观改称为"太上玄元皇帝庙",继而又改称为"太上玄元皇帝宫"。后世,道教遂把规模较大的宗教活动场所称为"宫",规模较小的称为"观",有的还称为"庙"。

道教宫观的建筑,因教派林立、神仙众多,其形制也不尽相同。唐代之后,逐渐在设计、布置、营造等方面有一定规制,但并不强求一律,可以因地、因时、因力而制宜。据《洞玄灵宝三洞奉道科戒营始》载,一个完备的宫观,应包括五十一种殿、堂、台、阁等。总体来说,一般的宫观都有以下几个主要部分:

山门　宫观都建有山门,山门一般都设有三个洞,象征道教中的"三界":无极界、太极界、现世界。只有进了山门,才有资格修道成仙。

灵官殿　宫观的第一重殿,内供镇守山门、护法监坛的王灵官。

天尊殿　供奉道教最高尊神的殿堂,又称为三清殿,是宫观的主体建筑。供奉元始天尊、灵宝天尊、道德天尊。

四御殿　供奉北极太皇大帝、南极长生大帝、勾陈上宫天皇大帝和后土皇地祇四位天帝。若仅供玉皇大帝,则称为玉皇殿。

三官殿　供奉天官、地官、水官。

三皇殿　供奉神农、伏羲、轩辕。

纯阳殿　供奉吕洞宾。

重阳殿　供奉全真道创始人王重阳。

邱祖殿　供奉长春真人邱处机。

说法堂　道师为道教徒讲经说法的场所。

钟楼、经楼　在天尊殿前方左右两侧,相对而立。经楼珍藏三洞四辅,即七部道教经书。钟楼悬钟,击钟报时。

道教宫观,星罗棋布,最为著名的主要有:

楼观台　位于陕西省周至县终南山。相传老子骑牛入关,尹喜迎老子进入楼观,并在楼南高岗筑台。老子在台上讲授《道德五千言》,授予尹喜。因此,楼观便成为道教的最早圣地,被称为"天下道教祖庭"。

白云观　位于北京西城区广安门滨河路。唐开元二十七年(公元739年)建,称"玄元皇帝庙"。元代全真教龙门派祖师长春真人邱处机居此,改名为"长春宫"。邱处机死后,葬于东侧的白云观,后来统称为"白云观",由此成为全真道传教中心。

此外,四川成都通惠门外的青羊宫、山西芮城县永乐镇的永乐宫、四川梓潼县北七曲山的文昌宫等也都是道教的著名宫观。

二、道教供奉的神仙

道教是多神崇拜的宗教,所供奉的神仙众多。自汉晋以来,道家撰写了许多神仙人物的传记,如《列仙传》《神仙传》《洞仙传》《仙苑编珠》《三洞群仙录》《历世真仙体道通鉴》等。其中《仙苑编珠》所记神仙多至三百余人;《三洞群仙录》辑录一千余人得道成仙的故事;《历世真仙体道通鉴》共记载仙真七百四十五人。神仙可以分为天神、地祇、人鬼、仙真四大类。这些神仙的共同特点:一是长生不死,二是富于神通变化,三是等级森严。他们是道教宗旨的具体体现者。

(一)道教的至尊神"三清"

道教神谱中地位最高的神是"三清",即玉清元始天尊、上清灵宝天尊、太清道德天尊。三清是"道"的人格化身。

元始天尊是三清中的最尊者。在道教早期经典中根本没有其名,是晋人葛洪在《枕中记》一书中创造出来的。据说在宇宙没有形成之前,就有一个盘古真人,自号元始天王,是他开辟了宇宙天地。宇宙分为两个世界,一个是人类生活的尘世,一个是天神所居的天界。天界共有三十六重天,元始天王住在第三十五重天——清微天的玉清境和第三十六重天——大罗天。大罗天中央有座"玄都玉京",即神仙世界的首都,由元始天王主宰,他为万神之主,所以称为"天尊"。

第二位是上清灵宝天尊,初称太上大道君,住在第三十四重天——禹余天的上清境。元始天尊授予他"太上道君"的名号,命他治理玄都玉京,负责"广度天人,慈心于万劫,溥济于众生"。

第三位是太清道德天尊,即神化了的老子,也就是太上老君,住在第三十三重天——大赤天的太清境。在早期道教中,老子是道教教主,但在葛洪那里降至第三位。这是出于对抗佛教的需要。佛教以"一佛显三身",道教则以"一气化三清"。在"三清"中,老子称为道德天尊,说明他是弘扬大道的理论家。

(二)万神之君玉皇大帝及其辅弼"四御"

昊天金阙至尊玉皇大帝　在中国古代社会,玉皇大帝几乎是妇孺皆知的至上神。他的始源是商周时期的帝、上帝、皇天、上天、天帝、昊天上帝等至高无上的天神的各种称谓。他们的意志称为"天意""天命"。商周的国君都是昊天上帝的儿子,称为天子。天子是承天命而统治天下的。道教创建后,便把天帝吸纳进去,主承三清之法旨,成了神仙界的皇帝,即"昊天金阙至尊玉皇大帝"。玉皇大帝在唐代以前的道教经典中并不存在,唐代开始流行开来。玉皇大帝总管三界、十方、四生、六道,在民间的影响力似乎远远超过"三清"。

玉皇大帝以金阙四御为辅。

中天紫微北极太皇大帝 四御中的第一位。这一神名来源于古代的星辰崇拜。北极是北极星的简称。在天象中,北极五星,勾陈六星,皆在紫微宫中。古人把紫微宫视为帝王所居之宫,北极则为帝王之星。道教把古代人们所崇拜的星辰加以神化,也纳入它的神仙系统中,编造了一个紫微北极大帝的天神。他负责协助玉皇大帝执掌天经地纬、日月星辰和四时气候等。

勾陈上宫南极天皇大帝 四御中的第二位。他也是由星宿演变而来的。勾陈星共六颗,也在紫微宫中。他负责协助玉皇大帝统御众星、执掌南北极和天地人三才,并主管人间的征战之事。

承天效法厚德光大后土皇地祇 四御中的第三位。她是主管大地山川、阴阳生育的女性尊神,民间称为"后土娘娘"。"后土"本是商周以来被朝野所崇拜的土地神,又称社神。古史传说,后土是共工氏的儿子,因平整九州之地而成为地神。道教将其改为女性而纳入四御之中,变成了大地之母。

南极长生大帝 四御中的第四位。其职责是执掌调和四时气候运化,役使风雨雷电鬼神,也控制万物祸福生发之枢机。

(三)肉身飞升的"八仙"

道教的根本追求,不是灵魂的不灭,而是肉身和灵魂同时都得以永生,是肉身成圣,进入仙界,无拘无束地邀游宇宙。"八仙"就是成仙典型。八仙是道教仙班中重要的人物,也是民间喜闻乐见、家喻户晓的神仙。"八仙过海,各显其能"是人人皆知的俗语。所谓的八仙,是指李铁拐、钟离权、张果老、何仙姑、蓝采和、吕洞宾、韩湘子、曹国舅八位传说中的仙人。

李铁拐 八仙之首。传说他的本名叫李凝阳,春秋时期人,从老子修行而得道。因从老子魂魄游华山,尸壳被徒弟误焚,附魂于一个饿死的乞丐之尸,而成为一个黑脸蓬头、卷须巨眼、右跛一足的丑八怪。因其手拄一拐,所以绰号为李铁拐。他身背大药葫芦,有治病救人的灵丹妙药,所以后世民间卖药行医的行业,把李铁拐视为祖师爷。

钟离权 传说是东汉大将钟离章之子。因领兵作战失败,只身逃入山谷,遇到仙人王玄甫和华阳真人,传授长生真诀和青龙剑法而成真仙。玉帝封其为"太极左宫真人"。全真道奉其为祖师。

张果老 历史上实有其人,是唐代道士,名张果。传说是混沌初分时的白蝙蝠精所变,长生不老。经常倒骑一白驴,日行数万里。唐玄宗曾召张果进京,他向玄宗表演了齿落更生、白发变黑、能喝毒酒不死的道术,玄宗赐号"通元先生"。因为他生于混沌初分之时,所以称为张果老。

何仙姑 据说是广东人,生于唐代武则天当政时期,父亲何泰以做豆腐为生。她降生时紫气绕室,头顶发出六道毫光。十三岁时入山采药,遇纯阳仙师吕洞宾赐仙桃。从此,能洞知人世休咎,能预知人之祸福,何仙姑之名由此广为人知。后来遂脱俗成仙。

蓝采和　不知何许人。最早记载见于唐时沈汾的《续仙传》。据说,他每天都身穿破蓝衫,一脚穿靴,一脚跣行,手持三尺长的大拍板,醉酒踏歌,乞讨于闹市;夏穿棉衣,冬卧雪中,气出如蒸;似狂非狂,人莫之测。有人儿时见他乞讨,至老年时见到他,面貌仍如当年。一日醉酒,闻有云鹤笙箫声,忽然飞入云中,丢下靴、衫和拍板,冉冉而去。

吕洞宾　八仙中影响最大、传说最多的一位仙人。全真教派奉其为北五祖之一,通称"吕祖"。元代封其为"纯阳孚佑帝君"。吕祖庙、吕祖殿遍布全国各地。

吕洞宾实有其人,唐代蒲州永乐县人。姓吕,名岩,字洞宾,号纯阳子。他自幼饱读诗书,但屡考不第,后来在长安酒肆受钟离权黄粱梦点化而悟道,经十大考验而成仙。吕洞宾以雌雄二剑除暴安良,扶弱济贫,被尊为"剑仙";好喝贪杯,三醉岳阳楼,以"醉仙"闻名;喜词善诗,超凡脱俗,剑侠豪气,堪称"诗仙";吕洞宾虽列仙班,却又贪酒恋色,曾三戏白牡丹,故而又有"色仙"之名。

韩湘子　本名韩湘,是唐代大文学家、刑部侍郎韩愈的侄孙。出家修道,有奇术。曾为韩愈表演,将紫牡丹变成红、白、绿三色,并且花朵上有诗句:"云横秦岭家何在,雪拥蓝关马不前。"多年后,韩愈因谏阻"佛骨"进京得罪,被贬去潮州做刺史,途中遇雪受阻,其地正是蓝关,恰应当年诗句的预言。韩湘子受钟离权、吕洞宾的点化修道成仙。

曹国舅　传说是宋仁宗曹皇后之弟,名景休。因其弟骄纵不法,深以为耻,遂隐迹深山,精思玄里。一日遇钟离权、吕洞宾,见其知心、知天、知道,授其还真秘术,引入仙班。

总之,八仙之事,多是由民间故事、杂剧等演义而成,道教吸纳整理而成仙迹。

(四)人鬼之神的关圣帝君

在道教的人鬼之神中,以关圣帝君的地位最为显赫,影响最大。明清时代,几乎全国处处都有关帝庙,家家都供关老爷。不仅汉族崇拜,满族、蒙古族等各少数民族也都崇拜至极。关帝庙之多,居全国之冠。关圣帝君是位妇孺皆知的尊神,至今仍为许多人所供奉。关圣帝君即三国时期蜀国大将关羽,与东吴作战失败被杀,死后被追封为"壮缪侯"。最初,当地人在其死处湖北当阳玉泉寺立祠祭祀。关羽集忠义神勇于一身,逐渐被神化。至宋代,最高统治者出于巩固统治的需要,宋哲宗封其为"显烈王",宋徽宗封其为"义勇武安王"。明代万历年间,明神宗加封关羽为"协天护国忠义大帝""三界伏魔大帝神威远震天尊关圣帝君"。清代对关羽的崇奉达到极点,顺治皇帝封关羽为"忠义神勇灵佑仁勇威显护国保民精诚绥靖翊赞宣德关圣大帝",封号长达 26 字。佛教封关羽为"护法伽蓝",而道教则在宋代就将关羽列入神将系列,称为"馘魔关元帅"。明清时则按皇帝所封,称为"协天护国三界伏魔大帝"。后来,又被视为保佑发财的武财神。总之,三界的神事、人事、鬼事无所不管,是一位万能万灵的神。

思考题

    1.简述张道陵、葛洪、寇谦之、邱处机、王重阳、八仙、《太平经》的基本情况。

    2.简述老子的基本思想。

    3.简述庄子的基本思想。

    4.道教是怎样产生与发展的?

    5.宋、金、元时期道教分为哪些主要教派?代表人物是谁?

    6.道教为什么会选择《老子》《庄子》为其主要经典?

    7.唐代为什么会特别尊崇道教?

    8.简述道教的名观与信奉的主要神仙。

第二十章　中国古代的佛教

学习目的

　　通过本章的学习,了解佛教的产生及其在中国传播的基本概况,掌握中国古代佛教的主要教派及佛教的基本教义,从而深刻理解佛教对中国古代文化的重大影响。

主要内容

● 佛教的产生及其在中国的传播与发展
● 佛教的基本教义与禅宗
● 佛教的教徒与佛祖
● 佛教的名寺与名山

　　佛教是由古印度传入我国的宗教,两千多年来,它已经成为中国传统文化的重要组成部分。可以说,在语言学、音韵学、文学、哲学、建筑、绘画、音乐、舞蹈等许许多多的领域中,处处都有"佛"在。佛教产生在印度,兴旺在中国,要知道中国的历史、认识中国的文化,就不能不了解佛教。

第一节　佛教的产生及其在中国的传播与发展

一、佛教的产生

　　佛教是以信仰"佛"为中心的宗教。它是公元前6世纪至公元前5世纪由释迦牟尼在古印度创立的,后来逐渐传播到许多国家和地区,成为世界性宗教。

　　释迦牟尼(约公元前565年—公元前486年)原名悉达多,姓乔达摩,是古印度北部迦毗罗卫国（今尼泊尔南部提罗拉科特附近）净饭王的王子。他聪颖博学，善于思考。当时处于奴隶制社会的古印度，社会矛盾非常尖锐，思想界也十分活跃，出现了各种思想互相争辩的局面。其中的主流是居于统治地位的婆罗门教和反对婆罗门教的沙门。沙门是由自由思想家和追随他们的信徒组成的宗教派别，主张苦行，为他人服务。受沙门思想的影响，悉达多王子对各种人生苦难进行不断的思索。为了寻求摆脱苦难之途，在二十九岁那年，他毅然放弃对王位的继承，离开妻儿，出家做了沙门。经过六年的苦难折磨，在濒临死亡之际，他悟出苦行无益，决定另寻途径。于是他在尼连禅河洗去六年的积垢，接受了牧女所献的乳粥，在菩提伽耶的一棵毕钵罗树下盘腿跌坐，经过四十九天的禅观静想，终于证悟得道，成了觉悟真理的"佛陀"，简称为"佛"。人们尊称他为释迦牟尼，即释迦族的圣人，这一年他三十五岁。

悉达多成佛以后，便到处宣传他所觉悟的佛理，招纳弟子，并在各地组织起许多僧团。有教主，有教义，有教徒，有教团，佛教正式形成。释迦牟尼传教长达四十五年。公元前486年，八十岁的释迦牟尼涅槃。他所创建的佛教逐渐传播到世界各地。

二、佛教传入中国及其发展

佛教传入中国两千余年，经历了几个不同的发展阶段。

（一）两汉时期——佛教的传入阶段

西汉哀帝元寿元年（公元前2年），大月氏王使臣伊存向博士弟子景卢口授《浮屠经》，是佛教传入中国之始，史称"伊存授经"。

东汉初年，佛教在统治阶级中间开始流传。楚王刘英"是为浮屠（佛），斋戒祭祀"。汉明帝对佛教的传播予以支持，派蔡愔到大月氏求取佛经。后来蔡愔与大月氏的沙门摄摩腾、竺法兰一起回到洛阳，并用白马驮回一些佛经，在洛阳城西兴建了白马寺，这是中国第一座佛教寺院。汉桓帝时，在宫中建立黄老浮屠祠，进行祭祀，这说明佛教已经进入宫廷，为皇帝所信奉。但此时它仅是道教的附庸。桓帝、灵帝时，西域名僧安世高、支谶等先后到洛阳，翻译佛经多种，佛教的影响越来越大。当时流行的佛教为小乘佛教。

（二）魏晋南北朝时期——佛教的发展阶段

东汉末年至魏晋南北朝时期，社会矛盾激化，农民起义不断爆发，各少数民族进入中原，长年战乱，人民处于水深火热之中。社会的苦难为佛教的发展提供了条件。同时，在教义上，它又与玄学、儒学相结合，取得广泛支持的基础。在各国统治者的大力支持下，佛教迅速发展起来，一度超过了土生土长的道教。

后赵尊西域僧人佛图澄为"大和尚"，除布教外，还参与军国机要。他的弟子道安,以玄学观点发挥佛理,为僧侣团体制定法规、仪式,为各地寺院制度打下了基础。他的另一个弟子慧远,将佛教传播到南方。后秦重用西域僧人鸠摩罗什,在长安翻译佛经三十五部、三百多卷,传播了大乘佛教。北朝时,除北魏太武帝拓跋焘和北周武帝宇文邕两度毁佛外,其他皇帝都是大力提倡佛教。北魏文成帝和孝文帝还花费大量人力物力在大同云岗、洛阳龙门开凿佛教石窟,雕刻佛像。

南朝的各统治者都崇信佛教,其中以梁武帝最为突出,曾四次出家舍身寺院,并亲自登台讲经,一度把佛教定为"国教"。南朝佛寺遍地,仅建康就有寺院五百多所,僧尼十万人。

(三)隋唐时期——佛教的鼎盛阶段

佛教在唐代进入了它的全盛期。中国僧人分别以一定的印度佛教经典为依据,开宗立派,创建了天台宗、法相宗、华严宗、禅宗、净土宗、律宗等几个主要教派。各个宗派互相争辩,推动了佛学理论的深化与发展。特别是禅宗中的南宗,在唐末五代时达到极盛,后来成为佛教主流。

唐代佛教在其发展中,与道教展开了激烈的斗争。唐高祖、唐太宗等为了神化皇权,自称是道教始祖老子的后裔,积极扶植道教,规定道教在儒、释之上。武则天为了代唐建周,又把道教贬在佛教之下。唐武宗为了打击佛教寺院经济,下令毁佛。唐宣宗继位后又扶植佛教。佛教特别是禅宗在这样激烈的斗争中,结合中国的社会实际,吸收儒学的一些思想,简化教义和修行方法,逐步把外来宗教转化为有中国特色的宗教,加强了自己的竞争能力而不断发展。

(四)宋元明清时期——佛教的衰落

宋代崇奉道教,尽管宋初禅宗五宗并盛,但道教在政治上的势力超过了佛教。宋徽宗将佛教的"沙门"改为道教的"德士",意在崇道抑佛。元代重视佛教,特别是尊崇藏传佛教僧侣,他们信奉密宗。元世祖尊八思巴为国师,死后赐号大宝法王、西天佛子、大元帝师。他们大修寺院,耗尽民财;骄横不法,戕民掠财,引起人民的愤恨。佛教并没有因为元代统治者的支持而振兴。

宋代以后,中国封建专制主义更加巩固。以宋明理学为代表的儒家学说成为维护封建秩序的指导思想。所以,明清时期的佛教更处于日趋衰落之势,已经失去昔日的辉煌。

三、佛教的基本教义与禅宗

(一)佛教的基本教义

佛教的基本教义主要是"四谛说",它是佛教各派共同承认的基础教义。四谛即苦谛、集谛、灭谛、道谛四大佛理。苦、集二谛说明人生的本质及其成因,灭、道二谛指明人生解脱的归宿和解脱之路。

苦谛指的是人在世间有生、老、病、死、怨憎会、爱别离、求不得、五阴炽盛等"八苦"。此外还有一百零八种烦恼。总之,人生充满痛苦。

集谛是对造成人生痛苦与烦恼的原因进行分析。佛教认为人之所以有痛苦与烦恼,其根本原因在于由"无明"(愚昧无知)、"渴爱"(不断追求快乐)所引起的各种贪欲,即佛教所说的"业"与"惑"。"业"泛指人的一切身心活动,具体包括身业(行动)、语业(语言)、意业(思想活动)等三业。"惑"是烦恼的总称,指世间的一切思想观念、感情欲望等,具体包括见惑(一切妄见)与思惑(贪、嗔、痴等妄情)。惑与业的存在,使人们永远摆脱不了生死轮回之苦。

灭谛是无苦的境界,即熄灭一切"烦恼",除却所有的痛苦,从生死的轮回中解脱出来,进入超越时空、超越生死的无苦的涅槃境界。它是佛教追求的最高理想目标。

道谛是达到无苦境界的途径,是通向涅槃之路。主要包括"八正道"和"戒、定、慧"三学。"八正道"是指正见、正思、正语、正业、正命、正精进、正念、正定,它从身、口、意三个方面规范佛教徒日常的思想行为,是人们由迷转悟、超凡入圣,最终达到涅槃境界的途径。"戒、定、慧"三学是道谛的简要归纳。"戒"是约束佛教徒日常生活的纪律;"定"是佛教徒的一种修持方法,用心专注于一境的心理状态;"慧"也是一种心理状态,是证悟出世间法的明察力(能有洞见佛法之力,所见之境确如佛法所讲),有了"慧",才能获得解脱,进入涅槃之境。

总之,佛教对人生的看法是苦海无边,而种种的痛苦都是前生之"业"的报应。佛教试图用因果报应、生死轮回等说教解释现实的苦乐、贫富,劝导人们在现实生活中行善、修行、看破红尘、超然物外,追求一种解脱一切苦难的涅槃境界,强调任何人只要奉从其说教就可以成佛,这就使得佛教具有了广泛的社会基础。

(二)禅宗

在佛教的各宗派中,禅宗是佛教中国化的产物。它是中国独有的佛教宗派,盛行于唐代后期及五代。唐末以后,佛教的其他几支宗派都逐渐衰亡,禅宗取得了佛教的垄断地位。

"禅",梵文的意思为安静地沉思,本是印度佛教的一种修养方法。中国习惯上把"禅"与"定"合称为"禅定",是指端庄静坐,调整呼吸,使思想高度集中,不为外界所动。

禅宗的祖师是南梁时来中国的印度和尚菩提达摩。经过五代相传至弘忍,但并没有形成正式的教派,也没有禅宗之名。禅宗真正形成宗派是在唐代中叶,六世祖惠能(公元 638 年—公元 713 年)是其创始人。

惠能的宗教世界观是强调主观意识决定一切,他把物质世界看成是空的,彻底否定物质世界的客观存在。同时他继承和发展了南朝竺道生的"顿悟成佛"说，认为人人都有佛性，只要凭主观信仰和觉悟，就能明心见性，"顿悟成佛"。据说，惠能的师傅弘忍有一天宣称要选法嗣（继承人），令徒弟各写一偈（佛家所唱的诗句），以阐明禅宗的根本教义。大弟子神秀夜间在墙壁上写下一偈："身是菩提树，心如明镜台；时时勤拂拭，莫使惹尘埃。"是说佛教徒要经常地进行修养，"渐修"成佛。弘忍认为神秀对客观物质否定得不彻底，承认存在菩提树、明镜台，承认人心受世俗杂念的影响，还未真正参透禅宗教义。当时还在寺中服杂役的惠能听到后，认为神秀之偈"未见本性"，便也随口出一偈："菩提本无树，明镜亦非台，本来无一物，何处惹尘埃？"弘忍认为惠能的"空无"观比神秀彻底，能"悟其本性"，即选定他为法嗣。从此，惠能成为禅宗的六世祖。惠能与神秀，由于对"空无"的理解不同，一个主张"顿悟成佛"，一个主张"渐进成佛"，在弘忍去世后遂分为南北两派。北禅宗以神秀为首，南禅宗以惠能为首，两派斗争非常激烈。唐末，南宗彻底战胜北宗，独主佛坛。

禅宗以心外无佛、佛在心中为宗旨，以自悟自修为教门，以顿悟成佛为方法。这种佛理，通俗易懂，速见成效。对苦难中的人民来说，易于接受；对统治阶级来说，可以立刻收到以宗教麻醉人民、巩固统治的效果，所以禅宗得以长久不息地发展。

第二节 佛教的经典、教徒与佛祖

一、佛教的经典

释迦牟尼在世时，并没有文字记载的佛教经典。其涅槃后，弟子们在王舍城举行第一次集会，才编成最早的佛经。大乘佛教和小乘佛教的经典都是分为经、律、论"三藏"，称为"三藏经"或"大藏经"。"藏"的本意是指盛放东西的竹筐，有容纳、收藏的意思，佛教用以概指全部佛教经典。"经"是指释迦牟尼说法的言论汇集，"律"是佛教戒律和规章制度的汇集，"论"是释迦牟尼的大弟子对其思想理论进行阐述的汇集。精通经、律、论的僧人称为"三藏法师"。藏传佛教的经典分为"甘珠尔"和"丹珠尔"两部。前者意为佛语部，包括律、经、秘咒三部分；后者意为论部，包括赞颂、经释、咒释三部分。

两千余年间，传入中国的佛经非常之多。晋代以后，有人便把这些佛典进行汇集整理，称为"佛藏"，也称为"大佛藏"。它是一切佛教经典的总集。其中以唐代智昇的《开元释教录》最为精详。它收佛经 5048 卷。宋代太祖开宝四年至太宗太平兴国八年(公元 971 年—公元 983 年)形成的《开宝藏》是我国历史上第一部木版印行的佛藏。我国现在的汉文《大藏经》,收集各类佛经 1520 部,5620卷。佛经的内容非常丰富,它不仅是研究佛学的经典,也是研究古代东方文化的重要资料。

二、佛教的派别——大乘和小乘

大乘与小乘是印度佛教的两个派别。大乘的音译为"摩诃衍那",小乘的音译为"希那衍那"。"摩诃"意为大,"希那"意为小。"衍那"意为"乘载"(如车、船)或"道路"。

公元 1 世纪左右,印度出现一个由大众部支派演化而来的新的佛教派别,自称能运载无量众生从生死大河的北岸到达菩提涅槃的彼岸,成就佛果。他们自称为"大乘",而贬称原始佛教和部派佛教为"小乘"。二者主要的区别是:大乘强调一切众生皆可成佛,一切修行应以自立、立他并重,是"菩萨"之道。大乘提倡"三世"(过去世、现在世、未来世)、"十方"(东、南、西、北、东南、西南、东北、西北、上、下),有无数佛,并把佛进一步神圣化。提倡大慈大悲,普度众生,把成佛度世、建立佛国净土作为最高目标。它的主要经典是《般若经》《维摩经》《法华经》《华严经》等。小乘主张自立自度,追求个人的自我解脱,把"灭身灭智"、证得阿罗汉果作为最高目标,非难大乘是"非佛所说"。小乘的主要经典是《阿含经》等。

中国等北传佛教地区,开始曾有小乘流传,但流传广、影响大的是大乘。小乘主要流传于南亚与东南亚各国,属于南传佛教。小乘自称"上座部",不接受"小乘"的称号。

三、佛教的教徒

佛教的教徒有"四众"之分。四众指出家的男女两众与在家的男女两众。出家的男性称为"比丘",女性称为"比丘尼"。居家的男性称为"优婆塞",女性称为"优婆夷"。

比丘　比丘为梵语,意为"乞士",即乞食者。印度早期佛教的教徒出家修行、传教等,以乞食为生,又称为"托钵僧"。比丘俗称为"僧人"。僧是"僧伽"之略,意为"众"。凡三个以上比丘共处即称为众(僧伽)。世俗也称比丘为"和尚"。西域泛称知识渊博、教诲他人的人为"和阇","和尚"即"和阇"的音译,意为亲承教诲之师。和尚也称为"沙门"。在印度,凡出家修行者都统称为"沙门",意为止息一切恶行。在中国,沙门即为佛教徒的称谓。

比丘尼　俗称"尼姑"。"尼"是梵语比丘尼的略称,"姑"是汉语词,是出家修行的女教徒。

优婆塞 "优婆塞"为梵语,意为"清信士",又作"近事男",表示他们是亲近和侍奉"三宝"的。所谓的"三宝",即佛、法(教义)、僧(宣法者)。

优婆夷 "优婆夷"为梵语,意为"清信女"。佛教统称在家的男女教徒为"居士",梵语为"迦罗越"。原是指多财快乐的人,转而成为在家修道之人的称谓。

行者 这是对欲出家住在佛教寺院里服杂役而未剃度者的通称,一般也用它称呼苦行的僧侣。梵语称为"畔头波罗沙"。

方丈 原来是指禅寺的住持长老或住持所居之处。《维摩诘经》(即《维摩经》)说,维摩诘的居处,室方一丈,能广容大众。由此,后来转称寺院的住持为方丈。

出家成为佛教徒,必须按佛教戒纪的规定履行一定的程序。首先是欲出家者要在寺院中找一位比丘(和尚)作为自己的"依止师"(即介绍人、监护人),这位比丘要向全寺僧侣说明情由,取得一致后,方可收留此人为弟子,为之剃除须发,为之受"沙弥戒"。"沙弥"为梵语,意为"勤策男",言其当经常受比丘的教诲策励,息恶行善。沙弥年岁最小的为七岁,由其依止师负责教育抚养。待其年满二十岁,经僧侣同意,召集十位大长老,共同为之受"比丘戒",之后便成为比丘。在受比丘戒五年后,其方可离开依止师,自己单独修道。

唐宋时代,出家者要先到寺院做"行者"。经政府考查合格,给度牒,并指定僧籍隶属于某寺院之后,方可剃度为僧。

成为比丘的仪式叫"受戒",即接受佛教的戒条。戒有五戒、八戒、十戒等,仪式各不相同。五戒、八戒为在家教徒所受,十戒为比丘和比丘尼所受。其戒条是:不杀生,不偷盗,不邪淫,不妄语,不饮酒,不眠坐高广华丽床座,不涂饰香鬘及歌舞视听,不吃非时食。这八条中前七条为戒,后一条为斋,故又称为"八斋戒"。十戒是将不涂饰香鬘、不歌舞视听分为两条,另加一条不蓄金银财宝,共十条。

受戒时要剃除须发,称为剃度。元代时,受戒还要在头顶上烧伤疤,表示终身不忘所受之戒。

四、佛、菩萨、金刚

(一)佛

佛在佛教中是修行的最高果位。佛,梵文称为"佛陀",也作"浮图""浮屠",意为"觉悟者"。小乘佛教讲的佛,一般专用于对释迦牟尼的尊称。大乘佛教则认为,凡能"自觉""觉他""觉行圆满"者皆可名为佛。佛教中的佛主要有:

如来佛 即佛祖释迦牟尼,是他的十大号之一。如来即如实道来成正觉。

如来又称为"世尊",即世之所尊。

三世佛　三世佛有纵三世佛,还有横三世佛。

纵三世即过去世、现在世、未来世。佛教以一劫为一世,一世为四十三亿二千万年。在大雄宝殿中供的纵三世佛为过去世佛燃灯佛、现在世佛如来佛、未来世佛弥勒佛,三佛代表三世的三千佛。燃灯佛又称"定光佛"。据佛经说,他本是太子,出生时,身边一切如灯,故名燃灯太子,成佛后即为燃灯佛。据说他是释迦牟尼的师傅。实际上未必有其人,或许为佛教徒编造而出。他的塑像常为骑一头狮子的形象。弥勒佛的形象是胖大笑脸,袒胸露腹。佛经说他出生在古印度南天竺的一个婆罗门家庭,属于第一等贵族,是释迦牟尼的弟子。释迦牟尼曾准备让他继承未来的佛位,但他先于释迦牟尼而逝。因此后人解释说,他是先去兜率天,等待未来世的到来。他是个笑颜常在、襟怀宽广、救度众生的佛。所以弥勒殿中对联云:"大肚能容,容天下难容之事;开口便笑,笑世间可笑之人。"这就是对弥勒佛的生动写照。

横三世佛为东方琉璃世界的药师佛、娑婆世界的释迦牟尼佛、西方极乐世界的阿弥陀佛。娑婆为梵文译音,意为"堪忍"。佛教认为现实世界充满了不堪忍受的苦难,众生罪孽深重,而佛在这个世界中忍受一切劳累,慈悲无畏,进行教化。释迦牟尼就是这个娑婆世界的教主。药师佛是佛土世界琉璃界的教主,又称为琉璃光如来、琉璃光佛。佛经说他曾发十二誓愿,要满足众生一切欲望,除却众生一切痛苦,特别是要解除"一切众生众病,令身心安乐",所以被尊为药师佛。阿弥陀佛是西方极乐世界的教主。"阿弥陀"是梵文的音译,意为"无量",因其经历无量劫难,积德无量,光明无量,因此又称为无量佛、无量光佛等。据说他原是一个国王,出家为沙门而成佛。释迦牟尼是他的第十六子,在西方极乐世界,是诸多佛国净土中影响最大的。

横三世佛在大雄宝殿中的位置,居中的是释迦牟尼,左右两侧分别为文殊、普贤二菩萨,三者被称为"华严三圣";左侧为药师佛,左右两侧为日光、月光两菩萨,三者被称为"东方三圣";右侧为阿弥陀佛,左右两侧为观世音、大势至两菩萨,三者被称为"西方三圣"。

(二)菩萨

菩萨在佛教中果位仅次于佛,是梵文"菩提萨埵"的音译省称。"菩提"意为佛道,"萨埵"意为众生。菩萨意为"觉有情",即上求"菩提"(觉悟),下化觉有情(众生)的人,也就是以佛道化众生之人;或意译为"大士"。佛教传入中国后,信徒们从众多的菩萨中选出观世音、文殊、普贤、地藏四位菩萨,合称为"四大菩萨"。

观世音菩萨　梵文"阿婆卢吉低舍婆罗"的意译。唐代避唐太宗李世民的讳,称为观音。"观"实为"听",即听(观)到世界上受苦难者呼唤他的声音,便前往解救,故称为"观世音"。在印度佛教中,观世音本是男身,因为他大慈大悲,不分贵贱贤愚,救助一切人的苦难,具有母爱的特点,所以大约在中国唐代以后逐渐被信徒们描绘成女身。直至今日,观世音仍是一位在中国影响最大的菩萨之一。观世音有三十三种化身,其法身有千手千眼,有踏莲花持宝瓶等。

　　文殊菩萨　全称为文殊师利,是梵文的音译,也译为"曼殊室利"。汉译为"妙德""妙吉祥"。据说他在诸大菩萨中智慧辩才第一,被称为"大智文殊"。据说文殊本为佛,但为了协助释迦牟尼教化众生,弘扬佛法,二尊不能并立,所以暂现菩萨身。据《法华经》说,文殊是释迦牟尼的师祖。《文殊师利涅槃经》又说他是释迦牟尼的大弟子,众菩萨之首,不可详考。其法身手持宝剑,骑青狮。

　　普贤菩萨　梵文"萨漫多跋陀罗"的意译,又译为"遍吉"。其意为大德无量,施善普及一切地方。唐以前的普贤形象,多为男身女相,宋以后多为女身女相。其突出特点是德行,有德行德,故尊称为"大行普贤"。其法身以六牙白象为坐骑。

　　地藏菩萨　梵文音译为"乞叉底蘗婆","地藏"为意译。《地藏十论经》称地藏菩萨是"安忍不动,犹如大地,静虑深密,犹如地藏",所以称"地藏"。地藏菩萨主要是救助地狱中的恶鬼。据说地藏菩萨原是新罗国王子金乔觉,唐高宗时来中国,在九华山苦修而成菩萨。其法身以谛听(类似狮子的怪兽)为坐骑,此兽能断善恶。

(三)罗汉与四大天王

　　在佛与菩萨之外,还有罗汉,是梵文"阿罗汉"的简称。原来指原始小乘佛教所达到的最高果位。修炼程度能够达到没有任何缺漏,所有方面都功德圆满,所做已做,应办已办,永远不再投胎而受生死轮回之苦者为罗汉。佛经说,释迦牟尼生时,随他听法的有五百弟子,称为"五百罗汉"。

　　在佛教中还有四大护法天神,又称为"四大天王"或"护世四天王"。即东方持国天王多罗吒,其形象是身白色,穿甲胄,手持琵琶,寓意以音乐使众生皈依佛门。南方增长天王毗琉璃,身青色,穿甲胄,手握宝剑,寓意保护佛法。西方广目天王毗留博叉,身红色,穿甲胄,手缠蛇,或持绢索,寓意用绳索捉拿不信佛者,使其皈依佛门。北方多闻天王毗沙门,身绿色,穿甲胄,左手握神鼠,右手持宝伞,寓意为降服群魔,保护众生财富。四大天王住在须弥山腰的犍陀罗山,分别为佛祖保护东方胜身洲人民、南方赡部洲(亦称阎浮提洲)人民、西方牛货洲人民、北方俱卢洲人民,又称"护世四天王"。

第三节 佛教的寺院与佛教名山

一、佛教的寺院与佛塔

(一)佛教的寺院

佛教的寺院简称佛寺,是佛教僧众供佛和聚居修行及生活的场所。古印度梵语称为"僧伽蓝摩",意为众僧所居的园林。寺本为中国古代官署之名,因东汉明帝为大月氏僧在洛阳建造的精舍称为白马寺,因此,"寺"便成为僧众供佛和修行场所之名。

佛寺的布局,唐以前多是以塔为中心的廊院式布局,即在每一佛塔或佛殿的四周围以廊庑,形成独立的院落。隋唐以后,主要是以供奉巨大佛像的高大楼阁为中心的轴线对称的纵轴式建筑。禅宗兴起后,"伽蓝七堂"的寺院布局成为主流。

"伽蓝七堂"即七种不同用途的建筑。包括山门、佛殿、法堂、僧堂、厨库、浴室、西净(厕所)。其正规的配置是:在南北中轴线上,由南向北依次建有山门、天王殿、大雄宝殿、法堂、藏经楼等正殿,正殿两侧对称建有配殿,如伽蓝殿、祖师殿、观音殿、药师殿等。正殿及其配殿各自组成几进四合院。大的寺院还有廊院。主要殿堂往往采用庑殿式或歇山式顶,皆为中国传统的屋顶形式。

山门,又作"三门",为佛教寺院的大门,一般是三门并列,中间门为空门,东侧门为无相门,西侧门为无作门,象征"三解脱"。山门是僧俗的分界线,也是达到涅槃境界必须经过的门径。山门前有左右对称的手持金刚杵的力士,称为"二王尊",是佛教的护法神,后人将其附会为《封神演义》里哼哈二将郑伦和陈奇。

天王殿是进入山门后的第一重大殿。殿中供大肚弥勒佛,其后为护法神韦驮。东西两厢供四大天王。殿外的东西两侧建有钟楼和鼓楼。

大雄宝殿是正殿。"大雄"是指释迦牟尼佛法无边、降服群魔的神力。殿内供奉的佛像称为"主尊"。一般是一尊、三尊、五尊、七尊四种。一尊多是释迦牟尼,净土宗则为弥勒佛。三尊则为:左为燃灯佛,中为如来佛,右为弥勒佛。此外,大雄宝殿还附属有十八罗汉、三大士等。殿的东西两侧为伽蓝殿和祖师殿。

法堂又称讲经堂,是讲经说法、皈戒集会的场所。内设佛像、法座、讲台、钟鼓等。

方丈室是方丈居住、说法、会客的场所。净宗(即净土宗)称为华林丈室,禅宗称为般若丈室。

藏经楼是盛放佛经的地方,一般是在中轴线的最后一进,为二层楼。

中国佛教著名的寺院主要有:北京法源寺、河南洛阳白马寺、上海玉佛寺、陕西扶风法门寺、浙江天台山国清寺(天台宗祖庭)、江苏南京栖霞寺(三论宗祖庭)、陕西西安大慈恩寺(法相宗祖庭)、山西交城玄中寺(净宗祖庭)、河南嵩山少林寺(禅宗祖庭)、陕西长安华严寺(华严宗祖庭)、陕西西安大兴善寺(密宗祖庭)、陕西西安净业寺(律宗祖庭)。其中白马寺为中国第一座佛教寺院。法门寺的佛指舍利与北京西山灵光寺的佛牙舍利、斯里兰卡康提市佛牙寺的佛牙舍利,为仅存于世的释迦牟尼真身舍利,为全世界的佛教徒所尊崇。

江苏南京栖霞寺、浙江天台山国清寺、山东济南灵岩寺、湖北当阳玉泉寺合称为"天下四大丛林"。

四川成都文殊院、四川新都宝光寺、江苏邗江高旻寺、江苏镇江金山寺,合称为"禅宗四大丛林"。

藏传佛教的著名寺院有布达拉宫、大昭寺、小昭寺、扎布伦寺、塔尔寺、雍和宫、甘丹寺、哲蚌寺、色拉寺。其中甘丹寺、哲蚌寺、色拉寺合称为"拉萨三大寺"。

(二)佛教的塔

塔是佛教的重要建筑物。梵文音译为"窣堵波""塔波""浮屠"。"塔"是音译的省称。据《释氏要览》记载,释迦牟尼圆寂后,弟子们为安葬他火化后的"舍利"(佛骨的碎块),建堵波,即塔,用来表示对佛祖的敬仰和纪念。随着佛教传入中国,佛教徒建塔之俗也随之传入。中国早期佛寺建筑,即沿袭印度式样,以塔为中心建筑。后来,随着佛教的中国化,佛寺中建造佛殿供奉佛像,塔则退居较为次要的地位。塔虽然是由古印度传入的建筑,但两千年来已经完全中国化,有的已经转化为供人们登临远眺、欣赏寺院风光的建筑。

经过千百年的风风雨雨,保留至今的各种佛塔在全国有数千座。其中比较著名的有:

嵩岳寺塔 位于河南登封市,始建于北魏正光四年(公元 523 年),是我国现存最早的一座砖塔,也是唯一的十二边形平面塔。

四门塔 位于山东历城县柳埠镇,建于隋大业七年(公元 611 年),是现存唯一的隋代佛塔。

慈恩寺塔 俗称大雁塔,位于陕西西安市,始建于唐永徽三年(公元 652 年)。唐代高僧玄奘取经回国住慈恩寺,亲自主持建塔。当时举子中举及第后,均来大雁塔题名,使此塔名声大振。现存塔为明代重修。

云岩寺塔 俗称虎丘塔,位于苏州虎丘山上,始建于隋仁寿元年(公元 601 年)。现存塔为后周显德六年(公元 959 年)所建。以其长期倾斜不倒而闻名。

佛宫寺释迦塔　　又称应县木塔,位于山西应县,建于辽清宁二年(公元 1056 年),是我国现存最古老的一座木塔。

妙应寺白塔　　也称白塔,位于北京阜成门内,元至元八年(公元 1271 年)建成。此塔保留有古印度"窣堵波"原始形制,是我国现存最大、年代较早的藏式佛塔。

二、佛教的四大名山

"天下名山佛占半"。随着佛教在中国的进一步传播,特别是禅宗兴起以后,佛教多在风景秀丽、清静幽美的名山建造寺院,供僧侣修行和信徒礼拜,逐渐形成"佛教四大名山"之说。

五台山　　位于山西省五台县,为文殊菩萨的道场。自北魏建大孚灵鹫寺后,五台山便寺庙林立,唐代以后被视为文殊圣地。元明清时期,藏传佛教传入五台山,使五台山成为我国唯一的兼有汉、藏两种风格的佛教圣地。五台山有"清凉佛国"之称,寺庙最多时达三百余座,现存四十七座,是我国目前规模最大、数量最多的佛教寺院建筑群。

普陀山　　位于浙江省舟山群岛中的一海岛,是观音菩萨的道场。相传唐大中元年(公元 847 年),一印度僧来此自燔十指礼拜观音,观音感召现身,为之说法,并授以七色宝石。岛上的"不肯去观音院"为普陀山上的第一座佛教寺院。此后,僧众云集,有房皆寺院,被称为"海天佛国"。以普济寺、法雨寺、慧济寺规模最大,被誉为"普陀三大寺"。

峨眉山　　位于四川省峨眉县,是普贤菩萨的道场。佛经说,西南方有"光明山",普贤菩萨住此,常为三千弟子说法。因峨眉山昼有"佛光",夜有"圣灯",后人便附会峨眉山为"光明山"。东汉时,峨眉山本为道教圣地,唐代佛教兴盛,使之成为佛国净土。明清时,有寺庙近百座。著名的寺院有普贤寺、报国寺、伏虎寺、万年寺、洪椿坪及金顶名寺普光殿等。

九华山　　位于安徽省青阳县,是地藏菩萨道场。清末九华山佛教达到全盛。著名寺院有祇园寺、百岁宫、东崖寺、甘露寺,并称为"九华山四大丛林"。据说地藏菩萨圆寂后,肉身不坏,以全身入塔,这就是著名的金地藏塔,又称为月身宝殿,坐落在九华山神光岭上,为信徒朝谒的圣地。

思考题

1.简要解释:释迦牟尼、佛、菩萨、金刚、罗汉、比丘、比丘尼、伊存、景卢、白马寺、禅宗、惠能、大乘佛教、小乘佛教、《大藏经》。

2.佛教是何时传入中国的? 经历了哪几个主要发展阶段?

3.佛教的基本教义是什么？

4.禅宗的创始人是谁？其教义的主要内容是什么？它为什么能够成为具有中国特色的佛教宗派？

5.简述中国古代佛教的名寺、名山。

第二十一章　中国古代的传统道德

学习目的

通过本章的学习，了解中国古代传统道德的产生与发展，掌握其主要特点和基本道德规范，深刻认识传统道德在中国古代文化中的重要地位和作用及其现实意义。

主要内容

● 传统道德的特点
● 主要的道德规范
● 道德修养的方法

中国传统道德是指从先秦至明、清时期逐渐形成的道德理论和道德规范，是中华民族在长期的发展过程中所凝聚起来的民族精神的重要组成部分。从一定意义上说，它是中国传统文化的核心。优秀的传统道德是建设社会主义新道德不可缺少的宝贵资源。

第一节　道德与传统道德

一、道德

什么是道德呢？道德是一种意识形态，是一定社会调整人与人之间、人与社会之间关系的行为规范的总和。但这种规范不是一般的规范，而是一种体现真善美行为的规范。

道与德在中国古代并不是一个概念。"道"的本义是道路的道，后来逐渐演变为必须遵循的规范、法则、规律等内涵。"德"字,在商代的甲骨文中为,在周代的金文中为。金文的"德"为两个人眼直心正形。"眼直心正"是什么意思呢?人的眼睛是心灵的天窗。人心术不正,企图做坏事,眼睛必然要左顾右盼,寻找目标和时机,所谓"贼眉鼠眼"。眼直心正就是喻示干好事不干坏事。两个"人"字是指人与人之间相处要行善而不为恶。这就是"德"字最基本的含义。所以,《说文解字》释"德"云:"德,得也,外得于人,内得于己。"行德做好事,是一种助人的行为。对被助者来说,得到了他人在精神上、物质上或行为上的帮助,当然是"得";而对助人者来说,他与人为善,在精神上获得了安慰,同时也得到了人们的赞颂,这也是一种"得"。以助人为善作为行为规范、做人的准则,就是"道德"。道德二字组织在一起,是在战国时期。如《荀子·劝学》说:"故学至乎礼而止矣。夫是之谓道德之极。"道是德的宗旨,德是对道的认知与实践。道的具体体现是道德思想、理论、规范等;德的具体体现是对道德思想、理论、规范等的领悟,并付之于实际的行动。道德是知与行的统一,两者缺一不可。

道德作为一种意识形态,属于上层建筑的范畴,是在一定经济基础之上的产物。奴隶社会有奴隶社会的道德,封建社会有封建社会的道德,资本主义社会、社会主义社会也各自有自己的道德。在每个社会中,统治阶级的道德居于统治地位。所以,道德不仅具有时代性,更具有鲜明的阶级性,是为统治阶级服务的一种意识形态。

道德形态是由经济基础决定的,有什么样的社会经济基础,就有什么样的道德。但道德作为一种意识形态,又有相对的独立性。它并不会随着产生它的经济基础的消亡而立即消亡,它还会或长或短地存在一定时间,还会对新的经济基础和新的意识形态起着或大或小的推动作用或阻碍作用,还会被新的社会根据自己的需要加以批判扬弃或改造继承,这就是道德的继承性。

二、传统道德

(一)传统道德的产生与发展

顾名思义,传统道德即世代相传的道德。传统道德是多元文化的融合体。儒家的道德观是其主体,同时它又融合了墨家、道家、法家、名家等各家的道德观。在佛教传入中国和道教产生以后,又融入了佛教、道教的道德思想。其产生、发展大体上经历了三个阶段:先秦时期,为各种道德思想萌芽、产生及竞争时期。孔子是中国历史上第一个提出系统的道德理论的思想家、教育家。儒家的道德思想,为中国传统道德构建了基本框架。秦汉至清末鸦片战争时期,为传统道德的选择、形成、发展和成熟时期。汉代的董仲舒创立了以"三纲五常"为核心,以阴阳五行、天人合一为宇宙论基础的神学伦理思想体系,把封建道德神圣化。从此,儒家伦理思想成为封建统治思想的正统。宋代以朱熹为代表的理学形成并居于统治地位,标志着封建的、正统的伦理道德思想体系的完备和定型。鸦片战争以后,西方资产阶级思想传入中国,封建主义的传统道德受到了挑战和冲击,日渐衰落。

(二)传统道德的特点

传统道德是萌芽、产生于奴隶社会,形成、发展于封建社会的道德。因此,它的道德理论、道德规范等无不打上鲜明的时代烙印和阶级烙印。其基本特点包括以下几方面。

1.尊卑有等

君君、臣臣、父父、子子、男女有别,以及在此基础上发展起来的君为臣纲、父为子纲、夫为妻纲,是传统道德的核心,它的本质就是从国家到家庭的、尊卑有等的封建专制。其他的一切道德规范,无论描述得如何美妙,都是为这个中心服务的。它的经济基础,在周代就是"普天之下,莫非王土",即以周天子为代表的土地国有制,以及以各级贵族大家长为首的分封制;在秦代以后,则是以皇帝为最高土地所有者的土地私有制。这种以"尊卑有等"为本质特征的道德规范,在当时的历史条件下,有利于维护从国家到家庭的稳定,有利于国家的统一,有利于社会生产的发展。但从另一个方面看,专制主义的封建道德又是束缚中国人民的精神枷锁,阻碍了社会的发展与进步。时至今日,其残余仍然随处可见,是必须彻底铲除的。

2.整体至上

中国传统道德的一贯思想,就是强调为社会、为民族、为国家、为人民的整体主义思想。公忠尽职、体国爱民、国而忘家、公而忘私、助人为乐等就是整体主义精神的具体表现。正是在这种道德思想的影响下,范仲淹提倡"先天下之忧而忧,后天下之乐而乐";文天祥留下了"人生自古谁无死,留取丹心照汗青"的名言;顾炎武喊出了"天下兴亡,匹夫有责"的最强音;林则徐表达了"苟利国家生死以,岂因祸福避趋之"的壮志。这些思想都显示了强烈的为国家、为民族、为整体而献身的道德观。中国的传统道德,强调先人后己、先国后家,强调个人对社会的责任。应该说,这是中国传统道德区别于西方道德观念的一个重要的特点。它是传统道德中的精华,是中华民族宝贵的精神财富,是构建社会主义新道德不可缺少的组成部分。

3.德政合一

中国传统道德的道德思想与道德规范所提倡和要求的不仅仅是个人的洁身自好,也不是脱离现实社会的个人修炼,而是与"治国安邦"紧密联系在一起的。早在西周初年,大思想家、政治家周公就提出了"修德配命""敬德保民"的思想及孝、恭、惠等道德规范,形成了道德、宗教、政治三位一体的道德观,开创了中国德政一体化的先河。春秋时代儒家学派的创始人孔子,其提倡的道德原则与政治原则是合而为一的,可以称之为"政治道德"。他明确地提出"为政以德",认为"德治"是治国理民的最佳方式。同时,孔子又认为,个人增进道德修养,本身就是一种政治行为。有人问孔子:"子奚不为政?"孔子回答说:"《书》云:'孝乎惟孝,友于兄弟,施于有政。'是亦为政,奚其为为政?"所以孔子又说:"其为人也孝悌,而好犯上者,鲜矣! 不好犯上而好作乱者,未之有也。"孔子的道德观,奠定了"德政合一"的传统道德的基础。《大学》中所提出的"修身、齐家、治国、平天下",更是道德与政治的合而为一。修身是为政的基础,为政是修身的目的和道德价值的体现。

对传统道德还可以从不同角度归纳出许多特点。总体而言,传统道德是一个集精华与糟粕于一体的道德体系。对它的历史作用、现实价值,应以马克思主义为指导,进行实事求是的分析,批判、扬弃其封建性的糟粕,吸收、发扬其民主性的精华,使之为建设社会主义新道德服务。

第二节　传统道德规范

所谓的"道德规范",即必须遵守的道德准则。古人在社会实践中,提出了许许多多的道德规范,进行简练概括,主要有:孔子的"三达德",即知(智)、仁、勇;孟子的"四德",即仁、义、礼、智;老子的"三宝",即慈、俭、不敢为天下先;《管子牧民》提出的"四维",即礼、义、廉、耻;董仲舒的"三纲五常",即君为臣纲、父为子纲、夫为妻纲,仁、义、礼、智、信;明清时期有人提出的"八德",即孝、悌、忠、信、礼、义、廉、耻;还有提出忠、孝、节、义为"四德"者,不一而足。其中以"三纲五常"影响最大,被视为一切道德规范的总纲。

仁　仁是儒家最基本的道德思想,也是传统道德中最重要的道德规范。孔子对"仁"的解释就是"爱人"(《论语·颜渊》),"泛爱众"(《论语·学而》),即爱一切人。它既包括对统治阶级的爱,也包括对平民甚至奴隶的爱。在孔子看来,奴隶也是人,也应该为仁之所及。孔子所提倡的"仁"是人类之爱。但这种仁爱,是建立在"亲亲尊尊"基础之上的,是有等差的爱。首先是爱亲,血缘关系最近,爱之最深,依次递减;其次是爱尊,对没有血缘关系的人,政治地位最高,爱之最深,依次递减。孟子发展了孔子的仁爱思想,提出"亲亲而仁民,仁民而爱物"(《孟子·尽心上》),不仅把对亲人之爱推及对人民之爱,进而又推及对万物之爱。也就是说,"仁"的基本含义就是爱人、爱万物。它是处理人与人之间、人与社会之间、人与自然界之间一切关系的根本准则。仁爱,是中国传统道德中一切道德规范的基础,其他的各种道德都是"仁"德的具体体现。因此,仁被儒家视为"全德"。

礼 礼德就是遵守体现等级尊卑的各类制度。荀子对"礼"进行了很好的释说:"礼者,贵贱有等,长幼有差,贫富轻重皆有称者也。"(《荀子·富国》)《礼记·乐记》指出:"礼者为异,异则相敬。"礼的本质就是强调差别,区分等级,使每个人在社会生活中都固定在一个相应的位置上,如君臣、官民、父子、夫妇、兄弟等,由于有等级差别,从而体现出贱者对贵者、幼者对长者的尊敬。遵守这些等级差别的"礼制",就是礼德。它的外在表现就是温、良、恭、俭、让之类的礼仪,即所谓的"礼貌"。

义 "义"字的繁体写作"義",是由"羊"字和"我"字所组成的。羊在古代是美、善的象征。义者,宜也,宜的意思是应当、应该、必须。义作为一种道德规范,其含义就是对于一切善之事,都应该去做,必须去做。反之,对于一切丑恶之事坚决不去做,这就是义。那么什么是善恶美丑的标准呢?这就是仁与礼。凡是能够体现仁爱精神、有利于维护礼制的事,都是应该去做、必须去做的,这就是正义。人的一切行动,都是受利益即物质利益或功利(名)支配的。影响义与不义的关键归根到底就是利。也就是如何对待个人利益、他人利益、集体利益、国家利益的问题。儒家道德观认为"义也者,天下之公也;利也者,一己之私也"(刘宗周《证人社约言》之五)。孔子主张"君子义以为上"(《论语·阳货》),"义然后取"(《论语·宪问》)。他说:"不义而富且贵,于我如浮云。"(《论语·述而》)他还提出"因民之利而利之"(《论语·尧曰》),也就是要把人民的利益、国家的利益放在第一位。孟子则提出:"生,亦我所欲也;义,亦我所欲也,二者不可得兼,舍生而取义者也。"(《孟子·告子上》)孔子的"杀身成仁"、孟子的"舍生取义",就是传统道德的义利观。

智 智即明是非、别善恶。孔子说:"知(智)者不惑。"(《论语·子罕》)孟子说:"是非之心,智也。"(《孟子·告子上》)智实际上就是对道德思想、道德规范的认知与深刻的理解。只有对道德思想、道德规范正确地理解、深刻地领悟,才能自觉地、正确地进行道德实践。道德是知与行的统一,无知(智)即无道德。所以孔子把"智"列为"三达德"之一,孟子把"智"列为"四德"之一,董仲舒把"智"列为"五常"之一。

信 信就是诚实、无欺。它是人与人相处重要的道德准则。古人把守信提到了人能否在世上有所为的高度。孔子说:"人而无信,不知其可也。大车无輗,小车无軏,其何以行之哉?"(《论语·为政》)一个人言而无信,就如同车无用来牵引的关键,必定寸步难行。诚信被儒家视为"进德修业之本""立人之道"和"立业之本"。

忠　忠的基本内容与要求,就是对待他人和做事要诚心诚意、全心全意、尽心竭力。诚心诚意,是指发自内心的真实无欺。如朱熹所说:"忠只是实心,直是真实不伪。"(《朱子语类》卷十六)全心全意,是指专注于一,不二顾,如董仲舒所言:"心止于一中者,谓之忠,持二中者,谓之患。"(《春秋繁露·天道无二》)尽心竭力,是指毫无保留,自始至终,不半途而弃。如同朱熹所说:"为人谋时,竭尽自己之心,这个便是忠。"(《朱子语类》卷二十一)戴震也说过,"竭所能之谓忠"(《原善》卷下)。

但并不是一切尽心尽力都是忠,作为道德规范还有其他要求。其一,忠必须是出于公而非出于私。《左传·成公九年》说:"无私,忠也。"《忠经》也说:"忠者,中也,至公无私。"其二,更重要的是,为人谋之忠,是为人谋善、行善而非助恶。所以《孟子·滕文公上》说:"教人以善,谓之忠。"《盐铁论·刺议》也说:"以正辅人谓之忠,以邪导人谓之佞。"也就是说,从为公的动机出发,真心、全意、竭力地助人为善,才是忠德。

在春秋时期,对待任何人都可以称忠。战国时期特别是秦汉以后,随着封建君主专制的加强,忠的对象主要是对君主。忠君成了臣民第一位的、最高的道德准则。《忠经》说:"天之所覆,地之所载,人之所履,莫大乎忠。""三纲"之中的第一纲"君为臣纲",就是要求臣子对君主绝对忠诚、绝对服从。封建的忠君之德,如果说在当时还有某些积极作用,今日已经完全成了历史的垃圾。但忠的原始内涵,经过改造还是可以成为新的道德准则的。如忠于祖国,忠于人民,忠于共产主义事业等。

孝　《说文解字》云:"善事父母曰孝。"善事父母实际上是多层次的。《孝经》说:"孝子之事亲也,居则致其敬,养则致其乐,病则致其忧,丧则致其哀,祭则致其严(庄重),五者备矣,然后能事亲。"在这五者之中,赡养父母是孝的基础,但它是最基本的要求,而不是全部的内容。孔子对孝有一个很好的解释:"今之孝者,是谓能养,至于犬马,皆能有养,不敬,何以别乎?"(《论语·为政》)尊敬父母是孝的核心。曾子说:"孝有三:大孝尊亲,其次弗辱,其下能养。""弗辱"就是为父母争光,不使父母因自己的无能或犯罪而蒙羞。在孝德中,还有一条就是能够传宗接代,不绝先祖祀,使家族兴旺。孟子说:"不孝有三,无后为大。"(《孟子·离娄上》)所谓不孝有三,即阿意曲从,陷亲于不义,一不孝也;家贫亲老,不为禄仕,二不孝也;不娶无子,绝先祖祀,三不孝也。

孝的内容还有许多,但基本内容如上所言。孝是传统道德中最根本的一条,在封建社会是仅次于忠的第二大德。孝这面道德的旗帜,在强大的舆论和严峻的刑法的维护下,成为父家长在家庭中独裁专制的工具。孝这一传统道德,有其精华,更有其糟粕。只有经过严格的批判、筛选、改造,才能有所继承。

廉洁　廉洁是为官者之德,被视为"国之四维",即关系到国家兴衰成亡之德。廉的本义是指堂屋的侧边,即两壁墙相交的立线,又指器物的棱角。因为壁墙相交的立线与器物的棱线皆陡而细直,不易挂上灰尘,所以引申为"廉洁"之意;又因廉线垂直,为方正壁墙之线,所以又引申出"廉直""廉正"之意。廉作为道德规范,它的基本要求就是奉公守法,不苟取、不贪得,立身清白。

什么是"不苟取""不贪得"呢?孟子认为"可以取,可以无取,取伤廉"(《孟子·离娄下》)。贾谊《新书·道术》说:"辞利刻谦谓之廉,反廉为贪。"孟子和贾谊都认为在可取、可不取的情况下,不取则为廉,取则为贪。至于对那些本来就不应取而取之者,当然更是贪。孟子认为当官行政就是正人的,自己不廉则不能正人,自己肮脏则不能匡正天下。不论离国君远近,也不论是辞官去职还是在朝执政,都应该清廉其身。廉洁是官吏必须具备的品德。欧阳修说过,"廉耻,士君子之大节"(《欧阳文忠公集·廉耻说》)。

为官清廉,首先必须树立奉公、为国、利民的思想,有崇高的志向才能"临大利而不易其义"。其次是守礼知耻。守礼就是遵纪守法,知耻就是要有羞耻之心。顾炎武说:"人之不廉而至于悖礼犯义,其原皆生于无耻也。"知耻是道德修养中不可缺少的一种自律行为,无耻则无德。

第三节　道德修养

中国古代的伦理学家,不仅提出了精辟的道德理论、严密的道德规范,还提出了许多提高道德修养的方法,统称为"修身养性"。它是一种在自觉的道德意识支配下的自觉的道德实践,通过种种的"修养"方式,使自己成为一个有道德的人,一个高尚的人,一个脱离了低级趣味的人,一个可以齐家、治国、平天下的人。

一、修身养性

中国传统道德理论认为,人必须提高道德的自觉性,有意识地培养自己高尚的道德品质。这就叫作"修身",又称为"修己",也称为"养性"。孔子提出"修己"之说。《论语·宪问》:"子路问君子。子曰:'修己以敬。'曰:'如斯而已乎?'曰:'修己以安人。'曰:'如斯而已乎?'曰:'修己以安百姓。修己以安百姓,尧、舜其犹病诸?'"修己即整饬自己的思想、言行,使之符合道德的原则。《大学》称之为"修身":"欲齐其家者,先修其身……身修而后家齐。"

孟子把修身又称为"存心""养性"。《孟子·尽心上》说："存其心，养其性，所以事天也。夭寿不贰，修身以俟之，所以立命也。"

儒家认为，修身不仅是为了完善自己，也是为了完善社会，即"修己以安百姓"。因此，对任何人来说都是必需的。《大学》说："自天子以至于庶人，壹是皆以修身为本。"修身是做人之本，齐家之本，也是治国、平天下之本。

二、修养之道

自先秦至明清，道德家们提出种种修养之道，不一而足。综合起来，可以概括为以下几个方面。

(一)内圣外王

巨大的动力来源于伟大的目的。儒家在道德修养上，提出"内圣外王"的说教，即树立远大志向，内修身，以圣贤为楷模；外辅王，以治国平天下为己任。儒家道德境界中的理想人格就是君子与圣贤。修养就是按君子、圣贤的标准塑造自己，实现自我完善。朱熹从小就立下成为圣人之志，后来经过艰苦的奋斗，果然成为儒家的圣人。至于辅佐帝王治国安邦的将相则比比皆是。如唐代的大将卫国公李靖，宋代的宰相王安石，史学家、文学家司马光等，皆少年立志，继而修身、治国、平天下。树"内圣外王"之志是道德修养的内动力。

(二)诚意正心

《大学》说："欲修其身者，先正其心，欲正其心者，先诚其意。"诚意，就是不欺，真诚其意。道德修养是一个非常艰苦的历程，并不是一蹴而就的。它要割舍许多自我利益。所以，要下定决心，要发自内心地立志做一个有道德的人，不论在什么情况下都不动摇，不半途而废。所谓的正心，就是调节感情，端正思虑，不愤怒，不恐惧，不偏爱，不忧患，保持内心的平静中和。只有保持这种平静中和的状态，才能进行良好道德的修养。任何一种偏激的情绪，如愤怒、恐惧、偏爱、忧患等，都会导致失德。诚意正心是道德修养的基础。

(三)克己复礼

孔子说："克己复礼为仁，一日克己复礼，天下归仁焉。为仁由己，而由人乎哉？"（《论语·颜渊》）就是以"礼"为衡量是非的标准，战胜自己违背道德准则的私欲，痛改前非，恢复失去的道德，培养新的美德。这是一种自我批判、严格自律、主动自觉的修养方法。它包括以下三个方面：

1.寡欲修德

"克己"首先就是要战胜自己非礼的"欲望"。中国古代的道德家都认为欲望是破坏道德的最厉害的敌人。老子说："祸莫大于不知足，咎莫大于欲得。故知足之足，常足矣。"（《老子》四十六章）孔子说："士志于道，而耻恶衣恶食者，未足与议也。"(《论语·里仁》)所以,只有"寡欲"才能养心修德。故孟子云:"养心莫善于寡欲。"(《孟子·尽心下》)清心寡欲才能不违礼、不违仁,才能培养起纯朴的道德。

2.省身改过

省身即经常认真地反省自己。孔子的弟子曾参曾经这样要求自己:"吾日三省吾身:为人谋而不忠乎? 与朋友交而不信乎? 传不习乎?"(《论语·学而》)孟子将自省改过称为"存夜气""养浩然之气"。他认为一个人白天做了很多坏事,丧失了仁德,晚上夜深人静时,扪心自问,就会感到羞愧,这叫"良心发现"。如果能够加以改正,就可以使人又恢复"仁"的美德。自省就是检查过错。"过则勿惮改",检查出过错就要坚决改正。王守仁自省查过,对待过错就如同对待强盗与敌人一样,坚决消灭,决不留情。

3.慎独自持

慎独也是"克己复礼"的重要内容。慎独是指一个人独自居处的时候,更要严格地约束自己,把握自己的内心与行为,防止有违背道德的思想或行动。《中庸》说:"是故君子戒慎乎其所不睹,恐惧乎其所不闻。"在众目睽睽之下,多数人都能遵守道德规范,但在脱离集体、离开群众监督、个人独处的情况下,则很难说是否能不背离道德原则。因此,慎独既是对每个人道德的考验,也是巩固培养道德品质的机会。"慎独为入德之方","学以不欺闇室(暗室,隐微处)为始"。要想成为一个有道德的人,首先应从无人监督的"独"处下功夫。慎独就是"克己",就是守礼。一个人能长期慎独,就表明他已经将外在的道德规范转化为自己内在的道德品质,抛弃了双重人格,进入了自觉、自在的道德境界。

(四)致知笃行

致知就是对道德思想、道德规范的认知,不仅要认识其表层的内容,更要认识其本质,掌握其内在的各种联系和发展规律,这样才能形成内在的自觉性、主动性;不仅能够自己正确地践行道德规范,还能宣传道德思想,在深刻理解、践行的基础上予以创造。如宋朝大理学家周敦颐所言:"圣人之道,入乎耳,存乎心,蕴之为德行,行之为事业。"(《通书·陋》)怎样致知呢?《中庸》说:"博学之,审问之,慎思之,明辨之,笃行之。"学、问、思、辨就是学。"笃行之"就是踏踏实实地去实践道德规范,把道德规范的条目变成道德行为才是真正的道德。而只有在道德实践中,才能更深刻地领会道德思想的真谛,并予以发展。陆九渊说:"行为德之基也。基,始也。德自行而进也,不行则德何由积?"(《陆九渊集》卷三十四)王守仁也说:"不行之不可以为学","不行之不可以为穷理"(《王阳明全集》卷二)。致知与笃行是道德修养最为重要的方法,是成君子、学圣贤的必由之路。

思考题

1.简要解释:道德、三达德、四维、三纲五常、八德。

2.中国古代传统道德有何特点？ 如何认识?

3.简述中国古代传统道德中"五常"的主要内容,试作简要评析。

4.中国古代提倡什么样的道德修养方法？ 如何评价?

第二十二章 中国古代的文字与书法

学习目的

　　通过本章的学习,了解中国古代文字的产生与发展,掌握文字的造字方法以及书法艺术的始源与发展,充分认识中国古代文字与书法的重要作用。

主要内容

● 文字的产生与"六书"
● 书法艺术的始源与发展历程

　　中国古代的文字和书法是中国传统文化的重要组成部分,是中华民族的标志,它们以其独特的形式,在世界文明史上闪烁着灿烂的光辉。

第一节 中国古代文字的产生与发展

一、中国古代文字的产生

　　中国古代的文字产生于何时?是怎样产生的?《周易·系辞》认为文字是由上古时期的结绳记事演变而来的。《荀子·解蔽》《韩非子·五蠹》《吕氏春秋·审分览·君守》等典籍皆说文字是由黄帝时的史官仓颉发明的。汉代的文字学家许慎在他的《说文解字·序》中说得更具体:"及神农氏结绳为治而统其事,庶业其繁,饰伪萌生。黄帝史官仓颉见鸟兽蹄(蹄)迒之迹,知分理之可相别异也,初造书契,百工以乂,万品以察,盖取诸夬。"仓颉造字的传说多被后世所认同。

　　先秦诸子和许慎之说,虽然有其合理的内核,但并不是信史。第一,认为文字的产生是出于记事的需要,是正确的。第二,上古时期古人的记事方法是多种多样的,有口传记事、结绳记事、刻画记事等。文字是刻画、书写形式的记事符号,结绳记事不是它的直接源头。第三,认为仓颉是受鸟兽的蹄印爪痕的启发而创造文字是不着边际的揣测,而把文字的创造归功于仓颉一个人也是不符合历史实际的。

近几十年的考古发掘,为我们揭开了中国古老文字的始源之谜。文字最初始源于古人用于记事的刻画符号和象形的图画。这些符号和图画多见于母系氏族时代的一些陶器口沿上。如距今六千年左右的西安半坡出土的仰韶文化陶器上,有符号者多达一百多例。经过整理,大约有三十多种图形。此外,在某些仰韶文化的陶器上,还绘画一些鸟、兽、鱼、虫等图画。某些文字学家、史学家认为这就是中国的原始文字。但这些符号并不是整句语言的记录,最多只能是一种记号或标志,称其为原始文字尚有不妥,但它却给了我们一个非常重要的启迪,古文字就是由这些刻画符号和原始的象形图画演变而来的。类似的符号和图画在距今五千年左右的龙山文化中也屡有发现,说明它们存在着连续关系。这是古文字的孕育阶段。

1959年以后,在山东宁阳堡头、莒县、诸城等地出土的陶器上,陆续发现一些用毛笔之类的工具绘写或刻画的图画形的符号。这些遗址属于父系氏族公社时期的大汶口文化,距今约四千年至四千五百年。这种符号迄今发现的不同形体已逾十种。多数文字学家认为这些符号是文字,并进行了破译。这些符号属于象形符号,其形体接近殷代的青铜器铭文,应该属于早期的原始文字,是文字的萌芽与产生阶段。这个时期就是传说中的黄帝、尧、舜、禹时代。如果说"仓颉造字"并非空穴来风的话,或许他正是在这个时期对原始文字进行了整理工作,故被世代所传颂。

二、中国古代文字的发展

人们通常把先秦时期的甲骨文、金文、籀文和战国时期通行于六国的文字及秦国的文字小篆称为古文,把汉代的隶书及其后的楷书、草书等称为今文。

(一)古文

1.甲骨文

在文字的发展史上,商代的甲骨文字是最重要的发展阶段,它奠定了中国文字的基础和发展方向。

1899年,在河南省安阳县小屯村,发现了大批刻有文字的甲骨。这些刻在甲骨上的文字,就是闻名于世的甲骨文。据专家考证,小屯村就是商代后期的国都,这些文字多是商王武丁以后的记事,距今约为三千三百年至三千一百年。现在已经发现的商代甲骨文,大约在十万片以上,总计单字五千多个,已认识的一千余字。甲骨文记述的事情非常广泛,天文、地理、祭祀、战争、生产等几乎无所不有,是一种比较成熟的文字。可见,中国古文字从孕育到萌芽至基本定型,至少经过了两千余年的发展过程。

必须指出,商代的文字并不都是刻在甲骨上的,那些只是占卜的文字。大量的日常用字是写或刻在木简、竹简之上的。《尚书·多士》载,"惟殷先人有册有典",说明商人另有书写的典籍和历史文献。

2.金文

人们通常把铸于钟鼎等铜器上的文字称为金文,又称为钟鼎文或铭文。金文始于商代,盛于西周和春秋战国时期。铜器上铸出来的文字多是凸出来的,称为"阳文",又称为"识"。也有的文字是直接刻出来的,凹下去的文字称为"阴文",又称为"款"。阴阳文合称为"款识"。商周青铜器种类很多,现已发现有文字之器已达六千件左右,共有三千多字,有两千多字能正确释读。

在文字的发展史上,周代的金文与商代的甲骨文相比较,有以下几个特点:一是在字的形象上,商代文字图画性很强,周代文字则渐趋符号化;二是在字形上,甲骨文中不定型的字渐趋定型,异体字渐趋统一;三是新的标音字大量出现;四是在表述内容上更加丰富翔实,如《毛公鼎》铭文多达四百九十七字,很讲究语法修辞;五是在书写上开始注重艺术化,已露出书法端倪。

3.籀文与石鼓文

籀文也称为大篆。篆是引长、拉长的意思,篆书即笔画拉长来写的一种字体。大篆产生于西周末期周宣王时代,据说由太史籀所作《史籀篇》而传世。《说文解字》中共收录籀文二百二十五个字。籀文字形规整,笔画有所简化。

石鼓文是中国现存最早的石刻文字,其文刻在十块鼓形的石碣上,故称为石鼓文。石鼓高约三尺,直径约一尺,每鼓四周环刻四言诗,内容是歌颂田猎、宫囿的,所以又称之为"猎碣"。所刻书体为秦始皇统一文字前的大篆,即籀文。十鼓共刻有六百余字,现传最早的是宋代的拓本,已不足五百字,原鼓现存三百余字。唐代学者认为石鼓文为周文王或周宣王时之作,宋代学者认为是秦始皇以前秦人所作。前面已经说过,周宣王时太史籀作《史籀篇》,实际上是对文字进行一次规范和改革。今存于《说文解字》中的籀文,其字体基本上是与石鼓文一致的。可以说,石鼓文应为西周末期的作品,正是史籀文字改革的体现。秦为西周故地,周室东迁,其石为秦所得,所以秦国一直沿用籀文,直到秦始皇统一文字,改用小篆为止。

4.小篆

小篆是秦统一后所使用的标准文字。秦始皇统一六国后,鉴于六国文字的纷繁混乱,下令统一文字,命丞相李斯作《仓颉篇》、中车府令赵高作《爰历篇》、太史令胡毋敬作《博学篇》，皆以史籀大篆为基础，或省简或改写，称为"小篆"。

小篆是与大篆相对而言的。其相同点：一是笔画匀称，线条粗细一样；二是字形皆呈长方形，字的大小统一；三是文字的图画意味在很大程度上消失了。其不同点：一是大篆笔画繁多，结构变动不居，小篆则是笔画简化、字形固定、结构简单、意义确定的符号；二是小篆的字形更加工整美观。秦始皇以小篆统一全国的文字，是中国历史上第一次文字大统一，它奠定了两千年来文字统一的基础，建立了永不磨灭的历史功勋。

(二)今文

1.隶书

隶书是继小篆之后产生于秦代的一种字体。隶书之"隶"即"胥隶"之"隶"。秦代大发隶卒服徭役、兵役，官府狱吏职务繁忙，为了书写省时方便，常将小篆的圆转笔画改为蚕头方折，字形结构由密变疏，对原字进行简化，故称"隶书"。这些简化字有的是长久以来既已流行的。狱吏程邈曾因犯罪入狱十年，在狱中他把流行的简化字进行整理，又对篆书进行损益，成隶书三千字，上呈秦始皇，得到肯定，被封为御史。隶书在秦代即流行，盛行于西汉，是汉代的官方书体。《说文解字·叙》说：秦"大发隶卒，兴役戍，官狱职务日繁，初有隶书，以趣约易，而古文由此绝矣"。也就是说，隶书是古今文字的分水岭。小篆是最后一种古文字，隶书则是第一种今文字。

隶书的特点：一是在字形上由圆变方；二是在线条上变弧线为直线；三是在笔画上删繁就简，有了粗细、波磔，这种变化称为"隶变"。隶变是中国古代文字字体变迁史上变化最大、最深刻的一次变革，其影响极其深远。

2.楷书

楷书也称为真书、正书。楷书产生于汉末，是由隶书发展而来的，始于西汉末年，盛于南北朝。其特点是形体方正，横平竖直，笔画清楚，比以前任何字体都易辨认。在当时看来，这种字体是最理想的，可以作为楷模，所以称之为"楷书""真书""正书"。

3.草书

草书是一种与隶书并行的字体，是汉隶的潦草写法。《说文解字·叙》说："汉兴有草书。"这种字体意在书写快速，笔势连绵，有时仅有字形的大体轮廓。

4.行书

行书是介于楷书和草书之间的一种字体，最初叫"行押书"，是用来署名的，后来发展成为一种全面应用的字体，是楷书的支派。它是为求书写快速，因而吸收草书的许多成分，将楷书的结构、笔画加以改造，书写时或连或断，没有草书之狂，也没有楷书之板，信手写来，如行云流水，自然顺畅。

中国古代的文字,数千年来经历了由契陶刻木的记号图画而变为文字,由画图而变为笔画,由象形而转为形声,由繁杂而变为简略的发展过程,形成了今日完美的、系统的汉字。汉字不仅是中国文化的结晶,也是世界文明的标志之一。

第二节　中国古代文字的造字方法

古人是依照什么样的方法来创造文字的呢? 关于造字方法,古代有"六书"之说。"六书"一词,始见于《周礼·地官司徒·保氏》,但没有列出六书的细目。东汉班固《汉书·艺文志》称:"古者八岁入小学,故《周官》保氏掌养国子,教之六书,谓象形、象事、象意、象声、转注、假借,造字之本也。"许慎在其《说文解字·叙》中把"六书"的名称和次序定为指事、象形、形声、会意、转注、假借六项,其说为后世所共认。

一、指事

《说文解字·叙》云:"指事者,视而可识,察而见意,上下是也。"指事就是在象形字上用指示符号来表示内容、一看即能明白含义的造字方法。如"上""下"二字甲骨文作"⤴""⤵"。"一"表示平面;"·"就是指示符号,指出平面上面的就是"上",反之就是"下"。再如"本""末"二字,"末"字甲骨文写作"᙭",是"᙭(木)"字顶端加一小横为指示符号,指出树的顶梢是"末"。反之,树的根部就是"本",甲骨文写作"᙭",指示符号所指在"木"的下部。

二、象形

《说文解字·叙》云:"象形者,画成其物,随体诘诎,日月是也。""随体诘诎"即按照物体的形状而描绘出曲线。可知,象形即根据事物的形象特征来造字,画出事物的形象,以字形表示事物的名称、特征和其他各种含义。如"山",甲骨文写作"⛰",像起伏的山峰。"见",甲骨文写作"ᚗ",字形突出地画出人的眼睛,表示观看的动作。

三、形声

《说文解字·叙》云:"形声者,以事为名,取譬相成,江河是也。""名"即含义,"譬"即告之以声,是说一个字由形与声两个部分组成。形的部分表示字的义,声的部分表示字的读音。这是一种合形符与声符于一体的造字方法,形符表示字义,声符提示读音。如"饱"字,左半部是"食"字,右半部是"包"字,"食"表示"饱"与食物有关,"包"表示"饱"读如"包"的字音。再如"忠"字,上半部为"中"字,表示读如"中"的字音,下半部是"心"字,表示"忠"是一种真诚、始终如一的心态和思想感情。"形声"是古文字发展中最主要的造字方法。在甲骨文中,形声字占百分之二十,在《说文解字》中占百分之八十,在现代汉字中已占百分之九十以上。它反映了汉字在表意的基础上不断向表音方面发展的大趋势。

四、会意

《说文解字·叙》云:"会意者,比类合谊,以见指㧑,武信是也。""谊"即义,"㧑"即挥,"指㧑"即指向新的意义。会意就是用两个或几个字组成一个新字(即比类),把这几个字的意义合成新字的意义(即合义)的造字方法,称为"会意"。会意就是会合诸意而成一新意。如"林"字,就是将两个"木"字合在一起,表示树多为"林"。再如"尖"字,上面是"小"字,下面是"大"字,合在一起则为"尖"字。又如"轟"字,由三个"車"字组成,许多车滚动,就会发出轰隆隆的声音,构成一种新的含义。

五、转注

《说文解字·叙》说:"转注音,建类一首,同意相受,考老是也。"也就是以某一个字为部首,分别注入其他的字,从而组建一系列(即"类")含义相似、相近、相连的新字。如以"老"(省减形为"耂")字为部首,加入其他的一些字,就形成考、耇(gǒu)、孝、耋(dié)、耆(diǎn)及耆(qí)、耄(máo)等一系列与"老"相关联的字。再如"口"字,口能发声,加上其他字,就组成了一系列与口发声相关联的新字,如叫、喊、叹、叱等;口能进食,加上其他字,就组成了一系列与口进食相关联的新字,如吃、喝、咬、嚼、啃、呛、吐等。

六、假借

《说文解字·叙》说:"假借者,本无其字,依声托事,令长是也。"意思就是对某一种事物或行为,本来没有表示它的字,就借用一个同音字来表达,这种造字方法就称为"假借"。如表示限止语气的语气词"耳"(如"其技止此耳"),就是借用耳朵的"耳";自称之"我",本无其字,借用一种叫"我"的兵器之名来代称;表示重量的"斤",本无其字,借用一种叫作"斤"的砍伐工具来代称。有些字"久借不还",致使一些字的本义已不被人所知,而借用的别义倒变成本义。

以上"六书",是后人根据现有字而推测总结出的古人造字方法。从总体上说,它所总结概括出的造字规律是符合实际的,基本上是正确的,所以千百年来被大多数人所信从，并把它作为研究汉字的入门。当然，它也存在着不足，有不够严密和不够科学的地方。如"假借"，实际上是用字法而不是造字法等。

中国古代文字是内涵最博大、最深邃、最丰厚的文化宝库。每个字的字形、字音、字义几乎就是一部历史，所以数千年来对文字形、音、义进行专门研究的人层出不穷，留下了许多宝贵的著作，主要有：

《说文解字》 我国现存最早的一部字典。东汉许慎所著，全书共 14 卷，分为 540 部，另有《自叙》一篇。共收 10516 个字，其中小篆 9353 个，大篆 225 个，其他异体奇字 1000 多个。对每个字进行形、义、音三个方面的分析，先讲字义，次说形体结构，再次说读音，言简意赅。

《尔雅》 我国现存最早的一部解释词义的训诂书，为战国末期学者缀集旧文、递相增益汇编而成。共分为 19 篇，每一篇都把意义相同、相近的词放在一起进行解释，是研究古代语言文字学必读之书。

《广韵》 宋人陈彭年等人集前人之大成重修之作，是研究文字音韵的最重要的著作，全书分 206 韵，收字 26194 个，注解 191692 条。

《康熙字典》 清代张廷玉等人编写的大型字典。全书收字 47035 个，分214 部。此书虽然错误较多，不够完善，但仍有其可取之处。

第三节 中国古代的书法

书法即对文字艺术化的写法。中国的方块字，其象形、指事、会意等造字方法，使中国的书法艺术韵味深长，境界奥雅。几千年来，中国古老的书法艺术长盛不衰，成为世界艺术之林的奇葩。

一、商周——中国古代书法的产生与发轫

应该说，有文字就有书法。古人在书写文字时，总要尽量写得笔画长短适宜、形态美观，字与字之间布局合理、错落有致，这就是萌芽中的书法。就现有文字资料看，中国古代的书法产生于商代。甲骨文的质朴、瘦挺、糅杂就是原始书法的特点。周代的金文、石鼓文等反映了周代书法艺术的概貌。周代的金文字体整齐，凝练厚重，质朴端庄，柔和圆润，书法美的各种特征基本反映出来了。周宣王时期的太史籀是周代最著名的书法家，他的《史籀篇》的籀文，即大篆，不仅仅是在形体上规范天下文字，也是书法的楷模。石鼓文气质雄浑古朴、刚柔相济，为历代书法家所推崇，是大篆体书法的代表。金文、石鼓文书法比商代的甲

骨文大大地前进了一步,其书法已经走上发展的轨道。

二、秦汉——中国古代书法的初兴

秦汉时期是小篆、隶书、楷书、草书、行书几种书法的产生时期,其中以隶书书法为主流,呈现出一花盛开、百花初绽的局面。

秦代在我国书法史上是一个重要的发展阶段,以小篆书法而著称。李斯、赵高、胡毋敬、程邈都是秦王朝有代表性的书法家。他们的书法都是天下楷模之作。李斯的传世之作《泰山刻石》《琅琊刻石》等,一直被后世所称赞,被誉为"古今绝妙"。他所写的小篆被后世称为"玉筋篆"。在秦代还产生了书法的理论,《蒙恬笔经》中载李斯《论用笔》说:"夫用笔之法,先急回,后疾下,如鹰望鹏逝,信之自然,不得重改;送脚,若游鱼得水;舞笔,若景山兴云。"并提出在运笔中"或卷或舒,乍转乍重"都得"善深思之"。从书法实践上升到理论,又用理论指导实践,说明书法艺术在秦代已经进入自为阶段。

汉代以隶书书法在中国书法史上占有重要地位。汉隶是历代书法大家和书法爱好者学习隶书书法艺术的范本。汉代极为重视书法,汉初,丞相萧何规定书法为学童应试的内容之一,成绩好的可以担任政府的文书工作。虽然考试兼及大篆、小篆,但更注重隶书,于是写隶书成为汉代社会风尚。至东汉顺帝时,隶书达到成熟阶段,它的字形"似八字势",所以又叫八分体。这种汉隶比起古朴的秦隶,更讲求藻饰,字体上有俯仰的变化,字画上产生波(捺的折波)磔(捺笔)之类。东汉末年的蔡邕,隶书造诣极高,汉灵帝将他写的六经书丹于四十六块石碑,使工匠镌刻,这就是著名的"熹平石经"。碑成之后摹写者络绎不绝,有时每天多达千余车乘。蔡邕不仅是个书法家,还是一个书法理论家,他所著的《笔论》《九势》《篆书势》《隶书势》等均是书法史的辉煌之作。

在汉代,由于国家重视书法,大力提倡书法,因此除隶书之外,楷书、草书、行书等各种书体的书法,如同雨后春笋,破土而出。

汉末钟繇的楷书,古雅绝妙,如"云鹄游天,群鸿戏海",为楷书书法之祖。

西汉元帝时期黄门令史游,是首创章草(隶书草写)的书法家,相传《急就章》便为史游所书。汉代草书书法成就最辉煌的是东汉末年的张芝,相传他临池写字,池水为之尽墨。他是今草的创始人,所写草书一笔而成,字字相连,史称"草圣"。

东汉末年,颖川人刘德昇在楷书的基础上开创行书书法。唐人张怀瓘《书断》说:"行者,后汉颖川刘德昇所造也,即正书之小伪,务从简易,相间流行,故谓之行书。"

至汉末,中国古代的书法——大篆、小篆、隶、楷、行、草各种书体俱全,开魏晋书法之先河。

三、魏晋南北朝——中国古代书法的勃发

魏晋南北朝时期,中国古代的书法由汉代以隶为主而进入行、草、楷、隶皆蓬勃发展的时期。尤其是晋代的书法艺术,可以与历史上的唐诗、宋诗、元曲并论,堪称中国书法艺术的高峰,其杰出的代表就是王羲之、王献之父子。

王羲之(公元321年—公元379年),东晋书法家,字逸少,琅琊临沂人。官至右将军、会稽内史,人称"王右军"。最初与卫夫人(铄)学书法,后改学张芝、钟繇,博采众长,推陈出新,一变魏、晋以来质朴书风,首创妍美流变的新书体。王羲之不仅精于行书,他的草书也俊逸超凡,对后世影响极大。他的字奇而正,雄而逸,健而美。后人评论他的书法"观其点曳之功,裁成之妙,烟霏露结,状若断而还连;凤翥龙蟠,势如斜而反直",被推崇为"书圣",是中国古代最伟大的书法家。其作品主要有《乐毅论》《黄庭经》《兰亭集序》《丧乱帖》《寒切帖》《姨母帖》等。

王献之为王羲之之子,其字较其父更俊逸豪迈,彻底破除了当时自守古拙的书风,称为"破体",对后世影响甚大。王献之工草、隶,兼精诸体,尤以行草为长。其既非草书又非真书(楷书)的字体,"兼真者,谓之真行;带草者,谓之行草"。他的主要作品有《鸭头凡帖》《中秋帖》《洛神赋十三行》等。

南北朝时期,由于地分南北,受政治、宗教、民族等诸因素影响,形成不同的书法特征。南朝书法婉丽清媚,富有逸气;北朝书法则雄奇方朴,豪气凌人。传世作品中以北魏碑文居多,后世称为"魏碑"。魏碑体继承汉隶笔法,结构严谨、笔姿厚重、沉稳大方、雄健挺拔,对后世产生重大影响。

四、唐宋——中国古代书法的全盛

唐宋是中国古代书法的全盛时期,大家辈出,各有创新,形成更加完美的风格。

唐代的书法由于最高统治者的推崇,被举入教育、科举、选官之中,所以学习书法之风大盛。唐代书法以楷书成就最为突出,它继承南北朝的书法传统,脱去隶意,创造出神韵各异的唐代楷书。初唐涌现出欧阳询、虞世南、褚遂良、薛稷等一批杰出的书法家,后人尊称他们为"初唐四大家"。中晚唐的楷书名家以颜真卿、柳公权最为人所推崇。颜真卿的书法,兼有魏晋、隋唐以来的风流气骨,不为古法所限,萧然绳墨之外,开一代宗风,为唐代楷书之冠,世称"颜体"。柳公权初学王右军,后遍阅众体,尤得法于颜体,其书方圆兼备、体势劲媚,自成一家,世称"柳体"。

唐代楷书雍容华贵、刚武威猛、庄重沉稳,体现了盛唐之魂。

唐代书法不仅楷书辉煌,亦以草书著称于史,狂草大师张旭、怀素是其代表人物。吕忌《续诗品》说:"张旭草书,立体颠逸,超绝今古。"相传张旭每饮酒大醉,下笔愈奇,狂奔大呼而作草书。怀素是僧人,自幼酷爱书法,写坏的毛笔堆如小山,号曰"笔冢"。其草书后人评论说:"援毫掣电,随手万变"(《续书评》);"字字飞动,圆转之妙,宛若有神"(《宣和书谱》)。怀素是中国书法史上最有成就的草书大家。

宋代继承盛唐之风,其书法大家灿若群星。苏东坡、黄庭坚、米芾、蔡襄(一说为蔡京)被称为宋代"四大家"。尤其是苏东坡,诗文皆佳,书法尤为出众,其书法博采众长、借让奇巧、豪放跌宕、肉丰骨劲、藏巧于拙,代表作主要有《黄柑帖》《乳母铭》等。

五、元明清——中国古代书法的守成

元明清三代的书法,虽不无发展,亦不乏大家,但基本上多是仿效前贤,鲜有创新,终不越晋、唐规范,守成而已。元代书法以赵孟頫的成就最高。赵孟頫的书法无体不工,尤以行草书著称。明代书法以小楷而闻名。有代表性的书法家有李阳冰、祝允明、文徵明、王宠和董其昌。以晚明的董其昌最为突出,其行草书可以代表明代书法的最高水平。

清代书法无大业。书法家主要有金农、郑燮、刘墉等人,以郑燮(号板桥,江苏兴化人)为最。他的隶书独具一格,参用篆、行、楷之风,古秀独绝。

思考题

1.简要解释:仓颉、甲骨文、金文、籀文、石鼓文、大篆、小篆、隶书、楷书、草书、行书、今文、古文、六书、《说文解字》、王羲之、怀素。

2.简述"六书"造字方法。

3.简述中国古代书法的始源与发展。

4.概述篆、隶、楷、草、行诸体书法的特点。

第二十三章　中国古代的诗词曲赋

学习目的

　　通过本章的学习,了解诗词曲赋各类文体的主要特点,掌握相关的基础知识,认识诗词曲赋在中国古代文化中的重要地位。

主要内容
- 诗、词、曲、赋的体裁特点
- 诗、词、曲、赋的起源与兴衰

　　中国古代文学是中华民族传统文化中最为重要的组成部分之一,而诗、词、曲、赋则是中国文学史上最为耀眼的四颗明珠。数千年来,它们以优美的语言、深邃的思想、独特的艺术表现形式而为各族人民所喜爱。它们是培养民族情操、铸造民族性格的甘泉和乳汁。

第一节　中国古代的诗

一、诗的体裁特点

　　中国最古老的诗,最初并不是用来朗诵的,而是用来歌唱的。因此,诗又称为诗歌。出于歌唱的需要,诗在体裁上形成了以下几个显著特点。

　　第一,句式基本整齐。古体诗以“言”来划分。所谓的“言”,就是指每一句诗的字数。有三言、四言、五言、六言、七言和杂言等。如《诗经·周南·关雎》:“关关雎鸠,在河之洲,窈窕淑女,君子好逑。”每句都是四个字。李白的《静夜思》:“床前明月光,疑是地上霜。举头望明月,低头思故乡。”每句是五个字。

第二,有鲜明的节奏。四言诗的节奏基本上是二节拍形式,即每两个字形成一个节奏,每句两个节奏,如:"关关——雎鸠,在河——之洲。"五言诗在节奏上则是两个节奏与一个音步,七言诗则是三个节奏与一个音步。如五言诗:"床前——明月——光,疑是——地上——霜。"再如七言诗:"清明——时节——雨——纷纷,路上——行人——欲——断魂。"有规律的节奏,使诗句富有音乐感。

第三,用韵。韵是诗的基本要素。从《诗经》到后来的律诗,除个别作品之外,几乎都是用韵的。所谓的韵,大致等于汉语拼音中的韵母。如《关雎》中的"鸠""洲""述",都是用"ou"韵;《静夜思》中的"光""霜""乡",都是用"ang"韵。在诗中,把同韵的两个或更多的字放在同一位置,称为押韵。用韵使诗拥有更富有感染力的乐感美。

第四,适于歌唱。诗歌句式整齐、节奏鲜明、句尾押韵,更加适于歌唱。《汉书·艺文志》说:"诵其言谓之诗,咏其声谓之歌。"诗与歌的分离是后来的事。即便是用于朗诵的诗,句式整齐、节奏鲜明、句尾押韵,也会使朗诵更加铿锵有力。所以,后来的律诗在句式、节奏、用韵等方面进一步发展和完善。

二、诗的产生与发展

(一)诗的产生

诗歌是最早的文学形式之一。在文字发明以前就已经出现了歌谣。先民的歌谣产生于劳动中,可一直上溯到原始人共同劳动时所呼喊的劳动号子,也就是鲁迅先生所说的"杭育——杭育""杭育——杭育"的唱和之声。人是有感情的,喜怒哀乐之情都需要表达和发泄,而最自然、最直接的表达方式就是诗歌。《尚书·尧典》说:"诗言志,歌永言。"诗是言志抒情的语言,用唱的方法把它表达出来就是"歌"。在现实生活中,诗歌是抒发感情、慰藉心灵、调剂精神、激昂斗志的最佳形式。

(二)诗的发展

诗产生于原始社会,进入阶级社会以后,随着经济、文化的发展,人们的生活领域更加广阔,情感更加丰富,诗也在不断地发展。

1.《诗经》

《诗经》是我国第一部诗歌总集。它收录了自西周初至春秋中期大约五百多年的诗歌作品,共三百零五篇。诗三百原本皆为乐曲的歌词,按其所从属的不同音乐门类,分为风、雅、颂三部。风是反映各诸侯国风土民情的民歌曲调;雅是宫廷音乐及其配歌,相对于"风"诗的"俗"而称之为"雅",被统治者视为正音;颂是周天子和各国诸侯祭祀列祖列宗时的诗歌。其中以"风"诗最能反映现实生活,最坦率诚挚、感情充沛。

《诗经》中的诸诗,基本上是四言,句尾用韵,且有重章叠句的结构特点。歌唱起来,辞顺曲婉,回环往复,韵味无穷。

赋、比、兴是《诗经》的三种艺术表现手法。赋即直陈其事;比是比喻和比拟;兴是先言其他之事,以引起所咏之辞。因为"兴"常用于诗的开头,所以又称为起兴。

《诗经》无论是在内容、形式上,还是在表现手法上,都为后世的诗歌奠定了基础,开了先河。

2.楚辞

继《诗经》之后,在战国时期又出现了一种新型的诗歌体裁——楚辞。它是我国诗歌发展史上的一个新的里程碑。它是楚国诗人屈原在《诗经》的基础上,把楚国的民歌加以改造、提炼而创造出的一种新诗体,后世称之为楚辞。因为屈原的代表作是《离骚》,所以又称之为骚体诗。与《诗经》相比较,楚辞的新发展在于:

第一,楚辞在诗的句式形式上,打破了《诗经》的四言二节的结构,采用三字一节的结构。如"沅有芷兮澧有兰,思公子兮未敢言",中间以"兮"字为分节。三字节奏,使诗歌语言在结构上更富于变化,是诗歌由四言向五言、七言转变的先声。

第二,在诗的语言上,楚辞讲求用词华丽,对偶工巧。诗的语言美,更能激发人们的情感,陶冶性情,饱尝美的享受。后世的诗人基于此,都非常重视对诗之语言的锤炼,追求诗情的内在美与语言的外在美的统一。

第三,《诗经》侧重反映现实生活,风格朴素自然,结构较为单一;而楚辞则以丰富多彩的想象、神话传说的采撷、多层次的构思开创了浪漫主义创作道路,为后世诗人所效法。从总体而言,中国古代的诗及曲、赋都是在《诗经》、楚辞的基础上发展、繁荣起来的。

3.古体诗

古代把汉魏以后无严格格律要求的诗统称为古体诗。在诗句的形式上,既有五言也有七言,还有杂言。两汉时期的"乐府诗""古诗"就是这种古体诗,它是一种新兴的诗体。

乐府本是西汉时期所设立的专管音乐的官府,它的主要职能是制定乐谱、培训乐工,并为从民间搜集来的歌词配以乐曲进行演唱。乐府诗主要是五言,开创了五言体诗歌的新形式。五言体更加富有诗歌内容上的表现力和音乐上的感染力。乐府诗中有较多的叙事诗,由此又促进了叙事体诗歌的新发展。东汉时,五言体诗歌的创作日益兴盛,保留下来的"古诗十九首"代表了当时文人五言诗的最高成就。"古诗十九首"具有很高的艺术成就,在抒情方法上,每每融情入景、寓景于情，达到写景与抒情的和谐统一；在抒情语言上，既自然朴素又精炼工切，可谓是字短情长。它高度的艺术成就标志着五言诗的成熟，以"文温以丽，意悲而远"的风貌，树立了文人诗歌的艺术典范，所以《古诗镜》评它"谓之风余，谓之诗母"。

在五言诗开始盛行的汉代，又出现了七言体的古诗。传说汉武帝筑柏梁台，召集群臣登台唱和，能为七言者上座，每人一句，皆用韵。后人把这种七言一句、一句一韵、通篇不转韵、句不拘多少的体式，称为柏梁体。这种诗体虽然后世较少有人去写，但它为后来的七言诗奠定了基础。

4.永明体诗

南朝齐、梁、陈三代，诗的发展又进入一个新的阶段。其主要特征是讲求声律和对偶。这种新体诗，最初形成于南朝齐国的永明（齐武帝年号）年间，故称为永明体。虽然它们仍然是五言体，但要求格律对偶，将汉字的平、上、去、入四声有规律地纳入诗句中，使诗句产生抑扬顿挫的声韵美。后来更加完美的律诗，正是在它的基础上产生的。

三、诗的高峰——唐诗

唐王朝是诗的国度，诗人辈出。如被称为"初唐四杰"的王勃、杨炯、卢照邻、骆宾王，以边塞诗著称的王维、王之涣，以田园诗著称的王维、孟浩然，特别是被誉为诗仙的李白、诗圣的杜甫以及诗魔的白居易等，众多诗人如同灿烂的群星，光耀千秋。

唐诗是诗歌发展的高峰。五言诗、七言诗、杂言诗，如同万芳园中的百花，竞相斗艳。特别是又涌现出一种新的诗体——格律诗，更加光彩夺目。

律诗是一种有严格格律要求的诗体。它对诗篇的字数、句数、用韵、声调的平仄、词语的对仗等，都有严格的规定。这种诗体是以前从未有过的。为了表示与古体诗的不同，唐人称之为近体诗或今体诗。律诗是唐诗的代表，它被以后历代的诗人所承袭。唐以后的诗，虽然也有许多佳作名篇，但基本上没有重大的新突破。

1.律诗的句数与字数

律诗有五言律诗、七言律诗和排律。五言律诗和七言律诗都是每首八句，排律则不受句数的限制。五言律诗即每句五字，八句则四十个字；七言律诗即每句七字，八句则五十六个字。超过八句的诗，称为长律。长律除了尾联（或首尾两联）以外，一律用对仗，所以又称为排律。排律有五言的，如白居易《代书诗一百韵寄微之》即为五言排律；也有七言的，如杜甫《清明》二首即为七言排律。

2.律诗的用韵

律诗必须押韵,每首一韵到底,中间不能换韵。诗韵共有一百零六韵。平声三十韵,上声二十九韵,去声三十韵,入声十七韵,律诗一般只用平声韵。押韵的位置,不论是五言还是七言,不论是首句起韵还是非首句起韵,都是在双句即第二、四、六、八句押韵。首字起韵的,如白居易的七律《钱塘湖春行》:

孤山寺北贾亭西,水面初平云脚低。
几处早莺争暖树,谁家新燕啄春泥。
乱花渐欲迷人眼,浅草才能没马蹄。
最爱湖东行不足,绿杨阴里白沙堤。

首句起韵的"西",韵母为"i",第二、四、六、八句的"低""泥""蹄""堤"的韵母也都是与"西"同韵的"i",这就是押韵。另外,这四个字都是平声,即所谓的"律诗一般用平声韵"。律诗的用韵还有许多情况,这里不一一详述。

3.律诗的平仄

平仄是律诗中最重要的因素。汉语中每个字都有四个声调,即平声、上声、去声、入声。平声(包括今阴平、阳平)为平,上声、去声、入声为仄。仄就是不平。律诗通过诗句中各个不同平仄的字交错排列,形成一种起伏多样化的声调。平仄在诗中是怎样交错排列的呢?可以概括为两句话:一是平仄在本句中是交错的,二是平仄在对句中是对立的。

如李商隐七律《无题》的平仄情况是:

昨夜星辰昨夜风, 仄仄平平仄仄平
画楼西畔桂堂东。 平平仄仄仄平平
身无彩凤双飞翼, 平平仄仄平平仄
心有灵犀一点通。 仄仄平平仄仄平
隔座送钩春酒暖, 仄仄平平平仄仄
分曹射覆蜡灯红。 平平仄仄仄平平
嗟余听鼓应官去, 平平仄仄平平仄
走马兰台类转蓬。 仄仄平平仄仄平

律诗平仄的形式还有几种,这里不一一列举。律诗中平仄有规律地交错,使得每一诗句中的声调高低错落,前后两个诗句中的声调高低对应,构成一种起伏跌宕的乐感美。

4.律诗的对仗

律诗的诗句中,前后两句相同位置上的词两两对偶,称为对仗。对偶就是把同类的概念或对立的概念并列起来。对偶的一般规则是同类词相对,如名词对名词、动词对动词、形容词对形容词、副词对副词等。专有名词只能与专有名词相对,人名对人名、物名对物名、地名对地名等。有所谓"天对地,雨对风,大陆对长空,山花对海树,赤日对苍穹"等。

在律诗中,第一、二两句叫作首联,第三、四两句叫作颔联,第五、六两句叫作颈联,第七、八两句叫作尾联。对仗一般是用在颔联和颈联,即第三、四句与第五、六句。以前面的七律《钱塘湖春行》为例,其第三句与第四句的对仗是"几处"对"谁家","早莺"对"新燕","争"对"啄","暖树"对"春泥";第五句与第六句的对仗是"乱花"对"浅草","渐欲"对"才能","迷"对"没","人眼"对"马蹄"。

律诗的对仗还有其他一些类型,这里略而不述。对仗是在文字运用上的一种艺术表现手法,它不仅使诗句整齐,而且也有助于内容的表达,增加诗在艺术上的美感。

5.绝句

绝句从诗的体裁上分,有律绝和古绝;从字数上分,有五言绝句和七言绝句。律绝与律诗一样,有押韵、平仄、对仗等方面的要求。古绝是不受格律束缚的绝句。

绝者,截也。律绝就是截取律诗的一半,每首皆四句,故又叫作截句。所谓截取一半,有四种形式。

一是截取首尾两联。这种绝句,无对仗句。如李白的七绝《早发白帝城》:

朝辞白帝彩云间,千里江陵一日还。

两岸猿声啼不住,轻舟已过万重山。

二是截取前两联。这种绝句,下联要对仗。如孟浩然的五绝《宿建德江》:

移舟泊烟渚,日暮客愁新。

野旷天低树,江清月近人。

三是截取后两联。这种绝句,上联要对仗。如杜甫的五绝《八阵图》:

功盖三分国,名成八阵图。

江流石不转,遗恨失吞吴。

四是截取中间两联。这种绝句,两联都要对仗。如王之涣的五绝《登鹳雀楼》:

白日依山尽,黄河入海流。

欲穷千里目,更上一层楼。

第二节　中国古代的词

一、词的体裁特点

什么是词？词也是诗，是在律诗基础上发展起来的一种新体诗，是诗的一种特殊表现形式，即配合乐曲进行演唱的歌词。因此，词的最早名称是曲子词、曲词，有人又称它为近体乐府，后来与音乐逐渐分离，而称之为词。词的体裁有以下几个方面的特点：

第一，由于词是在律诗的基础上发展起来的，因而凡是律诗的格律要求，词都具备，即每首词有固定的句数，每句有固定的字数，字有固定的声调（平仄），词句之间有对仗，句尾押韵较为严格。

第二，在句式上与律诗、绝句不同，大多长短不一，故词又称为长短句。

第三，在表现手法上，诗常用比、兴、赋，而词更多是用比、兴，赋用得较少。

第四，在结构上，诗不论是五言还是七言、杂言，都不分段，一首就是一段。词除少数之外，多是分段的，有单调、双调、三叠、四叠几种形式。单调就是一段。双调就是全词分为两段，称为上片、下片或上阕、下阕。曲终叫作阕。一阕表示一首歌曲到此终了，再来一阕，表示按原曲再唱一首，所以上下两阕称为双调。词以双调居多。三叠、四叠就是三阕、四阕，这在词中很少见。

第五，词有词牌。词牌就是词的格式的名称。律诗的格式只有五律、五绝、七律、七绝四种形式，而词则有一千多个格式。如《蝶恋花》《清平乐》《水调歌头》等。每一种词牌所要求的句数、字数、平仄、押韵、分段都是固定的。

由上可知，词与诗既有紧密的联系，又有明显的区别，它比诗更便于表达多层次的思想，更加流畅顺口、和谐动听，更具有语言的声韵音节旋律之美。

二、词的起源

词起源于唐，大盛于宋，中衰于元、明，复兴于清，千余年来，一直是士人抒发感情的形式与手段之一。

词的母体是律诗，燕乐是它的产婆。

唐王朝是中国封建社会的盛世，国家富庶，疆域广袤，华夷一家，中外文化交流、民族文化融合呈现出一片繁荣景象。西域的歌舞音乐继北朝之后，再次大量传入中原，成为上至宫廷、下至民间伎馆最为流行的娱乐形式。这种音乐歌舞多是在各种官、私宴会上演出,因此称为燕乐,又作宴乐。燕乐中最主要的伴奏乐器是从西域传入的琵琶。燕乐艺人所唱的歌词最初都是当时名士所写的诗句。"李唐伶伎,取当时名士诗句入歌曲,盖常俗也。"(王灼《碧鸡漫志》)但这些或五言或七言句式的律诗,在演唱中往往显得不顺口,特别是与琵琶的节奏常常不协调。为了适于演唱、符合节奏,就需要把整齐划一的句式改造成长短错落的句式,即"因声以度词,审调以节唱"(元稹《乐府古题序》)。这样就由原来的选诗以配乐,变成了由乐以定词,律诗也就逐渐演变成了长短句的词。词是按照曲调的要求来填写的,不同的曲调(曲牌、词牌)有不同的长短句式。

见于文献记载的,词的首创者是李白。他的词作《菩萨蛮》《忆秦娥》被称为"百代词典之祖"。而其后的刘禹锡则明确提出了"以曲拍为句"的创作原则,使词体得以正式确立。唐末五代时,"词"这种新的文学体裁已经成熟。南唐李煜的词,可以称得上是千古绝唱。唐与五代之词,其丰硕成果成为宋词取法的典范。

三、词的鼎盛——宋词

词,经过二百余年的发展,至宋代达到鼎盛阶段。其作家之众、数量之大、流派之多、内容之充实、艺术之精美空前绝后。莫论辽金元明,就是被誉为词坛中兴的有清一代,虽然其词篇的数量是宋代的两倍,但在质量上无论如何也难以同宋词相媲美,只能望其项背。

诗言志,词抒情。词是以抒发情怀而著称的文体。依抒发情怀的风格不同,人们常将宋词分为婉约派和豪放派两大类。

婉约派以柳永、秦观、周邦彦、李清照等为代表。婉约派词是与唐、五代的花间词一脉相承的。在词苑中,以婉约派词居多。婉约词的特点:音节和谐,语工而入律;情调柔美,意境幽邈;在内容上多是写儿女风情,描摹男女相思,抒写离情别绪,吟咏风花雪月,感喟春思秋愁。例如柳永的《蝶恋花》:

伫倚危楼风细细,望极春愁,黯黯生天际。草色烟光残照里,无言谁会凭阑意。

拟把疏狂图一醉,对酒当歌,强乐还无味。衣带渐宽终不悔,为伊消得人憔悴。

这是一首怀恋情人的词,上片写景抒情,景带情生,尽述春愁。下片却笔锋突转,不言春愁而云强乐。这种曲径通幽的妙巧构思,极具艺术感染力。特别是结尾两句,在相思之情达到高潮时,戛然而止,激情回荡,成为千古传颂的佳句,被王国维赞为"专作情语而绝妙者","求之古今人词中,曾不多见"(《人间词话删稿》)。从这首《蝶恋花》中,可以窥见婉约派词在艺术上、思想性上的大概。

豪放派以苏轼、岳飞、张孝祥、陆游、辛弃疾等为杰出代表。特别是苏轼,开豪放词风之先,在他的带动和影响下,形成了豪放词派,谱写了一曲曲龙吟虎啸的壮歌。豪放派词的特点大体如下:

第一,词的风格刚健豪迈、意境恢宏、情调昂扬,有气壮八荒、囊括宇宙之势。故称之为豪放派。如苏轼的《念奴娇·赤壁怀古》,以气吞山河之势开篇:"大江东去,浪淘尽,千古风流人物。"继而便是:"乱石穿空,惊涛拍岸,卷起千堆雪。江山如画,一时多少豪杰!""谈笑间,樯橹灰飞烟灭。"景物雄壮,人物豪壮,气势磅礴。

第二,词的题材广泛,突破了花前月下、男欢女爱、儿女情长的狭隘范围,立足现实,面向社会,万事万物皆入词。特别是将国家的兴亡、人民的疾苦作为抒发情怀的重要内容,突出了词的思想性。例如岳飞的《满江红·怒发冲冠》:"靖康耻,犹未雪。臣子恨,何时灭?驾长车,踏破贺兰山缺。壮志饥餐胡虏肉,笑谈渴饮匈奴血。待从头,收拾旧山河,朝天阙。"耿耿忠心,凛凛大义,为国雪耻的伟大抱负跃然纸上。张孝祥的《六州歌头·长淮望断》,痛斥投降派,怀念金兵占领区的人民,痛感报国无门。此词激扬豪迈、慷慨沉雄,朱熹读此词后说:"使人奋然有擒灭仇虏、扫清中原之意。"豪放派词之"豪",豪在爱国爱民、拯救社会的雄心壮志之上。

第三,在艺术形式上,突破了词的形式、音律,以诗入词,以文入词,开辟了词的革新之路。例如苏轼的《水龙吟·次韵章质夫〈杨花词〉》:"细看来,不是杨花,点点是离人泪。"《念奴娇·赤壁怀古》:"遥想公瑾当年,小乔初嫁了,雄姿英发。"诸如此类的语句,不合当时的音律规范,但正因为如此,词的表现语言才有了更大的自由,从而取得了摇曳生姿、舒卷自如的效果。辛弃疾的词在艺术上的表现形式更加多姿多彩。他的词题材极为广泛,内容丰富,咏物、描景、游记、怀古、言志、遣兴、祝寿、论道……凡与生活相关的一切内容,在词中几乎均有表现。特别是他还将苏轼的"以诗为词"进一步发展为"以文为词",使词的语言口语化。例如《西江月·遣兴》:"昨夜松边醉倒,问松'我醉何如'?只疑松动要来扶,以手推松曰'去'!"借酒醉狂言,口语化的诗句鲜活地表达出了对当政者的反感。

宋词中婉约派和豪放派虽然在风格上和所反映的思想内容上有所不同,但两派并不是截然对立的,实际上是互补的。作为词人,有的婉约派也写豪情奔放的词。如李清照的《渔家傲·天接云涛连晓雾》,风格豪放,境界阔大,想象丰富,浪漫多姿,神骏矫健。而豪放派词人也写情意绵绵、离情别绪的词。如苏轼《江城子·乙卯正月二十日夜记梦》的悼亡词和《水龙吟·次韵章质夫杨花词》咏杨花词,以及辛弃疾的《青玉案·元夕》等,都体现出婉约派情调。刚柔相济,交相辉映,才使得宋代的词坛万紫千红、百花争艳。

第三节　中国古代的曲与赋

曲与赋的影响虽不及诗词,但在中国历史上都曾经雄主一代风流,即所谓汉赋、唐诗、宋词、元曲者也。赋、诗、词、曲虽然文体有别,实则同根同源、一脉相承,如滚滚长江,后浪推前浪,汇成中国古代文学的洪流。

一、曲

曲作为一种文体,又称为散曲。散曲是元代新兴的一种词体。它既可以像词那样写景抒情、单独诵咏,又可以作为杂剧中的唱词。作为剧中唱词的又称为剧曲。它是在民间长短歌词的基础上,经过长期酝酿,又吸收了各种民间曲调和部分外来民族的乐曲,逐渐形成的一种新词形式,故而有人又把它称为词余。

(一)曲的体裁特点

曲在体裁上有什么特点,先来看一首关汉卿杂剧《单刀会》第四折的《驻马听》:

> 水涌山叠,年少周郎何处也? 不觉的灰飞烟灭,可怜黄盖转伤嗟。破曹的樯橹一时绝,鏖兵的江水犹然热,好教我情惨切!(带云)这也不是江水,(唱)二十年流不尽的英雄血!

曲由词演变而来,似词而非词,所说的"特点"是与词相比较而言的。

第一,词没有衬字,曲有衬字。所谓的衬字就是在按曲牌所规定的字数之外添加的字,或者加在句子中间,或者加在句首,但不能加在句尾。所加字可以是虚字,也可以是实字。以《驻马听》为例,按曲牌规定,共八句,各句的字数应为四、七、四、七、七、七、四、七。但关汉卿的这首《驻马听》不算念白,各句的字数却是四、七、七、七、八、八、六、十。第三句多出三个字,第五、六句多出一个字,第七句多出两个字,第八句多出了三个字。多出的字即为衬字。增字不改变曲格的腔调,但增加了语言的灵活性和通俗性。

第二,曲与词虽然都是长短句,但是曲的句子长短更参差,一句中少者只有一两个字,长的可达二三十个字。

第三,在用韵上曲更加灵活。词不能句句押韵,而曲则可以,可以一韵到底;词的押韵不能平仄通押,即押平声韵都是平声,押仄声韵都是仄声,而曲韵则以平仄通押为常规;词忌重韵,即在一首词里不能出现相同的韵脚字,而曲可以重韵。如《驻马听》中,其八句是句句押韵,叠、也、灭、嗟、绝、热、切、血皆为"ie"韵,而叠、嗟、绝为平声韵，也、灭、热、切、血为仄声韵。

总之，曲的句式、音节、用韵都比词要自由，更接近自然的语调，而又多采用口语，是词的一次解放。

(二)曲的产生与元曲

1.曲的产生

曲是从词中深化出来的。早期的词也是曲，是用来演唱的长短句。但至宋代达到它的鼎盛时期以后，一些文人日渐脱离现实生活，过于追求句式的整齐、文辞的工丽、韵律的妍美，填词成了一门博大精深的学问，非一般人能力所及，当然也不适合于民间的演唱。词由此渐渐走向衰落。而民间的长短句，从中、晚唐以来，经过长期的发展，到金、宋对立时，又吸收了一些少数民族的乐曲，逐渐形成了一种新的诗歌形式，因为主要是流传于北方地区，因此称之为北曲，至金末而趋于成熟。北曲的渊源主要有两个方面：一是唐、宋以来的大曲、词、诸宫调、转踏等传统艺术；二是融合汉族、女真族、蒙古族等流行在民间的音乐。北曲的形式，有小令、套数。小令是单支的曲子，调有定句，句有定字，字有定音，但它的句式、字数、音韵都要比词灵活，几个小令联组在一起则为套数。

在北曲流行于北方广大地区的同时，曲于南方也在流行，称为南曲。南曲最初是在浙江温州一带民间歌舞的基础上发展起来的。南曲除了来源于民歌外，还融合了唐宋大曲、唐宋词、诸宫调等，也有小令和套数。

宋、金时期，杂剧无论是在北方还是在南方，都是官民上下所喜见的文艺演出形式。北曲、南曲都是可以用于杂剧中的唱词。杂剧的发展，也推动了散曲的创作与发展。

2.元曲

元杂剧和散曲合称为元曲。

统一的多民族的元朝建立以后，杂剧走向繁荣阶段，而散曲的创作也更加精美。元杂剧有完整的艺术形态。其剧本主要由唱曲、宾白（白就是在舞台上表演时的口语和对话，表演中以唱曲为主，对白为宾，所以白又称为宾白）和表演三要素组成。元杂剧把歌曲、宾白、舞蹈、表演有机地结合起来，形成了独具民族风格的民族戏曲形式，并产生了有故事情节的韵文、散文相结合的文学剧本。其表演是分幕演出，每幕称为折。折既是剧情发展的自然段落，也是音乐组织的单元，每折限用由一种宫调的曲牌组成的一套曲子。元杂剧一般是四折，也有五折、六折的。杂剧中有各种角色的分工，借以表现各种不同类型的人物。角色分为四个行当：男角称为末行，分为正末、副末；女角称为旦行，分为正旦、末旦；扮演刚、猛恶人的称为净行，有男有女，分正净、副净；杂行为扮演其他各类人物者，为配角。

　　因为元杂剧以唱曲抒情为主,曲是剧的核心,所以对曲辞的要求非常高。句式长短、声调平仄、谐声用韵要符合唱腔,曲辞的语言内容要有利于塑造人物形象,展开剧中情节。正是这种特殊的文化需求,使元代涌现出了许多编剧、制曲的大家,最为著名的有关汉卿、王实甫、马致远等。

　　关汉卿是我国戏剧史上最早也是最伟大的剧作家。他写了六十多种杂剧。其主要作品有《窦娥冤》《单刀会》《望江亭》等。他的作品中充满了对压迫者的深恶痛绝,对被迫害者特别是处于社会最下层的妇女的深切同情。他歌颂历史上的英雄,鼓舞人们建功立业,奋发上进。王实甫写了十三种杂剧,他的《西厢记》,反对封建婚姻制度,主张婚姻自由,是“天下夺魁”之作。以单部作品而论,它是元代杂剧中影响最大者,数百年来盛传不衰。马致远的代表作《汉宫秋》,是一部反抗民族压迫、抒发爱国情怀的作品。

　　元曲中大多数作品,不仅具有强烈的思想性,在创作艺术上也达到了时代的高峰。其剧情起伏跌宕,环环相扣,引人入胜;其人物的塑造,个性鲜明,栩栩如生;其语言,尤其是曲辞、文辞精炼,雅俗交融,抒志言情,诗味浓郁,情真意切。正因为如此,元曲继唐诗、宋词之后,成为中国古代文坛上又一颗灿烂的新星。在明、清时期,杂剧、散曲也在随着时代的变化而发展,为各种地方戏曲,直至京剧的产生与发展开源扩流,余晖煌煌。

二、赋

　　赋作为一种文学体裁,萌芽于战国末年,正式产生于汉初,极盛于西汉中叶,一直延续至东汉末年,成为汉代最为流传、最为兴盛的文体,史称汉赋。汉代之后,赋虽然不再主宰文坛,但继其余绪的六朝骈赋,唐宋律赋、文赋,仍是赋体文学的发展。

(一)赋的体裁特点

　　赋是在《诗经》、楚辞和战国诸子之文的基础上发展起来的一种新文体。这种新文体之所以称为赋,其名源于《毛诗序》中的《诗》之“六义”。其云:“故《诗》有六义焉:一曰风,二曰赋,三曰比,四曰兴,五曰雅,六曰颂。”“六义”之二的赋,是一种铺陈其事的文学艺术表现手法。作为新文体的赋正是以“铺陈”为其主要特征的,故以“赋”为名。晋代文学家挚虞《文章流别论》说:“赋者,敷陈之称,古诗之流也。”南朝梁代刘勰《文心雕龙·诠赋》也说:“《诗》有六义,其二曰赋。赋者,铺也。铺采摛文,体物写志也。”他们都认为赋之名是源于《诗》“六义”之“赋”。

　　赋作为一种新的文体,有其独有的特点:

　　第一,在表现手法上铺张直陈,描绘细腻。赋虽然不是诗也不是散文,但从总体而言,它是文。它是以对景、对物、对人、对事以铺陈的手法进行种种描述说明为特征的文。因为是文,所以是不能配乐歌唱的,只能以口诵读。故《汉书·艺文志》云:"不歌而颂谓之赋。"

第二,在铺陈的方式上,多以设辞问答的形式展开。如贾谊的《鵩鸟赋》设贾谊与鵩鸟的对话,枚乘的《七发》设楚太子与吴客的对话,司马相如的《子虚赋》设子虚先生与乌有先生的对话等。

第三,在句式上,韵散相间,排比对偶。《诗经》以四言为主;《离骚》一般是六言,或加兮字成七言;赋则字数不拘,多以四言、六言为主,并且多夹杂散文句式。赋之为文,散文、韵文相间。问答体的赋,一般首尾用散文,中间用韵文;非问答体的赋,则首用散文,中间与尾用韵文。赋的用韵,有的是句句押韵,有的是隔句押韵,有的还不押韵,比较自由。由于赋的篇幅较长,往往要换韵,换韵往往是与内容段落相一致的。

赋的句式常用排比对偶。如司马相如《上林赋》:"撞千石之钟,立万石之虡,建翠华之旗……千人唱,万人和,山陵为之震动,川谷为之荡波。"

第四,在语言上,赋的显著特点是文采华丽,辞藻丰富。司马相如在如何作赋问题上提出:"合纂组以成文,列锦绣而为质。"他是借彩带、锦缎来做比喻,说明赋的创作要追求辞藻的华丽。

(二)汉赋与赋的发展演变

汉王朝是继秦之后的又一个强大的王朝,至汉武帝时,民富国强,疆域辽阔,四夷宾服。以歌功颂德、谏君警危为主旨的赋,在最高统治者的大力倡导和支持下,进入了空前繁荣发展的时期。

贾谊是汉初赋作家中当之无愧的先驱者。他的《吊屈原赋》《鵩鸟赋》,悼屈原,抒胸怀,铺排叙典,集骚体赋之大成。

枚乘是汉代大赋的开山者,他的作品可读者有一百二十余篇。其代表作《七发》,诫贵族奢贪,阻诸侯谋反。其体宏大,铺陈夸张,辞藻华丽炫目。其文是汉代散文大赋正式形成的标志,该篇的体式被后世沿袭发展成一种以"七"名篇的新赋体。《文心雕龙·杂文》云:"自《七发》以下,作者继踵……枝附影从,十有余家。"如傅毅的《七激》、张衡的《七辨》、王粲的《七释》、曹植的《七启》、陆机的《七征》、张协的《七命》等,都是继承了《七发》的体式。

司马相如的作品为汉赋之峰,其赋有二十九篇,代表作为《子虚赋》《上林赋》《大人赋》《长门赋》等。《子虚赋》《上林赋》为典型的宫廷文学,极力铺陈天子上林苑的广大和游猎的壮观,张扬天子的威势。其赋体制宏大,气势奔腾,叙事跌宕,状物如临,辞美句工。其创作艺术达汉赋之峰。鲁迅对司马相如在汉赋史上的创新贡献评价为:"不师故辙,自摅妙才,广博闳丽,卓越汉代。"

　　汉代其他赋作大家,诸如东方朔、扬雄、班固、张衡等,不一而足,灿若群星,遂使汉大赋雄踞两汉文坛四百年。

　　但赋之为文,高居庙堂之上,远离民众而和寡;辞章华美少神,字僻句涩而难懂,故在汉世之后,日渐衰落。虽不绝如缕,但终难复兴。

思考题

　　1.简要解释:《诗经》、楚辞、赋、比、兴、古诗、五言诗、七言诗、杂言诗、平仄、对仗。

　　2.何谓律诗与绝句? 有何基本特点?

　　3.词的基本特点是什么? 试说明婉约派、豪放派的特点及主要代表人物。

　　4.简述曲与赋的体裁特点。

第二十四章　中国古代的音乐、舞蹈与戏剧

学习目的

　　通过本章的学习,了解中国古代音乐、舞蹈与戏剧的产生、发展及取得的成就,从而全面把握其在中国古代文化史中的重要地位。

主要内容

● 中国古代音乐的起源与发展及著名的音乐家
● 中国古代舞蹈的产生与发展及著名的舞蹈家
● 中国古代戏剧产生与发展及著名的戏曲家

第一节　中国古代的音乐

一、中国古代音乐的起源

　　音乐的起源非常久远,大约在旧石器的原始群时代就已经有了萌芽,在新石器的氏族公社时期进一步发展并日益丰富。音乐是在劳动中产生的。当原始人类在渔猎或采集等劳动中有了收获时,往往敲打手中的石器或木器等生产工具,发出高低急缓不同音节的声音,以庆祝胜利、表示欢乐,这就是最原始的乐器所奏出的音乐。《尚书·皋陶谟》:"击石拊石,百兽率舞。"就是击打石器,模仿百兽的形象跳舞。这种击打的石器后来就演变成为打击乐器——石磬。在新石器的氏族公社时期,乐器的种类已经逐渐多样化。在河南省舞阳县贾湖曾出土了多支用鸟腿骨制作的骨笛,距今 8500 年—7600 年。骨笛已经具备了七声音阶的结构,发音准确,音质较好,至今仍可吹奏旋律。在河姆渡遗址还出土了距今

7000 年用来吹奏的陶埙。《尚书·皋陶谟》记载原始社会末期尧、舜时期乐舞的活动情况:"夏击鸣球,搏拊、琴、瑟,以咏。"《尚书·益稷》记载舜命令乐正(专门掌管音乐事务的专职人员)夔举行祭祀活动,所用乐器有琴、瑟、笙、镛、管、鼗、鼓、梧、柷等。可见,当时不但乐器多种多样,而且还有专职的管理人员。这说明在原始社会末期,音乐已经成为社会生活中的重要组成部分。

二、中国古代音乐的发展

(一)周代的音乐

进入阶级社会以后,由于生产力的发展,社会生活领域的不断扩大,人们精神文化生活的需求也日益增多,从而推动了音乐的发展。经夏、商而至周(西周、东周),中国古代的音乐更加完善,更加丰富多彩。周代是中国古代音乐发展历程中的一个划时代阶段。

第一,对音乐功能的认识更加深刻,将音乐视为教化民众、治国安邦的重要手段。

音乐最原始的功能就是表达人们的喜怒哀乐之情,是用来娱人的,既娱乐自己也娱乐他人,增进感情,加强团结互助。在宗教产生之后,人们又把音乐用于祭祀天地鬼神,通过娱神,求得神灵的保佑。进入阶级社会以后,统治者看到了音乐的巨大作用,就自觉地把它改造成为巩固统治的工具。西周初期杰出的政治家周公旦在摄政期间所做的第一件大事就是"制礼作乐",即制定礼仪制度和音乐舞蹈制度,把音乐看成与礼仪制度同等重要的东西。《礼记·乐记》说得更明确:"礼以道(导)其志,乐以和其声,政以一其行,刑以防其奸。礼乐刑政,其极一也,所以同民心而出治道也。"礼、刑、政是通过制度强制人们统一行为,乐是通过调和心理而统一思想。

周公所作之"乐",主要是对自尧、舜以来及夏、商二代音乐进行筛选改造,加以创新,它与礼仪制度紧密结合在一起,在各种重大的典礼活动中配以舞蹈进行演奏。各级贵族享用什么样的音乐歌舞,都有严格的规定,不得僭越,违者要受到严厉的惩罚。

第二,国家设有专门的音乐管理机构,将音乐纳入学校教育内容。

除大司乐主管国家音乐,还有分工细致的音乐专职人员,如磬师掌击磬,钟师掌金奏,笙师掌吹竽、笙、箫、笛等。有固定的用途明确的乐章,在祭祀、燕飨、会见宾客等不同场合演奏不同的音乐。这种专门在宫廷演奏的音乐称为雅乐,而流行于民间的音乐则称为俗乐。周代非常重视音乐教育,把音乐纳入国家教育内容。周代学校的教学内容分为六个方面,称为六艺:礼、乐、射、御、书、数。音乐教育是其中之一,由乐正主管,"以乐德、乐语、乐舞教国子",使各级贵族子弟从小就受到音乐的熏陶。

第三，乐器种类增多，分类明确。

见于文献记载的周代乐器多达近七十种，见于《诗经》的就有二十九种。依据制成乐器的不同材料，分为八类，称为八音。《周礼·春官宗伯》："皆播之以八音：金、石、土、革、丝、木、匏、竹。"这种以八音为乐器的分类方法一直延续至清代。

第四，乐律日臻完善。

根据《左传》《国语·周语下》《周礼·春官宗伯》等古籍所记载，周代乐律在夏、商二代的基础上进一步发展，主要体现在五声、七音、十二律等方面的完善上。

五声　音乐中的任何旋律（曲调），都是由不同音高的音调组成的。一个音调有几个音，将这些音由低到高依次排列，便是音阶。中国传统音阶可分为五声音阶和七声音阶两大类，史书上称为五音、七音或五声、七声。五声是指宫、商、角（jué）、徵（zhǐ）、羽。五声的音列用现代唱名与音阶对照，它的排列为：

Do　Re　Mi　Sol　La

1　　2　　3　　5　　6

宫　商　角　徵　羽

五声的任何一个音阶均可以成为一个曲调的起首音和终结音，分别由这些音阶构成的调式，称为宫调式、商调式、角调式、徵调式、羽调式。

七音　七音又称为七律，是七个音阶及其七声音阶的通称。七声音阶是以五声音阶为基础而发展出来的，在角徵和宫羽之间增加两个偏音，称为二变，即现代音阶4（Fa）、7（Si）二音。这两个偏音有四种形式：假如是徵和宫低半个音，那么它们就称为变徵与变宫；假如是比角和羽高半个音，那么它们就称为清角与闰。由于这四个音的变化，形成了七音中不同的音阶形式。七音产生于公元前11世纪中期（商周之际），它极大地丰富了五声音乐的思维。在音乐实践方面，西周以后已经普遍运用，与五声并行。

十二律　律作为乐名的观念大约产生于西周时期，出土的西周编钟已经出现有铭刻的个别律名。十二律的完整律名出现在《国语·周语下》。十二律的音律由高到低的律名依次是：黄钟、大吕、太簇、夹钟、姑洗、仲吕、蕤宾、林钟、夷则、南吕、无射、应钟。一个律就是一个半音，十二律就是十二个半音。十二律又分阴阳两类。凡属奇数的六种律（如黄钟、太簇等），称为阳律；凡属偶数的六种律（如大吕、夹钟等），称为阴律。

周代乐器种类的增多、乐律的日臻完善，特别是礼乐制度的制定，为中国以后的历代王朝的音乐发展奠定了基础。

(二)汉代的音乐

汉代是继秦之后的第二个强大的统一王朝,其音乐在周、秦的基础上有了突出的发展,主要体现在以下几方面。

1.乐府的建立

西周末期和春秋时代,"礼崩乐坏",雅乐走向衰落,而民间的俗乐由于和生活的关系密切,内容生动活泼,日渐受到包括上层统治阶级在内的各阶层人们的普遍欢迎,大量的民间音乐和民歌被引进宫廷和贵族生活。汉武帝时汉王朝达到了空前强盛的阶段。为了加强思想上的统治和歌颂太平盛世,汉武帝成立了国家的音乐管理官署,称为乐府。乐府的主要工作:一是制定乐谱,为朝廷文臣所写的歌功颂德的歌词配乐,在各种重大的庆典上演唱;二是派人去全国各地搜集民间歌谣并加以整理;三是培养演奏的乐工和监造乐器。乐府的建立并广泛吸纳民间音乐的精华,大大地推动了汉代音乐的发展,其机构也为历代所承袭。

2.鼓吹的出现

鼓吹曲是汉代新出现的乐种。它是张骞出使西域带回的西域乐器和乐谱与中国传统音乐相融合而产生的。鼓吹主要是采用鼓、横笛、排箫、角、笳等击乐器和吹乐器进行演奏,击乐器中鼓特别重要。根据演奏方式的不同,可以分为横笛为主奏乐器的"横吹";以鼓、笳为主奏乐器在马上演奏的"骑乐";以排箫为主奏乐器的"箫鼓"等诸种分类。鼓吹用于郊庙祭祀、军旅、仪仗等各种庆典。由于各种鼓吹曲热烈奔放、粗犷洪亮、节奏明快,因而在汉代非常流行。

(三)唐代的音乐

唐代是中国封建社会的鼎盛阶段。高度发展的社会经济、辽阔的疆域、多民族的共同生活、与世界各国的广泛交流,使得音乐艺术也出现了空前的繁荣。

1.体现民族融合、中外文化交流的恢宏燕乐

燕乐又称为宴乐,源于西周的雅乐。隋唐时燕乐从雅乐中独立出来,成为专用于宫廷宴享之乐。燕乐是规模宏大的乐舞,唐太宗时分为十部:宴乐、清商乐、西凉乐、天竺乐、高丽乐、龟兹乐、安国乐、疏勒乐、康国乐、高昌乐。第一部宴乐是宫廷创作的音乐,第二部清商乐是源于中原地区的民俗乐。其余八部都是少数民族或域外各国的音乐。这充分体现出了汉族传统音乐对少数民族音乐及域外音乐兼收并蓄、融合创新的特点。

2.谣歌、曲子、大曲

唐代的音乐种类大体上可以分为谣歌、曲子、大曲三大类。谣歌就是原来的徒歌,不配乐器,没有一定的谱式,因情因事信口歌唱,如山歌、田歌、渔歌等。它不是专门音乐家的作品。歌谣经过艺人加工整理,配以乐器,形成固定的曲调,即称为曲子。曲子一般都比较短,内容庞杂,所以又称为杂曲。大曲是由音乐家

创作的有固定乐章的大型套曲。大曲都是和舞蹈相结合的,结构复杂。如唐太宗创制的宴乐,就是由《景云舞》曲、《破阵乐舞》曲、《庆善舞》曲、《承天舞》曲四支舞曲组成的。

(四)宋元明清时期的音乐

宋元明清是中国封建社会的后期,这一时期的音乐呈现出两大特点:一是宫廷音乐的复古,注重典礼音乐的创作及演奏,力求音乐旋律与节奏的简单化;规定音高的标准,规定乐器使用的种类、形式和音域,使所谓的雅乐呆板而缺乏生气,成为强弩之末。二是与之截然不同的民俗音乐却蓬勃发展。

宋代随着商品经济的发展,市民阶层空前壮大起来,成为社会生活的主宰。市民音乐的兴起与繁荣,是宋代音乐文化最主要的特点。

瓦肆勾栏音乐 瓦肆又称为瓦市、瓦舍、瓦子等,是城市中进行商品交易的集中地,也是市民憩息娱乐的场所。在瓦肆中设勾栏,是专供各类艺人进行演出的地方。据《东京梦华录》卷五记载,北宋徽宗时首都汴梁瓦子中的伎艺就有说书、讲史、小说、小唱、嘌唱、唱赚、杂剧、杂技、散乐、舞旋、诸宫调等各类演出。最大的勾栏可容纳数千观众。在勾栏中演出的都是民间艺人。艺人们还有行业性组织,称为社会,简称社。每个社的艺人数量不等,有的多达百余人,甚至三百余人。在瓦子勾栏里表演的主要音乐形式:"叫声"是学商贩卖东西时介绍商品、吸引顾客的小曲。"小唱"是从歌舞大曲中选取小段进行清唱。"嘌唱"是将已有的令曲小词在宫调、节奏、衬腔等方面进行了一些变化,以鼓伴奏,进行演唱。演唱时常常根据场景即兴发挥。艺人们不仅在瓦市中演唱,有时还到各宅院中去演唱。"唱赚"是一种大型歌曲联唱,常演唱长篇故事。伴奏的乐器以鼓、板、笛为主。"鼓子词"是一种说白和唱相结合的演唱形式。演唱者自己用鼓伴奏,有时也有小乐队伴奏兼伴唱,演唱时只用单个的曲调作反复,唱词多是讲述故事。

元明清时期,这种始于宋代的瓦肆勾栏音乐并没有随着瓦肆的衰落而终止,而是以其独特的短小、欢快的内容和简单灵活的表演方式深受广大下层民众的欢迎。

清代是我国历史上最重视宫廷音乐的朝代之一。由于统治者特别提倡,因此清代的宫廷音乐是自隋唐以来规模最大的。清朝是满族人建立的封建王朝,因此它的宫廷音乐带有一定的满族色彩。在宫廷的堂子祭天和坤宁宫祭神时,有满族民间萨满跳神时所用的音乐。乐器中的哈马刀(神刀)、轰勿(神铃)、抬鼓、单鼓、拍板、腰铃等都是满族民间萨满跳神时的乐器。清代的宫廷音乐,尽管形式众多、规模宏大,但由于它的封闭性和保守性,缺乏新鲜的生命力而日益走上衰亡的道路。

三、中国古代的音乐家

在中国古代社会的数千年间，在音乐发展的长河中，涌现出许多杰出的音乐家。他们以精妙的演奏技艺、卓识的音乐理论，不仅代表一个时代的高峰，更是推动中国古代音乐发展繁荣的精英。

孔子　孔子（公元前551年—公元前479年）名丘，字仲尼。鲁国陬邑（今山东曲阜）人。春秋时期的伟大教育家，杰出的音乐家。孔子精通音乐，曾从师襄学琴，问乐于苌弘。长于抚琴、鼓瑟、吹笙、击磬。一生酷爱唱歌，在周游列国被困陈、蔡之间断粮之时，依然不断弹琴唱歌。晚年，他鉴于周室礼、乐废，《诗》《书》缺，便从事"正乐"的工作，使《诗》三百零五篇都能和乐弦而歌。他推崇周代的雅乐，在齐国听《韶》乐，称赞它"尽美矣，又尽善也"，"学之，三月不知肉味"。孔子特别重视音乐对人的教育作用和巩固统治的作用。他说："移风易俗，莫善于乐"，"兴于诗，立于礼，成于乐"。他认为"礼乐不兴，则刑罚不中……则民无所措手足"。因此，在他的教育活动中，将音乐教育纳入教学内容，是"六艺"之一。因为孔子是儒家的创始人，所以他的音乐思想，经其后学孟子、荀子等人的发扬，以《乐记》为代表形成系统的儒家音乐理论，成为我国古代音乐美学理论的主流，对后世有极为深远的影响。

师旷　师旷（约公元前572年—公元前532年）名旷，字子野。师非其姓，乃乐师之师。晋国冀州南和（今河北南部）人，著名音乐家。师旷大约生活在晋悼公、晋平公执政时期。传说，他为专心学习音乐，自盲其目，从此心无旁骛，终成大器。他所创作的乐曲《阳春》《白雪》被奉为古典雅乐的精品，后人尊之为"乐圣"。师旷的音乐知识非常丰富，尤其精通琴瑟。他不仅熟悉琴曲，还善于用琴声来表现自然界的音响，描绘飞鸟飞行的姿态和鸣叫。他有很强的辨音能力。《淮南子·汜论训》说："譬犹师旷之施琴柱也，所推移上下者，无寸尺之度，而靡不中者。"师旷还擅长唱北方和南方的民歌，并能从民歌的分析中判断出晋楚战争的胜负。师旷特别重视音乐的教育作用，认为可以通过音乐传播道德，使远近各处归化，反对"靡靡之音"。在后世的传说中，他被演化成音乐之神。

李延年　李延年（？—约公元前90年），汉武帝时期的杰出音乐家。中山（今河北定县一带）人。他出身倡家，父母兄弟姊妹均通音乐，都是以歌舞为职业的艺人。李延年不但擅长歌舞，而且精通音律，长于音乐创作。他曾为司马相如等数十人所撰写的诗词配曲，作《郊祀歌》十九章，用于皇室祭祀乐舞。他还利用张骞从西域带回的《摩诃兜勒》，编为二十八首"鼓吹新声"，作为乐府仪仗之乐。李延年受汉武帝之命主持乐府，任协律都尉，其间他把从民间搜集来的大量民歌进行加工整理，并编配新曲广为流传，对民间音乐的兴盛及中国以后历代音乐的发展做出了卓越的贡献。

蔡邕与蔡文姬　蔡邕（公元132年—公元192年）字伯喈，陈留（今河南杞县）人，东汉辞赋家、书法家、杰出音乐艺术家。精通音律，长于古琴演奏。其音乐作品有《琴操》《蔡氏五弄》（包括《游春》《渌水》《幽居》《坐悉》《愁思》五首琴曲）。《蔡氏五弄》一直到唐代都是享有盛名的琴曲。《琴操》是中国早期琴曲的琴学专著。原书已佚，现存《琴操》是后人辑录成书。

蔡文姬是蔡邕的女儿，名琰，字明姬，为避司马昭讳，改为文姬。《后汉书·列女传》称其"博学而有才辩，又妙于音律"。曾被匈奴掠去为左贤王妃，被曹操赎回后，参考胡人腔调，结合自己的悲惨经历，创作了哀怨惆怅、令人断肠的《胡笳十八拍》，是传世的名曲。

苏祗婆　苏祗婆，姓白，名苏祗婆，西域龟兹国人。公元586年，随突厥木杆可汗女儿阿史那公主与北周武帝合亲入周。北周至隋代著名的音乐家，琵琶演奏家。其家世代为乐工，精通乐律。他把西域所用的"五旦""七调"等七种调式的理论带到中原，其乐调体系为著名的唐代燕乐二十八调奠定了理论基础，是中国古代音乐发展史上的重要转折点。宫调理论的创立和运用，是中国古代音乐文化的一大进步，它不仅为音乐技术确立了规范，而且对后来的宋词、元曲和戏剧的发展都产生了深远的影响。他作为宫调理论的创始人之一，对中国古代的音乐发展做出了卓越的贡献。这一理论还传到了外国，对日本、印度、越南、缅甸等国的音乐、舞蹈也产生重要影响。

李隆基　李隆基（公元685年—公元762年）即唐玄宗。李隆基六岁就能歌善曲，显示出音乐资质，后精通琵琶、横笛及各类丝竹乐器，尤喜击羯鼓。在位期间，极力倡导音乐，并对唐代的音乐制度进行了多项重要改革。设置左右教坊和"梨园"等音乐机构，亲自作曲、教授、演奏、指挥，开一代音乐之风。当时不仅王公贵族喜尚音乐，即使在民间，音乐也很普及，"童子解吟长恨曲，胡儿能唱琵琶篇"。李隆基的代表作《霓裳羽衣曲》代表我国音乐史上歌舞音乐的最高水平，是流传千古的名曲。李隆基对唐代音乐的高度繁荣及中国古代音乐的发展都做出了不可磨灭的贡献。

姜夔　姜夔（公元1154年—公元1121年）字晓章，别号白石道人，饶州鄱阳（今江西鄱阳）人。南宋时期的杰出音乐家、诗人。他出身宦门，擅长诗词，精通音律。他所创作的歌曲、歌词和乐调"并冠一时"。他的《白石道人歌曲》中有十七首自编曲，并注有旁谱。琴曲《古怨》中注明指法，是流传至今唯一完整的宋词和乐谱合集的宝贵资料。

朱载堉　朱载堉（公元1536年—公元1611年）字伯勤，河南怀庆府（今河南沁阳）人。明太祖朱元璋的九世孙，是中国乐律学史上的集大成者。他多才多艺,是中国历史上一位杰出的科学家、律历学家、音乐家、文学家,被后世誉为"东方文艺复兴式的圣人"。他在音乐方面的主要著作有《乐律全书》《律吕正论》《律吕质疑辨惑》等。《乐律全书》是他的代表作,在中国和世界音乐史上可称为一部划时代的巨著。其书总结了前人的乐律理论并加以发展,首创了"新法密率"的乐律理论,即"十二平均律"。它解决了中国古代音乐史两千年来在乐律学上存在的黄钟不能还原的问题,解决了十二律旋宫问题的所有矛盾。英国的李约瑟博士说:"朱载堉对人类的贡献是发明了将音阶调谐为相等音程的数学方法。"他认为,过去三百年间的欧洲的音乐及近代音乐的发展都可能是受朱载堉发明的影响。

第二节　中国古代的舞蹈

舞蹈是人类用肢体的不同动作来表达情感的艺术形式。中国古代的舞蹈萌芽于原始社会早期,形成于原始社会的新石器时代,汉代蓬勃发展,至唐代中期达到繁荣的鼎盛阶段。宋代以后,虽然作为独立艺术的舞蹈逐渐衰落,但它仍然在以不同的形式继续发展着,并为其他新的艺术形式如戏剧等的产生与发展提供了营养。数千年来,舞蹈以它灿烂的成就丰富了我国传统文化的宝库。

一、中国古代舞蹈的产生

在人类的艺术文化中,舞蹈是最早萌芽的。原始社会猿人时期,先民们发音器官尚未完善,在语言交流尚未产生之前,互相间主要是用身体的姿态和动作来交流思想、表达情感,这是原始舞蹈的雏形。库尔特·萨克斯所著《世界舞蹈史》一书记载,据人类种族学家对现存的类人猿进行追踪考察,发现他们在高兴的时候,就围成一个圈,愉快而活泼地围绕着某些高大的、牢固的、竖起的物体跳环舞,一脚重蹈,一脚轻踏,击出一种相当清晰的节奏。有时头也上下点动,和重踏的脚步合拍。这种现存类人猿的环舞,就是原始社会早期人类舞蹈的活化石,它真切地再现了远古时代人类舞蹈的情景。劳动和对性爱的追求是舞蹈的始源。原始人类在长期的劳动中,特别是进入新石器时代以后,随着新生产工具的使用和劳动领域的不断扩大,头脑更加发达,四肢更加灵活,可以利用肢体充分地表达复杂的情感。当通过狩猎、采集、捕捞等获得收获的时候,或者男女之间产生感情的时候,他们就用手舞足蹈的各种动作来表达内心中的喜悦或对异性追求的渴望,舞蹈就这样逐渐形成了。原始人类表达喜庆的方式,形之于肢体就是舞,唱之于口就是歌,击之以物就是乐。舞与歌、乐从产生之日起就是相生相伴的。《山海经·海内经》说:"帝俊有子八人,是始为歌舞。"一说帝俊即帝喾,相传是尧的父亲,号高辛氏,是氏族部落的首领,距今约四五千年。这则神话将歌舞的发明权归于帝俊之子,当然是不可信的。但是这一由世代口传而形成的古文献向我们提示,在中国原始社会的后期已经产生了作为艺术形式的舞蹈是无可怀疑的。地下考古发掘的实物为我们提供了有力的佐证。1973年,在青海省大通县上孙家寨出土一件新石器时代的绘有舞蹈纹饰的陶盆,距今约五千至五千八百年。在彩陶盆的上部绘有三组舞蹈图,每组五人,头上有下垂的饰物,身后还有一条装饰性的尾巴,五人手拉手,动作协调,姿态优美。新石器时代的舞蹈较之旧石器时代的舞蹈有了很大的进步,舞者不再是完全失控地狂野欢跳,而是表达更为丰富的思想内容,如欢庆狩猎、敬拜神灵、歌颂英雄等。舞蹈者不仅徒手舞,还常常穿戴舞装,如身披兽皮、头插羽毛等;手持道具,如相关的生产工具、武器等,并且有各类乐器伴奏。舞蹈作为一种艺术形式,娱人娱神,成为社会生活中不可缺少的组成部分。

二、中国古代舞蹈的发展

(一)周代的舞蹈

进入阶级社会以后,舞蹈艺术发生了分化。原来为氏族共有的舞蹈,一部分为奴隶主阶级经过改造提高,成为专供王室贵族用于祭祀、庆典及宴乐等方面进行表演的舞蹈;而另一部分则继续流行在下层的民众之间,成为自娱为主的群众性舞蹈。

夏王朝的历代君主都非常酷爱舞蹈,开国之君启,有专门用于宫廷歌舞的"女乐",经常在"天穆之野"举行大型舞会。《墨子·非乐》中记载其场面是"万舞翼翼,章闻于天"。启本人身着舞装,手持道具下场跳舞。亡国之君桀,有女乐三万人演奏歌舞,最后因沉醉于歌舞失政而导致国家灭亡。

商王朝"尊神敬鬼",因此用于祭祀天地鬼神的巫舞盛行。甲骨文中记载,商王亲自持羽毛跳舞,祈求天神降雨。商纣王也是一个沉于酒色歌舞之君。他以酒为池,悬肉于林,使男女跳裸体之舞,为长夜之饮,最后被周所灭。

周王鉴于夏、商淫声淫舞荒政亡国的教训,最重视乐舞的教化作用。西周初年,最高统治者周公"制礼作乐",建立与礼仪制度结合在一起的宫廷雅乐,使盛行于贵族阶层的舞蹈艺术发展到了前所未有的高度。周公整理制定的乐舞称为六舞,即《云门》《大章》《大韶》《大夏》《大濩》和《大武》。六部大型舞蹈分为文舞和武舞两种,文舞表现以文德服天下,武舞显示武力强盛,绥宁四方。周代的宫廷乐舞被以后的中国历代王朝奉为宫廷乐舞的最高典范。据传,其中的《大韶》

乐舞，其音乐"中正和平""典雅纯正"，其舞蹈能使"凤凰来仪，百兽率舞"。因此，孔子称赞它"尽美矣，又尽善也"。听其乐，观其舞，陶醉得三个月不知肉味。

（二）汉代的舞蹈

春秋时期，由于诸侯、卿大夫势力的发展强大，周天子的政权日渐衰落，出现了"礼崩乐坏"的局面，宫廷乐舞失去了它神圣的威严。与此同时，反映现实生活的民间舞蹈，因为受到各阶层的喜爱而生机勃勃。经过春秋战国和秦的数百年间的发展，至汉代时，民间舞蹈因最高统治者的重视和推动而盛极一时。

汉代的雅乐、雅舞主要是对传统雅乐、雅舞的整理与继承，同时也有部分新创，但仅仅是用于祭祀、朝会等隆重典礼的演出。汉代的雅舞仍然处于毫无生气、形同虚设的状态。在汉代风靡于世的是俗乐俗舞。俗舞也被称为杂舞。一个"杂"字生动、形象、真实地概括出了汉代舞蹈艺术的特点：

一是汉代的俗舞具有广泛浓厚的地域特色。地域文化不同，舞蹈风格也就各自不同，多姿多彩，争相斗艳，融合共荣。

二是汉代的俗舞具有多样鲜活的艺术特色。汉代俗舞表演形式繁多，有徒手舞，还有道具舞、扮装舞、杂技舞等。徒手舞中最有代表性的是长袖舞。"长袖细腰，扬袖踏鼓"是普遍盛行于汉代的舞蹈风格。舞蹈时"罗衣从风，长袖交横"，随着各种舞步和身段，双袖时而高扬，时而飘拂，时而翻转，时而萦绕，在空间产生流动起伏、美妙无比的舞蹈形象。长袖舞以它独特的艺术魅力流传至今。道具舞是手持道具舞蹈，以实现舞蹈的艺术内涵。汉代舞蹈的道具主要有丝巾、武器、乐器等。

三是汉代俗舞不分贵贱的普及特色。汉代是一个不分贵贱都喜欢歌舞的时代。据《史记·高祖本纪》记载，汉高祖刘邦衣锦还乡，亲自教家乡小儿歌曲。他与家乡父老宴饮，酒酣兴起之际，击筑，自为歌诗曰："大风起兮云飞扬，威加四海兮归故乡，安得猛士兮守四方。""高祖乃起舞，慷慨感怀，泣数行下。"刘邦贵为皇帝，与家乡父老即兴起舞正是汉代社会上下以跳舞为乐风俗的写照。正因为汉代民间有喜尚歌舞的风俗，全国各地的歌舞丰富多彩，汉武帝才建立乐府这一"采风"的专门机构，负责搜集和整理民间的各类音乐歌舞。

汉代都以歌舞为乐，因此蓄养歌舞伎人成为时尚，少则数十人，多则千百人。这些歌舞伎人从小即学技艺，他们都是优秀的歌舞演员。汉高祖刘邦的爱妃戚夫人、汉武帝的爱妃李夫人、汉成帝的皇后赵飞燕等都出身于歌舞伎人，皆因技艺精湛高超而得宠。大量的歌舞伎人的存在和演出，也大大地推动了汉代歌舞的发展和繁荣。

汉代的舞蹈在中国古代舞蹈的发展史上是一个承上启下的高峰，它为以后历代王朝民间舞蹈的全面发展奠定了基础。

(三)唐代的舞蹈

唐代疆域辽阔,国富民强,外域文化如"八面来风"涌入中原大地,唐王朝也以宽阔的胸襟吸纳外来文化,形成了有容乃大、超越前代的特有气派。唐代的舞蹈艺术就是在这样的背景下发展起来的,成为我国古代舞蹈发展史的第三座高峰。

唐代舞蹈大体可以分为礼仪乐舞和娱乐乐舞两大类。

礼仪乐舞包括用于祭祀天地、祖庙的雅乐和用于宫廷宴享的燕乐。西周以来历代传沿的雅乐雅舞至唐代时,昔日的辉煌早已消失殆尽,但最高统治者依然重视它的"动天地、感鬼神、格祖考、谐邦国"的社会功能。由于传统的雅乐雅舞多已失传,唐代的雅乐雅舞多是新制。唐初,祖孝孙制《十二和》,号称"大唐雅乐"。唐王朝尽管花费不少精力重振雅乐雅舞,但它在宫廷音乐中的地位和在人们观念中的神圣性仍然日益衰落。唐代的燕乐歌舞,既保留了汉族传统乐舞的精华,又大量地吸纳了少数民族乐舞和域外各国歌舞,融合创新,生机勃勃。在隋代九部燕乐歌舞的基础上发展成十部,称为"十部伎"。其中尤其以《秦王破阵乐》最为著称。《破阵乐》是唐太宗李世民创作的,因为他在当皇帝之前被封为秦王,所以又称为《秦王破阵乐》。舞蹈主要是颂扬李世民的开国功绩。舞蹈人数多,变化大,声势恢宏。燕乐歌舞中的"大曲"歌舞,是继承前代相和大曲,并吸收西域音乐、舞蹈而创作的多段体的大型歌舞。其中最著名的是《霓裳羽衣舞》。曲子是唐玄宗李隆基改造吸收《婆罗门曲》创作的。舞蹈由贵妃杨玉环表演。它美妙的音乐、优美的舞姿,把观众的思绪带入虚幻奇妙的仙境。大诗人白居易的《霓裳羽衣舞歌》为我们了解这一舞蹈提供了宝贵资料。

唐代的娱乐乐舞主要是教坊乐舞。教坊是为宫廷燕乐服务的音乐、舞蹈部门,专掌民间乐舞。这类乐舞多是一些艺术性特别强的小型乐舞。根据舞蹈的性质和形态,大致可以分为健舞和软舞两大类:健舞节奏疾烈,舞姿刚健;软舞节奏柔缓,舞姿轻盈。如著名的《胡旋舞》就是健舞中的精品,杨贵妃、安禄山均擅长此舞。在软舞中以《绿腰舞》最为风靡。《绿腰舞》是汉民族的传统舞蹈,舞姿轻盈,千变万化,有时像浪中的莲花,有时像风中飘雪,优美绝伦。

唐代的舞蹈除了流行于朝野的教坊舞蹈外,还有流行于民间的具有歌舞性质的散乐歌舞、在民间节庆活动中集体表演的踏歌舞、宴饮中的酒令舞、宗教活动中祈神驱鬼的巫舞和傩舞等。

唐代歌舞艺术发达,从事歌舞艺术的人多不胜数。盛唐时仅宫廷中的乐工舞人就多达数万人。朝野上下,唐代专业从事歌舞表演的艺人有内人、音声人、宫伎、营伎、家伎等。无论是官吏富豪,还是文人雅士,都盛行私养歌舞伎,她们称为家伎。家伎的容貌、技艺、多寡是达官显贵和文人雅士社会地位的标志。这些歌舞艺伎出身低微,社会地位非常低下,可以买卖和互相赠送。她们用血和泪繁荣了唐代的舞蹈艺术。

(四)宋元明清时期的舞蹈

宋代以后,中国古代的舞蹈艺术进入了一个新的发展阶段。由于戏曲、说书等多种艺术兴起,逐步替代了原来歌舞在表演艺术中所占有的首要地位。一些从唐代继承下来的独立歌舞节目也逐渐加入故事,成为歌舞剧,部分古代舞蹈为戏曲所综合,成为戏曲艺术的组成部分。专业舞蹈的主流由豪门贵族转向广大的市民阶层,雅乐衰落,民间舞蹈成为这一时期的主流。

宋代的队舞　队舞是宋代宫廷舞蹈的主要形式。它是在隋唐燕乐的基础上发展起来的,是把大曲和诗歌、朗诵、舞蹈结合起来的综合性的舞蹈形式。其舞是首先由一手持竹竿被称为"杖子头"的领队报幕,引出舞者,歌唱舞蹈。被称为"后行"的乐队伴奏,杖子头念白,介绍舞蹈的内容,有时还与歌舞演员问答对话,展开表演的故事情节。歌舞队称为"花心",是队舞的主体部分,边歌边舞,有时还与杖子头对答或朗诵诗。演出完毕,艺人们在杖子头的指挥下退场。队舞是歌舞剧的雏形。宫廷盛大的队舞,多是在皇帝生日或其他大庆的日子,在宴会上与百戏、杂剧同台演出。

民间歌舞　宋代由于经济的发展、商业的繁荣,民间歌舞盛行。民间歌舞包括两个方面:一是酒楼歌舞。宋代的达官、显贵、富商在酒楼宴饮,必唤歌舞伎人歌舞助兴。宋代诗人晏几道《鹧鸪天》:"彩袖殷勤捧玉钟,常年拼却醉颜红。舞低杨柳楼心月,歌尽桃花扇影风。"宋代诗人林升《题临安邸》:"山外青山楼外楼,西湖歌舞几时休。暖风熏得游人醉,直把杭州作汴州。"宋代诗人描写当时酒楼歌舞的诗词数不胜数。二是佳节喜庆歌舞。每当新年、元宵节、清明节、中元节等节日,老百姓都载歌载舞走上街头,表演各种形式的民间歌舞。如《村田乐》是一种对唱形式的小型歌舞,表现农民的各种生产劳动;《划旱船》是将以木条或秫秸等扎成的彩船套在舞者的腰上,作划船状,两人对舞。该舞至今还在我国民间流传。此外,《狮子舞》《腰鼓舞》也是一直传承至今的舞蹈。

元代是由游牧的蒙古族建立的王朝。其舞蹈既对宋代舞蹈有所继承,又有本民族的特点。元代宫廷舞蹈和宋代一样,也分为雅乐和俗乐,基本上是继承宋、金宫廷舞蹈的遗制。但由于元代盛行佛教,尤其重视藏传佛教,因此在宫廷燕乐中又增加了赞佛的舞蹈。《十六天魔舞》就属于藏传密宗舞蹈。元代的宗教舞蹈除了宫廷的佛教舞蹈外,在民间还流行蒙古族的原始宗教舞蹈《萨满舞》和藏传佛教舞蹈《查玛》等。《萨满舞》是巫女或巫师扮作鬼神附体而舞,击鼓、下腰、甩腰、旋转,状若疯狂是舞蹈的主要特点。《查玛》是蒙古宗教舞与藏传佛教相结合的产物。舞者手持法器,头戴各种护法神面具,在法螺、鼓钹、唢呐、号等乐器的伴奏下表演。蒙古族是一个善歌善舞的民族,在节庆宴聚或体育竞赛活动时无不载歌载舞。这种舞会多围绕神树或敖包演出,也是一种具有祭天、祭神内涵的舞蹈。

明清两代封建专制主义更加残酷,受到各种摧残和压制的舞蹈艺术更加失去了汉唐时代的辉煌地位而趋向衰落消亡。清代宫廷中的宴享舞蹈最著名的是具有满族特点的《庆隆舞》,它包括《扬烈舞》和《喜起舞》。《扬烈舞》是表现满族八旗射猎活动的武舞,《喜起舞》是表现群臣庆贺天子平定天下的文舞。

清代,由于封建礼教对人们思想的束缚和残酷的统治,传统歌舞没有独立发展的地位,不仅宫廷中没有专事歌舞演出的机构和专门的歌舞伎人,社会上也不见阡陌里巷人人歌舞的景象。但在农闲季节或年节喜庆等民俗活动中,仍有民间歌舞演出,主要是秧歌、高跷、狮舞、花钹、旱船等。满族民间在喜庆酒宴时,常在酒酣之时跳《莽式舞》,以助酒兴。

三、中国古代的舞蹈家

中国古代灿烂的舞蹈艺术文化是无数的舞蹈艺术家们精心创作的结晶。但在中国古代奴隶社会和封建社会中,舞蹈艺人的社会地位是极其低下的,他们不仅可以被随意买卖赠送,还可能随时被抛弃、处死。虽然有极少数人或被统治者宠爱,但最后也难以逃脱悲惨的命运。因此,许多舞蹈家特别是民间舞蹈家,见于详细记载的不多。现仅选三位最有代表性的舞蹈家予以介绍。

赵飞燕　赵飞燕本姓冯,名宜主,汉成帝的皇后,是汉代最著名的舞姬。自幼能歌善舞,身材窈窕。因流落长安被赵临收为养女,故改姓赵。后为阿阳公主家婢女。因她舞姿轻盈如燕,故人称赵飞燕。一次,汉成帝到阿阳公主家游玩,见赵飞燕姿容美丽,舞艺精湛,十分喜爱,遂召入宫中,先封为婕妤,数年后立为皇后。赵飞燕的舞蹈擅长"踽步",即细、碎、轻盈、快捷的舞蹈步法。她腰骨纤细,体态轻盈,在舞台踽步起来,如同人手中拿的鲜花一样,晃动漂浮,其美妙无人可学。赵飞燕精于"彭祖分派"的轻气功,并能把这种轻功与舞蹈结合起来,所以身轻如燕,能作"掌上舞"。据说汉成帝曾为赵飞燕造了一个水晶盘,令宫人托在手中,赵飞燕则在盘中翩翩起舞,可见她的舞蹈功力之深。成帝死后,赵飞燕被贬为庶人,继而被迫自杀身亡。然而她的舞蹈艺术,却千百年来为人们所传诵,获得了超越其生命的价值。

公孙大娘　公孙大娘是唐代中期最杰出的舞蹈家之一,籍贯、身世不详,擅长剑舞。她舞艺超群,经常在民间演出,极负盛名,曾多次被召入皇宫表演剑舞,是唐代见于记载中,既活跃于民间,又闻名于宫廷的极少数著名舞蹈家。她的剑器舞,英姿飒爽,快速雄健,技艺高超,独具特色,独冠当时。她表演的剑舞《裴将军满堂势》最为精彩,舞位活动的范围大,满场飞舞,气势雄伟,惊心动魄。她的剑器舞服装成为当时社会女性追求的时装,可见她的影响之大。

杨玉环　杨玉环原籍蒲州永乐(今山西永济)。开元七年生于蜀都(今四川成都)。出身宦门世家,为唐玄宗李隆基的贵妃,故又称杨贵妃。史载杨玉环不仅容貌出众,更"善歌舞,通音律",舞蹈尤其出众。唐玄宗创作《霓裳羽衣曲》后,杨玉环稍加浏览,便依韵而舞,歌声婉若凤鸣莺啼,舞姿翩若天女散花。霓裳羽衣舞是唐玄宗与杨玉环艺术合作的结晶,是唐代乃至以后历朝的舞蹈精品。杨玉环还精通西域胡旋舞,身段飘摇,旋转如风。她把中原舞蹈与西域胡舞熔于一炉,使大唐王朝的舞蹈艺术达到巅峰,是唐代卓越的舞蹈家、音乐家。安史之乱时,唐玄宗带她西逃途中,遭遇马嵬坡兵谏,唐玄宗被迫将她赐死,年三十八岁。

第三节　中国古代的戏剧

戏剧也称为"戏曲",是一种包括文学、音乐、歌舞、美术、武术、杂技以及人物扮演等各种因素的综合艺术。它的特点是由演员扮演各种角色,以歌唱、说白、舞蹈、伴奏等形式表演故事,展开情节,活化形象。宋杂剧是中国最早的戏剧形式,元杂剧的出现标志着中国古代戏剧艺术达到了成熟阶段,明、清时期达到繁荣阶段。

一、宋代的杂剧与金院本

两宋时期的中国是宋辽金三个王朝并存的时代。从戏曲文化发展史的角度看,宋的杂剧与金的院本都对戏剧的发展做出了重要贡献。

宋代杂剧的形式与内容都比较简单,基本上是以滑稽和杂耍为主,在宴会上也只是在歌舞间歇时演出,尚未获得独立地位。杂剧的结构大体分为三个部分:(1)艳段,表演生活中的寻常熟事,通常故事性不强,有歌有舞。(2)正杂剧,表演情节比较复杂的故事,通常是二折即二段,还有一个由乐器演奏的尾声。(3)散段,也叫杂扮,属于滑稽节目。杂剧角色一般为五六个,主要有:末泥,即主要男演员并兼导演;副净,是表演滑稽角色的主要角色;副末,副净的配角,与之搭档的逗乐;孤,扮演官员;旦,女性演员;此外,还有戏头、次净等角色,都是配角。南宋时代的杂剧,滑稽戏的内容大大减少,更加突出故事内容。

杂剧在金王朝称为院本。当时的演出团体称为行院。院本即行院之本,是从杂剧脚本的角度来称其名的。行院的演员,演出形式与宋的杂剧大同小异。

宋杂剧与金院本共同为戏剧的产生奠定了基础。

二、元杂剧和南戏

(一)元杂剧

蒙古灭宋、金建立元王朝。元杂剧是在宋杂剧、金院本的基础上,又糅合其他艺术形式诞生于中国北方的戏剧。它以北方流行的曲调进行演唱,和流行在南方的南曲相对而言,又叫北曲和北杂剧。元杂剧是中国戏曲发展史上的第一座高峰。与宋杂剧比较,元杂剧更加成熟的表现主要有两个方面:

一是元杂剧反映的内容更加深刻、复杂。元代统一中国之后,实行残酷的民族压迫和阶级压迫。身受双重压迫的原宋、金两朝的文人们,社会地位低下,与社会底层民众关系较为密切,对他们的生活和感情比较熟悉。因此,他们不畏权势,敢于直言,创作出的杂剧如关汉卿的《窦娥冤》、王实甫的《西厢记》等所反映社会生活的深度和广度都远远超过了宋杂剧。

二是表演的形式进一步程式化。宋杂剧有三个部分,在结构上已初步规范化,而元杂剧则在结构、表演方式、音乐组织等方面都具有了自己独特的程式。

元杂剧的基本结构单位叫折,一折相当于现代戏剧的一幕。每剧一般是四折,有时根据剧情的需要也会增加一两折,表现一个完整的故事。在戏的开头或折与折之间,有时还会加入一两个小曲,用以提示和贯穿剧情,叫作楔子。

元杂剧的表演由曲、宾白、科泛三种要素组成,也就是后世所谓的唱、念、做。三者之中,唱是最主要的。每折戏规定用不同的宫调,每折戏的唱词都是一韵到底,而且整本戏都是一个人主唱。也有的戏剧根据剧情的需要,让更多角色参加演唱。

在音乐的组织方面,元杂剧也有严格的程式。其中最有代表性的是对宫调的要求。元杂剧规定每折戏的唱腔使用一个曲牌,叫作一宫到底。每折通常都有固定的宫调。元杂剧所用的宫调,共计六宫十一调,合称十七宫调。元杂剧宫调的选用以及布局的安排,反映出音乐创作、伴奏已经达到相当成熟的程度。元杂剧的音乐和散曲的音乐统称为北曲,北曲多以鼓、琵琶、筝等乐器伴奏,音响铿锵有力、节奏快,其唱腔雄劲高昂、吐字清晰。

在演员的配置和分工方面,一般分为旦、末、净、外、杂五个类别。戏剧根据戏情的需要安排各类演员,每个演员根据自己的角色进行演出。

(二)南戏

南戏也称为南曲。元代的南戏是与杂剧隔江相映的另一枝艺术奇葩。北宋宣和到南宋光宗年间,在浙江温州的永嘉,出现了另外一种戏曲艺术——南戏。南戏最初也被称为永嘉杂剧,说明它的基本要素与杂剧无太大的区别。后来因为流行的地域扩大至杭州及至全国，为了在称谓上与北杂剧相区别，遂称其为南戏。

南戏是一种生长在民间的戏曲艺术，它的内容大多是反映下层人民群众的思想感情，针砭时弊，揭露丑恶的社会现象。元代最有名的南戏，如《荆钗记》《刘知远白兔记》《拜月亭记》《琵琶记》等都是被广大的下层人民群众所喜闻乐见的戏曲。

南戏的音乐被称为南曲。南戏的音乐和北杂剧的音乐不同。明代戏曲音乐家魏良辅说："北曲以遒劲为主，南曲以婉转为主。"婉转柔软是南曲的特点。北曲的音阶是七音阶，南曲的音阶是五音阶。南戏的曲调连缀方面比较灵活，不受宫调的束缚，只要前后衔接自然顺畅即可。南戏每一本戏有长有短，少的约十出，多的达三四十出，每一出中曲子也多少不等。曲子有宫调，唱的时候可以一个人独唱，也可以两个人对唱，后台可以帮腔（叫作合头），台下的观众也可以参加合唱（叫作打和）。南戏的伴奏乐器比较简单，以鼓、笛为主，音调较低。

南戏没有进入宫廷，主要是在民间演出。元代末期，杂剧已经呈现明显的衰落势头，人们越来越多地注意到南戏，并把杂剧中的一些艺术形式引入南戏，在音乐上打破了南曲、北曲的界限。在同一剧种中兼用南北曲，即所谓的南北合套。南北合套将风格不同的两种戏剧音乐糅合在一起，不仅大大丰富了南曲的表现力，而且也为戏曲的发展开辟了一条新路。明代昆曲的形成就是南北合套进一步扩展的结果。进入明代以后，杂剧逐渐衰落，南戏在南方各地广泛发展，与各地民间戏曲结合后，形成四种主要声腔：弋阳腔、余姚腔、海盐腔、昆山腔（又称昆腔、昆曲）。地方声腔、剧种的兴起和传播，使明代的戏曲艺术形成了新的体系，构成了中国古代戏曲艺术发展的新阶段。

三、清代的京剧

进入清代以后，在四大声腔的影响和带动下，全国各地的新剧种纷纷出现，呈现出了百花竞放的局面。至康熙、乾隆年间，除四大声腔外，还有梆子腔、皮黄腔、楚腔、弦索腔、柳子腔等各色声腔。梆子腔最早形成于陕西，又称秦腔。它的演唱是以梆子为板，以月琴、锣、鼓等配合。其唱腔由不同的板式组成，这些板式均源于同一曲调，有紧有慢。皮黄腔是由西皮与二黄两种腔调组成的。西皮起于湖北，是由陕西秦腔传入湖北后与当地民间音乐相结合而成的，是汉调的主要腔调。二黄大概出于江西、安徽一带，由吹腔发展而来，为徽调的主要腔调。二者经过湖北、安徽艺人加工合成皮黄腔。

在各剧种声腔争相斗艳的过程中，逐渐形成了清代戏曲史上的花、雅之争。昆腔由于它的高雅风格得到统治阶级的欣赏，被冠以雅部、正音之名，而其他各类剧种声腔则被称为花部。花、雅之争大致有三次激烈交锋：第一次是在乾隆初年，在北京剧坛出现了弋阳腔与昆腔的竞争，结果是弋阳腔被引进了宫廷，与昆腔同样可以演出宫廷大戏。第二次是在乾隆四十四年，又出现了梆子腔与昆腔的竞争。四川梆子艺人魏长生进京演出成功，之后又南下扬州、苏州，扩大影响。第三次是在乾隆五十五年，四大徽班（三庆、四喜、和春、春台）进京。徽班是指演徽戏的戏班。徽戏主要流行于安徽和江苏等省，是由徽州腔、清阳腔于明末清初与乱弹、吹腔交流融合而成的，在成长中也受到昆腔的影响。这次竞争的结果是徽戏盛行于京城，昆腔逐渐衰落。徽戏在演出中又融合了在京的弋阳腔，得到进一步发展。道光年间，流行于湖北的汉戏（又称楚调、皮黄腔）进京演出，徽戏又与汉戏合流，并吸收昆腔的精华，逐渐形成了一个影响最大的新的剧种——京戏。

京戏以二黄、西皮为主要腔调，吹打曲牌来自昆曲。它最初的角色行当分成生、旦、净、末、丑、副、外、武、杂、流十个行当，后来逐渐合并成生、旦、净、丑四大行当。生行是扮演男性角色的一种行当。其中主要包括：老生，主要扮演帝王及儒雅文弱的中老年人。小生，主要扮演年轻英俊的男性角色。武生，主要扮演勇猛战将或是绿林英雄。红生，专指勾红色脸谱的老生。娃娃生，剧中的儿童的角色等。除去红生和勾脸（即在脸上画有脸谱）的武生以外，一般的生行都是素脸的，即扮相都是比较洁净俊美的。旦行是扮演各种不同年龄、不同性格、不同身份的角色。旦行分为：青衣，端庄娴雅的女子。花旦，天真活泼的少女或性格泼辣的少妇。武旦，扮演精通武艺的角色。老旦，老年妇女。彩旦，滑稽诙谐的喜剧性人物。花衫，熔青衣、花旦、武旦、刀马旦于一炉的全才演员。净行俗称花脸，又叫花面，一般都是扮演男性角色。净行可分为：铜锤花脸（正净），庄严凝重的忠臣良将。架子花脸（副净），绿林草莽英雄或权臣奸相等。武净，凶悍战将或神话中的灵仙妖怪等。二花脸，扮演一些穷凶极恶之徒。丑行又叫小花脸、三花脸。丑行包括：文丑，伶俐风趣或阴险狡黠的角色。武丑，精明干练而风趣幽默的豪杰义士。各行都有一套表演程式，在唱、念、做、打上各具特色，表现出不同人物的性格特征。它的表演艺术讲究虚实结合，最大限度地超脱了舞台的时间和空间限制。京戏的剧目十分丰富，许多优秀的剧目长演不衰，一直到现在仍然受到观众的欢迎，成为我国最大的戏曲剧种，被誉为"国剧"。

四、中国古代的戏曲家

自宋经元明而至清，出现了许多戏剧的创作家和演艺大师，他们或以卓绝的剧本，或以精湛的演技，在不同的时代为戏剧的发展和繁荣做出了重要的贡献。

关汉卿　关汉卿是我国历史上最早也是最伟大的戏剧作家，元朝大都（今

北京)人。大约生于金朝末年(公元 1213 年—公元 1222 年),卒于元朝大德年间
(公元 1297 年—公元 1307 年)。关汉卿生活经历丰富,多才多艺,尤其擅长歌舞
乐器,酷爱杂剧。元末熊梦祥《析津志》说他"生而倜傥,博学能文,滑稽多志,蕴
藉风流,为一时之冠"。他一生中写了六十多种杂剧,就其思想内容来看,大体可
以分为三类:第一类是热情地歌颂广大下层民众的反抗斗争,揭露封建社会的黑
暗和残酷,著名的剧作如《窦娥冤》《蝴蝶梦》等。第二类主要是描写下层妇女的
生活,多带有喜剧味道,其中以《救风尘》最有代表性。第三类是歌颂历史英雄的
杂剧,以《单刀会》的成就最为突出。关汉卿的许多剧作,七百年来一直上演不
衰,对以后代代戏剧的创作和演出提供了典范。

王实甫　王实甫名德信,元代大都(今北京)人,杰出的杂剧作家。《录鬼簿》
一书记录了他创作的十三种杂剧。《西厢记》是王实甫的代表作,当时即被人们
所喜爱,誉美"《西厢记》天下夺魁"。

魏良辅　魏良辅是明代昆山(今江苏昆山)人,是一位精通音乐和医术的盲
人,改编创新昆腔的戏曲大师。嘉靖(公元 1522 年—公元 1566 年)、隆庆(公元
1567 年—公元 1572 年)年间在昆山、太仓一带进行演出活动。他对顾坚所开创
的昆腔进行改编和创新,使昆腔成为明代中后期至清代中期成就最大、影响最广
的戏剧声腔。

汤显祖　汤显祖(公元 1500 年—公元 1616 年),江西临川(今江西抚州市临
川区)人,明代中后期杰出剧作家。他是万历十一年(公元 1583 年)进士,曾任典
史、知县等官。他同情受苦人民,抨击腐败朝政,主张革新政治。他所创作的"四
梦传奇",即《紫钗记》《牡丹亭》《南柯记》《邯郸记》,长期受到人们喜爱。尤其《牡
丹亭》,是我国戏剧史上浪漫主义的杰作。作品通过杜丽娘和柳梦梅生死离合的
爱情故事,热情歌颂了反对封建礼教、追求自由幸福的爱情和强烈要求个性解放
的精神。

孔尚任　孔尚任(公元 1618 年—公元 1718 年)字聘之,号东堂,自称云亭山
人,山东曲阜人。爱好诗文,精通乐律,是清代前期杰出的戏剧作家。《桃花扇》
是他的代表作。《桃花扇》是写南明王朝兴亡的历史剧。作品以侯方域、李香君
的爱情故事为线索,集中反映了明末政治腐朽、社会动荡的现实,企图以亡明为
鉴,警诫后人。

京剧"前三鼎甲"　程长庚(公元 1811 年—公元 1880 年)、余三胜(公元
1802 年—公元 1866 年)、张二奎(公元 1814 年—公元 1864 年)是清代乾隆时期
始创京剧的戏剧大师。他们不但把昆曲艺术加以改造,使昆曲的许多剧目,如
《石秀探庄》《醉打山门》等逐渐演变为今日的京昆剧目,而且把大量的楚调剧目
逐渐改造成京剧的代表剧目,如《四郎探母》《问樵闹府》等,还把月琴、弦子与胡

琴三样乐器合成演奏,把楚调音乐和唱腔与其他戏曲声腔相融合,最终形成走红京城舞台的京剧,所以被誉为京剧发展史上的"前三鼎甲"。其中以程长庚地位最尊,他和他的弟子长期影响着京剧主流队伍的发展,因此被独尊为京剧的鼻祖。

京剧"后三鼎甲" 谭鑫培、孙菊仙、汪桂芬是清代末期继京剧前三鼎甲之后涌现出来的杰出京剧戏曲家,被誉为京剧的"后三鼎甲"。在他们的推动下,京剧走向成熟。京剧进入皇宫演出,受到慈禧太后的喜欢和重视。王公大臣、八旗子弟纷纷效仿,京剧演出市场很快得到扩充,也使京剧艺术和京剧演员的社会地位得到很大程度的提高。他们又多次去全国各地演出,为京剧最终走向全国奠定了基础。在京剧的后三鼎甲中以谭鑫培居首。谭鑫培(公元 1847 年—公元1917 年)名金福,号英秀,艺名"小叫天",祖籍湖北武昌。他师从程长庚、余三胜、张二奎、王九龄等大师,工文武老生,驰骋艺坛,深得慈禧太后器重,开创了"无生不谭"的局面。梁启超评价他"四海一人谭鑫培,声名廿纪轰如雷"。特别是他亲手培养了被观众誉为"三大贤"的杨小楼、梅兰芳、余叔岩,使京剧的发展进入了一个更新的发展阶段。

京剧"三大贤" 杨小楼、梅兰芳、余叔岩是继清末京剧"后三鼎甲"之后最负盛名的京剧大师,被人们誉为京剧的"三大贤",创造了京剧史上的艺术巅峰。

杨小楼(公元 1878 年—公元 1938 年)是文武兼备、以猴戏称绝的杨月楼之子,深得家传。其后又师从谭鑫培等诸派前辈,博采众家之长,创造了武戏文演的新天地。慈禧太后特别喜欢杨小楼的戏,曾给予重赏。梅兰芳说他平生最敬佩的两个人,一是谭鑫培,一是杨小楼,并称他们二人为京剧艺术体系的代表。由于杨小楼集京剧武生之大成,被誉为"国剧宗师",所以在杨小楼身后,天下武生无不以杨派为楷模。

梅兰芳(公元 1894 年—公元 1961 年)名澜,字畹华,原籍江苏泰州,生于北京,出身京剧世家,杰出的京剧大师。演青衣,兼演刀马旦,四大名旦之一。对京剧的唱腔、念白、舞蹈、音乐、服装、化妆等各方面都有发展和创新,形成了自己独特的艺术风格,影响很广,被称为"梅派"创始人。梅兰芳有"伶界大王"的美称。代表剧作有《宇宙锋》《贵妃醉酒》《霸王别姬》《洛神》等。曾先后赴日、美、苏等国进行艺术交流,为中华戏剧艺术赢得了盛誉。

余叔岩(公元 1890 年—公元 1943 年),京剧四大须生之一,杰出的京剧艺术家。其唱腔简约而凝练,闻之而深不可测,如白玉无瑕。因此,在京剧须生领域中,不管学什么流派,都必须首先学习余叔岩的唱腔,以之为基础。他为京剧的发展做出了重要贡献。

思考题

1.简要解释:七音、十二律、杨玉环、赵飞燕、关汉卿、京剧"三大贤"、京剧"前三鼎甲"、京剧"后三鼎甲"。

2.中国古代著名的音乐家有哪些?谈谈你对他们的认识。

3.简述中国古代舞蹈的产生及发展。

4.谈谈你对京剧的理解。

第二十五章　中国古代的节日与节庆

学习目的

　　通过本章的学习,了解中国传统节日、节庆的基本
内涵,掌握其产生的始源和喜庆的主要方式,从而深刻
理解中华民族的心理特征和丰富的文化特色。

主要内容

● 中国古代节日、节庆的民族特色

● 汉民族的主要节日与喜庆方式

● 少数民族的主要节日与喜庆方式

　　每个民族都有自己的节日和与之相关的节庆活动。各个民族所生存的地理
环境不同、生产生活的方式不同、社会发展阶段不同、宗教信仰不同,使得他们的
节日与节庆活动各有特色,形成各自不同的节庆风俗。它是了解民族历史文化
的一个最为生动有趣的窗口。

第一节　中国古代节日与节庆的民族特色

　　中华民族的先民们,自古以来就生活在气候温暖、水源丰富、土质肥沃的黄
河流域、长江流域、珠江流域等广大地区。在大自然的怀抱里,从事农业生产,与
大自然的“天”相协调,饱享它的恩赐,过着一家一户的小农生活。中国古代的节
日与节庆正是由此而产生,并处处打上它的印记。因此,中国古代的节日与节庆
具有以下几个特点。

一、天人合一,天人同趣

众所周知,中国是世界最早步入世界文明的古国之一。由于农业发展的需要,中国古人很早就注意观察和掌握天象(日月星辰的变化)、气象(寒暑冷暖的变化)、物象(植物、动物随寒暑冷暖的变化而发生的变化)及其规律,以便合理地指导和安排各类农事活动,由此而产生了排列计算年、月、日的历法。据古史记载,早在原始社会末期的尧、舜时代,就已经有了观察日月星辰以定四时的历法。夏代的历法更加完善,称为"夏小正",人们称之为"夏历"。所谓的"节日",就是根据历法,把一个寒暑周期的"年"划分成若干个时段,每两个相邻的时段都有一个如同竹节一样的分界日,这个分界日即被称为"节日"。一年之中,根据寒暑的变化分为春夏秋冬四个季节,称为"四时"。四时内最初划分为八个时段,共有八个节日,即立春、春分、立夏、夏至、立秋、秋分、立冬、冬至。至秦、汉时期,人们在八个时段的基础上,又细分为二十四个时段,这样就形成了二十四个节日。由于它更加细致地反映一年四季气候的变化,因此称为"二十四节气"。

中国古人除根据气象划分节日外,还在观察天象的过程中注意到了月亮的变化,以月亮的朔望圆缺,定出一些特殊的日子。如以每月的朔日(初一)为"上日",又称"元日"。正月的朔日,称为"元旦",成为一年之始的第一个节日。又如望日(十五日)月圆,故将正月十五日、七月十五日、十月十五日称为上中下"三元",和八月十五日都定为节日。其中正月十五日为第一个望日,后来发展成为元宵节。八月十五日为中秋节。另外,在中国古代曾以甲乙丙丁等天干和子丑寅卯等地支排日,因而,又有正月上辛(上旬的辛日)、三月上巳(上旬的巳日)等节日。对于某些节日,根据不同的需要,要举行一些内容不同、形式不同的欢庆活动,这就是"节庆"。可见,中国最早的节日和节庆,多是根据气象、天象、物象的变化而安排的人事活动。它以一年为一个循环周期,周而复始。大自然的"天",是人间节日的依据。人们在节日里举办丰富多彩的欢庆活动是对"天"的崇敬与回报。正所谓"天人合一","天人同趣"。

二、源于农事,庆祝农事

中国古代的历法是由于农事的需要而出现的。以历法岁时为依据的节日实际上源于农事,节日里各种庆祝活动也多是围绕农事而进行的。如最早设立的立春、春分、立夏、夏至、立秋、秋分、立冬、冬至的"八节",就是预报农事季候的节日。中国古代的农谚云:"二月立春雨水前,拉土送粪整田园。"立春被看作一年农耕又将开始的节日。立春在中国古代是一个非常隆重的节庆。据《礼记·月令》载:"立春之日,天子亲帅三公、九卿、诸侯、大夫以迎春于东郊。"参加祭祀庆典的人,都要穿青衣、戴青帽、打青旗,因为青色象征大地回春、万物复苏。天子亲临迎春,是祈祷一年风调雨顺,表示对农事的重视。其后出现的二十四节气,完全是按照农耕的顺序排列的。民间的《二十四节气歌》更是将气候的变化与农事生产一并记述出来,如"清明忙种麦,谷雨种大田……芒种开了铲……立秋忙打靛,处暑动刀镰。白露忙割地,秋分无生田"等。

正月初一的元旦,俗称为"年",在中华民族诸多的传统节庆中,是最盛大的节日。年也是源于农事。"年"字在甲骨文与金文中,它的字形像成熟下垂的谷穗,或像一个人将收割的谷物顶在头上。"年"字最初的含义就是谷物成熟和丰收,因为谷物多是一年一成熟,所以谷物的一个成熟周期就是"年"。元旦是一个欢庆上一年的丰收,又企盼下一年丰收的节日。

中国古代的许多节日,都是与农业生产息息相关的,它们真切地反映了农耕民族节日的特点。经过几千年发展演变,一些原本直接反映农业生产活动的节日已经逐渐失去原本的意义,有的甚至已经转化为"平日",但在某些方面还深深地保留着原始的印迹。

三、以家庭为单位的节庆活动

以小农经济为基础的家庭是生产的基本单位,也是生活的基本单位。因此,节日的庆祝活动也多是在家庭的范围内活动,以家人团聚、增进亲情为节庆的中心内容。如元旦(即现在的春节)时,离开家庭的人,不论离家多远,都要不远千里奔回家中,与家人团聚。全家人在除夕之夜吃团圆饭,其乐融融。血浓于水的骨肉之情,在美酒佳肴之中、在欢歌笑语之中得到增进。元旦期间,家家还要举行隆重的祭祖礼,把祖先们的灵魂请回家中,享受祭奠,实际上这是一种子孙们与先祖们的大团圆。

在传统的节日中,正月十五上元节、元宵节,七月十五中元节、盂兰盆节,八月十五中秋节,十月十五下元节,之所以选择月圆的十五为节,其原因就是以圆月象征人们的团圆。宋代大文学家苏轼的《水调歌头》云:"明月几时有,把酒问青天……但愿人长久,千里共婵娟。"这正是在八月中秋之夜,"望明月祝团圆"情感的生动写照。

以家庭团圆为主题的四时佳节,同样无法避免"人有悲欢离合,月有阴晴圆缺"之事。那些在节日里离家在外,不能与家人共度佳节的人,将此视为生活中最为遗憾的事。唐代大诗人王维诗云:"独在异乡为异客,每逢佳节倍思亲。遥知兄弟登高处,遍插茱萸少一人。"(《九月九日忆山东兄弟》)与家人欢度佳节,尽享家庭的温馨,饱尝天伦之乐,是中华民族从古至今的共同心理和共同追求。

第二节　汉族的主要节庆日

汉民族是中华民族的主体部分,在数千年的发展中,形成了许多丰富多彩的节庆风俗。这些节庆风俗不仅在汉民族中世代传承,不断地丰富着自身的内容,同时也在深远地影响着其他各民族。其重要的节庆日主要有以下几种。

一、元旦

(一)元旦的起源

元就是"一",日出天明谓之"旦"。中国古代的农历,称一年之始的一月为"元月"或"正月"。元旦即元月(正月)初一日,是新一年的第一天,所以俗称"新年"。清王朝灭亡后,我国采用公历,将公历1月1日定为元旦,将农历的元旦改称"春节"。

中国传统文化最重视"一"。《说文解字》云:"一,惟初太始,道立于一,造分天地,化成万物。"《淮南子》云:"一也者,万物之本也。"元旦是新一年的第一个月的第一天,是新一年中的万物之始,所以格外受到重视,是所有节日中庆祝最隆重、规模最大、气氛最热烈的节日。

元旦源于原始社会末期神农氏时代的蜡祭。蜡的意思是寻求一切,蜡祭就是祭祀所有的神。据《礼记》中《郊特牲》和《月令》两篇记载,每一年农事完毕,为报答神佑助丰收之恩和祈祝下一年的丰收,便于十二月举行蜡祭,祭祀土地神、四方神、主管五谷的司穑神,以及吃田里老鼠的猫神、吃田里野猪的虎神等一切对农事有功的神。报答神恩之后,人们便互相问候,欢享丰收的果实。可见,蜡祭既是对神灵的报恩节、祈丰节,又是人们自己的庆功节、狂欢节和准备新一年生产的春耕节。因为蜡祭都是十二月举行,所以十二月又称为腊月。腊月是送旧月,正月是迎新月,送旧迎新的交汇点就是元旦。正所谓"一夜连双岁,五更分两年"。除夕之夜,元旦之日,节庆活动达到高潮,普天同庆,举家欢乐。

(二)元旦的主要节庆活动

汉民族过年的习俗丰富多彩。为祭神飨人,年前家家都要杀猪,俗称"杀年猪"。年猪多是在腊月初八之后杀,故民谚云:"小孩小孩你别哭,过了腊八就杀猪。"

为了祝贺吉祥,年前家家都要贴春联、窗花和"福"字。春联由上联、下联和横批组成,字数多少无定,要求对偶工整、平仄协调、内容吉祥,多是贴在门上。

上联居右,下联居左,横批居上。贴春联是由古代挂"桃符"的习俗演变而来的。传说中神荼、郁垒二神能捉鬼,东汉时人们在过年时常将二神的形象画在桃木板上,悬于门的两旁,以御凶鬼。至五代后蜀时,不再刻画神像,而是在桃木板上写上二神的名字,或是吉利的字或诗,称为"楹贴",后来逐渐变为春联,用来"避邪降福",除旧立新。

除夕之夜是全家人大团圆的时刻。首先是祭祖,以示不忘祖先传衍之恩。之后是给长辈叩头祝贺,俗称"拜年",子孙尽孝,以示不忘养育之情。长辈要给幼辈"压岁钱"避邪,实际是表达长辈对晚辈慈爱的亲情和祝福。

半夜子时(十二点)是新旧二年交替的时刻,要在院子里摆放供品,燃放鞭炮,迎接财神。实际上,这就是古俗蜡祭中祈神赐丰收的演变。之后,全家人围坐在大圆桌旁吃年夜饭,欢庆全家人的大团圆。席中需饮避邪消灾的屠苏酒,吃饺子。饺子原名叫"扁食",因是在除夕之夜子时吃,取"更岁交子"之义而名"饺子"。饺子味美而又寓意吉祥,遂成为汉族最为喜爱、最有代表性的食品。

除夕之夜,要彻夜不睡,俗称"守岁"。南宋孟元老《东京梦华录》载:"是夜,禁中爆竹山呼,声闻于外。士庶之家,围炉团坐,达旦不寐,谓之守岁。"家人团聚,尽述亲情,互相勉励,祝福明年有个好开端。

元旦之日,在天微亮之时,即要开门燃放鞭炮,俗称"开门炮仗"。鞭炮多用红纸包裹,爆炸后红色碎纸满地,称为"开门红",取大吉大利之义。

燃放鞭炮的风俗由来已久。鞭炮古称"爆竹",最早见于文献记载的是在南北朝时期的南梁。《荆楚岁时记》载:"正月一日……鸡鸣而起,先于庭前爆竹,以辟山臊恶鬼。"爆竹就是将竹放在火中燃烧,发出噼噼啪啪的响声,山妖恶鬼闻声而逃,是一种驱邪求吉之物。火药出现后,改用纸裹,声音更脆更响,更增加了元旦送旧迎新的喜庆气氛。宋朝的宰相王安石在其《元日》诗中有过生动的描述:"爆竹声中一岁除,春风送暖入屠苏。千门万户曈曈日,总把新桃换旧符。"诗中道出了元旦燃放爆竹、换桃符、饮屠苏酒的风俗。

元旦之日,人们走出家门,亲友互访,恭喜发财,互致问候,俗称"拜年"。《东京梦华录》记载宋朝的风俗:"正月一日年节,开封府放关扑三日,士庶自早互相庆贺。"清人顾铁卿《清嘉录》记清代苏州人拜年盛况:"男女依次拜家长毕,主者率卑幼,出谒邻族戚友,或止遣子弟代贺,谓之拜年。"拜年是元旦时最重要的礼仪。通过拜年,睦邻亲友,增进亲情友谊,消除过去的不快,同心协力,共创新一年的大业。中华民族的重亲情、重友情、和为贵的传统美德,在元旦的"拜年"中,充分地表现出来。

二、元宵节

(一)元宵节的起源

元宵节在正月十五日。元即元月(正月),宵即夜。传说西汉高祖皇帝刘邦死后,吕后篡权,诸吕当政。吕后死后,忠于汉室的大臣周勃、陈平等人于元月十五日协力扫除诸吕势力,拥刘恒为帝,是为文帝。汉文帝为了纪念这个重兴汉室的日子,每到正月十五的晚上便微服出宫,与民同乐,共度良宵,以后遂成习俗。人们以元月十五日之夜为元宵节,又称为"元夕节""元夜节"。元宵节之夜,人们通夜张灯结彩,并举行观灯盛会,所以又称为"灯节"。道教产生之后,奉天、地、水为三元之神,认为上元(正月十五日)是天官的圣诞日,中元(七月十五日)为地官圣诞日,下元(十月十五日)是水官的圣诞日。所以在东汉以后,正月十五又称"上元节"。

(二)元宵节的主要节庆活动

元宵节的欢庆活动主要有两项内容:一是解除宵禁,张灯结彩,通宵欢乐。中国古代自周代起,就禁止民众夜间通行和聚会。汉代祭太一神,可以通宵张灯,开弛宵禁之端。南北朝时,元宵夜张灯庆贺已蔚然成风。唐代时,道教、佛教盛行。唐玄宗接受西域和尚婆陀的请求,在先天二年(公元713年)正月十五"燃灯表佛",开长安城宵禁,"作灯轮高二十丈……燃五万盏灯,簇之如花树",又命宫女数千及长安少女少妇千余人,"于灯轮下踏歌三日夜"。此后,围绕点花灯、观花灯而进行的节日欢庆活动便在全国各地盛行起来。据说,将元宵节张灯结彩作为法定之事,就是从唐代开始的。宋代将放灯三夜增为五夜。明太祖朱元璋时,又将放灯时间延至十夜,元宵节观灯盛况空前。这一风俗直至当代,进一步发展,更加精彩。二是元宵节吃元宵。元宵节的应时食品是元宵,又称"汤圆"。汤圆内核为各种味道的甜馅,外裹糯米面做成的皮,形圆如珠,故俗称"圆子"。因为它是元宵节的应节食品,因节而名,故称"元宵"。正月十五,月圆、食圆,象征着全家大团圆。

三、清明节

(一)清明节的起源

清明节是扫墓祭祖的节日。清明原本是二十四节气之一。其时为四月五日或四日,时气温升高,万物萌新,故称之为"清明"。不过,在古代清明并未成为节庆。但在它的前一天或两天,却有个颇受人重视的寒食节。寒食节的节庆活动是禁火寒食和扫墓祭祖。

相传,寒食节是为纪念介子推。介子推是春秋晋国的一位贤人。在晋文公重耳作为公子流亡期间,他一直相随,忠心不二。一次重耳饥饿无饭,他毅然割股为食,备尝艰辛。后来重耳即君位,是为晋文公。文公为君以后遍赐群臣,却忘了介子推。介子推没有表白自己的功劳,带着母亲一同隐居在山中。后来晋文公闻知,十分懊悔自己的疏忽,多次派人入山寻找不得,便决定放火焚山,以促使介子推自己走出来。但介子推非但没有自己走出来,反而被熊熊大火烧死。晋文公难过不已,便下令将烧山之日定为禁火的寒食节,以纪念介子推。

其实,据学者考证,禁火寒食之俗早在周代就已经存在。介子推的故事是后人附会的,是对他有功不居的清高品德的敬仰。因为寒食节与清明节的日期十分接近,久而久之两者交融在一起。于是原本是"清明忙种麦"的农事节气,变成了纪念先人的节日。据说,清明节与寒食节合而为一始于唐代。如唐代大诗人白居易有《寒食野望吟》一诗,其中写道:"乌啼鹊噪昏乔木,清明寒食谁家哭?风吹旷野纸钱飞,古墓垒垒春草绿。"这说明当时人们已将这两个节日融合在一起。

(二)清明节的主要节庆活动

由于受儒家重祖爱亲传统思想的影响,人们非常重视扫墓祭祖,缅怀先人。它是清明节的中心内容。宋代时更加重视清明节。朱熹在他所辑的《通礼》一书中,对扫墓的具体仪式予以专题说明。文中说:届时,人们需衣着素服,备好酒肴及割草斩木的工具,至墓前加土、剪除杂草、修整树木、焚化纸钱,举行祭奠。这是对传统习俗的记述和进一步的规范化。时至今日,汉民族清明扫墓基本上还在延续这一古老的仪式仪程。清明节经过两千余年的发展演变,后来又增加了纪念英雄先烈的内容。每逢清明,人们都自发地或有组织地去祭扫烈士墓,不忘他们对国家、对民族的贡献。

清明的节庆活动,由扫墓祭祖又衍生出"春游踏青"的习俗。清明时节,莺飞草长,万物勃发。经过漫长沉闷的严冬,人们正好借扫墓之机,饱享秀丽的春光。唐代诗人杜牧有诗云:"清明时节雨纷纷,路上行人欲断魂。借问酒家何处有,牧童遥指杏花村。"真是清明踏青、逍遥自娱的千古绝唱。宋人周密《武林旧事》一书中真切地记载了南宋临安城(今浙江杭州)的人们在清明节踏青春游的热闹情景:"清明前后十日,城中士女艳妆浓饰,金翠琛缡,接踵联肩,翩翩游赏,画船箫鼓,终日不绝。"(见明人陈堦《日涉编》卷三 106 条引)

在民间,伴随着踏青,而有插柳之俗。踏青归来的人们,折柳枝编成柳枝圈戴在头上。妇女还常常将小柳枝插在鬓旁,祈盼青春常在。有民谚云:"清明不插柳,红颜变皓首。"另外,人们还在门楣上和井旁插柳,以求避瘟镇邪。

清明节不仅是汉民族的节日,也是中华民族的一个主要节日,它是中华民族尊祖敬宗、孝亲敬贤的美德的体现。

四、端午节

(一)端午节的起源

农历五月初五为端午节。唐代以前称"五月五",又称"重五",而无"端午"之名。唐、宋时期,才出现"端午"的名称。

关于端午节的来源,一说是纪念春秋时期的伍子胥,一说是纪念孝女曹娥。传说春秋时吴国忠臣伍子胥含冤而死之后,化为涛神,世人哀而祭之,故有端午节。又据晋人虞预《会稽典录》(收入《四明丛书》)载,曹娥是东汉时期上虞人。汉安二年(公元143年)五月五日,她的父亲因迎伍君神落水而死,不得其尸。曹娥寻找多日不见,遂投水而死。三日后,与其父的尸体一起漂出水面,当地人感其孝,于每年五月五日祭悼她。但在民间流传最广的传说是源于纪念战国时期楚国的大夫屈原。《荆楚岁时记》载:"五月五日竞渡,俗谓屈原投汨罗日,伤其死,故命舟楫以拯之。"近代著名学者闻一多先生考证,端午节的起源早在屈原之前就已经存在,它源于古代以龙为图腾的吴越族举行龙崇拜的节日。端午节的起源,众说纷纭,但从史料记载来看,端午的节庆活动,最迟在汉代就已经在民间广为流行了。东汉人应劭的《风俗通义》中就记载了每年五月五日煮食粽子的情况。

(二)端午节的主要节庆活动

端午节的节庆活动主要有以下几个方面。

1.禳毒逐疫

端午入夏,百病易侵。民间习俗把农历五月视为"凶月",有"善正月,恶五月"的民谚。特别是五月五日更是忌讳的焦点。《史记·孟尝君列传》载,田文生于五月五日,其父田婴不肯抚养他,理由是"五月生子者,长与户齐,将不利其父母"。因此,最迟在汉代,人们就把端午节视为禳毒逐疫之节。《后汉书·礼仪志》载:"故以五月五日,朱索、五色印为门户饰,以难止恶气。"《太平御览》引《风俗通》记载汉代风俗:"五月五日,以五彩丝系臂者,辟兵及鬼,令人不病瘟⋯⋯"此俗一直沿袭至今。端午节家家采驱百病的艾蒿或菖蒲棒挂在屋檐下,门上悬避邪的桃木剑和装仙丹的纸葫芦,在室内墙上正中,斜贴一张"五毒"(蛇、蝎、蜈蚣、壁虎、蜘蛛)的剪纸,斜与邪同音,表示驱五毒之邪。这一天要饮避邪解毒的雄黄酒,并用雄黄酒在小孩的脑门上写一"王"字,象征老虎,以驱百害。还要腕系避瘟驱鬼的五彩线,衣襟上佩戴麻制的小扫帚,表示立马(麻)将邪毒扫除干净。总之,通过种种活动,禳毒逐疫,以确保人的健康。

2.竞渡赛舟

南北朝时,端午竞渡赛舟遂成风俗。胡三省《资治通鉴》注说:"自唐以来,治竞渡船,务为轻驶。前建龙头,后竖龙尾。船之两旁,则为龙鳞而彩绘之,谓之龙舟。"所以,端午竞舟又称为"赛龙舟"。竞赛时,江湖之中,龙舟竞发,赛手击浪,众人呐喊助威,场面极为壮观热烈。竞舟之俗,传说是为了纪念屈原。宋代诗人余靖《端午日寄酒庶回都官》诗:"龙舟竞快楚江滨,吊屈谁知特怆神。"以驾驭龙舟表示世人能够降龙,警示水中蛟龙不许伤害屈原的尸体。

3.餐食粽子

粽子是端午节的应节食品,家家互赠,人人必食。传说食粽子的习俗也是源于纪念屈原。据南朝梁吴均《续齐谐记》中说,屈原五月五日投汨罗江而死,楚国人为哀悼他,每年的这一天,都要用竹筒盛米,投入江中祭奠他。汉朝建武年间,长沙人欧回说自己见到了一个自称是三闾大夫(屈原)的人,告诉他人们往年投入江中的筒米,都被蛟龙所窃夺。今后若再惠送,可用楝树叶包裹,以五彩线捆缚,蛟龙最惧怕此二物。从此世人做粽,并带五彩线和楝叶,遂成风俗。这当然是附会的传说,不过它却表达了人们对不肯与邪恶势力同流合污的屈原的敬仰怀念之情。它是中华民族善恶观的真切体现。

五、中秋节

(一)中秋节的起源

农历八月十五日为中秋节。因为它在秋季三个月的中间,所以称为"中秋"(仲秋)。八月十五是望日。这时秋高气爽,昼夜等长,月亮在正东,太阳在正西,阳光直射在月亮上,所以中秋这一夜的月亮最明亮、最皎洁。故古人诗云:"月到中秋分外明。"所以古人选择这一天作为中秋佳节。

据学者考证,中秋节是在上古秋分和月神崇拜的基础上发展演变而来的。据《周礼·春官宗伯》记载,远在周代,就已出现了每年中秋夜击鼓赋诗以"迎寒"的活动。又据《礼记》等书记载,周天子每年秋天都要举行月礼,称为"夕月"。至晋代就有了关于中秋赏月的记载,但其时尚未形成风俗。至唐代,中秋赏月成为一种遍及社会各界的风俗。据统计,仅唐代大诗人白居易的传世诗作中,单以中秋和八月十五为题的诗,就达七首之多,足见当时欢庆中秋的活动对人们生活影响之深。宋太宗年间,皇帝正式下诏,以八月十五为中秋节。从此,中秋节与春节、端午节成为中华民族传统的三大节日。从古至今,盛庆不衰。

(二)中秋节的主要节庆活动

中秋节的节庆活动主要有以下几个方面。

1.拜月赏月

祭拜月神,是中国最古老的民间信仰。拜月赏月这一习俗承袭于中秋节的活动。中秋之夜,一轮皓月当空之际,家家在露天的庭院中摆上圆形的桌案,摆上圆如明月的月饼和各种圆形的秋收之果,如西瓜、苹果、葡萄、大枣等。拜月礼由女家长主持,俗有"男不拜月"之说。实际上是男女都拜,只不过是女人先拜,男人后拜而已。祈祷月神保佑全家人平安大团圆。拜月之后,自然就是赏月了。圆月中天,清辉如水,触景生情,引起人们无限的遐想。古往今来,多少咏月名句都出于中秋之夜。

2.品食月饼

"八月十五月正圆,中秋月饼香又甜",月饼是中秋节的应节食品。自古以来,中秋团团圆圆吃月饼已成惯例。届时,家家互赠月饼,祭月后全家共同分享。明人沈榜《宛署杂记》载:"八月馈月饼。士庶家俱以是月造面饼相馈,大小不等,呼为月饼。"月饼之名,最早见于南宋人吴自牧所著的《梦粱录》一书。宋代,月饼已经是广为流行的中秋节的应节食品。月饼形圆馅甜,象征着生活甜美、幸福团圆。互赠月饼和吃月饼,即祝贺家庭美满、幸福、团圆。

中秋节赠送月饼、分食月饼之俗,据说是始源于唐太宗。贞观年间的某年八月十五之夜,唐太宗举行盛大集会,欢庆李靖征突厥凯旋,接过吐蕃商人所敬的彩色圆饼,指着天空高悬的明月,高声笑道:"应将胡饼邀蟾蜍。"随后,他将饼分给群臣共食,同享胜利的欢乐。以后便流传为八月十五吃月饼的习俗。由此看来,月饼本是少数民族的食品,最初称为"胡饼",因为用于赏月而称为"月饼"。

还有一种更为流行的说法,认为八月节吃月饼的习俗始于元末。据说张士诚在发动反元起义时,将起义的时间写成纸条放在月饼馅里,上面写"八月十五杀元兵,家家户户齐动手"。是夜,家家户户掰开月饼,看见纸条,如约起义。后来为了纪念这一壮举,年年中秋分食月饼。这一传说固然极富传奇色彩,但实际上是不确切的。前面已经说过,月饼之名,食月饼之俗,最迟已在宋代见于典籍。如果这一传说还有其真实内容的话,最多只是张士诚利用中秋节人们吃月饼的习俗,暗传消息,发动起义而已。

综观中秋节节庆活动的内容,实际上中秋节是在祭月神的基础上发展起来的庆丰收之节、祝团圆之节。

第三节　少数民族的主要节庆日

我国共有55个少数民族,在与汉族的长期交往中,民族文化互相融合,汉族的一些主要节庆日也逐渐成为一些少数民族的共同节日,但有些民族还保留着一些本民族的风俗习惯。此外,各少数民族还都有一些本民族的传统节日,多姿多彩,更加反映出本民族的特色。

一、藏族的洛萨节与雪顿节

洛萨是藏语"年"的音译,即藏历年,是藏族一年中最隆重的传统节日。藏历基本上与汉族的农历相同。但藏族过藏历年的日期各地不尽一致,拉萨地区以正月初一日为新年,年楚河地区(雅鲁藏布江支流)以十二月初一日为新年,昌都地区以十一月初一日为新年。各地欢庆新年的形式也各有不同。在拉萨地区,人们在十二月中旬即开始准备过年,各家浸泡青稞,然后用酥油、面、糖炸"喀赛"(一种油炸食品)。新年前夕,各家清扫庭院、屋室,铺上新卡垫(毛织花毯)。十二月二十九日前,要准备"切玛",即在一个木制的斗中,一半装上炒熟的麦粒和蚕豆,另一半装上糌粑炒面和人参果,上面插青稞穗,点缀一些小块酥油,将它供奉在神案正中。"切玛"代表过去一年的好收成,预示新一年风调雨顺、人畜兴旺、五谷丰登。除夕之夜,在厨房正中的墙上用面粉撒上"八吉祥徽",在大门上画上象征吉祥的"卐"符号。有的还在房梁上画许多白粉点,表示粮食满仓,营造出一派喜庆的气氛。除夕之夜,全家人围坐在一起吃用牛羊肉、萝卜、面等制成的面团饭,藏语称为"古突"。面团中放有石子、羊毛、木炭、辣椒等物,吃饭时,如吃出石子,预示新一年中心肠硬;吃出羊毛,预示心肠软;吃出木炭,预示心肠黑;吃出辣椒,预示嘴厉害。吃出这些东西,都要吐出来,引起全家人的哄堂大笑,以增加节日的欢乐气氛。

正月初一,家家在屋顶上点燃象征吉祥的松脂,屋子里要陈列上染色的青稞、麦穗和油炸的食品"喀赛"等,象征吉祥富裕,企盼新一年的丰收。早晨天不亮时,妇女要去河边背回吉祥水,全家人都要用它洗漱饮用。老年人也要去河边背回吉祥水,用来喂牲口,象征人畜一年平安。之后,全家人换上新衣,按辈分依次坐好,长辈拿来"切玛",每人抓食一点。长辈祝晚辈"扎西德勒"(吉祥如意),晚辈祝长辈身体健康。

正月初二,亲友互相走访,互致"扎西德勒",更亲近的人还要互献哈达。主人要用"切玛"来招待客人。吃"切玛"时,客人要先用拇指、食指、中指拈起一点糌粑抛向空中敬神,再拈一点糌粑和青稞送进自己的嘴里,以表示对主人盛情的感谢。然后依次入座,饮酒聊天,或弹琴、唱歌、跳舞。

节日期间,在空场或空旷的草地,大家围成一个大圈,欢歌起舞,或举行角力、拔河、赛马、射箭等竞技活动,或表演一些传统的藏戏节目。人们如醉如痴,沉浸在节日的欢乐气氛之中。

藏历六月十三日是藏族的雪顿节。"雪"是藏语酸奶子的意思,"顿"是宴会的意思。雪顿节就是吃酸奶子的节日。

据说雪顿节起源于藏传佛教对僧侣进行布施的一种宗教仪式。公元 14 世纪末,宗喀巴创建格鲁派(黄教),极力强调不杀生。藏历五月中旬以后,气候变暖,百蝶繁生,人们走路稍不留神就会踩死路上或草地上的各类小虫。为了避免踩死小虫,黄教各寺庙便禁止僧侣们外出,关门修炼。直到六月十三日开禁,才准许僧侣们出寺下山。信徒们敬佩他们珍爱生灵的修炼,纷纷拿出酸奶子来进行施舍。僧侣们除了饱享酸奶子外,还可尽情地欢乐玩耍。年年因循,遂成风俗。

二、穆斯林的古尔邦节与开斋节

古尔邦节是信奉伊斯兰教的穆斯林教徒们的盛大节日,又称为"库尔班节"。它与开斋节、圣纪节并列为伊斯兰教的三大节日。我国新疆地区的维吾尔族、哈萨克族、柯尔克孜族、乌孜别克族、塔吉克族、塔塔尔族,甘肃的东乡族、保安族,青海的撒拉族,以及散居各地的回族穆斯林等都过古尔邦节。由于这个节日以献牲为主,所以又称为"献牲节""宰牲节""忠孝节"等。古尔邦在阿拉伯语中称为"尔德·古尔邦"。"尔德"的意思是节日,"古尔邦"的意思是牺牲、献身。古尔邦节一般是在回历的十二月十日至十三日,这几天正是伊斯兰教徒在麦加城朝圣的高潮,各地的穆斯林也举行祭祀朝圣的活动。

古尔邦节的来源与古代阿拉伯的宗教传说有关。据说,"先知"易卜拉欣梦见真主安拉的启示,命他杀死爱子伊斯玛仪作为献祭的牺牲。实际上这是真主在考验他的真诚。易卜拉欣毅然接受真主的旨意。次日,当易卜拉欣正要宰杀他的爱子的一瞬间,真主派使者牵来一只黑羊赶到现场,代替了伊斯玛仪。从此,古阿拉伯人便以此日(十二月十日)为宰牲献祭的节日。伊斯兰教传入中国后,信奉伊斯兰教的穆斯林便承袭了这个节日,并且非常重视。

过节前,家家户户要清扫好房屋,制作精美的糕点。过节之日,人们清晨沐浴,更换衣装,庄严地去清真寺。聚齐之后,由阿訇率领步入礼拜大殿,举行礼拜,向麦加方向朝拜,阿訇宣讲真经教义,人们互拜,道"色俩目"(平安),互相祝福。然后举行宰牲礼仪,宰后分送亲友和穷人。礼后,走访亲友,互拜礼毕,主人设宴,请亲朋好友回家。有的还要举行歌舞大会或其他各种娱乐活动。在庄严的宗教节日中,人神共娱。

开斋节是信奉伊斯兰教的各少数民族的宗教节日,是阿拉伯语"尔德·菲土尔"的意译,又称为"肉孜节"。时间在回历十月一日。

开斋节源于宗教,是穆斯林斋戒一个月期满的节日。按伊斯兰教经典《古兰经》的规定,成年的穆斯林每年都要守斋一个月。按照回历,九月是斋戒月。斋月期间,穆斯林每天在日出之前进食,在东方发晓至日落时禁饮食。在斋月期间要克制一切私欲,杜绝房事,以表示对真主安拉的忠贞。斋月的第 27 天晚上,称为"盖尔德夜",要举行礼拜、讲经、施舍等活动,传说这是安拉降《古兰经》之夜。斋月的最后一天要寻看新月(月牙),见月的次日(回历十月一日)即行开斋。

开斋节要过三天,节前家家户户都要清扫庭院、房屋、厕所,将清真寺打扫干净。开斋之日,要在清晨沐浴,身着盛装,手持经香,去清真寺礼拜。在阿訇的主持下,向麦加方向朝拜,拜后齐向阿訇道安,互致问安,道"色俩目"。礼拜之后,由阿訇带领游祖坟,为逝者祈祷。之后互相登门拜访,互赠食品。已婚和未婚女婿要带上节日礼品给岳父母拜节。也有的在这一天举行婚礼。哈萨克族、塔吉克族等民族,还在这一天举行叼羊、赛马等活动。

三、蒙古族的那达慕大会

那达慕是蒙古语的音译,意为"娱乐""游戏",是蒙古族传统的群众性的节日盛会。它没有具体的固定日期,一般多选择在天高气爽、牧草茂盛、牛肥马壮的农历七八月间举行。草原上的牧民们在参加这一节庆活动时,都要穿上艳丽的民族服装,不远数百里赶来参加。蒙古族是一个强悍尚武的民族,喜欢骑马、射箭、摔跤等健身习武的竞技活动。早在元代就将这三项活动称为"男儿三艺"。因此,自古以来,赛马、赛射、赛摔跤就一直是那达慕大会的主要欢庆内容。特别是摔跤比赛,更是那达慕大会最引人注目的活动。摔跤,蒙古语称为"搏克巴林勒都",摔跤手个个都有"巨象般的身躯""雄狮般的力气""老虎般的凶猛"。他们上身穿着无领、短袖、袒胸露臂的"昭得勒"(竞技服),下身穿着肥大的白裤,外面又套着绣有花纹的肥大彩裤,脚穿缀有吉祥饰物的长筒皮靴,威武雄壮。比赛即将开始时,双方赛手张开双臂,摇摆跳跃着入场。施礼后即进入比赛,比赛不仅赛力气,也赛技巧,只有力气、技艺俱佳者才能取胜。比赛时跤手旋转角斗,围观的群众呐喊助威,呼声雷动。胜利者被誉为"纳钦",即雄鹰,并得到厚重的奖品。

那达慕大会不仅是竞技大会,也是商品贸易的大集。草原辽阔,牧民分散,平时很少有机会购物,借着那达慕大会,买卖双方借机交易,各购所需。

在那达慕大会上,还有各种演出的文艺活动。久别重逢的牧民朋友,喝着芳香的美酒,吃着美味的羊肉,拉起马头琴,载歌载舞,茫茫的草原变成一片欢乐的海洋。

那达慕大会源于蒙古族的祭"敖包"。"敖包"又称"鄂博",实际上两者是同一事物的不同汉译。它是用石块垒起的石堆,最初本是一种标志物,是用来标志道路或地域分界的,后来逐渐变成神灵借以居住的场所。每年的农历七月十三日,蒙古族人无论男女老少,都要去某一个敖包举行祭祀。祭祀之后,要举行一些竞赛和歌舞的娱乐活动。后来逐渐演变成那达慕大会。早期的那达慕大会也有隆重的祭祀活动,但后来竞赛、娱乐的内容渐居主导地位。

思考题

1.中国古代的节日与节庆有何特点？这些特点是怎样形成的？

2.中国古代为什么最重视元旦？元旦是怎样进行喜庆活动的？

3.关于元宵节的来历有什么传说？有哪些喜庆活动？

4.关于端午节的来历有什么传说？有哪些喜庆活动？

5.简述中秋节的来历和主要节庆活动。

6.藏族的"洛萨节"是什么节？怎样庆祝？

7.穆斯林的"古尔邦节"是什么节？其来历有什么传说？

8."三月三"是哪些民族的节日？有哪些节庆活动？

9.蒙古族的"那达慕大会"是一个什么样的节日？怎样庆祝？

主要参考文献

阴法鲁. 中国古代文化史. 北京大学出版社,1991 年版.

张岱年. 中国文史百科. 浙江人民出版社,1998 年版.

马振亚,张振兴. 中国古代文化概说. 吉林大学出版社,1988 年版.

金元浦,谭好哲,陆学明. 中国文化概论. 首都师范大学出版社,1999 年版.

谭家健. 中国历史文化概要. 高等教育出版社,1988 年版.

唐得阳. 中国文化的源流. 山东人民出版社,1993 年版.

谢春山. 旅游文化论. 吉林人民出版社,2002 年版.

崔进. 旅游文化纵览. 中国旅游出版社,2000 年版.

上海古籍出版社. 中国文化史三百题. 上海古籍出版社,1987 年版.

王健. 儒学三百题. 上海古籍出版社,2001 年版.

王卡. 道教三百题. 上海古籍出版社,2000 年版.

黄夏年. 佛教三百题. 上海古籍出版社,2000 年版.

王仁湘. 饮食与中国文化. 人民出版社,1984 年版.

周锡保. 中国古代服饰史. 中国戏剧出版社,1984 年版.

王力. 古代汉语. 中华书局,1964 年版.

汪玢玲. 中国婚姻史. 上海人民出版社,2001 年版.

杨小亮. 诗. 北京出版社,2004 年版.

吴洋. 词. 北京出版社,2004 年版.

李佳行. 曲. 北京出版社,2004 年版.

陈洪治. 赋. 北京出版社,2004 年版.

中国军事史编写组. 中国军事史. 第四卷. 解放军出版社,1983 年版.

袁庭栋. 中国古代战争. 四川省社会科学院出版社,1988 年版.

赵东玉. 中华传统节庆文化研究. 人民出版社,2002 年版.

田广林. 契丹礼俗考论. 哈尔滨出版社,1995 年版.

张树栋,李秀领. 中国婚姻家庭的嬗变. 浙江人民出版社,1990 年版.

姚伟钧. 玉盘珍馐值万钱:宫廷饮食. 华中理工大学出版社,1994 年版.

叶羽. 茶道. 黑龙江人民出版社,2005 年版.

四川省酒类专卖事业管理局. 辉煌的世界酒文化. 成都出版社,1993 年版.

杨英杰. 战车与车战. 东北师范大学出版社,1985 年版.

杨英杰. 清代满族风俗史. 辽宁人民出版社,1991 年版.

杨英杰,沙宪如. 古代吉祥物. 辽海出版社,2001 年版.

杨英杰,赵玉宝. 清代节令与佳肴. 辽海出版社,1997 年版.

陈鹏生,洪丕谟,夏永孚. 中国古代法律三百题. 上海古籍出版社,1991 年版.

郭建,姚荣涛,王志强. 中国法制史. 上海人民出版社,2000 年版.

张晋藩. 中国法制史纲. 中国政法大学出版社,1986 年版.

曾宪义. 中国法制史. 北京大学出版社,2000 年版.

赵洪恩,李宝席. 中国传统文化通论. 人民出版社,2009 年版.

丁凌华,赵元信. 中国法律思想史. 华东理工大学出版社,1996 年版.

张岂之. 中国思想史. 西北大学出版社,2001 年版.

刘泽华. 中国政治思想史. 浙江人民出版社,1996 年版.

陈书禄. 中国文化概说. 南京大学出版社,2000 年版.

北京大学物理系《中国古代科学技术大事记》编写小组. 中国古代科学技术大事记. 人民教育出版社,1977 年版.

陈江风. 中国文化概论. 南京大学出版社,2002 年版.

袁晓国. 中国历史文化. 高等教育出版社,2006 年版.

张文彦. 科学技术史概要. 科学技术文献出版社,1989 年版.

王玉仓. 科学技术史. 中国人民大学出版社,1993 年版.

金秋. 中国传统文化与舞蹈. 中国社会科学出版社,2006 年版.

曹萌. 中国古代戏剧的传播与影响. 中国社会科学出版社,2006 年版.

蒋菁,管建华,钱茸. 中国音乐文化大观. 北京大学出版社,2001 年版.

上海古籍出版社编辑部. 古代艺术三百题. 上海古籍出版社,1989 年版.

杨荫浏. 中国古代音乐史稿. 人民音乐出版社,2004 年版.

和宝堂. 画说京剧. 社会科学文献出版社,2009 年版.

周魁一,谭徐明. 水利与交通志//中华文化通志·科学技术典. 上海人民出版社,1998 年版.

彭德. 美术志//中华文化通志·艺文典. 上海人民出版社,1998 年版.

张秀平. 影响中国的 100 种文化. 广西人民出版社,1998 年版.